중국혁명사

서진영 지음

한울
아카데미

머리말

　필자가 중국혁명에 대하여 관심을 가지기 시작한 것은 1970년대라고 할 수 있다. 당시 모택동시대의 농촌경제정책에 대한 박사학위 논문을 준비하면서 모택동사상과 중국공산당의 혁명사를 이해하지 않고서는 현대중국을 제대로 파악할 수 없다고 생각했기 때문에 틈틈이 1949년 이전의 중국혁명사에 대한 기존의 연구문헌을 검토하였다.

　그러나 중국혁명에 대하여 본격적으로 관심을 가지게 된 것은 아무래도 1980년에 귀국하여 모교에서 강의를 시작하면서부터라고 할 수 있다. 첫 번째 강의주제를 무엇으로 할 것인가를 고심하다가 내가 전공으로 한 현대중국보다는 중국혁명사를 소개하는 것이 더 의미가 있겠다고 판단을 했기 때문에, 1980년 이후 약 10여 년간 중국혁명에 대한 강의를 하면서 나도 새롭게 이 분야에 대한 공부를 하였다.

　이처럼 중국혁명을 필자의 첫 번째 강의주제로 선정했던 이유는 1980년대의 역사적 상황에서 비롯되었다고 해도 과언이 아니다. 돌이켜보면 1980년대는 우리의 현대사에서 전환점이 되는 시기였다. 해방 이후 지속적으로 강화되어온 냉전논리와 5·16 이후 20여 년간 계속된 군부통치의 암울한 역사가 함께 작용하여 5공화국이란 최악의 무단정치시대를 열었지만, 동시에 이 같은 억압과 폐쇄의 굴레에서 해방되고자 하는 몸부림 또한 그 어느 때보다 치열하게 전개되어 1980년대는 전환기라고 말할 수 있었다. 억압과 폐쇄를 강요하는 냉전의 논리에 대해

해방과 개방을 추구하는 진보의 논리가 맞부딪히면서 1980년대의 지식인사회는 인식론적 혁명을 경험하였기 때문이다.

이 같은 상황에서 필자는 중국혁명에 대한 강의를 통해 냉전시대에 철저하게 백안시되고 왜곡되었던 20세기 아시아의 역사를 올바르게 이해함으로써 인식의 지평을 넓혀보고자 하였다. 두말할 필요도 없이 그때까지 우리들의 인식세계에서 사회주의 중국의 역사는 완전한 공백으로 남아 있었다. 사실 우리들은 철저하게 냉전논리에 의하여 교육을 받고 살아왔기 때문에 20세기를 지배했던 사회주의의 이상과 현실에 대해서는 전혀 무지하거나 또는 왜곡된 인식만을 가지고 있었다. 따라서 필자는 중국혁명의 강의를 통해서 그동안 우리에게 닫혀져 있었던 금지된 세계를 개방해보고 싶었다.

특히 필자는 격동의 20세기에 왜 중국은 사회주의혁명의 길로 가게 되었으며, 일본은 파시즘을 선택하게 되었고, 우리나라는 식민지와 분단의 역사를 밟게 되었는가를 규명해보고 싶었다. 그러나 이런 욕심과는 달리, 필자는 중국혁명 하나만을 이해하는 데에도 역량이 부족하다는 것을 절감하고, 100여 년간의 중국혁명사를 나름대로 정리하는 것으로 만족하기로 하였다. 따라서 필자는 1840년의 아편전쟁 이후 1949년까지 약 100여 년간의 중국혁명사를 조감하면서 왜 중국혁명이 사회주의를 지향하는 소수 지식인들이 조직한 중국공산당의 승리로 귀결되었는지를 규명하려고 하였다.

이 같은 문제에 대해서 서구와 일본 학계에서는 이미 오래 전부터 다양한 해석과 논쟁이 제시되었기 때문에 전혀 새로운 것은 아니었다. 그러나 중국에 대한 연구가 일천한 우리나라에서는 중국혁명에 대한 독자적인 해석이 거의 전무하기 때문에 필자는 이들의 논쟁을 나름대로 정리하면서 20세기를 살아가는 한국인의 시각에서 재해석해보려고 하였다. 더구나 20세기 초엽에 새로운 문명의 대안으로 제시되었던 사회주의가 좌절과 실패를 노출하고 있는 시점에서 사회주의혁명의 승리를 담보했던 것이 무엇인가를 다시 검토해보는 것은 더욱 유의미하다고 생각하고 마침내 지난 10여 년간의 강의록을 정리하여 출판하기로 결심하였다.

이 책이 출판되기까지는 많은 사람들의 도움과 조언이 있었다. 무엇보다도 지난 10여 년간 필자의 강의를 들었던 학생들은 직접 또는 간접적으로 나의 문제의식을 자극해주었다. 또한 원고의 초고가 완성된 단계에서 여러 가지 의견을 제시해주고 원고의 교정까지 보아주었던 대학원생들의 도움이 없었다면, 아마도 최종적인 원고는 아직도 완성되지 못했을지도 모른다. 특히 류길재, 최성, 김경철, 김장수 군은 처음부터 끝까지 원고를 모두 읽고, 내용뿐만 아니라 기술적인 문제에 대해서까지도 세심하게 신경을 써주었다. 이 기회에 이들의 노고에 감사한다. 끝으로 한울의 김형욱 군에게도 이 책의 출판과정에서 여러 가지 많은 도움을 받았기에 감사한다.

1992년 2월
서진영

차례

그림과 도표

서장

　지난 몇 년 사이 세계는 엄청난 변화를 경험하고 있다. 특히 20세기의 새로운 문명을 약속하던 사회주의권의 혁명적 변화로 말미암아 세계는 그야말로 과거에는 상상도 못할 정도로 다른 모습으로 변화하고 있다. 1989년 동구 사회주의국가의 몰락과 독일의 통일, 그리고 마침내 사회주의 종주국이었던 소련연방의 해체 등은 이데올로기적 대립과 경쟁으로 특징지어졌던 20세기 역사의 종말을 증명하는 것과 같았다.

　돌이켜보면 20세기는 혁명과 전쟁으로 점철된 시대였다. 1914년의 제1차세계대전과 1917년의 볼셰비키혁명으로 불붙은 혁명과 전쟁의 시대는 아시아대륙에도 파급되어 중국을 비롯한 아시아 여러 나라도 혁명적 변화의 격랑에 휩싸이게 하였다. 1840년의 아편전쟁 이후 이미 근대화의 진통을 경험하고 있던 중국은 볼셰비키혁명으로 자각된 소수의 급진적 지식인들이 중심이 되어 중국공산당을 창당하고 신중국의 건설을 모색하면서 새로운 역사를 창조하려는 세계사적 변혁운동에 합류하였다.

　20세기 초엽에 중국의 지식인들에게 공산주의는 새로운 문명을 약속하는 것이었다. 이대교(李大釗)와 진독수(陳獨秀), 그리고 모택동(毛澤東)과 같은 중국의 대표적인 진보적 지식인들에게 공산주의는 중국인민을 낙후된 전통질서의 질곡에서 해방시키고, 서구와 일본의 제국주의적 침략을 극복하여 독립자주의 부강한 신중국을 건설할 것을 약속하는 것이었다. 이런 점에서 이들은 열렬한 민족주의자들이었고, 인간에 의한 역사의 창조를 신봉하는 혁명적 낙관주의자들이었다.

이들은 중국과 같이 후진적 농촌사회에서도 사회주의혁명이 가능할 뿐만 아니라, 사회주의혁명을 통해서만 중국은 현대문명의 주역으로 다시 탄생할 수 있다고 믿었다. 이들에게 역사란 주어진 조건에 의하여 일방적으로 규정되는 것이 아니라 인간의 투쟁과 열정으로 창조되는 것이기에 객관적인 조건에 순응하기보다는 역사발전의 조건을 만들어냄으로써 중국을, 그리고 세계의 역사를 창조하려고 하였다. 이런 점에서 레닌이나 중국의 맑스주의자들은 '과학적 사회주의'를 표방하면서도 실은 인간에 의한 역사의 도약과 역사의 발전을 신봉하는 주의주의자(主意主義者)들이었다.

20세기의 역사는 바로 이와 같은 혁명적 이상주의자들에 의하여 만들어졌다. 중국에서도 소수의 이상주의적인 지식인들이 중심이 되어 중국공산당을 창당하고, 홍군을 건설하면서 도시와 농촌지역에서 중국사회의 혁명적 변혁을 추구하였다. 이들은 봉건적 군벌과 제국주의세력의 엄청난 힘에 굴복하지 않고, 중국인민들의 자각과 자기변신을 호소하여 마침내 우공이산(愚公移山)의 신화를 창조하였다. 중국의 설화에서 나오는 우공처럼 중국공산당은 온갖 어려움에도 불구하고 봉건주의와 제국주의라는 두 개의 산을 파헤치기를 단념하지 않고 노력한 결과, 마침내 중국인민의 마음을 움직여 거대한 변혁의 역사를 창조했던 것이다.

따라서 중국혁명의 역사는, 특히 중국공산당이 등장한 이후의 중국혁명사는 이 같은 혁명적 이상주의자들의 끊임없는 도전과 좌절, 그리고 희생으로 가득 찬 파란만장한 인간의 드라마였고, 그것은 인간의 주체적인 행동에 의하여 역사의 변혁이 실현되어가는 과정이었다. 이런 점에서 중국혁명은 프랑스혁명이나 볼셰비키혁명과 마찬가지로 역사라는 거대한 드라마 속에서 인간이 단순히 주어진 역할만을 수행하는 데 만족하지 않고 직접 역사를 주체적으로 해석하고 창조한 인간승리의 전형이었다.

그러나 역사는 항상 혁명적 이상주의자들의 주관적 소망에 따라서 변화하는 것은 아니다. 역사가 인간에 의하여 창조되는 것이기는 하지만, 역사라는 인간의 드라마에서는 주연배우가 항상 고정되어 있는 것도 아니고, 더구나 배우가 원하는 대로 역사라는 드라마가 전개되는 것도 아니라는 냉혹한 사실은 프랑스혁명과 볼셰비키혁명, 그리고 중국혁명 이후 혁명적 이상주의가 당면했던 비극적 운명에서 발견할 수 있다. 혁명적 이상주의자들은 혁명이 승리하는 순간 이미 그들의 패배를 예견하고 그것에 저항하지만 역사는 이들의 이상주의를 더 이상 용납하지 않았다. 냉혹한 현실은 역사의 도약을 더 이상 허용하지 않았다.

볼셰비키혁명이 승리한 이후 70여 년, 그리고 중국혁명에서 승리한 이후 중국공산당의 40여 년의 역사는 바로 혁명적 이상주의가 좌절, 왜곡되고 마침내 현실의 한계를 수용하지 않을 수 없었던 패배의 역사라고 할 수 있다. 자본주의가 충분하게 발전하지 못한 러시아와 중국 같은 낙후된 사회에서 '위로부터의 혁명'을 통하여 사회주의를 건설하려고 했던 혁명적 이상주의는 엄청난 시행착오의 대가를 지불하고 좌초되었다. 소련공산당은 몰락하고 볼셰비키혁명의 이상은 실종되었다. 중국적 사회주의는 모택동시대를 부정하면서 자본주의와의 공존을 통하여 자신의 생존을 모색하고 있다. '현존하는 사회주의'는 더 이상 자본주의 문명의 대안으로 자임할 수 없게 되었다.

20세기가 끝나가고 있는 시점에 사회주의는 세계 도처에서 패배하고 있는 것처럼 보인다. 사회주의는 정말 패배했는가. 20세기의 새로운 문명으로 등장했던 사회주의의 실험은 '대실패'로 끝나고 말았는가. 이같은 질문에 대한 해답은 소련의 몰락과 중국적 사회주의의 위기를 목도하면서 너무나 명백한 것처럼 보인다. 그러나 '현존 사회주의'의 패배는 부정할 수 없는 현실이지만, 그것이 곧 사회주의 이상의 패배라고 규정할 수 없는 이유는, 현존하는 자본주의에 대한 불신과 불만이 너무나 뿌리 깊게 남아 있기 때문이다.

일부에서는 자본주의와 사회주의의 대결과 경쟁이 사회주의의 패배와 자본주의의 승리로 귀결되었고, 따라서 이데올로기적 대립으로 직조되었던 '역사의 종말'을 선언하고 있다. 그러나 주어진 현실에 만족하지 못하고 끊임없이 역사의 진보를 추구하는 이상주의가 살아 있는 한 자본주의의 문명은 또 다른 안티테제의 도전을 받게 될 것이다. 이런 점에서 21세기의 역사는 현존하는 자본주의의 모순을 극복하고자 하는 또 다른 혁명적 이상주의자들에 의하여 만들어질 것이다.

21세기의 새로운 문명을 모색하는 사람들에게 '현존하는 사회주의'의 승리와 실패의 역사는 단순한 과거로 잊어버릴 수 있는 것은 아니다. 미래는 현재와 과거의 연속선상에서 창조되는 것이란 점을 기억한다면, '현존 사회주의'의 성공과 실패는 21세기의 새로운 문명을 설계하는 과정에서 정리하고 넘어가지 않으면 안 된다. 특히 아시아의 21세기를 준비하기 위해서는 중국적 사회주의의 과거와 현재, 그리고 미래에 대한 조망이 필수적이다.

이런 점에서 필자는 중국적 사회주의의 역사를 모두 3부작으로 정리하려고 하였다. 제1부에서는 1840년부터 1949년까지 약 100여 년간의 중국혁명사를 다시 살펴보면서, 중국적 사회주의가 어떻게 형성되었으며 중국혁명과정에서 마침내 승리할 수 있었던 이유는 무엇인가를 파악해보려고 하였다.

이 같은 작업은 20세기를 지배했던 혁명적 이상주의의 성격과 내용을 이해하기 위한 것이기도 하지만, 또 한편으로는 '현존하는 사회주의의 실패'를 제대로 파악하기 위해서도 필요한 것이라고 할 수 있다. 따라서 앞으로 나올 제2부와 제3부에서는 중국혁명과정에서 승리를 쟁취할 수 있었던 중국적 사회주의가 혁명 이후 중국사회에서 어떤 실험과 좌절을 경험했는지, 그리고 등소평시대에 들어와 어떻게 변형되어가고 있는지를 분석하려고 하였다. 이와 같은 작업을 통하여 우리는 20세기

아시아의 역사를 더욱 총체적으로 파악함으로써, 21세기를 새롭게 준비할 수 있는 바탕을 마련하고자 한다.

제1장
중국혁명을 어떻게 해석할 것인가

흔히 혁명을 개혁이나 정변과 구별한다. 변화의 속도가 급진적이고 때로는 폭력적이며, 정권구조는 물론이거니와 사회의 계급구조와 윤리 도덕의 본질적 변화를 수반한다는 점에서 혁명은 다른 변화와 구별할 수 있다. 따라서 토크빌(Alexis de Tocqueville)은 일찍이 프랑스혁명을 설명하면서 "프랑스혁명의 목적은 낡은 형태의 정권을 변혁하는 것일 뿐만 아니라 혁명 전의 프랑스의 모든 사회구조를 철폐하는 데 있는 것이기 때문에 혁명은 모든 기존세력에 대하여 동시적인 선전포고를 의미하는 것이며 모든 기득권의 파괴와 모든 전통의 거부 그리고 새로운 생활양식과 규범을 수립하는 것"이라고 주장하였다.[1]

이 같은 혁명에 대한 개념을 엄격하게 적용한다면 인류의 역사에서 혁명이라고 할 수 있는 대변혁은 그렇게 자주 발생했다고 할 수 없다. 더구나 혁명이 성공한 예는 그렇게 많지 않다. 프랑스혁명이나 영국혁

---

[1] Alexis de Tocqueville, "The French Revolution and the Growth of the State," Jack A. Goldstone, *Revolutions: Theoretical, Comparative, and Historical Studies,* New York: Harcourt Brace Jovanovich, 1986, p.31.

명 그리고 볼셰비키혁명과 중국혁명을 비롯하여 20세기에 일부 제3세계에서 전개되었던 민족해방운동에서만 그 예를 찾아볼 수 있다. 따라서 이처럼 인류역사상 별로 그 예를 흔하게 찾아볼 수 없는 근대적인 현상인 혁명운동에 대하여 포괄적인 이론화를 시도하는 것은 여러 가지 측면에서 문제가 있는 것도 사실이다. 그러나 다른 한편, 무슨 이유로 어떤 사회에서는 혁명적인 변화가 발생하는데, 또 다른 사회는 점진적인 변화과정을 겪게 되는지는 모든 사회과학자들이 갖는 공통의 관심사라고 할 수 있다. 이런 의미에서 중국혁명을 연구하려는 사람들에게도 혁명에 대한 일반이론을 간략하게 정리할 필요가 있다고 하겠다. 왜냐하면 중국혁명이야말로 제3세계에서 발생한 혁명적 변혁운동 중에서 가장 고전적인 예이기 때문이다.

그렇다면 왜 이처럼 급진적이고 폭력적이며 또한 근본적인 변혁을 추구하는 혁명운동이 폭발하는 것일까. 이런 질문에 대하여 다양한 이론이 제시되고 있지만, 대체로 혁명의 우발성(contingency)을 강조하는 견해와 혁명의 내재성(inherency)을 강조하는 견해로 대별할 수 있다.[2]

혁명의 우발성을 주장하는 견해는 혁명적 변혁이 모든 나라에서 발생하는 것이 아니라 특수한 역사적 상황과 조건에서만 발생하는 것이라고 전제하고 있다. 따라서 관심의 초점도 이 같은 '병리적 현상'을 산출한 '비정상적인 조건'이 무엇인가를 규명하는 데 두고 있다. 그러나 혁명적 변혁의 내재성 내지 잠재성을 강조하는 학자들은 어떤 사회든지 역사의 발전은 점진적으로 진행되는 것이 아니라 혁명적 단절과 변혁의 과정을 거친다고 주장하면서, 어떤 조건들이 어떤 형태의 혁명적 변혁을 낳게 하는가에 관심을 가진다.

물론 혁명의 내재성을 주장하는 학자들도 모든 사회가 동일한 형태

---

2) 이 같은 개념에 대해서는 Harry Eckstein, "Theoretical Approaches to Explaining Collective Political Violence," Ted Robert Gurr, ed., *Handbook of Political Conflict*, New York: The Free Press, 1980, pp.135-166 참조.

의 혁명적 변화과정을 거친다고 주장하지 않는 것처럼, 혁명의 우발성을 강조하는 학자들도 혁명을 우연의 산물로만 보지는 않는다. 따라서 이들의 차이는 실제로 혁명적 변혁과정을 설명하는 데에서는 그렇게 크게 나타나지 않는다고 하겠다. 이들은 모두 어떤 사회적·역사적 조건에서 혁명이 발생하는가, 또는 발생하지 않는가를 설명하려 한다는 점에서 상호 보완적이라고 할 수 있다. 이를테면 혁명의 우발성을 주장하는 학자들은 왜 중국에서는 다른 나라와 달리 폭력적이고 급진적인 혁명이 발생했는가를 질문하고 있는 데 비해, 혁명의 내재성을 주장하는 학자들은 왜 일본에서는 중국혁명과 같은 대변혁이 폭발하지 않았는가를 질문하고 있기 때문이다. 사실 중국이나 일본 그리고 근대화과정에 있는 거의 모든 나라들은 어떤 형태로든지 혁명적 변화의 과정을 경험하였고, 또 경험하고 있다고 하겠다. 그것을 전통사회의 붕괴와 근대사회의 등장이라는 근대화과정으로 이해하든 또는 봉건적 사회질서의 해체와 자본주의적 경제질서로의 이행과정으로 이해하든 상관없이 그 과정은 혁명적 진통을 수반하는 것이다.

그러나 배링턴 무어(Barrington Moore, Jr.)가 지적하는 것처럼, 모든 사회가 동일한 혁명적 변혁과정을 거쳐서 동일한 결과를 산출하는 것은 아니다. 배링턴 무어는 그 사회의 계급구조를 비롯하여 역사적·문화적·정치적 조건들이 복합적으로 작용하여 좌파독재의 혁명이 발생할 수도 있으며, 부르주아민주주의 혹은 파시즘의 길로 갈 수도 있다고 주장하였다.[3] 그렇다면 왜 중국에서는 근대화과정이 전통질서의 혁명적 붕괴와 부르주아민주혁명의 실패, 그리고 궁극적으로 중국공산당이 주도하는 이른바 신민주주의혁명의 승리로 귀결되었는가? 이런 질문에 대해 무어는 중국 전통사회의 구조적인 특징, 특히 농업경제의 상업화에 적응하지 못한 당시 지배계급의 성격 그리고 부르주아계급의 취약

---

3) Barrington Moore, Jr., *Social Origins of Dictatorship and Democracy: Lord and Peasant in the Making of the Modern World*, Boston: Beacon Press, 1970 참조.

성과 같은 역사적·구조적 조건들을 분석함으로써 그 해답을 찾으려고 하였다.

이러한 역사적·구조적 조건들이 중국혁명의 성격과 형태를 상당 정도 규정한다는 사실은 부인할 수 없다. 사실 중국은 물론이거니와 대부분의 제3세계 국가들은 이른바 근대화의 과정에서 심각한 혁명적인 위기를 경험하였다. 따지고 보면 서구의 경우도 제3세계의 경우와는 상당히 차별성을 보여주고 있기는 하지만 근대화과정이 그렇게 순탄한 것만은 아니었다. 영국혁명이나 프랑스혁명도 봉건적 전통질서의 위기로부터 비롯된 것이었으며, 볼셰비키혁명도 넓은 의미에서는 반(半)주변부 자본주의사회의 구조적·역사적 위기의 산물이었다. 이런 점에서 혁명은 구조적·역사적 위기의 산물이라는 점에는 이론이 있을 수 없다고 하겠다. 그럼에도 역사적·구조적 요인이 구체적인 혁명과정을 모두 설명해준다고 생각하는 것은 역사의 변화과정에서 인간의 역할을 지나치게 과소평가한다는 비판을 받을 수 있다.

맑스가 일찍이 지적했던 것처럼, 역사란 인간들이 자기 마음대로 만들 수 있는 것도 아니지만 그렇다고 해서 주어진 역사적·구조적인 조건에 의하여 피동적으로 주조되는 것도 아니기 때문에, 인간들이 역사의 주역으로서 주어진 조건에서 어떻게 역사를 만들어갔는가를 규명하지 않으면 안 된다. 이와 같이 역사를 인간이 만들어나가는 드라마라고 인식한다면 중국의 혁명과정을 설명하는 데 있어서도 혁명적 위기를 산출한 구조적·역사적인 조건을 규명하는 작업과 병행하여 역사의 주역인 인간집단들이 이 같은 혁명적 위기상황에 어떻게 대응했으며 그들의 성공과 실패는 중국혁명을 어떠한 형태로 변화시켜갔는가를 밝혀내지 않으면 안 된다.4) 다시 말해서 중국에서 19세기 중엽에 혁명적 상

---

4) 사회와 역사의 변화과정에서 나타나는 인간의 창조적 행동과 구조적 제약성의 관계에 대하여는 Philip Abrams, *Historical Sociology*, New York: Cornell University Press, 1982; Alex Callinicos, *Making History: Agency, Structure and*

황이 조성된 것은 전통질서의 해체라는 역사적·구조적인 요인에서 비롯된 것이지만 그 같은 혁명상황의 구조적 조건들이 구체적인 중국혁명의 형태와 결과까지를 미리 결정해주는 것은 아니라는 것이다. 중국혁명의 구체적 형태와 결과는 다양한 정치세력과 사회세력들의 대응방식에 따라서 어느 정도 달라질 수 있다는 전제하에, 왜 중국에서는 지배계급의 개혁이 실패하고 혁명적인 변혁의 길로 가게 되었으며, 또한 종국적으로 중국공산당의 신민주주의혁명의 승리로 귀결되었는가를 규명해야 한다.

이미 잘 알려진 바와 같이 중국사회는 19세기 중엽부터 격렬한 혁명적 변혁과정에 들어서면서 다양한 개혁운동과 혁명운동이 발생하였다. 전통적 봉건질서가 해체되는 과정에서 제국주의세력의 침투로 말미암아 더욱 증폭된 혁명적 위기상황을 극복하고 신중국을 건설하기 위한 위로부터의 개혁운동과 아래로부터의 혁명운동이 끊임없이 전개되어왔던 것이다.

1840년대에 중국사회를 뿌리째 뒤흔든 태평천국(太平天國)의 혁명운동과 1890년대의 의화단(義和團)운동이 전통질서의 붕괴를 예고하는 밑으로부터의 혁명운동 성격을 보여준 것이었다면, 1860년대 이후 개명된 청조의 관료계급에 의해 추진되었던 동치중흥(同治中興)운동, 양무자강(洋務自彊)운동 그리고 무술변법(戊戌變法)운동 등은 혁명적 위기상황을 타개하고 중국사회를 근대화하려 했던 지배계급의 개혁운동이었다고 할 수 있다. 그러나 이러한 위로부터의 개혁운동이 실패하고 중국사회의 혁명적 위기가 더욱 심화되면서 마침내 20세기로 접어들면서 중국의 전통문명과 질서를 근본적으로 변혁하려는 본격적인 혁명운동이 시작되었다고 하겠다. 1911년의 신해혁명, 1920년대의 국민혁명(國民革命) 그리고 1949년 중국공산당의 승리로 귀결된 신민주주의혁

Change in Social Theory, New York: Cornell University Press, 1988 참조.

명이 바로 그것이었다.

이와 같이 중국사회에서 아편전쟁(1839~1842) 이후 약 100년 동안 여러 가지 형태의 개혁운동과 혁명운동이 발생하였고 그리고 그것들은 모두 일정한 역사적 의미를 가지는 것이었지만, 결과적으로 거의 모두가 실패하거나 좌절되고 중국공산당이 주도한 신민주주의혁명만이 성공할 수 있었던 이유는 무엇일까?

모택동은 이러한 점에 대하여 1949년 중국공산당 창당 28주년 기념식에서 발표한 「인민민주전정론(人民民主專政論)」이란 논문에서 다음과 같이 신민주주의혁명의 역사적 배경을 설명하였다.

(1) 1840년 아편전쟁에서 패배한 이후 선진적 중국인들은 서방국가로부터 진리를 찾으려 하였다. 즉 서방세계에서 신학문을 학습하여 중국을 개혁하려 하였다. 그러나 서구제국주의의 침략으로 말미암아 점차 서구에 대한 미몽이 타파되었고, 서구로부터 학습한 것을 중국에서는 실현할 수 없다는 것을 깨달았다. 따라서 신해혁명과 같은 전국적인 규모의 개혁과 혁명이 시도되었지만 모두 실패하였고 중국의 사정은 더욱 악화되고 인민의 고통은 가중되었다.

(2) 이와 같은 과정에서 제1차세계대전이 발발하였고, 러시아의 10월혁명이 폭발하여 최초의 사회주의국가가 탄생함으로써, 중국인들의 사상과 생활은 새로운 시대로 들어서게 되었다. 중국인들은 러시아를 통하여 맑스-레닌주의를 접하게 되면서 중국의 문제를 새롭게 인식하게 되었다.

(3) 1921년 중국공산당이 창당된 후 손문과 협력하여 국민혁명을 추진했지만 손문이 사망하고 장개석과 국민당이 혁명을 '배반'함으로써 중국은 또다시 절망적인 상태에 빠지게 되었다. 그러나 중국공산당의 영도하에 중국인민이 단결하여 일본제국주의의 중국 침략을 격퇴하고 장개석정권을 타도함으로써 중국혁명의 승리를 쟁취할 수 있었다.

(4) 이로써 서구의 부르주아문명과 부르주아민주주의는 모두 중국인의 견지에서 볼 때, 중국에 적합하지 않다는 것이 증명되었다. 부르주아민주주의는 인민민주주의에 굴복하였고 부르주아공화제는 인민공화국으로 대치되었다. 사실 중국혁명과정에서 여러 가지 방안이 시도되었지만, 모두 실패하고 중국공산당과 노동자·농민계급이 영도하는 신민주주의혁명만이 신중국을 건설할

수 있다는 것이 증명되었다.[5]

이와 같이 모택동은, 아편전쟁 이후 중국사회가 당면했던 혁명적 위기상황을 극복하려고 했던 모든 개혁운동과 혁명운동은 결국 실패할 수밖에 없었다는 점을 강조하면서 중국공산당이 주도한 신민주주의혁명만이 신중국을 건설할 수 있는 길이었음을 역설하고 있다. 물론 이러한 모택동의 해석은 상당히 당파적인 것이란 점을 부인할 수 없다. 그러나 아편전쟁 이후 100여 년의 중국혁명과정에서 다양한 정치세력에 의한 개혁운동과 혁명운동이 등장하였지만 결과적으로 모두 좌절되었고 결국 중국공산당의 신민주주의혁명만이 승리했다는 역사적인 사실은 부인할 수 없다고 하겠다. 따라서 이 책에서 다루고자 하는 주제도 아편전쟁 이후 100년의 중국혁명과정을 조감하면서 중국공산당의 신민주주의혁명이 성공하게 된 역사적 배경과 혁명의 성격을 살펴보는 것이라고 할 수 있다.

이와 같은 문제에 접근하기 위해서 필자는 다음과 같은 몇 가지 질문을 제기하고자 한다. 첫째, 아편전쟁을 전후로 하여 중국사회가 당면했던 혁명적 위기의 성격은 무엇인가. 둘째, 이 같은 혁명적 위기에 대응하여 제시되었던 각종 개혁운동과 혁명운동의 내용과 성격은 어떤 것이었으며 그것들의 문제점은 무엇이었는가. 셋째, 모택동이 주장한 것처럼 중국에서 부르주아민주혁명은 실패할 수밖에 없었는가. 특히 손문과 장개석으로 연결된 국민당의 국민혁명운동이 좌절된 이유는 무엇인가. 끝으로, 중국공산당의 혁명전략은 어떤 시행착오를 거치면서 결국 신민주주의혁명의 승리를 얻어낼 수 있었는가. 이러한 질문들을 통해서 필자 나름대로 중국의 혁명과정을 설명해보려고 했다.

여기서 필자의 가설과 견해를 단순화하여 미리 제시해보면 다음과

5) 毛澤東,「論人民民主專政」,『毛澤東選集』, 第4卷, 北京: 人民出版社, 1969, pp.1357-1371.

같다. 즉 19세기 중엽 이후 중국사회는 전통질서의 해체와 근대사회로의 이행이라는 역사적이며 동시에 혁명적인 위기상황에 직면하게 되었다. 물론 이 같은 위기의 요인은 근본적으로 전통사회의 내적 한계로부터 유래된 것이지만 그와 같은 내부모순이 제국주의세력의 중국침략이란 외적 요인에 의하여 더욱 증폭, 심화되었다. 따라서 이 같은 위기상황을 극복하고 근대적인 신중국을 건설하려는 여러 가지 형태의 개혁운동과 혁명운동이 시도되었다. 그러나 그것들은 여러 가지 역사적·정치적 제약으로 말미암아 실패하였고, 그에 따라 중국의 혁명적 위기상황은 더욱 심화될 수밖에 없었다는 점을 강조하였다. 그러면서도 중국공산당이 주도한 신민주주의혁명 이외의 모든 개혁운동과 혁명운동이 처음부터 실패할 수밖에 없었다는 주장에 대해서는 의문을 제기한다.

앞에서도 지적한 것처럼, 중국의 혁명적 위기는 전통사회의 역사적·구조적 성격으로부터 산출된 것이기는 하지만 그와 같은 혁명적 위기상황의 역사적·구조적 성격이 특정 계급이나 특정 정치세력의 승리를 미리 전제하고 있는 것이 아니라는 점은 새삼스럽게 강조할 필요가 없다. 다시 말해서 중국혁명이 중국공산당의 승리를 미리 예정한 것은 아니라는 것이다. 중국에서도 일본의 명치유신과 같이 위로부터의 개혁과 근대화가 성공할 수 있었을지도 모르며 또한 국민당이 주도하는 국민혁명이 성공함으로써 전혀 다른 모습의 신중국이 탄생할 수 있었을지 모른다는 가정을 일단 설정해볼 필요가 있다는 것이다.

그럼에도 이러한 개혁운동과 혁명운동이 실패하거나 좌절하게 된 원인은 무엇일까? 그것은 개혁운동과 혁명운동을 주도했던 사회계급과 정치세력들의 역사적 한계의 결과이기도 하다. 이를테면 청조 개혁파들의 '계급적 한계'로 말미암아 전통질서에 대한 좀더 과감한 변혁을 실행하지 못함으로써 근대화의 위기를 오히려 심화시켰다고 주장할 수도 있고, 또한 반식민지사회였던 중국사회가 낳은 부르주아계급의 취약성으로 말미암아 중국에서는 고전적인 의미의 부르주아혁명이 성공할 수 없었다고 주장할 수 있다는 것이다. 그러나 이 같은 역사적·구조적인 요인들에 대한 지나친 강조는 복잡다기하고 역동적인 혁명과정을 단순화시키거나 기계적으로 해석하는 오류를 낳기도 한다.

따라서 필자는 중국혁명의 구조적·역사적 조건에 대한 분석과 더불어 중국혁명과정에서 등장하는 다양한 사회세력과 정치세력들의 성격과 문제점, 그리고 그들이 추진했던 정책과 전략이 무엇인가를 규명하려 하였다. 이 같이 구체적인 차원에서 중국혁명에 접근할 때, 비로소 중국혁명은 다양한 집단들과 세력들의 실패와 좌절, 그리고 성공으로 가득 찬 역동적인 인간의 드라마로 인식될 수 있기 때문이다.

제2장
전통질서의 붕괴와 혁명적 위기의 조성

　일반적으로 중국은 아편전쟁을 기점으로 전통사회가 붕괴하고 근대사회가 출현하기 시작했다고 한다. 이와 같은 시대구분에 대해서는 근대화론자들이나 맑스주의 학자들도 대체로 견해를 같이하고 있다. 물론 일부 전통주의적 학자들은 근대의 연원을 그보다 훨씬 이전의 시기, 다시 말해 서구와의 접촉이 시작된 16, 17세기로 잡고 있다. 그러나 중국이 근대화의 충격에 본격적으로 빠져들고 혁명적 위기상황이 조성되기 시작한 것은 아편전쟁을 전후로 한 시기라는 점에는 별다른 이론이 없다고 하겠다.

　근대화론자들의 입장에서 본다면 아편전쟁을 계기로 중국사회는 서구와의 접촉이 확대되면서 전통과 근대의 첨예한 충돌로 말미암아 근대화의 위기가 조성되었다는 것이고, 맑스주의자들에 의하면 아편전쟁 이후 중국은 제국주의와 자본주의의 침투가 심화되면서 전통적 봉건질서가 해체되는 위기국면에 직면하게 되었다는 것이다.

　이 같이 이들은 모두 아편전쟁 이후 중국사회가 과거에는 경험하지 않았던 전혀 새로운 문제에 당면하게 되었으며, 그것은 중국사회의 질적 변화를 요구하는 것이었다고 주장하는 점에서 공통점이 있다고 하겠다. 그러나 근대화론자와 맑스주의자들은 중국의 전통질서가 가지는 성격과 위기의 원인 그리고 그 해결방안에 대하여 날카롭게 대립되는 견해를 보이고 있는 것도 사실이다.

1. 전통질서의 성격과 위기에 대한 논쟁

중국 전통사회의 특징과 성격에 대해서 많은 학자들이 다양한 견해를 제시하고 있다. 그러나 대체로 관료-지주-향신(鄕紳)계급이 전통사회의 상층지배구조를 이루고 있으며, 전제적 정치체제를 장기간 유지하면서 고급문화(Great Culture)를 바탕으로 통일된 정치사회를 형성해왔다는 점 그리고 이러한 지배구조의 물적 바탕은 소농경제와 지주경제에 있었고 무수히 분절화된 촌락단위의 하부사회구조로 구성되어 있다는 점에는 이론이 없다.

그러나 학자들에 따라서 이 같은 전통사회의 성격과 특징에 대한 강조점이 조금씩 다르고 따라서 전통사회의 위기의 요인과 이를 극복하는 방안에 대한 인식도 차별성을 보여주고 있다. 특히 맑스주의론자들과 근대화론자들의 시각은 앞으로 살펴볼 중국혁명과정에 대한 상이한 인식을 반영하고 있다는 점에서 비교해볼 필요가 있다.

1) 맑스주의자들의 견해

일부 맑스주의 학자들은, 맑스의 아시아적 생산양식론에 근거하여 중국의 전통사회를 강력한 국가의 존재와 자급자족적 소규모 촌락공동체로 구성된 사회구성체라고 주장하고 있다.[1] 그러나 주류 맑스주의 학자들은 맑스의 고전적인 역사발전단계론에 입각하여 중국의 전통사회를 봉건사회라고 규정하고 있다. 다시 말해서 주(周), 진(秦) 시대 이후 19세기까지 약 3,000년이란 장기간을 봉건사회로 구분하고, 중국의 전통 봉건사회는 소농경제를 바탕으로 한 지주경제와 중앙집권적 정치체제를 유지하는 특이성이 있다고 주장한다. 따라서 중국의 전통사회는 기본적으로 지주-향신-관료들의 지배계급과 소농경제에 종사하는 농민, 수공업자 등 피지배계급으로 양분된 계급사회이며 지배계급에 의한 피지배계급의 착취와 수탈로 말미암아 전통사회의 발전이 제약당해왔다고 인식하고 있다.[2]

그러나 이들은 일부 근대화론자들이 제기한 '동양사회정체론'을 비판하면서, 중국에서도 봉건사회가 내부적인 발전을 통하여 자본주의사회로 이행할 수 있는 가능성이 전혀 없었던 것이 아니라는 이른바 '자본주의 맹아론'을 주장하기도 하였다. 특히 모택동이 1939년 「중국혁명과 중국 공산당」이란 논문에서 "중국의 봉건사회는 상품경제가 발전함으로써 자본주의의 맹아를 내포하고 있었으며, 외국자본주의의 영향이 없었다면 점진적으로 자본주의사회로 발전할 수 있는 가능성이 있었다"[3]고 주장한 이후 자본주의 맹아론이 중국공산당의 공식견해가 되었다.

이 같은 자본주의 맹아론은 송대 이후 명, 청에 이르기까지 중국에서 공장제 수공업과 상품경제가 발전했다는 사실에 근거하고 있다. 그러나 이와 같은 자본주의의 맹아가 있었음에도 불구하고 자본주의가 발전하지 못한 이유에 대하여 이들은 지주토지제에 입각한 봉건적 수탈로 인해 소농경제의 확대재생산이 저지되었다고 주장함으로써 계급혁명의

---

1) 맑스의 '아시아적 생산양식'에 대한 설명과 이에 대한 논쟁에 대해서는 신용하편, 『아시아적 생산양식론』, 까치, 1986 참조.
2) 이 같은 견해에 대해서는 Fu Zhu Fu, "The Economic History of China: Some Special Problems," *Modern China*, 7: 1, January 1981, pp.3-30.
3) 毛澤東, 「中國革命和 中國共産黨」, 『毛澤東選集』, 第2卷, 北京: 人民出版社, 1968, p.589.

필요성을 강조하고 있다. 다시 말해 이 같은 봉건적 수탈구조를 타파하
는 계급혁명을 통해서만 생산력의 해방을 실현할 수 있으며 중국사회
의 질적 변화, 즉 봉건사회에서 자본주의로부터 사회주의사회로의 역사
적 이행이 가능하다는 것이다.[4] 결국 맑스주의 학자들은 자본주의 맹아
론을 주장하면서도, 중국의 봉건사회가 내재적인 발전을 통하여 자본주
의사회로 이행하는 데 실패했다고 함으로써, 사실상 중국의 봉건질서가
약 3,000년 동안 근본적인 변화 없이 지속되었다는 동양사회 정체론을
암묵적으로 인정한 셈이었다.

　비록 봉건적 착취와 억압에 저항하는 농민봉기가 수없이 발생하였고
그것이 당시의 봉건정권에 타격을 주었으며 일정 정도 사회생산력의
발전요인으로 작용했다고 역설하면서도, 그것이 새로운 생산력과 생산
관계를 산출하는 데 이르지 못했기 때문에 봉건질서의 질적 변화를 실
현하지 못했다는 것이다. 그러나 아편전쟁 이후 중국사회는 외국자본주
의의 침투와 중국내의 자본주의적 요소의 발전으로 말미암아 봉건질서
의 근본적 변화를 요구하는 혁명적인 위기상황이 초래되었다고 주장함
으로써, 근대화론자들과 함께 아편전쟁을 전통과 근대를 구분짓는 시기
로 설정하였다.[5]

2) 비맑스주의자들의 견해

　중국 전통사회에 대한 비맑스주의 학자들의 견해를 모두 소개할 수
없지만 대표적인 예로 발라즈(Etienne Balazs)의 관료국가론, 에버하르

4) 이 같은 주장에 대해서는 앞에서 언급한 毛澤東의「中國革命和 中國共産黨」
　 이란 논문 이외에 Victor D. Lippit, "The Development of Underde- velopment
　 in China," *Modern China*, 4: 3, July 1978, pp.251-330 참조.
5) 이 같은 문제에 대해서는 Arif Dirlik, "Chinese Historians and the Marxist
　 Conception of Capitalism," Modern China, 8: 1(January 1981), pp.105-132;
　 민두기 편, 『중국사 시대구분론』, 창작과비평사, 1984, pp.359-391 참조.

트(Wolfram Eberhard)의 사인(士人)사회론, 그리고 송영배 교수의 동양
사회론 등을 들 수 있는데, 이들은 다음과 같은 점에서 맑스주의 학자
들과 차이점이 있다고 할 수 있다.6)

이들은 대체로 맑스주의 학자들이 주장하는 아시아적 생산양식론이
나 봉건사회론을 부정하고 있다. 중국에서는 토지의 사적소유가 일찍부
터 존재했다고 지적하면서 토지에 대한 공동소유를 전제로 하고 있는
아시아적 생산양식의 특징은 중국에서는 찾아볼 수 없다고 주장하였다.
또한 관료제를 바탕으로 발전한 중국의 전제군주체제도 서구의 봉건사
회와는 아주 다르다고 지적하면서 중국의 전통사회를 봉건사회로 규정
하는 것에 대해 반대하고 있다.

또한 이들은 관개 가설에 입각하여 중국을 동양적 전제주의(oriental
despotism)로 파악하였던 비트포겔(Karl Wittfogel)의 견해에 대해서도
비판적이다.7) 송영배 교수에 의하면, 진나라와 같이 강력한 국가가 등
장한 북부중국에서는 오히려 관개사업이 부진하였고 관개사업이 발전
했던 남부중국의 경우도 국가적인 차원에서 대규모의 토목사업이 실시
되었던 것이 아니라 지방단위에서 소규모의 관개사업이 추진되었다는
것으로 미루어보아 대규모 관개사업을 추진하는 과정에서 강력한 국가
가 등장하게 되었다는 비트포겔의 가설은 입증되지 않는다는 것이다.

또한 이들은 중국의 전제체제가 일반적으로 생각하는 것처럼 황제의
절대권력을 보장해주는 것이 아니라, 황제의 권력이 관료와 향신세력에
의해 견제받는 관료국가라고 이해하는 것이 옳다고 주장하고 있다. 이
때 관료국가와 사회부문을 연결해주는 독특한 엘리트집단이 바로 향신
이며 이들 관료와 향신계급의 물적 토대는 토지의 사유제에 입각한 소

6) Etienne Balazs, *Chinese Civilization and Bureaucracy*, New Haven: Yale University
Press, 1964; Wolfram Eberhard, 「봉건사회와 사인사회」, 민두기 편, 앞의 책,
329-343쪽; 송영배, 『중국사회 사상사』, 한길사, 1986, 117-280쪽 참조
7) '동양적 전제주의'에 대해서는 칼 비트포겔 저, 구종서 역, 『동양적 전제주의』,
법문사, 1991 참조.

농경제이고 이들의 계급적 기반은 지주라는 점을 인정하고 있다.[8] 따라서 중국의 전통사회에서 지배계층은 관료-향신-지주로 구성되어 있고, 이들을 중심으로 고급문화가 형성, 발전해왔다는 것이다. 그러나 이와 같은 지배질서가 딛고 서 있는 하부구조는 분절화되고 개별화되어 있는 촌락사회이며 이런 점에서 중국은 기본적으로 이중사회-이중문화의 특징도 가지고 있다는 것이다.

이와 같이 전통질서를 유지하면서도 농경사회의 경제발전이 추진되어 송대(960~1279)에는 '중세적 경제혁명'이라고 일컬을 수 있는 공장제 수공업과 상업의 발전이 있었다는 것이다. 즉, 농업경제의 상업화, 도시 인구의 증가, 과학기술의 발달 등으로 16, 17세기경에 자본주의 맹아라고 할 수 있을 경제적 역동성을 보여주었다는 것이다. 그럼에도 불구하고 중국경제의 질적 변화를 이룩할 만한 '돌파구'를 찾지 못했던 이유는 무엇인가? 엘빈(Mark Elvin)에 의하면 중국의 전통경제가 '고도의 평형 함정(high-level equilibrium trap)'에서 벗어날 수 없었기 때문이라고 한다.[9] 다시 말해서 전통적인 기술과 제도가 산출할 수 있는 최고의 생산성을 유지하면서도, 새로운 과학기술과 제도를 받아들여 경제의 질적 변화를 실현하지 못함으로써 전통사회의 위기가 조성되었다는 것이다.

그렇다면 왜 중국은 전통질서의 평형(equilibrium)을 깨지 못했는가라는 질문이 제기된다. 다시 말해서 왜 서구사회는 내재적인 발전을 통해서 근대화를 달성했던 데 비하여, 중국이나 다른 비서구사회는 서구의 충격이 있기 전까지 그와 같은 내재적 발전을 통하여 근대사회로 이행하지 못한 이유가 무엇인가라는 질문이 제기될 수 있다는 것이다. 이런

---

8) 향신계급에 대한 고전적인 연구로는 Chung-Li Chang, *The Chinese Gentry: Studies on Their Role in Nineteenth-Century Chinese Society*, Seattle: University of Washington Press, 1970이 있다.

9) Mark Elvin, *The Pattern of the Chinese Past*, Stanford: Stanford University Press, 1973 참조.

문제에 대한 간접적인 해답은 왜 서구에서만 자본주의적 산업경제가
발생했는가라는 문제와 관련된다. 근대화론자들에 의하면 서구의 독특
한 제도(봉건제도), 가치와 문화적 요인(베버의 프로테스탄트 윤리와 자
본주의), 그리고 다양한 역사적-우연적 요인이 결합하여 서구사회는 내
재적인 발전과정을 통하여 근대화와 자본주의로 나아갔던 데 비하여,
중국에서는 서구의 충격이 있기 이전까지 전통질서가 근대화의 강력한
저해요인으로 작용했다는 것이다.

3) 전통질서의 성격에 관한 논쟁이 지닌 함의

이상에서 살펴본 바와 같이 맑스주의와 비맑스주의 학자들은 모두
중국의 전통사회가 관료-향신-지주로 구성된 소수의 지배계층과, 분절
화된 촌락공동체를 중심으로 소농경제에 종사하는 농민, 수공업자들로
구성된 피지배계층으로 형성되어 있다는 점에서 일치된 견해를 보이고
있다. 또한 이들은 전통질서의 물적 토대를 이루고 있는 농촌경제는 상
당한 역동성을 보여주기도 했지만, 19세기에 이르러 모든 발전의 가능
성을 소진함으로써 질적 변화를 통하지 않고서는 더 이상의 발전이 불
가능하게 되었다고 공통적으로 진단하고 있다.

즉 19세기의 중국사회는 계급혁명을 통하거나 또는 근대화를 통하여
전통사회와는 근본적으로 성격이 다른 사회구성체로 이행해야 한다는
구조적·역사적 필연성을 내포하고 있었기 때문에, 이 시기에 나타난
위기는 과거의 왕조순환기에서 흔히 발견될 수 있는 전통적 위기와 성
격을 달리하는 '혁명적 위기'라고 인식하고 있다는 점에 대해서도 별다
른 의견의 차이가 없었다.

그러나 이 같은 전통질서의 혁명적 위기를 극복하고 새로운 사회구
성체로 이행하기 위해서 맑스주의 학자들은 계급혁명을 강조하고 있는
반면 근대화론자들은 근대적인 과학기술과 가치의 도입을 강조한다는

점에서 기본적 차이가 있다고 하겠다. 이 같은 차이는 중국사회의 성격과 발전전략에 관한 1920년대와 1930년대의 맑스주의자들과 자유주의적 지식인들 간의 논쟁에서도 재연되었으며, 중국혁명에서 중국공산당이 승리한 후 중국사회의 발전전략과 관련하여 전개되었던 소위 두 개의 노선투쟁과정에서도 반복되었다.10)

2. 전통질서의 위기요인과 증후군

19세기에 접어들면서 전통질서가 동요하고 있다는 위기의 증후가 여러 가지로 나타나기 시작하였다. 그것은 첫째로, 흔히 왕조의 순환기에 발견되는 정치적·행정적 이완현상과 더불어 지배계급의 도덕성 상실로 말미암아 더 이상 과거와 같은 형태로 지배할 수 없는 상황이 조성되었으며, 둘째로, 인구의 증가와 절대 경작면적의 부족 등으로 농촌경제의 위기가 심화되었고, 셋째로, 이 같은 내재적 요인으로 동요하기 시작한 전통질서는 서구 제국주의세력의 중국침략이 확대되면서 문명사적 위기로까지 증폭되었다.

1) 지배계급의 도덕성 상실

중국의 전통질서는 관료-향신-지주가 중심이 되어 통치체제가 운영되어온 관료국가이며, 또한 사인사회이기 때문에 관료와 향신 그리고 지주계급이 전통질서를 유지하는 데 핵심적인 역할을 한다는 것은 새삼 강조할 필요도 없다.

이들 전통질서의 지배계급인 관료와 향신 그리고 지주계급들은 한편

---

10) 서진영, 「모택동의 정치 경제학과 4개 현대화 정책의 발전이론 비교」, ≪중국학논총≫, 제1집, 고려대학교 중국학회, 1984, 127-156쪽.

으로는 소농경제를 바탕으로 분절화된 촌락사회에 대하여 정치적·사회적·경제적 지배와 착취를 시행하지만, 또 다른 한편으로 이들은 사회 전반에 걸쳐 전통질서의 규범과 가치를 견지함으로써 중국의 전통문화와 질서를 수호하여왔다 해도 과언이 아니다. 특히 향신과 지주계급은 중앙정부의 정치적인 변화에도 불구하고 수천 년 동안 중국의 농촌사회와 농촌경제생활을 지배하면서 전통질서의 계속성을 담보하였다. 따라서 왕조의 순환은 자주 발생했지만 전통질서의 기본적인 골격과 성격이 바뀌지 않고 지속될 수 있었던 것도 기본적으로 동질적인 관료-향신-지주의 계급구조가 유지되었기 때문이라고 할 수 있다.

그런데 19세기에 들어와 이 같은 지배계급의 구성과 성격에 중대한 변화의 조짐이 나타나기 시작하였다. 우선 과거에 비하여 관료와 향신 등 지배계층의 수적인 증가와 더불어 지방엘리트들의 동질성이 파괴되었고 지배계급의 도덕적·사회적 책임감이 약화되면서 민중부문에 대한 노골적인 억압과 착취가 자행됨으로써 지배의 정당성을 점차 상실하게 되었다.

정확한 통계는 없지만, 일부 연구결과에 의하면 18세기 말에 중국의 3~4억 인구 중에서 고위관료는 약 2만 3,000명 정도였고 이들의 연평균 수입은 은화로 5,000량이었다고 한다. 당시 노동자들의 연평균 수입이 10량이라는 점을 고려한다면 계급 간의 형식적인 소득불평등의 정도를 쉽게 짐작할 수 있다.[11] 또한 에버하르트에 의하면, 중국의 향신계급은 BC 250년 이후 형성되기 시작하여 지배집단의 특정 사회구조로 정착되었다고 하는데, 19세기 초에 협의의 향신계층은 전 인구의 약 1.2%를, 19세기 말에는 전 인구의 1.9%를 점유하게 되었으며, 향신과 지주계층을 합하면 전체 농촌인구의 약 3%를 차지하게 되었다고 한다.[12]

---

11) Victor Lippit, op. cit., p.300.
12) Chung-li Chang, op. cit., pp.140-141.

이와 같이 향신과 관료계급의 숫자가 증가한 것은 앞에서 지적한 바와 같이 송대 이후 상업 등이 발전하면서 민간부문에 축적된 부를 바탕으로 유교사회의 특권신분을 획득하려는 계층이 매관매직 등의 방식으로 진출했기 때문이라고 할 수 있다. 이로 인해 지방사회의 안정과 발전에 책임을 지고 있는 향신계급의 동질성이 파괴되고 기생적인 성격이 강화되면서, 지배계급으로서의 도덕적 정당성이 약화되고 농촌사회의 불안정을 가속화시키는 요인으로 작용했다는 것이다.

2) 농촌경제의 위기와 농촌사회의 동요

이미 앞에서 언급한 바와 같이 19세기의 중국경제는, 특히 농촌경제는 새로운 과학기술이나 자본의 집중적인 투자가 이루어지거나 또는 농촌 경제구조의 근본적인 변혁이 일어나지 않고서는 벗어날 수 없는 '고도의 평형함정'에 빠져 있었다. 이와 같은 상황에서는 인구의 증가와 더불어 절대 경작면적의 부족에서 파생되는 냉혹한 '맬더스적 악순환(Malthusian Cycle)'이 되풀이될 수밖에 없었다.[13]

사실 장기간에 걸친 정치적 안정과 경제적 발전은 청대 후반기에 급속도의 인구증가 현상을 초래하였다. 전통사회의 인구통계에 대한 자료는 그 신빙성이 대단히 의심스러운 것이긴 하지만, 일부 자료에 의하면 1741년경에 중국의 인구는 이미 1억 4,300만 명이었으며 1841년경에는 무려 4억 1,300만 명에 이르게 되었다고 한다.[14] 비록 이 같은 통계

---

13) '맬더스적 악순환'이란 영국의 경제학자인 맬더스(Thomas R. Malthus)의 인구와 식량생산의 상호관계에 대한 것이다. 즉 인구의 증가는 기하급수적인 데 비하여 식량생산의 증가는 산술적이기 때문에, 농업생산성의 획기적인 변화가 없는 한 인구증가가 지속되어 한계점에 이르게 되면 마침내 질병과 기근, 전쟁 등이 발생하여 인구증가를 억제하게 된다는 것이었다. 이 같은 맬더스의 테제를 원용하여 중국에서 인구증가와 감소의 악순환을 설명하는 학자들도 있다.
14) 송영배, 앞의 책, 215-217쪽.

<표 1> 19세기 중국에서 발생한 민변의 횟수

시기	1836 ~1845	1846 ~1855	1856 ~1865	1866 ~1875	1876 ~1885	1886 ~1895	1896 ~1911
횟수	246	933	2,332	909	385	314	653

출처: C. K. Yang, "Some Preliminary Patterns of Mass Action in Nineteenth Century in China," in Frederic Wakeman, Jr., and Caroyln Grant, eds., *Conflict and Control in Late Imperial China*, Berkeley: University of California Press, 1975, p.190.

를 그대로 믿을 수는 없다 하더라도, 19세기에 들어와 중국인구가 급격하게 증가하여 근대적인 과학기술과 자본의 투입으로 생산력의 비약적 발전을 실현하지 않고서는 절대경작면적의 부족과 더불어 심각한 농촌경제의 위기가 초래될 수밖에 없었다는 것은 당연한 귀결이라고 할 수 있다.

더구나 맑스주의 학자들이 지적하고 있는 것처럼 전통경제의 테두리 안에서 상품경제가 발전하면서 축적된 부의 상당부분이 매관매직 등 비생산적인 분야로 유출되거나 또는 토지에 대한 투자로 집중되면서 토지소유의 불평등과 부재지주의 증가현상이 두드러지면서 농촌사회의 불안정성은 더욱 심화되었다. 이 같은 농촌사회의 불안정성은, 19세기에 들어와 이른바 민란이 급격하게 증가하는 추세를 보여주고 있다는 사실로도 증명된다. <표 1>은 19세기에 들어서면서 민변(民變)의 횟수와 기간, 그리고 참가자 수가 급격히 증가되는 경향을 보여주고 있다. 특히 아편전쟁 이후 즉 1846년경부터 1875년 사이에는 태평천국의 혁명운동을 비롯하여 대규모의 농민봉기가 전국적으로 발생, 확산됨으로써 전통사회가 심각한 위기국면에 봉착하고 있었다는 것을 보여주고 있다.

3) 제국주의의 침략과 문명사적 위기의 조성

아편전쟁을 계기로 서구열강의 중국침략이 본격적으로 전개되면서
중국은 세계자본주의에 편입되기 시작하였다. 아편전쟁은 1839년 중국
정부가 아편무역으로 파생되는 경제적·사회적 문제를 근절하기 위하여
당시 광주(廣州)지방에서 아편무역에 종사하던 영국계 외국상사를 폐쇄
하고 아편을 몰수하자 이를 구실로 영국이 무역자유화를 내세우면서
중국에 대한 무력행사를 감행한 것이었다.

아편전쟁은 현대적인 무기로 무장한 영국함대의 무력시위에 굴복하
여 청조가 이른바 남경조약(南京條約)을 체결함으로써 일단 종결되었
으나 이를 계기로 영국, 프랑스, 미국, 러시아 등의 중국침략이 본격적
으로 전개되었다. 이미 1841년 남경조약에서 청조는 영국에게 홍콩을
할양하였고, 광주, 복주(福州), 하문(廈門), 영파(寧波), 상해 등 5개 항
을 개항하기로 하였으며 막대한 배상금을 지불하기로 하였다. 그뿐만
아니라 그 이후 남경조약에 준하여 비슷한 특권을 미국, 프랑스, 러시
아 등에게도 약속하지 않을 수 없게 되었다. 특히 1858년에는 영국과
프랑스 연합군이 광주지방을 점령하고 천진까지 북상하여 중국정부를
압박하며 불평등조약을 강요하였고 미국이나 러시아도 동등한 특권을
요구하였다. 따라서 중국은 외국공관의 북경주재를 인정하였고, 한구
(漢口), 영구(營口) 등 10개 항구를 추가로 개항했으며 양자강의 개방과
영사재판권의 확대 등을 약속하였다.

이와 같이 서구 제국주의국가들의 중국침략이 아편전쟁 이후 급속도
로 확대되면서 중국의 전통질서에 이미 내재해 있던 위기는 더욱 악화
되었다. 정치적인 차원에서 서구 제국주의세력에 대한 청조의 계속적인
패배와 굴욕적인 자세는 청조의 취약성을 노출하고 정치적인 정통성을
심각하게 훼손함으로써 권위의 위기를 가속화하였다. 경제적인 차원에
서도 아편무역에서 보여주는 바와 같이 중국경제는 서구 제국주의세력

의 침투로 말미암아 자본유출과 더불어 중국경제의 왜곡현상이 나타나
기 시작하였다.

물론 서구의 경제침투는 근대화론자들이 주장하는 것처럼 중국경제
의 위기를 조성한 근본적인 요인도 아니며, 또한 반드시 부정적인 영향
만을 끼친 것이 아닐지도 모른다. 근대화론자들에 의하면, 서구의 제국
주의 침략은 경제적인 차원에서만 고려해볼 때 시기적으로나 지역적으
로 제한된 것이었기 때문에 중국경제의 위기에 중대한 영향을 미치지
않았다고 주장한다. 즉 중국에 대한 서구 제국주의국가들의 경제적인
침투가 본격적으로 시작된 것은 1895년의 청일전쟁 이후이며 이때에도
서구의 경제적 영향은 개항도시와 양자강 유역지방, 그리고 일부 해안
지방에 국한되었다는 것이다. 더구나 서구의 영향으로 근대화가 상당히
진척된 1930년대에도 근대적인 산업부분이 국민총생산량 중에서 차지
하는 비율은 14.3%에 불과했다는 점을 고려한다면 서구의 영향 특히
경제적 영향으로 중국경제의 위기가 초래되었다는 것은 지나친 과장이
라는 것이다.

또한 근대화론자들은 외국상품의 유입으로 말미암아 중국의 전통적
수공업이 파산하고 중국경제의 위기를 초래했다는 주장에 대해서도 비
판적이다. 일부지방에서 서구의 면방직공업제품의 수입으로 말미암아
전통적인 수공업이 도산하는 일이 있었던 것은 사실이지만, 다른 지방
에서는 근대적인 산업과 관련된 새로운 수공업과, 연관 업종이 발전함
으로써 중국의 경제발전에 기여했다고 주장하고 있다. 특히 이들은 잉
여수탈이란 측면에서 중국으로부터의 자본유출은 그렇게 심각한 정도
가 아니었으며, 오히려 재투자를 통해 중국의 근대산업 발전에 기여했
다고 주장하고 있다. 대체로 근대화론자들은 서구의 역할이란 전체적으
로 보아 제한적인 것이었으며 중국의 전통적 경제질서가 빠져 있었던
고도의 평형함정을 파괴함으로써 오히려 중국경제의 근대화를 촉진하
는 데 기여했다고 주장한다.15)

이와 같은 근대화론자들의 주장에 대하여 맑스주의 학자들은 아편무
역에서 보여준 바와 같이 서구 제국주의국가들은 수단과 방법을 가리
지 않고 잉여의 수탈을 자행하였으며, 국내산업의 발전을 저해했을 뿐
만 아니라 중국경제를 세계 자본주의경제에 편입함으로써 경제적 불안
정과 종속경제를 초래했다고 비판하였다. 더구나 서구제국주의의 침략
이 끼친 해독을 단순히 경제적인 차원에서만 분석하려는 것은 잘못이
라고 지적하고 있다. 특히 '기회비용(opportunity cost)'이란 차원에서
서구의 제국주의적 침략으로 중국은 자생적 발전의 가능성을 상실하였
고 모든 부분에 걸쳐 파행·왜곡·불안정이 초래되었다는 점을 고려한
다면, 서구의 침략이 중국위기를 확대, 증폭시킨 중요한 요인이라는 것
이다.16)

그러나 맑스주의 학자들도 중국사회의 위기가 근본적으로 제국주의
적 침략으로부터 발생했다고 주장하는 것은 아니다. 이들도 근대화론자
들과 마찬가지로 중국의 위기는 전통질서의 내부적 모순으로부터 파생
했다는 점을 부인하지 않는다. 그러나 서구의 제국주의적 침략으로 말
미암아 중국사회의 모순과 갈등이 왜곡, 심화됨으로써 정상적인 근대사
회로의 이행이 지연되었다는 것이다.

단순히 경제적인 차원에서 살펴보면 서구의 영향은 근대화론자들이
주장하는 것처럼 그렇게 심각한 것이 아니었을지도 모른다. 특히 본격

---

15) 이 같은 근대화론자들의 제국주의의 경제적 영향과 역할에 대한 견해는 John
Fairbank, Alexander Eckstein, L. S. Yang, "Economic Change in Early Modern
China: An Analytic Framework," *Economic Development and Cultural Change*, 9:
1, October 1960, pp.2-26; Hou, Chi-Ming, *Foreign Investment and Economic
Development of China 1840-1937*, Cambridge: Harvard University Press, 1965;
Rhoads Murphey, "The Treaty Ports and China's Modernization," Mark Elvin
and G. William Skinner, eds., *The Chinese City between Two Worlds*, Stanford:
Stanford University Press, 1974 등을 참조.

16) Joseph Esherick, "Harvard on China: The Apologetics of Imperialism," *The
Bulletin of Concerned Asian Scholars*, 4: 4, December 1972, pp.9-15.

적인 서구의 자본진출은 19세기 말부터 진행되었다는 점을 고려한다면, 초기에 서구의 영향이 시기적으로나 지역적으로 제한적이었다는 근대화론자들의 주장도 전혀 타당성이 없는 것은 아니라고 할 수도 있다. 그러나 서구제국주의의 침투가 중국사회에 미친 영향은 단순히 경제적·물질적 차원에서만 파악될 수 있는 것은 아니다. 그것은 사회문화적인 차원에서 오히려 더욱 심각했다고 할 수 있다.

특히 서구의 침략은 전통적인 중화주의의 붕괴를 초래함으로써 중국사회 전체에 충격을 던져주었다. 즉 서구의 제국주의적 침략은 단순히 정치-군사-경제적인 패배와 굴욕으로 끝난 것이 아니라 중국의 전통문명 자체에 대한 근본적인 도전이란 차원에서 문명사적 위기를 낳았던 것이다.[17] 실제로 제국주의세력들은 중화주의적 세계관을 철저히 무시, 파괴했을 뿐만 아니라, 중국문명의 전통과 가치에 대해서도 정면으로 도전함으로써, 중국의 패배를 단순히 군사적·정치적·경제적인 패배로 인식하기보다는 전통문명의 패배로 인식하게 했다. 이러한 점에서 서구의 제국주의적 침략은 중국의 위기를 초래한 근본원인은 아닐지라도 중국사회의 위기를 증폭시키고 혁명적인 상황으로 심화, 발전시킨 중요한 요인으로 작용했다고 할 수 있다.

3. 혁명적 위기의 폭발: 태평천국의 혁명운동

이와 같이 19세기 중엽에 중국사회가 안고 있던 심각한 혁명적 위기 상황을 적나라하게 표출한 사건은 두말할 것도 없이 태평천국의 혁명이었다. 태평천국의 혁명운동은, 1851년 3월에 홍수전(洪秀全)에 의해 조직된 '배상제회(拜上帝會)'를 중심으로 광서성 계평현 금전촌에서 청

---

17) 문명사적 위기에 대하여는 Ishwer C. Ohja, *Chinese Foreign Policy in an Age of Transition*, Boston: Beacon Press, 1971, pp.26-50 참조.

<그림 1> 태평천국의 활동지역

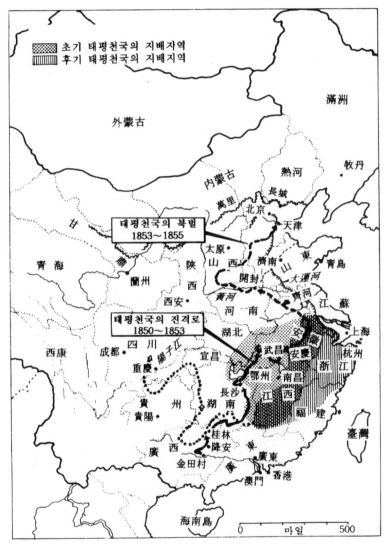

출처: Immanuel Hsu, *The Rise of Modern China*, London: Oxford University Press, 1975, p.286.

조의 타도와 태평천국의 건설을 내세우고 봉기한 19세기 최대의 농민
봉기였다.[18] 이들은 불과 봉기 2년여 만인 1853년에 남경을 점령하고
남경을 천경(天京)으로 개칭하고 약 10개의 성을 통치하는 태평천국을
설립, 한때 청조의 운명을 결정적으로 위협하기도 하였다. 태평천국의
세력이 강성했을 때에는 연인원 300만 명이 동원되기도 하였으며, 17
개의 성까지 전란이 확산되었고 천진도 이들에게 위협당하였다. 그러나
1856년 이후 태평천국 내부의 권력투쟁과 분열, 혁명적 이상주의의 쇠
퇴와 타락, 그리고 한족 향신계급의 저항운동 등에 봉착하면서 그 세력
이 급격히 약화되기 시작하여, 1864년 7월에 남경이 함락되고 주요 지
도부가 체포, 처형되면서 몰락하고 말았다.[19]

이와 같이 중국 전체를 혁명의 소용돌이 속으로 휘몰아 넣은 태평천
국 혁명운동의 성격을 간략하게 설명하기는 대단히 어려운 일이다. 그

---

18) 홍수전은 광동성 花縣의 客家 출신이었다. 홍수전의 가계는 남송의 명사인
洪皓의 자손이라고 하지만, 홍수전의 부모 대에 와서는 중농 정도의 평범한 농
민으로 전락하였다. 그러나 홍수전은 일찍이 과거에 뜻을 두고 여러 차례 응시
하였으나, 과거 예비시험에서 세 번이나 낙방하였다고 한다. 이로 말미암아
1817년에는 좌절과 실의로 40여 일간 고열 등 중병을 앓았는데, 이때 그는 천
상에 올라가 지상의 요괴를 토벌하라는 계시를 받았다고 한다. 그 후 1843년에
홍수전은 우연한 기회에 광주에서 기독교 중국어 입문서인 『권세양언』이란 책
을 구입하여 읽고는, 그가 병상에서 경험한 환상과 일치하는 점이 많은 데 착
안하여, 스스로를 예수의 實弟이며, 자신의 사명은 악마와 우상을 타파하고 지
상에 천국을 건설하는 것이라고 믿게 되었다. 따라서 홍수전은 그의 마을에서
孔子像을 철거하고 몇몇 신도들을 모아 拜上帝會라는 신흥종교를 창설하였다.
그러나 그의 향리인 광동성 화현지방에서는 별로 큰 호응을 얻지 못하자, 광서
지방의 객가 빈민을 상대로 포교활동을 전개하고 마침내 1851년 1월 10일, 그
의 탄생일에 봉기하기에 이르렀다. 中嶋嶺雄 編, 『中國現代史』, 有斐閣,
1990, pp.12-14.

19) 태평천국의 혁명운동에 대한 자료와 연구는 대단히 많다. 영문으로 된 것 중
에서는 Franz Michael and Chung-li Chang, *The Taiping Rebellion: History and
Documents*, 3 vols, Seattle: University of Washington Press, 1966; Vincent Y.
C. Shih, *The Taiping Ideology: Its Sources, Interpretations, and Influences*, Seattle:
University of Washington Press, 1967 등을 참조할 수 있다.

러나 대체로 다음과 같은 점에서 태평천국의 혁명적인 의미를 이해할 수 있다고 하겠다.[20]

첫째, 태평천국의 혁명운동은 민족혁명적 성격을 띠고 있었다. 홍수전(洪秀全)을 비롯한 태평천국의 지도자들이 봉기하면서 발표한 격문, 즉 "하늘의 뜻을 받들어 오랑캐를 토벌한다(奉天討胡檄)"는 명분 자체가 근대적인 민족주의에서 유래한 것이라고 생각하는 것은 무리일지 모르나, 그것은 명이 멸망한 후 만주족의 지배에 저항하려는 모든 반청세력들이 내세운 공통구호였다. 이런 점에서 태평천국의 반청복명(反淸復明)의 명분은 이들 저항세력의 지원을 획득하려는 의도에서 제시한 것이라는 점을 부인하기 어렵다. 그러나 19세기의 역사적 상황에서 이 같은 구호는 한편으로 종족적인 차원에서 만주족에 의한 지배에 내재해 있는 반민족성을 부각시키고, 그들의 정통성에 직접적으로 도전했다는 점에서 혁명적인 의미를 내포하고 있었으며, 또 한편으로는 민족국가로서 중국의 위치와 성격을 본격적으로 재조명해보는 촉매적 역할을 했다는 점에서 근대적인 의미를 가진다고 할 수 있다. 태평천국의 혁명운동 이후 중국혁명과정에서 종족적·민족적 요소는 매우 중요한 것이 되었다.

둘째, 태평천국의 운동이 과거 전통적인 농민봉기와 구별되는 이유 중의 하나는 전통적인 가치와 제도를 정면으로 부인했다는 점이다. 그때까지의 농민봉기는 대체로 전통질서를 구성하고 있는 전통적인 이념과 제도를 대체할 만한 이데올로기와 제도적 대안을 제시하지 않았다. 따라서 농민봉기가 성공하는 경우에도 전통질서의 기본적인 가치와 제도가 그대로 지속되었다. 그러나 태평천국의 운동은 비록 그대로 실천되지는 않았지만 나름대로 새로운 이념과 제도를 제시하려고 하였다. 홍수전(洪秀全)을 비롯한 태평천국의 지도부는 특히 초기에 봉천박애(奉天博愛)사상을 주장하면서 모든 사람의 평등주의를 강조하였고, 유교적인 전통에 대한 적개심을 노골적으로 표현하였다. 물론 이 같은 평등주의와 이상주의 그리고 반유교적 경향은 농촌사회에 큰 영향을 가지고 있었던 천년왕국적 혁명사상의 발로라고 할 수 있다. 그러나 태평천국

---

20) 태평천국을 현대적인 의미의 혁명운동으로 해석하는 데에는 여러 가지로 무리가 있다. 어떤 점에서는 전형적인 농민봉기의 성격을 더 많이 보여주고 있는지도 모른다. 이러한 태평천국의 성격에 대한 최근의 논의에 대해서는 Robert A. Scalapino and George T. Yu, *Modern China and Its Revolutionary Process*, Berkeley: University of California Press, 1985, pp.1-37 참조.

의 반유교적이고 반전통적 사상은 당시의 지배계층에게 심각한 충격을 주었
고 그 이후 근대적인 혁명사상을 낳았다는 점에서 의미가 크다고 하겠다.

셋째, 태평천국운동의 혁명적인 성격은 그들이 발표했으나 실천하지 못했
던 천조전무제도(天朝田畝制度)에서도 찾아볼 수 있다. 그것은 경자유기전(耕
者有其田)이란 전통적인 이상, 즉 토지의 평등분배를 표방했을 뿐만 아니라
공동경작·공동분배를 강조하고 있었다. 따라서 일부 학자들은 태평천국의 지
도자들이 일찍이 모택동의 인민공사운동과 흡사한 혁명적 토지제도의 변혁을
구상했다고 주장하고 있다. 비록 태평천국은 그들이 통치했던 지역에서도 이
같은 혁명적 토지정책을 실천했다는 확실한 기록을 남기지 않았지만 태평천
국운동의 초기에 보여준 평등주의적 경향은 그들의 반유교적인 태도와 더불
어 그들이 전통사회의 근본적 변혁을 요구하고 있었다는 사실을 웅변하고 있
다고 하겠다.

태평천국운동은 전통적인 농민혁명의 성격과 한계를 많이 가지고 있
었지만, 동시에 근대적·혁명적인 성격도 강하게 내포하고 있었다. 특히
태평천국의 운동이 가지는 역사적인 의미는 그것이 기존 전통질서에
대한 전면적인 도전이었으며, 중국사회가 혁명적인 변혁기에 들어서고
있다는 명백한 징조였다는 것이다. 따라서 이 같은 전통문명과 전통질
서 그 자체에 대한 위기감에서 만주족 출신의 청조 관료들뿐만 아니라
평소에 만주족의 지배에 대하여 불만을 가지고 있었던 한족 출신의
지방향신계급과 지주계급들로 하여금 전통문명과 전통질서를 수호한
다는 차원에서 청조를 지지하게 하였다. 또한 태평천국의 도전을 일단
제압한 후에 이들 한족 출신의 지방향신·지주계급이 중심이 되어 중국이
당면한 혁명적 위기를 극복하려는 개혁운동을 전개하도록 자극하였다.

4. 혁명적 위기에 대한 집권계층의 대응: 개혁운동

앞에서 언급한 바와 같이 태평천국의 혁명운동은 중국의 전통질서가

당면한 위기의 심각성을 그대로 노출하였다. 따라서 증국번(曾國藩)이나 이홍장(李鴻章) 등은 태평천국운동이 단순히 청조의 위기를 의미할 뿐만 아니라, 중국의 전통질서와 전통문명의 위기를 반영한 것이라고 인식하였다. 따라서 이들은 보대청(保大淸)과 보중국(保中國)의 명분을 내세우면서 개혁의 필요성을 역설하였다. 대체로 이들 개혁론자들은 태평천국의 반전통·반유교적인 혁명운동으로부터 직접적인 위협을 받고 있었던 지방향신과 지주들의 이익을 대표하여 자구적인 차원에서 사병을 조직하고, 그것을 중앙정부의 정규군과는 별도로 운영하면서 태평천국의 진압과정에서 혁혁한 무공을 세운 한족 출신의 고위관료들을 중심으로 형성되었다. 따라서 이들의 개혁운동은 전통질서의 근본적인 변혁을 시도하는 것이라기보다는 전통질서의 근본적인 가치를 보호하고 발전시킨다는 차원에서 점진적인 근대화를 추진하는 것이었다.

1) 증국번과 동치중흥(同治中興: 1862~1872)

태평천국의 혁명운동을 진압하는 과정에서 정치적·군사적 실력자로 등장한 증국번(曾國藩), 이홍장(李鴻章), 좌종당(左宗棠)과 같은 한족 출신의 고위관료들이 중심이 되어 공친왕(恭親王)을 옹립하고 중국정치의 개혁을 시도한 것이 동치중흥이다. 이들은 기본적으로 밖으로부터의 위협, 즉 서구의 제국주의적 침략의 위협보다는 밑으로부터의 위협이 더 절박한 것이라고 인식하고 서구와의 협력을 유지하면서 전형적인 유교적 개혁정치를 단행하였다. 즉 향신과 관료계급의 도덕적 책임감을 강조하고 새로운 인재의 등용을 추진하여 기존체제의 활력을 회생시키려고 하였고, 군사적·행정적 제도를 정비함으로써 기존체제의 효율성과 안정성을 증진하려고 하였으며, 또한 조세제도의 개혁과 경제질서의 정비를 통해서 절박한 민생문제를 해결하고 전통적 경제발전을 추진하고자 하였다.[21)]

또한 이들은 서양문물을 받아들이기 위하여 1862년에 총리아문(總理衙門)에 부설 외국어학교로서 동문관(同文館)을 설치, 영어, 프랑스어 등을 가르치게 하였고, 상해와 광주 등지에도 외국어학교를 설립하였으며 1865년에는 『만국공법(萬國公法; 국제법)』을 번역, 간행하였다. 이와 동시에 이들은 서양제국의 우수한 무기와 군대에 주목하여 각지에 병기공장을 설립하기도 하였다.

이와 같이 증국번이 중심이 되어 추진한 전통적인 개혁정치에 대하여, 서태후의 후원을 받은 일부 만주족 출신의 보수관료계층이 반발을 하기도 하였다. 그러나 태평천국의 혁명운동에 대한 위기감을 공유하고 있었고, 증국번과 같은 강력한 지도자들이 공친왕을 중심으로 개혁세력을 형성하고 있었기 때문에 상당기간 개혁정치는 비교적 체계적으로 추진되었다. 그 결과 전통질서는 다시금 안정과 번영을 지속할 수 있는 것처럼 보였다. 그러나 개혁의 주도세력이었던 증국번이 사망(1872)하고 공친왕이 몰락하자 동치중흥은 사실상 중단되고 말았다.

2) 양무자강운동(洋務自彊運動: 1872~1885)

비록 동치중흥은 증국번, 공친왕 등 중심지도자들이 사망하거나 정치적으로 제거됨으로써 중단되었지만 개혁운동이 완전히 포기된 것은 아니었다. 오히려 1870년 이후 서구와 일본 등 제국주의세력들의 중국침략이 더욱 노골화되고 중국의 허약상이 점점 더 노출되자 서양 과학기술을 받아들여 점진적으로 근대화를 실현함으로써 중국을 부강한 국가로 만들어야 한다는 양무자강운동이 전개되었다.[22]

---

21) 동치중흥에 대한 상세한 분석은 Mary C. Wright, *The Last Stand of Chinese Conservatism: The T'ung-Chih Restoration, 1862-1874*, Stanford: Stanford University Press, 1957를 참조.

22) 양무자강운동에 대한 설명은 민두기, 『중국근대개혁운동의 연구』, 일조각, 1985를 참조.

사실 이 시기에 서구와 일본 등 열강들의 중국침략은 본격적으로 전개되기 시작하였다. 1870년에 천진사건, 1874년에 일본의 대만침공과 1879년의 유구(琉球)합병 등이 단행되었으며, 1875년의 영국의 운남진출, 1871년부터 1881년 사이에는 러시아의 신강진출, 그리고 1884년과 1885년에 프랑스의 안남진출 등이 전개되었다. 이와 같이 전통적으로 중국에 복속하던 주변국가들이 서구와 일본 등 열강의 식민지로 전락할 뿐만 아니라 중국본토에 대한 서구와 일본의 영향력도 계속 확대되면서 중국의 무력감과 취약성은 더욱더 심화되었다.[23]

이와 같은 상황에서 중국의 지도층 내부에서는 소위 청의파(淸義派)로 알려진 보수파와 부분적인 근대화를 주장하는 양무파(洋務派) 사이에 논쟁과 권력투쟁이 전개되었다. 청의파가 중국의 전통적 가치와 문화의 수호를 강조하면서 무분별한 서구화의 위험을 경계하는 보수관료계급을 대변했다면, 양무자강파는 중국의 전통가치와 문화를 보존하기 위해서도 부분적 서구화·근대화가 필요하다고 주장하는 실무관료들의 입장을 대변하고 있었다고 할 수 있다. 양무파의 이론적 지향은 장지동(張之洞)이『권학편』에서 제시한 '중체서용론(中體西用論)'이 의미하는 바와 같이 중국의 전통질서와 문명을 중심으로 삼고 서구기술을 수용하여 중국의 발전을 도모한다는 것이었다. 이와 같은 중체서용론, 또는 동도서기론(東道西器論)적 관점은 중국에서뿐만 아니라 일본, 조선 등지에서도 위로부터의 서구화·근대화를 실시하려는 실무관료계층이 공통적으로 제시했던 논리였다.

이와 같은 중체서용론은 청의파의 보수주의에 대응하는 논리였을 뿐만 아니라 당시 중국사회 일각에서 등장하기 시작한 급진적인 근대화론을 동시에 견제하는 논리이기도 한 것이었다. 물론 이 당시에 급진적

---

23) 양무자강운동이 전개되는 시기를 전후로 열강의 중국침략에 대해서는 Immanuel C. Y. Hsu, *The Rise of Modern China*, London: Oxford University Press, 1975, pp.385-430 참조

근대화·서구화를 주장하는 소수 지식인들의 정치적인 영향력은 거의 무시할 만큼 미미하였다. 그러나 풍계분(馮桂芬), 정관응(鄭觀應)과 같은 선각자들은 서구의 기술문명뿐만 아니라 서구의 사상과 제도를 도입하여 전통질서의 근본적인 변혁을 실현해야 한다고 주장함으로써 당시의 지식인사회에 충격을 준 것은 사실이다. 따라서 보수파와 급진파의 주장을 모두 견제하면서 이홍장, 장지동과 같은 한족 출신의 실무관료들이 중심이 되어 다음과 같은 양무정책을 실시하였다.

첫째, 서구의 기술문명을 받아들여 중국의 군사력을 강화하기 위해 군사적 근대화를 시도하였다. 따라서 이홍장의 주도하에 각종 병기공장과 총포제작공장이 설립되었고, 근대적인 군사편제를 도입하여 일부 군대의 편제개편도 단행하였다. 특히 이홍장은 군사적 근대화의 상징으로 그가 관할하는 북양함대의 육성에 진력하였다.

둘째, 군사적 근대화와 더불어 이 시기에 소위 관독상판(官督商辦)이라는 경영방식에 입각하여 민간자본을 동원하여 근대적 운수, 통신시설의 설치, 광업개발 등을 추진하였다.

셋째, 이와 같은 군사적·경제적 근대화를 추진하면서 서구의 문물을 학습하기 위해 해외에 유학생을 파견하였고 서양의 문물에 대한 소개와 번역사업 등도 활발하게 전개하였다. 따라서 양무자강운동이 추진되는 시기에 중국사회는 본격적으로 서구문명과 접할 수 있게 되었다.

그러나 이와 같은 양무운동은 여러 가지 측면에서 제한적이고 부분적인 근대화 노력에 불과한 것이었다. 이미 앞에서도 지적한 것처럼, 양무자강운동은 중국 전통사회의 기본적 가치와 제도에 대한 개혁을 시도한 것이 아니라 서구의 선진기술문명을 수용하여 전통문명을 강화, 발전시킨다는 실무적이고 실용적인 논리에서 출발한 것이기 때문에, 군사, 경제적인 분야의 근대화를 특히 강조하였다. 물론 이와 같은 양무파의 의도와는 상관없이 서구적 가치와 제도에 대한 관심이 증가된 것도 사실이지만 서구문명에 대한 수용이 지극히 제한된 것은 부인할 수 없다고 하겠다.

또한 이 시기의 양무운동은 정치적으로나 지역적으로 제한된 것이라는 점을 지적할 필요가 있다. 즉 중앙정부의 주도하에 지속적으로 추진된 것이 아니라 이홍장과 같은 비교적 개명된 실무관료들이 중심이 되었고, 그것도 이들의 정치적 영향력이 작용하는 지역과 분야에서 선별적으로 실시되었다는 것이다. 따라서 양무자강운동의 운명이 이홍장과 같은 후원세력의 정치적 운명과 함께 쇠퇴하게 된 것은 이상한 일이 아니다. 청일전쟁(1895)에서의 군사적 패배, 특히 이홍장의 주도하에 건설되었던 북양함대의 무기력한 패배는 양무운동에 대한 불신과 반발을 확대하는 계기가 되었으며, 이로 인하여 이홍장의 지위는 급속히 약화되었고 양무자강운동도 더 이상 추진될 수 없었다.

청일전쟁에서 중국의 굴욕적인 패배는 단순히 이홍장의 정치적 실각과 양무자강운동의 좌절로 끝난 것이 아니었다. 과거의 복속국이었던 일본에 패배했다는 사실은 서구제국주의의 침략이 의미하는 것보다 훨씬 더 심각한 충격을 가져다주었다. 그것은 노쇠한 중국문명의 패배로 인식되면서, 일부 급진적인 지식인들로 하여금 일대 혁신을 단행하지 않으면 안 된다는 절박감을 가지게 하였다. 강유위(康有爲)의 무술변법운동(戊戌變法運動)이 바로 당시 중국지식인들이 느꼈던 이 같은 문명사적인 위기감을 반영한 것이라고 할 수 있다.

3) 강유위의 무술변법운동

중국역사에서 변법운동이란 기존의 가치와 기본원칙을 정면으로 부정하지 않는 범위 내에서 급진적인 개혁을 추진하는 것이었다. 강유위의 변법운동도 외형적으로는 전통사상의 테두리 안에서 실질적으로 전통질서의 내용을 급진적으로 변혁하려고 한 것이었다.

따라서 강유위는 이미 잘 알려진 바와 같이 본격적인 변법운동을 시도하기 전에 먼저 전통사상의 핵심을 구성하고 있는 유교사상, 특히 공자사상을 근대적인 안목에서 재해석함으로써 변법운동의 논리적·사상적인 근거를 마련하였다. 즉 1891년에 쓴 『신학위경고(新學僞經考)』, 1897년 『공자개제고(孔子改制考)』 등을 통해서 개혁주의자로서 공자의 사상을 재구성함으로써 그의 변법운동이 공자의 개혁사상을 실현하는 것이라는 명분을 마련했다.[24]

이와 같은 이론적·사상적 바탕 위에서 강유위는 사대부의 여론을 동원하여 개혁정치를 실현하려고 하였다. 따라서 강유위는 1895년 ≪만국공보(萬國公報)≫(후에 ≪中外紀聞≫이라고 개칭) 등 각종 신문을 발간하고 북경에 강학회(强學會)를 조직하여 그의 변법운동에 대한 계몽선전활동을 전개하였다. 또한 그는 전통적으로 유학자들이 황제에게 긴급하고도 중요한 사안에 대하여 자신의 견해를 공개적으로 밝히는 방식에 의거하여 『공차상서(公車上書)』를 단행하면서, 광서제(光緖帝)에게 변법의 필요성을 역설하였다. 특히 1898년에 강유위는 제6차 상서에서, 일본의 명치유신과 같은 변법을 단행할 것, 상서의 자유를 인정하고 우수한 인재를 선발할 것, 제도국을 신설하고 정치기구를 개혁할 것을 호소하였다.

이러한 강유위의 변법운동은 마침 청일전쟁의 패배로 정치적 혼란과 좌절에 빠져 있던 광서제와 일부 개혁적 관료세력의 지원을 받아, 1898년 6월부터 약 103일간 이른바 무술변법을 실천할 수 있게 되었다. 즉 강유위, 양계초(梁啓超), 담사동(譚嗣同) 등을 중심으로 하여 일본의 명치유신이나 러시아의 피요트르대제의 개혁정치를 모델로 하여 황제의 강력한 권력을 바탕으로 위로부터의 개혁을 일시에 실현하려고 하였다. 따라서 이들은 전통적인 정치제도를 과감히 개편하여 장차 입헌군주제

---

24) 강유위의 변법사상과 변법정책에 대한 뛰어난 연구로는 Hsiao, Kung- ch'uan, *A Modern China and a New World*: K'ang Yu-wei, *Reformer and Utopian, 1858-1927*, Seattle: University of Washington Press, 1975를 들 수 있다.

를 실현하고자 하였고 과거제도를 개혁하고 근대적인 교육제도를 확대
실시하려고 하였으며, 실업진흥과 병제개편 등도 제의하였다. 그러나
이와 같이 급진적인 변법파의 개혁조치들은 필연적으로 기득권을 가진
대부분의 보수관료들로부터 격렬한 반발을 초래하여 서태후의 지원을
받는 보수파의 궁정쿠데타로 말미암아 변법파가 하루아침에 몰락하는
비극적 종말로 끝나버렸다.[25]

돌이켜보면 강유위의 변법운동은 전통적인 가치와 제도를 최소한 명
목적으로 유지하면서 변혁을 실천함으로써, 중국을 보존하고 중국의 전
통문명의 바탕을 이루는 유교의 기본가치를 보존하려는(保國保敎) 마
지막 시도였다고 할 수 있다. 사실 강유위와 양계초 등은 중국의 전통
과 문화가 심각한 위기에 처해 있으며, 이러한 문명사적 위기를 극복하
기 위해서는 과감하고도 급진적인 개혁을 단행하지 않으면 안 된다고
주장하면서도, 혁명적인 해결책을 모색한 것은 아니었다. 그들은 정치
적으로 전제군주체제를 기본으로 유지하는 차원에서 위로부터의 개혁
을 추진했으며, 비록 그 내용은 근대적으로 재해석해야 한다고 주장하
면서도 유교를 근간으로 하는 중국문명과 중국문화를 부정하거나 포기
하지 않았다. 이런 점에서 변법파의 사상은 넓은 의미의 중체서용론적
관점의 연장선상에서 이해될 수 있다. 특히 강유위는 증극번 이래 거의
모든 개혁론자들과 마찬가지로 보중국과 보청국을 동일시하고 만주족
의 지배나 서구의 제국주의 침략에 대한 민족적 자각을 별로 의식하지
않았다는 점에서 근본적으로 전통적인 중화주의적 세계에 안주해 있었
다고 할 수 있다.

---

25) 무술변법운동에 대한 개괄적 설명은 Hao Chang, "Intellectual Change and
the Reform Movement, 1890-1898," in Dennis Twitchett and John Fairbank,
eds., *The Cambridge History of China*, vol. 11, London: Cambridge University
Press, 1980, pp.274-338 참조.

4) 의화단사건(義和團事件)과 청조 보수파의 개혁

이와 같이 양무개혁운동과 변법운동이 모두 서태후를 중심으로 하는 보수관료들에 의하여 좌절됨으로써 중국의 근대화는 별다른 성과를 거두지 못하였고, 서구와 일본의 제국주의적 침략에 대하여 그야말로 무방비상태에 놓이게 되었다. 특히 청일전쟁 이후 제국주의세력들의 영토분할과 자본투자가 본격적으로 진행되면서 중국의 전통질서와 전통경제는 심각한 위협을 받게 되었다. 특히 해운의 근대화와 철도부설 등이 추진되면서 서구의 영향이 일부 내륙지방까지 침투하자 서구상품의 유입으로 지방도시의 상공업이 파괴되고 전통질서가 위협을 받는 상황에 직면하여, 농촌사회에서는 비밀결사를 중심으로 반기독교, 반서구운동이 민중적 차원에서 벌어지는 사태까지 발생하였다. 의화단사건은 바로 이와 같은 농민들의 반외세운동이 폭발한 것이었다.

1887년 이후 산동성 서북부와 하북성 남부지역에서 그 세력을 규합한 의화단운동은 초기에 반외세와 더불어 반청복명을 주장하는 전형적 농민봉기의 형태를 띠었다. 그러나 의화단운동의 일부 지도자들이 당시 보수적인 청조 고위관료와 결합하면서 청나라를 보호하고 서양세력을 멸망시킨다(保淸滅洋)는 명분을 강조하는 강렬한 반서구운동으로 전환되었다. 이렇게 정부의 옹호를 받으면서 의화단운동은 북부중국에서 급속하게 세력이 확대되었고 각지에서 서양의 선교사와 상인들을 살해하거나 축출하는 사건이 벌어지게 되었다. 의화단운동은 마침내 북경까지 확산되어 각국 공관원들과 그 가족, 그리고 기독교도들이 북경의 외국 공관에 피신하는 사태로까지 발전하였다.

이렇게 서구에 대한 적대감이 팽배하자 영국, 프랑스, 미국, 러시아, 독일, 일본 등 8개국 연합군들은 자국 국민을 보호한다는 구실로 무력간섭을 단행하여 북경을 공격, 마침내 점령하였다. 8개국의 무력간섭으로 의화단세력은 분쇄되었지만 중국은 관세와 염세를 담보로 막대한 배상금을 지불하게 되었을 뿐만 아니라 외국군대의 중국주둔을 허용하고, 2년간 무기와 화약의 수입을 금지하며, 반서구적인 사건이 발생한 지방에 대한 처벌을 약속하는 등 굴욕적인 조건을 받아들임으로써 급속하게 반식민지적 상태로 전락해버리고 말았다.[26] 이와 같이 서구와 일본 제국주의세력의 중국침략이 노골화되고 중국의 취약성이 너무나 명백하게 드러나게 되자 보수적인 관료들도 개혁을 실행하지 않을 수 없게 되었다. 따라서 의화단사건이 어느 정도 수습된 직후에 정치제도와 군사제도의 근대화를 추진하고 교육제도의 개선을 시도하게 되었다. 예를 들면 1901년에 신군(新軍) 편성, 근대적 학교제도 실시, 해외유학생 파견 등을 추진하였고, 1905년에는 과거제도 폐지와 입헌군주제 이전을 준비하기도 하였다.[27]

　그러나 이와 같은 개혁은 이미 쇠락한 청조의 운명과 중국의 위기를 되돌리기에는 너무나 뒤늦은 것이었다. 청조와 중국의 무능력은 이미 돌이킬 수 없을 정도로 심화되었고, 문명사적 위기를 느낀 지식인들은 점점 더 혁명적 사상과 혁명운동을 유일한 출구라고 생각하게 되었다.

5. 왜 개혁적 방법은 실패했는가

　19세기에 들어와 태평천국의 혁명운동과 서구제국주의의 침략이라는 내우외환에 당면하여 중국의 지배계층은 여러 차례에 걸쳐 개혁운동을 전개하면서 중국의 전통질서와 전통문화를 보존해보려고 노력하였다. 그러나 이러한 개혁은 모두 실패하고 마침내 혁명적인 방식에 의거하

26) Scalapino and Yu, op. cit., pp.94-108.
27) 청조의 보수관료에 의한 마지막 개혁정책에 대해서는 Chuzo Ichiko, "Political and Institutional Reform, 1901-11," Twitchett and Fairbank, eds., op. cit., pp.375-415 참조.

지 않고서는 중국을 보존할 수 없다는 주장이 대두하게 되었다.

앞에서 지적한 바와 같이 19세기 후반에 일부 급진적인 지식인들 사이에서는 서구의 의회제도와 입헌군주제 등을 도입해야 한다는 혁명적인 주장이 제기되기도 하였다. 더구나 민중부문에서는 태평천국의 신화가 계속 전승되면서 반청·반서구적인 사상과 운동이 점차 확산되는 경향을 보여주었다. 그러나 이러한 혁명적 사상과 운동은 19세기 중국의 사회적 여건에서는 아직 청조의 지배를 위협할 만큼 심각한 것은 아니었다. 이런 점에서 태평천국의 혁명운동을 진압하고 정치적 안정을 회복한 청조는 위로부터의 개혁이란 방식으로 혁명적 위기상황을 극복할 수도 있었다. 그럼에도 불구하고 양무자강운동이나 변법운동이 모두 실패한 이유는 무엇인가?

이런 문제에 대하여 일부 근대화론자들이나 맑스주의 학자들은 점진적이고 부분적인 개혁, 또는 개량은 실패할 수밖에 없다는 결정론적인 해답을 제시하고 있다. 근대화론자들은 전통과 근대라는 이분법적인 사고에서 전통을 부인하지 않는 범위에서 부분적인 근대화를 추진하려고 했던 중국의 개혁론자들의 논리는 그 자체가 모순이며, 따라서 실패할 수밖에 없었다고 주장한다. 또한 훼어뱅크(John F. Fairbank)와 같은 학자는 중국의 전통이 너무나 뿌리가 깊고 완강한 것이었기 때문에, 그리고 서구의 영향이나 근대화의 노력이 너무나 제한적이었기 때문에 중국의 경우 점진적인 방식으로 근대화를 달성한다는 것은 거의 불가능한 것이었을지도 모른다고 지적하고 있다.[28] 맑스주의 학자들도 양무운동이나 변법운동을 추진한 개혁파들의 계급적 한계 때문에 전통적인 생산양식과 계급구조의 질적 변화를 초래하는 혁명적 변화를 실현할 수 없었다고 지적하면서, 당시 중국이 당면한 위기의 성격은 개혁적·개량적 방식으로 극복될 수 있는 것이 아니었다고 주장하고 있다.

---

28) John F. Fairbank, *The Great Chinese Revolution 1800-1985*, New York: Harper and Row, 1987, pp.1-11.

　그렇다면 중국에서 개혁운동은 구조적으로, 역사적으로 실패할 수밖에 없었는가? 왜 일본의 명치유신은 성공했는데 중국에서는 위로부터의 개혁이 실패했는가? 이런 의문을 고려하면 중국에서 개혁운동의 실패를 너무 단순한 논리로 설명하는 것에 문제점이 있다는 사실을 지적하지 않을 수 없다.

　사실 근대화론자나 맑스주의 학자들 사이에서도 앞에서 지적한 결정론적인 시각을 수정, 보완하려는 노력이 없었던 것은 아니다. 예컨대 근대화론자들 사이에서도 모든 전통문화와 전통질서가 반드시 근대화에 장애가 되는 것은 아니며, 특정한 형태의 가치와 제도가 근대화에 장애가 된다고 지적하면서, 중국과 일본의 전통문화와 전통질서의 차이를 비교하는 입장도 있다. 즉 일본의 경우 서구와 유사한 봉건적인 전통구조를 가지고 있었으며, 지배적인 가치도 중국의 그것보다 실용적이고 도구적인 것이었기 때문에 비교적 순조롭게 위로부터의 근대화가 가능했다는 것이다. 또한 무어와 같은 맑스주의의 전통을 견지하고 있는 학자도 일본과 중국의 전통사회에서의 계급구조의 차이점, 문화와 정치제도의 차별성을 지적하면서 근대화과정에서 왜 일본은 파시즘의 길로 가게 되었으며, 중국은 밑으로부터의 혁명을 경험하게 되었는가를 설명하고 있다.

　물론 여기서 필자는 비교역사학을 원용하여 중국의 근대사를 설명하고자 하는 것은 아니다. 다만 중국에서는 왜 개혁운동이 실패할 수밖에 없었는가를 설명하고자 할 때, 지나치게 구조결정론적 시각이나 형식논리적 방식에 의거해서는 안 된다는 것이다. 즉 다양한 가능성을 전제하면서 왜 개혁의 실패라는 결과가 산출되었는가를 제시해야 한다는 것이다. 이러한 관점에서 다음과 같은 두 가지 정치적 요인을 고려할 필요가 있다고 하겠다.

　즉 중국의 정치적 지배계층의 이질성이 적극적 개혁을 단행할 수 없게 했다는 것이다. 만주족이 지배하는 집권세력들은 이미 심각한 정통성의 문제점을 안고 있었고, 따라서 한족 출신의 실무관료들이 추진하는 개혁에 대하여 항상 경계하였고 기회가 있으면 개혁을 저지하려고 하였다. 따라서 개혁운동은 항상 부분적이고 간헐적으로 진행되었을 뿐 한 번도 중앙정부의 통일된 의지를 바탕으로 전국적인 차원에서 체계적으로 추진된 적이 없었다. 이에 비하여 일본은 비교적 동질적인 지배층의 단합된 개혁의지와 민족적 단결을 바탕으로 근대화의 위기에 대응할 수 있었다는 점에서 중국과 차별성이 있다는 것이다.

또한 중국의 경우는 일본보다 직접적이고 광범위한 제국주의세력의 침략에 직면해 있었으며 따라서 점진적인 개혁이 성공할 수 있는 기회가 그만큼 제약되었다고 할 수 있다. 19세기 후반에 들어와 일본과 서구제국주의의 중국에 대한 침략이 본격화되면서 이에 대한 민중적 불만이 누적되었고, 그것은 마침내 서구세력의 침략에 대해 유화적인 집권계층에 대한 불신을 더욱 증폭시키는 계기가 되었다. 더구나 서구와 일본이 중국정부에 대해 막대한 배상금을 요구하였고 상당한 정도의 이권을 강요함으로써 행정적·재정적인 차원에서도 중국정부가 개혁을 실시할 수 없게 하였다.

결국 정치적·국제적 요인이 복합적으로 작용하여 중국에서는 위로부터의 개혁을 통한 점진적인 근대화가 왜곡, 저지되었던 것이다. 이 같이 기존 지배계층이 주도하는 점진적인 근대화가 실패하자, 전통질서와 전통적 가치를 전면적으로 부정하는 혁명적 사상과 혁명운동이 등장하게 되었다.

제3장
현대중국과 급진적 사상운동의 대두

앞 장에서 살펴본 바와 같이 중국은 아편전쟁을 계기로 혁명적 위기 상황에 빠져들기 시작하였다. 전통질서의 한계가 노정되면서 이미 근대로의 이행기적 위기국면에 직면하게 되었던 것이다. 특히 아편전쟁 이후 서구제국주의의 침략이 확대되면서 근대화의 위기는 문명사적 위기로까지 인식되었다. 이러한 혁명적 위기를 극복하기 위해서 개명된 집권계층을 중심으로 여러 차례에 걸쳐 개혁이 시도되었지만, 그 같은 개혁은 부분적이고 제한적인 것에 불과한 것이었기 때문에 결국 실패하고 말았다.

이 같은 위로부터의 점진적 개혁의 실패는, 현대중국에서 등장한 새로운 정치적·사회적 세력들의 주도하에 신중국의 건설을 모색하는 혁명사상과 혁명운동을 낳게 하였다. 따라서 이 장에서는 중국에서의 '현대'라는 의미를 검토하고 전통질서의 해체과정에서 대두하는 혁명적 지식인들의 사상운동을 살펴보기로 한다.

1. '현대'의 의미는 무엇인가

중국에서의 '근대'가 대체로 1840년의 아편전쟁을 기점으로 시작되었다는 데에는 이견이 별로 없다고 할 수 있다. 그것은 아편전쟁을 계기로 하여 전통적인 질서가 해체되기 시작했다는 점에 대하여 모두 인식을 같이하고 있기 때문이다. 그러나 언제를 현대중국의 기점으로 보아야 하는가에 대해서는 정치적·이데올로기적 입장에 따라 약간의 견해차이를 보이고 있다. 즉 국민당 계열의 학자들은 1911년의 신해혁명이 근대와 현대를 구분하는 중요한 사건이라고 주장하고 있는 데 비하여, 공산당 계열의 학자들은 모택동이 『신민주주의론』에서 제시한 것처럼 1919년의 5·4운동을 기준으로 현대와 근대를 구별하기도 한다. 심지어 일부 맑스주의 학자들은 중국사회의 구조와 그 성격이 근본적으로 변화하게 된 1949년 중국공산당 정권의 등장을 중심으로 시대구분을 해야 한다고 주장하기도 한다.[1)

사실 근대와 현대를 뚜렷이 구분하는 시점이 언제여야 하는가의 문제는 무엇을 기준으로 현대와 근대를 구별해야 하느냐는 관점에 따라서 얼마든지 달라질 수 있다. 더구나 어떤 사건을 이 같은 시대구분의 기준으로 삼을 것인가의 문제는 지극히 정치적·이데올로기적인 판단에 의해 좌우된다는 것을 고려한다면, 국민당과 공산당이 현대의 출발점을 신해혁명, 또는 5·4운동에서 각각 찾으려고 하는 것도 무리는 아니라고 할 수 있다. 어쨌든 1910년대에 들어와 중국은 그 이전의 시기와 여러 가지 차원에서 질적 차별성을 보여주게 됨으로써 1910년대 이후를 현대중국의 역사로 인식해야 한다는 데에 별다른 이론이 없다고 하겠다.

그렇다면 20세기 초엽의 중국이 19세기의 중국과 어떤 점에서 질적

---

1) 지전성 외, 『중국혁명의 전략과 노선』, 화다, 1986, 19-27쪽; 張憲文·丁永隆,
「中國現代史的 開端始于何時」, 『現代中國史』, K 4-19, 中國人民大學 書報
資料社, 1982, pp.2-6 참조.

차별성을 가지는가, 즉 중국에서 '현대'의 함의는 무엇인가를 살펴볼
필요가 있다.

　첫째, 정치제도와 정치사상에서 근본적인 차별성이 있다. 다시 말해서
1911년의 신해혁명을 계기로 청조가 붕괴되고 공화제가 등장했다. 청조의
몰락은 단순히 한 왕조의 몰락만을 의미하는 것이 아니라 진나라 이후 중국
사회를 통치해온 전제군주제도의 몰락을 뜻한다는 점에서 혁명적이고 역사
적인 변화라 할 수 있다. 물론 신해혁명으로 등장한 공화제는 원세개(袁世凱)
와 같은 군벌정치가들에 의하여 사이비공화국으로 전락하였으며, 때로는 전
제군주체제를 부활시키려는 반동적 복벽운동도 전개되었지만 현대중국에서
공화제와 공화주의는 이제 어느 누구도 거부할 수 없는 시대적 요구가 되었
던 것이다.
　둘째, 이와 같은 정치제도 및 정치사상의 변화와 관련하여 20세기의 특징
중 하나는 변혁과정에서 민중의 역할에 대한 인식이 싹트기 시작하였고, 민중
운동의 단초를 발견할 수 있었다는 것이다. 이와 동시에 제국주의에 대한 경
각심이 고조되면서 현대적인 의미의 대중적인 민족주의가 등장하기 시작했다.
예를 들면, 강유위의 개혁운동이 어디까지나 중국의 지배계층인 사대부를 중
심으로 한 것인 데 비하여 20세기 초에 들어오면서 개혁적·혁명적 지식인들
은 민중의 힘에 대하여 자각하고 민중의 역할을 강조하기 시작했던 것이다.
물론 처음에는 민중에 대한 계몽의 필요성을 역설하는 단계에서 출발했지만
점차로 '민중에 의한 역사의 변혁'이라는 주제를 강조하기 시작했다고 할 수
있다. 특히 러시아의 볼셰비키혁명과 5·4운동을 경험하면서 이론적인 차원에
서나 실천적인 차원에서 민중에 대한 인식이 강조되기 시작하였다. 또한 제국
주의에 대한 경계심과 중국의 위기에 대한 인식이 심화되면서 과거와 같은 보
편주의적 세계관에서 벗어나 중국민족의 단결과 번영에 대한 민족주의적 경
향이 지배적인 사상이 되었던 것이다.
　셋째, 이 같은 변화와 관련하여 모택동이 지적한 것처럼, "문화전선 또는
사상전선에서……두 개의 다른 역사적 시기가 형성되었다고 할 수 있을 만큼
지식인세계에 일대 인식론의 전환이 발생하였다"[2]는 것이다. 신문화운동과

─────────────

2) 모택동은 5·4운동을 계기로 중국의 혁명적 지식인세계에 일대 인식론적 전환
　이 있었고 그로 말미암아 아편전쟁 이후 5·4운동까지를 자산계급이 주도하는
　'구민주주의'시대라고 한다면, 5·4운동 이후 중국공산당이 결성되고 프롤레타

5·4운동을 통하여 극명하게 나타난 것처럼 이제 전통질서와 전통문명은 철저하게 파괴되어야 할 대상으로 인식되었고 새로운 가치와 제도에 입각한 신중국의 건설이 중심적 과제로 제기되었다는 점은 근대중국의 개혁론자들 사고에서는 찾아볼 수 없던 혁명적 변화라고 할 수 있다는 것이다.

넷째, 사회경제적인 차원에서도 20세기 초엽의 현대중국은 근대중국과 어느 정도 구별될 수 있다. 즉, 대도시와 중국의 연해지방을 중심으로 근대산업이 확대, 발전하면서 전통사회에서 찾아볼 수 없었거나, 또는 근대 중국사회에서는 별로 중요한 정치적 역할을 하지 못하던 새로운 계급과 계층이 의미있는 정치세력으로 등장하기 시작했다는 것이다. 20세기 초엽까지도 근대산업이 전체 중국경제에서 차지하는 비중은 보잘것없었고 대도시의 근대 산업분야에 종사하는 새로운 계급과 계층의 규모도 수량적인 차원에서 비교한다면 여전히 미약한 것이었다. 예를 들면, 1919년을 전후로 한 시기에 중국의 산업노동자들은 기껏해야 200만 명이 넘지 않았고, 신식교육을 받고 있었던 학생들과 신식지식인을 모두 합해도 약 400만 명에 불과했다.[3] 이 당시 중국 전체의 인구를 약 4억 내지 4억 5천만 명 정도라고 추정할 때, 이들 현대적 계급과 계층들이 중국사회에서 차지하는 비중은 그야말로 거대한 바다 가운데 떠 있는 조그만 섬과 같다고 할 수 있다. 그럼에도 불구하고 이들은 대도시에 밀집해 있었으며, 정치적으로 각성되어 있었기 때문에 그 수적 의미보다 훨씬 더 큰 역할을 할 수 있었다.

이 같이 20세기 초기의 중국사회에서는 19세기에는 찾아볼 수 없었던 '현대적인 요소'를 발견할 수 있다. 그러나 아직도 모든 분야는 압도적인 전통의 굴레에서 벗어나지 못하였고 전통과 근대 또는 전통과 현대가 혼재한 상태에서 혼돈과 모색이 지속되었다 할 수 있다. 신문화운동과 5·4운동은 이와 같은 혼돈과 모색의 와중에서 현대중국의 운명을 타개해보려는 지식인들의 의지를 반영한 역사적 사건이었다.

리아계급이 주도하는 '신민주주의'시대가 시작되었다고 주장함으로써 중국공산당을 중심으로 한 현대사 해석을 제시하고 있다. 이 같은 모택동의 시대구분에 대해서는 毛澤東, 「新民主主義論」, 『毛澤東選集』, 第2卷, 人民出版社, 1968, pp.623-670 참조.
3) 장 셰노 저, 신영준 역, 『중국현대사 1911-1949』, 까치, 1982, 56-62쪽.

2. 신해혁명의 좌절과 신문화운동의 전개

1911년 10월 10일, 장지동이 창설한 호남 신군내에서 동맹회(同盟會) 소속의 혁명파가 장악하고 있던 일부 무장병력이 일으킨 무창봉기(武昌 蜂起)가 전국적으로 확산되면서 시작된 신해혁명으로 청조는 몰락하고 공화국이 수립되었다. 무창봉기는 이미 중국 각지에 확산되고 있던 지방 자치운동과 혁명운동을 자극하여 곳곳에서 중앙정부의 지배에서 벗어나려는 운동이 전개되었다. 1911년 11월 말, 이미 18개의 성 중에서 호남, 협서, 산서, 운남, 강서 등 15개의 성이 중앙정부의 지배를 부인하고 독립을 선언함으로써 실질적으로 청조는 와해되고 말았다. 마침내 1912년 1월 1일에는 손문을 대총통으로 하는 '남경임시정부'가 수립되어 주권재민, 인권옹호, 민생중시를 표방하는 공화제가 실현되었다.4)

그러나 이러한 공화제의 이상은 원세개와 같은 군벌들이 득세하면서 왜곡, 좌절되었다. 사실 손문을 중심으로 한 동맹회의 혁명세력은 그들의 건국구상을 실현할 만한 실력을 갖추고 있었던 것은 아니었다. 남경임시정부는 혁명파의 정권이라기보다는 혁명파와 입헌파, 그리고 구관료들이 제각기 서로 다른 이해관계를 가지고 일시적·편의적으로 형성한 연합정권이었고, 그 영향력도 극히 일부 지방에 국한되었다. 특히 막강한 북양군벌을 대표하는 원세개를 무시하고서는 명목적인 공화제 조차 유지할 수 없는 상황이었다. 따라서 남경임시정부는 남북화해를 모색하였고, 원세개를 새로운 공화국의 수반으로 하는 내각책임제의 정권을 창출하고자 하였다.

---

4) 신해혁명에 대한 서구와 대만 학계의 연구현황에 대해서는 中央研究院 近代 史研究所 編, 『60年來的 中國近代史研究』, 下冊, 臺北, 1988, pp.751-809 참조. 그리고 중화인민공화국 내부에서 신해혁명연구에 대하여는 Edmund S. K. Fung, "Post-1949 Chinese Historiography on the 1911 Revolution," *Modern China*, 4: 2, April 1978, pp.181-214 참조.

그러나 원세개는 국민당으로 개칭한 혁명파가 다수파를 점유하고 있는 의회를 무력으로 탄압하고 군사적 독재체제를 강화했을 뿐 아니라, 스스로 황제가 되려는 야심에서 공화제를 폐지하고 전제정치를 부활시키는 반동정치마저 획책하였다. 비록 이 같은 시대착오적인 반동정치가 전국적으로 반원세개운동을 촉발하고 원세개 자신이 사망함으로써 좌절되고 말았지만, 군벌들에 의한 암흑정치는 오히려 원세개가 사망한 이후에 더욱 심화되었다. 원세계의 사망과 더불어 패권적인 지배를 행사하던 북양군벌세력이 분열되고 각 지방에서 크고 작은 무수한 군벌들이 등장해서 끊임없는 세력다툼을 전개했기 때문이다. 일부 학자들의 연구에 의하면, 원세개가 사망한 1916년 이후부터 장개석의 국민당 정부에 의하여 중국이 일단 통일된 1928년 사이에 중국 전역에서 '군벌'이라고 할 수 있는 사람이 약 1,300명이었고, 이들이 일으킨 성 단위의 군벌전쟁만 하더라도 약 140여 회에 달했다고 한다.5)

이와 같이 중국에서 정치적·사회적 혼란이 계속되고 있는 가운데 서구와 일본 등 제국주의세력들의 중국침략은 더욱 확대되어 그야말로 중국의 존망은 풍전등화와 같았다. 1894년 청일전쟁에서 패배한 후 체결한 하관(下關)조약에서 중국은 일본을 비롯한 서구 제국주의세력의 자본진출을 허용하게 되었고, 1900년의 의화단사건을 계기로 외국군대의 중국주둔을 수락하면서, 중국은 열강들의 배타적 영향권으로 분할되었다(<그림 2> 참조).

이들 제국주의열강들은 중국 각지에서 광산을 개발하고 철로를 부설하는가 하면 각종 제조공장을 설립하였고, 외국은행을 중심으로 중국의 금융과 재정을 장악하였다. 더구나 이들은 군벌정권과 결탁하여 중국에서 각종 이권을 획득하였고, 중국의 내정에 노골적으로 간섭하였다. 이제 중국은 명목적인 주권국가에 불과했으며, 사실상 열강의 식민지나

5) Jerome Ch'en, "Defining Chinese Warlords and Their Factions," *Bulletin of the School of Oriental and African Studies*, vol.31, no.3, 1968, p.563.

<그림 2> 열강의 중국 분할

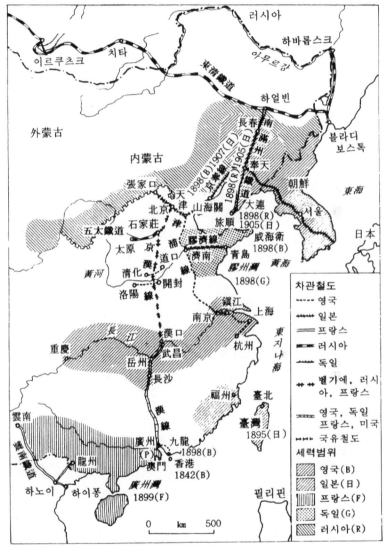

출처: 小島晉治·丸山松幸 著, 박원호 譯, 『中國近現代史』, 지식산업사, 1988,
      p.51.

다름없게 되었다. 손문은 이 같은 중국의 처지를 가리켜 '차식민지(次植民地)'라고 하였다.6)

그러나 이와 같은 서구제국주의의 중국침략은 1914년에 발생한 제1차 세계대전으로 인해 한동안 둔화되었고 그것은 중국의 민족산업이 발전하는 계기가 됨으로써 미약하나마 중국에서 민족부르주아계급과 근대적인 노동자계급이 등장할 수 있는 물적 토대가 마련되었다. 특히 이 시기에는 대도시에서 수입대체산업을 중심으로 한 소비재 경공업분야와 상공업분야가 비약적으로 발전함으로써, 신식지식인, 학생 그리고 도시주민들을 중심으로 신문화운동과 5·4운동이 전개될 수 있는 중요한 사회경제적인 배경이 형성되었다. 다시 말해서 현대문명에 개방된 대도시와 중국의 연해안지방에서 새롭게 등장하기 시작한 근대적 계급과 계층들의 반전통주의적이고 민족주의적인 분위기에 힘입어 신식 지식인계층을 중심으로 신중국의 건설을 모색하는 운동이 전개되었다는 것이다.

신문화운동은 1915년에 진독수(陳獨秀)가 《신청년》(처음에는 청년잡지로 출발)을 창간하면서 이대교(李大釗), 호적(胡適), 노신(魯迅) 등과 같은 진보적인 지식인계층이 중심이 되어 전통문명과 전통문화를 통렬하게 비판하면서, 정신혁명, 윤리혁명, 문화혁명을 통하여 신중국을 건설하려고 한 지식인운동이라고 할 수 있다.7) 특히 신문화운동은 1917년에 채원배(蔡元培)가 북경대학 총장으로 취임하면서 진독수와 이대교 같은 진보적 지식인들을 대거 북경대학 교수로 초빙하고 북경대학의 학문적 분위기를 개혁하면서 더욱 체계적으로 반전통·반유교적인 운동으로 확산되었다. 신문화운동의 기수라고 할 수 있는 진독수는 신문화운동의 필요성과 성격을 다음과 같이 기술하였다.

---

6) 胡華, 『中國革命史講義』, 上册, 中國人民大學出版社, 1980, pp.3-8.
7) 『新靑年』에 반영된 근대중국의 사상세계에 대해서는 野村浩一, 『近代中國の思想世界: 新靑年の群像』, 岩波書店, 1990 참조.

우리들 게으르고 겁 많은 국민은 혁명을 뱀이나 전갈처럼 두려워하고 있다. 그러므로 정치계에 3차례의 혁명(양무, 변법, 신해혁명)이 지나갔는데도 반동적인 암흑은 조금도 사라지지 않았다. 그 원인은……3차례의 혁명이 모두 용두사미로 끝났다는 데 있으며, 구악을 붉은 피로 완전하게 씻어서 깨끗하게 하지 못한 때문이다.……우리들의 정신계에 뿌리 깊게 도사리고 있는 윤리와 도덕과 문학과 예술이 검은 장막에 두껍게 둘러싸여 있고……이것이야말로 단순한 정치혁명이……아무런 변화도……효과도 가져올 수 없게 된 이유이다.8)

이와 같이 신문화운동에 참여하고 있었던 지식인들은 지금까지 추진되었던 신해혁명과 같은 정치적 혁명운동이나 각종 개혁운동의 한계를 지적하면서 그것보다 더욱 근본적인 정신계의 개혁이나 혁명이 필요하다고 주장하였다. 그것은 사람들의 의식세계를 지배하고 있는 전통적인 가치, 윤리, 관습 등을 타파하지 않고서는 정치적 혁명이나 개혁도 별다른 효과를 낼 수 없다고 생각하였기 때문이다. 이들에게 중국의 전통문화, 전통질서, 전통가치는 기본적으로 "노예적, 보수적, 은둔적, 쇄국적, 허식적, 공상적"이기 때문에 이러한 낡은 가치와 문화, 관습을 철저히 파괴하지 않으면 신중국을 건설할 수 없다고 인식하였다.9)

특히 이들은 중국의 전통사회를 지배했던 유교사상에 대하여 맹렬하게 공격을 감행하였다. 노신은 유명한 『광인일기(狂人日記)』에서 인의도덕(仁義道德)을 강조하는 "유교야말로 사람을 잡아먹는 것"이라고 역설하면서 중국의 젊은 세대를 유교의 해독으로부터 구해내지 않으면 안 된다(禮敎乞人, 救救孩子)고 주장하였다. '중국사상계의 도로청소부'라고 일컬어지는 오우(吳虞)에 의하면, 유교는 중국의 전제정치와 권위주의적 가족제도의 근간이 되어왔으며 "그 해독은 진실로 홍수와 맹수보다 더하다"고 강조하면서 유교적 전통의 타파를 역설하였다.10)

8) 陳獨秀, 「文學革命論」, ≪新靑年≫, 1917년 4월; 송영배, 앞의 책, 296-300쪽.
9) 陳獨秀, 「敬告靑年」, ≪新靑年≫, 1915년 9월 15일, pp.1-6; 장 세노, 앞의 책, 69-73쪽에서 재인용.
10) 체스타 탄 저, 민두기 역, 『중국현대정치사상사』, 지식산업사, 1985, 45-52쪽.

이와 같이 신문화운동의 지식인들은 중국의 전통문화와 전통질서를
통렬하게 비판하면서 중국은 젊은 세대를 중심으로 새롭게 태어나지
않으면 안 된다고 주장하였다. 특히 진독수는 고루한 전통문화를 타파
하고 "자주적, 진보적, 진취적, 세계적, 실리적, 과학적"인 서구문화와
서구문명을 받아들여 신중국을 건설하여야 한다고 역설하였고 또한 중
국은 "민주주의선생과 과학선생"으로부터 배워야 한다고 주장함으로써
전면적 서구화의 논리를 제시하였다.

물론 신문화운동에 참여했던 모든 진보적 지식인들이 진독수처럼 전
면적으로 중국문명을 거부하고 서구화를 주장한 것은 아니었다. 예를
들어 이대교는 동양문명과 서구문명을 진독수와 같이 대립적으로 파악
하지 않고, 오히려 동서문명의 상호공존과 창조적 결합을 주장하기도
하였다.11) 그러나 이대교를 비롯하여 모든 신문화운동의 지식인들이 공
유했던 것은 전통문명 전체에 대한 부정은 아닐지라도 최소한 지배적
인 전통문화와 전통질서에 대한 비판정신이었으며, 새로운 문화와 가치
에 기초한 신중국 건설에 대한 이상주의적 탐구정신이었다.

이와 같이 신문화운동은 중국의 지식인들, 특히 청년지식인들에게 충
격적인 영향을 주었다. 호적은 신문화운동을 계기로 중국의 지식인들은
"가치의 전도"를 경험했으며 모든 기존의 가치에 대한 회의와 비판을
제기하게 되었다고 지적하면서, 이 운동을 중국의 르네상스에 비유하였
다.12) 따라서 이 시기에 중국의 청년지식인들은 신문화운동의 비판정
신, 탐구정신에 영향을 받아 새로운 사상과 문화운동에 적극적으로 참
여하기 시작하였다.

이를테면 모택동도 이 시기에 ≪신청년≫에 발표된 진독수, 이대교,

---

11) Maurice Meisner, *Li Ta-chao and the Origins of Chinese Marxism*, Cambridge:
    Harvard University Press, 1968, pp.42-48.
12) Hu Shih, *The Chinese Renaissance*, Chicago: University of Chicago Press, 1934,
    pp.41-42.

호적, 노신 등의 글을 탐독하면서 중국의 운명과 장래에 대해 새롭게 인식하게 되었다고 술회하였다. 당시 모택동은 장사에 있는 호남사범학교에 다니면서 신문화운동의 정신에 입각하여 신민학회(新民學會)를 조직하기도 하였고 나름대로 신중국의 건설에 대한 구상을 회원들과 토론하기도 하였다. 모택동에 의하면, 장사 이외에도 상해, 북경, 천진, 한구 등 중국의 대도시에서도 ≪신청년≫의 영향을 받아 급진적인 조직들이 만들어졌으며, 이러한 단체의 회원들 중에서 일부는 나중에 공산당원이 되었다.13)

신문화운동은 특히 젊은 지식인들로 하여금 비판적인 서구의 급진사상에 대한 관심을 가지게 했을 뿐만 아니라, 각종 사상운동단체를 조직하고 중국의 정치적·사회적 현실문제에 대하여 관심을 가지고 자신들의 견해를 적극적으로 발표할 수 있게 하였다. 이런 점에서 신문화운동에 의하여 각성하고 자극을 받은 젊은 지식인들이 중심이 되어 당시 중국이 당면했던 절박한 위기상황, 즉 제국주의적 침략과 군벌정권에 대한 국민적인 항의운동으로 발전한 5·4운동은 신문화운동의 연장선에 있다고 하겠다.

3. 5·4운동의 배경과 성격

5·4운동은 신문화운동에 의하여 각성된 청년지식인들이 중심이 되어 전개한 최초의 국민적 반제반봉건운동이란 점에서 신문화운동의 정신을 계승, 발전한 것이라고 할 수 있다. 그러나 5·4운동은 다음과 같은 몇 가지 점에서 신문화운동과 어느 정도의 차별성을 가지고 있는 것도 사실이다.14)

---

13) 에드가 스노우 저, 신홍범 역, 『중국의 붉은 별』, 두레, 1985, 146-147쪽.
14) 5·4운동에 대한 개척적인 연구로서는 Chow Tse-tung, *The May Fourth*

첫째, 신문화운동이 비교적 진보적인 성향의 기성 지식인들이 중심이 되어 추진한 것이라면, 5·4운동의 주도세력은 이들 신문화운동의 지식인들에게 영향을 받은 청년지식인들과 학생들이 중심이 되었다는 점이다. 둘째, 신문화운동의 지식인들이 정치운동에 대해 불신을 가지고 있었고 따라서 정신혁명과 문화혁명을 더욱 강조한 데 비하여, 5·4운동세대들은 정치적 문제에 대하여 관심이 높았으며 정치적 행동주의를 더욱더 강조하고 있었다. 셋째, 신문화운동 세대는 서구문명과 가치에 대하여 비교적 낙관적이고 긍정적인 데 비하여, 5·4운동세대는 그들의 선배들보다 서구제국주의와 자본주의문명에 대하여 비판적이었다. 넷째, 신문화운동이 지식인운동에 국한되었던 데 비하여, 5·4운동은 학생과 지식인들뿐만 아니라 대도시에 새롭게 등장한 상인과 민족부르주아계급, 심지어 일반 노동자계급까지 참여하는 국민운동, 대중운동의 성격을 가졌다.

이미 잘 알려진 바와 같이 5·4운동의 직접적인 촉발요인은 제1차세계대전 이후 전후문제를 해결하기 위하여 소집된 파리강화회담에서 미국, 영국, 프랑스, 일본 등 4대강국들이 패전국 독일이 보유하고 있던 중국 산동성에 대한 권익을 일본에 양도하기로 결정한 데에서 찾을 수 있다. 그러나 그보다 더 본질적인 요인은 이 당시에 중국의 지식인들과 일반 국민들 사이에서는 서구와 일본의 제국주의적 침략에 대한 반감이 광범위하게 확산되어 있었고 더구나 일본의 침략이 점차 노골화되고 있는 것에 대하여 상당한 저항감을 공유하고 있었다는 데에서 찾을 수 있다. 일본은 제1차세계대전으로 말미암아 서구열강의 중국진출이 일시 이완된 틈을 타서 적극적으로 중국에서 일본의 이권과 영향력을 확장하려고 노력하였다. 1914년 제1차세계대전이 발발하자 일본은 독일의 조차지였던 산동반도를 장악하였고 1915년에는 북경의 군벌정권에게 산동성과 남만주 그리고 내몽고 등에서 일본의 특권을 인정하고 재정·군

Movement: Intellectual Revolution in Modern China, Cambridge: Harvard University Press, 1960을 꼽을 수 있다. 중국에서 나온 것으로는 彭明, 『五四運動史』, 北京: 人民出版社, 1984를 참조할 수 있고, 자료집으로 上海社會科學院 歷史研究所 編, 『五四運動在上海史料選輯』, 上海: 人民出版社, 1966 등이 있다.

사·정치분야에서 일본인고문을 채용할 것 등을 포함한 21개조를 요구하였다.

이와 같이 일본의 노골적인 중국침략으로 반일감정이 팽배해 있는데다가, 윌슨 미국대통령이 제창했던 민족자결주의의 영향으로 중국국민들 사이에는 그 어느 때보다도 주권회복의 기대가 고조된 상황에서 서구열강이 독일의 조차지였던 산동성에 대한 권리를 중국정부에 반환하지 않고 일본에게 양도하는 결정을 내리게 되자 중국국민들, 특히 청년지식인들은 서구열강에 대한 배신감과 더불어 이 같은 굴욕적인 결정을 낳게 한 군벌정권에 대한 분노에서 대규모 반제반봉건운동을 전개했던 것이다. 1919년 5월 4일, 북경대학을 중심으로 천안문광장에서 벌어진 학생시위는 곧 전국적으로 확산되었고, 대도시의 상인과 노동자도 이에 동조하면서 일본제국주의의 중국침략에 대한 항의운동은 그야말로 국민적인 반제반봉건운동으로 발전하였다.

5·4운동의 성격은 이 당시에 내세운 구호에서도 분명하게 드러난다. 즉, "밖으로는 열강의 강권정치에 대항하여 국권을 쟁취하고, 안으로는 매국노를 축출한다(外爭國權 外抗强權 內出國賊)"는 데에서도 알 수 있듯이, 5·4운동은 첫째, 일본을 비롯한 제국주의세력의 중국침략에 대한 저항운동이었고, 주권국가로서 중국의 권익을 확보하려는 자주운동이었으며, 둘째, 제국주의세력의 하수인인 매국적 세력을 일소하고 민주주의적 정치의 실현 등을 목표로 했다는 점에서 현대중국에서 있었던 최초의 근대적 의미의 반제반봉건운동이라고 할 수 있다.[15]

이와 같이 반제반봉건의 성격을 가진 5·4운동이 전국적으로 확산되자 당시의 군벌정권은 초기의 강압정책에서 일시 후퇴하면서 민심을 수습하려고 하였다. 따라서 6월 10일에는 학생들에 의해 매국노로 지목된 3인(당시 교통총감 겸 재무총장이었던 조여림(曹汝霖), 당시 주일대사였던 장종상(章宗祥), 주일공사였던 육종여(陸宗興)를 해임하고, 6월 21일

15) 지전성, 앞의 책, 45-72쪽.

에는 파리강화회담에 대한 조인을 거부하기로 하였다. 그러나 반일운동이 확산되고 일본상품불매운동에 대한 일본의 항의와 압력이 가중되자 당시의 군벌정권은 다시금 강경한 탄압정책을 실시하였다. 이 같이 국내외의 압력이 증가되는 가운데, 5·4운동에 참여했던 다양한 사회계급과 계층의 이익이 상충되면서 5·4운동의 열기는 퇴조하여 중국 최초의 대규모 반제반봉건운동은 구체적 성과를 얻지 못하고 끝나고 말았다. 그러나 5·4운동이 중국의 현실 정치상황을 직접적으로 변혁하는 데에는 실패했지만 중국현대사에 끼친 영향은 대단하다고 할 수 있다.

첫째, 5·4운동은 반제반봉건의 성격을 뚜렷이 함으로써 군벌정치와 제국주의적 침략으로부터 유래하는 중국민족의 위기에 대한 국민적 자각을 확산시키는 계기가 되었다. 둘째, 중국의 청년지식인들로 하여금 중국의 현실을 타파하고 신중국을 건설하기 위해서는 단순한 문화혁명이나 저항운동의 차원을 넘어서 민중들의 힘을 동원, 조직하여 국민혁명을 단행하지 않으면 안 된다는 점을 명확히 인식하게 하였다. 셋째, 1920년대에 국민당과 중국공산당의 협력 하에 추진된 국민혁명의 사상적 기초를 마련했을 뿐만 아니라 국민혁명을 주도해갈 새로운 엘리트계층을 산출해냄으로써 중국현대사에 전환점을 마련했다고 할 수 있다. 특히 1921년에 창당된 중국공산당의 핵심적 지도자들은 거의 모두가 5·4운동에 직접 참여했으며, 5·4운동을 경험하면서 맑스주의를 수용하게 되었다는 사실을 고려한다면, 왜 중국공산당이 현대의 기점으로 5·4운동을 꼽고 있는지 이해할 수 있다.

4. 5·4운동 이후의 이데올로기적 분화와 분열

신문화운동과 5·4운동을 경험하면서 중국의 사상계는 새로운 변혁사상에 대한 관심이 고조되었다. 특히 5·4운동 후 약 1년 사이에 약 400여 종의 신종 간행물이 발간되면서, 이를 매개로 중국의 장래에 대한 토론을 활발하게 전개하였다. 《신청년》, 《신사조》, 《신문화》 등과 더불어 ≪소년중국≫, ≪신사회≫, ≪상강평론(湘江評論)≫ 등을 통하여 중국의 진보적인 지식인들은 모두 중국사회의 암흑상과 불합리성를 지적하면서 구제도와 구가치를 부정하고 새로운 가치와 새로운 제도를 도입해야 한다고 주장하였다. 이처럼 모든 진보적인 지식인들은 중국사회의 개조와 개혁의 필요성을 인정하면서도, 구체적으로 어떤 이념과 어떤 제도를 받아들여야 하고, 어떤 방식으로 중국을 개조, 개혁해야 하느냐는 문제에 대해서는 상이한 이데올로기적인 차별성을 보여주기 시작했다.

사실 5·4운동 당시까지만 해도 진보적인 지식인들은 전통질서를 타파하고, 신문화운동 당시 진독수가 제창한 "민주주의선생과 과학선생"으로 상징되는 서구적 가치와 제도에 입각하여 신중국을 건설한다는 목표에 대해 별다른 이론이 없었다. 그러나 서구문명 특히 서구의 자본주의문명과 제국주의에 대하여 실망을 하게 된 5·4운동세대들은 신문화운동세대가 가지고 있던 서구문명에 대한 낙관적인 자세에서 벗어나 서구의 새로운 비판적 사상에 대한 관심을 가지게 되었다. 이를테면 사회주의나 무정부주의와 같이 자본주의문명을 비판하는 서구의 급진사상에 대해 관심을 가지게 되었던 것이다. 따라서 5·4운동 직후 중국의 진보적 지식인들은 서구의 각종 사상, 즉 자유주의와 사회주의, 무정부주의 등과 접하면서 일시적인 사상적 혼란을 경험하였고 이데올로기적인 분화와 분열과정에 들어서게 되었다.16)

특히 1919년부터 1921년 사이에 중국의 진보적 지식인들 사이에서 전개되었던 세 차례에 걸친 사상논쟁은 중국에서 맑스주의의 수용과 관련하여 중요한 의미를 가진다고 하겠다. 그 세 차례의 논쟁이란 첫째, 1919년의 '문제와 주의'에 관한 논쟁, 둘째, 1920년대에 있었던 사회주

---

16) 5·4운동 전후에 있었던 신사조의 발전과 분화에 대해서는 이세평, 최윤수·조현숙 공역, 『중국현대정치사상사』, 한길사, 1989, 11-96쪽; Scalapino and Yu, op. cit., pp.486-569 참조.

의에 관한 논쟁, 셋째, 1921년 맑스주의자와 무정부주의자와의 논쟁이
바로 그것이다.[17]

'문제와 주의' 논쟁이란, 1919년 7월에 ≪매주평론(每週評論)≫지
에 신문화운동을 주도하였던 자유주의적 지식인 중의 대표격인 호적이
「문제는 많이 연구하고 주의는 적게 논할 것」이란 제목의 논문을 발표
하고, 이에 대하여 역시 신문화운동의 대표적 지식인의 한 사람인 이대
교가 반론을 제기함으로써 신문화운동과 5·4운동을 주도하였던 지식
인들 사이에 비상한 관심의 대상이 되었던 것이다.

호적에 의하면, 모든 이론과 주의는 특정한 가설이며 구체적인 문제
를 연구하는 도구에 불과한 것인 데도 불구하고, 그것을 보편적인 진리
로 생각하는 것은 대단히 잘못된 것이며 위험한 발상이라고 주장하였
다. 따라서 그는 "인력거꾼의 생계에 대한 연구를 하지 않고 사회주의
를 논하고……남북의 군벌세력 간의 대립을 어떻게 해결할 것인지를 연
구하는 대신 무정부주의를 논하면서……이것을 근본적인 해결이라고 의
기양양하게 자랑하는 것은 순전한 기만이며……중국사상계의 파산을 나
타내는 징표이고 중국사회의 개선가능성에 대한 사형선고와 같다"고
선언하였다. 또한 호적은 "문명이란 총체적으로 한꺼번에 창조되는 것
이 아니라 조금씩 창조되는 것이며, 진보도 한꺼번에 성취될 수 있는
것이 아니라 점진적으로 조금씩 이룩할 수 있는 것"이라고 지적하면서,
중국사회가 당면하고 있는 구체적이고 개별적인 문제를 연구하고 해결
해감으로써 중국사회의 실질적인 개선과 진보를 이룩할 수 있도록 해
야 한다고 주장하였다.[18]

이와 같이 호적은 추상적인 이론과 주의의 위험성을 경고하고 구체

---

17) 이러한 세 가지 논쟁에 대해서는 서진영, 「중국공산당 창당전야의 사상논쟁」,
    ≪사회와 사상≫, 1989년 6월호, 282-303쪽 참조.
18) Scalapino and Yu, op. cit., pp.552-561; 호적의 삶과 사상에 대한 연구로는
    Jerome B. Grieder, *Hu Shih and the Chinese Renaissance: Liberalism in the Chinese
    Revolution, 1917-1937*, Cambridge: Harvard University Press, 1970을 참조.

적이고 개별적인 문제의 연구와 해결의 중요성을 강조하면서 점진적이고 실질적인 개혁을 주장함으로써 전형적인 '실용주의적 자유주의자'의 입장을 대변하였던 것이다. 그러나 당시 볼셰비키혁명과 맑스주의에 깊은 관심을 가지고 있던 이대교와 같은 급진적 지식인들은 '문제'와 '주의'를 대립적으로 파악한 호적의 논리를 비판하였다.

이대교는 호적이 단지 '문제'만을 말하고 '주의'를 이야기하지 않은 것은 잘못이라고 지적하면서, 문제와 주의가 불가분의 관계임을 강조하였다. 즉, 구체적인 문제나 실제의 상황에 대한 연구를 하지 않고 추상적인 주의만을 주장하는 것은 잘못이지만, 또한 복잡하게 얽혀 있는 개별문제의 상호관계를 파악하고 사회전체의 문제와 연관성을 밝힘으로써 근본적인 문제해결을 추진할 수 있게 하는 이데올로기의 중요성을 결코 간과해서는 안 된다고 강조하였다. 이대교에게 '주의'는 호적이 주장하듯이 공허하고 추상적인 이론, 즉 공담(空談)이 아니라 구체적이고 개별적인 문제를 총체적으로 이해할 수 있게 하는 것이며, 또한 근본적인 문제해결의 방향과 수단을 제시해주는 것이다.[19]

이처럼 호적과 이대교의 '문제와 주의'에 대한 논쟁은 점진적인 개혁론과 급진적인 변혁론 사이의 날카로운 대립을 극명하게 보여주는 것이었으며 신문화운동 당시 유지되었던 문화적 통일전선 내부에 이데올로기적 균열이 일어나기 시작했다는 것을 예고해주는 것이었다고 하겠다.

'문제와 주의'에 관한 논쟁에서 표면화되었던 문제, 즉 점진적인 개혁이냐 혹은 혁명적인 변혁이냐는 문제는 1920년에 촉발된 이른바 사회주의논쟁에서도 다시 제기되었다. 당시 중국의 진보적 지식인들 사이에서는 사회주의에 대한 관심이 일찍부터 높았지만 사회주의와 맑스주의 간의 명확한 차이를 제대로 알지 못하였고, 중국에서 사회주의의 이상을 실현할 수 있을 것인지에 대해서도 심각하게 논의된 적이 없었다.

19) 官守熙, 「關於 1919年 問題與主義之爭的 評論的 商榷」, 中國人民大學 書報資料社, 『現代中國史』, K 4-11, 1982, pp.3-15.

볼세비키혁명과 5·4운동 이전까지만 해도 중국의 진보적인 지식인들은 사회주의와 맑스주의를 다같이 20세기의 새로운 문명을 예고하는 진보적인 사상으로 인식하였지만 과연 중국에서 사회주의의 이상을 실현할 수 있을지에 대해서는 회의적이었다. 그러나 1917년 볼세비키혁명의 성공을 목도하고 5·4운동을 경험하면서 중국의 사상계는 급변하였다. 진보적 지식인들 사이에 맑스주의에 대한 관심이 고조되면서, 개혁적인 사회주의자와 혁명적인 맑스주의자 간에 본격적인 논쟁이 전개되었던 것이다.

이 논쟁은 1920년 가을에 영국의 저명한 철학자인 러셀(Bertrand Russell)과 함께 중국 각지를 순회하며 중국의 당면문제에 대해 강연을 가진 후 상해에 돌아온 장동손(張東蓀)이 1920년 11월 ≪시사신보(時事新報)≫에 「내지여행의 또 하나의 교훈」이란 글을 발표하면서 촉발되었다.[20] 중국사회가 당면한 가장 절박한 문제는 빈곤이며 빈곤을 타파하기 위해서는 산업발전에 힘을 기울여야 한다고 주장한 장동손의 글은 당시 맑스주의자임을 선언한 진독수의 반론을 불러일으켜 사회주의에 대한 격렬한 논쟁을 야기하였다. 이 논쟁에는 장동손과 진독수 이외에 양계초와 이대교 등 당대의 저명한 지식인들이 거의 모두 참여하였고 약 1년 동안 약 300여 편이나 되는 글들이 발표되었다. 논쟁의 주제는 중국사회 발전의 방향과 관련하여, 중국사회에서 자본주의와 사회주의의 적실성에 관한 것이었으며, 계급투쟁에 의한 혁명적 변혁논리와 단계론적 발전논리가 대립되었다.

양계초, 장동손과 같은 단계적 발전론자들이 사회주의 자체를 부정한 것은 아니었다. 오히려 이들은 사회주의가 가장 진보적인 세계관이라고 생각하였고, 맑스가 사회주의이론을 발전시켰다는 점까지도 인정하였다. 그러나 당시의 중국사회는 사회주의를 실현할 만큼 발전하지 못했

---

20) 張東蓀, 「由內地旅行而得之又一教訓」, 彭明 主編, 『中國現代史 資料選輯』, 第1冊, 中國人民大學出版社, 1987, pp.247-248.

으며 더구나 볼셰비키적 방법에 의한 사회혁명과 경제발전전략에는 반대를 하였다.

이들의 논리는 첫째, 중국사회가 당면한 최대과제는 빈곤의 문제를 해결하는 것이며, 둘째, 빈곤의 문제를 해결하기 위해서는 산업의 발달 즉 경제발전이 가장 시급한 과제이며, 셋째, 경제발전에 가장 효과적인 방법은 자본주의적 경쟁과 효율성을 극대화하는 것이고, 넷째, 자본주의가 발전하지 않은 중국사회에서 계급투쟁과 노동운동을 강조하는 것은 '자살행위'와 마찬가지라는 것이었다. 따라서 이들은 중국사회에서의 노동자와 자본가의 상호협력에 의한 경제발전을 강조하였고, 사회주의란 계급투쟁에 의하여 실현될 수 있는 것이 아니라 모든 계급의 참여와 협력을 통해서 점진적으로 실현될 수 있는 것이라고 역설하였다. 이러한 관점에서 이들은 볼셰비키적인 혁명운동에 반대하였고 프롤레타리아독재와 계획경제에 반대하였다.[21]

이에 대해 당시 공산주의운동을 조직하기 시작한 진독수, 이대교 등 맑스주의자들이 격렬하게 반론을 제기하였다. 이들은 빈곤문제의 해결과 급속한 경제발전이 중국이 당면한 최대의 과제라는 점에는 동의하면서도, 사회주의만이 이러한 문제를 근본적으로 해결할 수 있는 유일한 길이라고 주장하며 다음과 같은 점을 역설하였다.

첫째, 자본주의가 빈곤의 문제를 해결할 수 없다는 것은 자명하다. 오히려 자본주의의 발전은 심각한 빈곤의 문제를 발생하게 하는 원인이기 때문에, 자본과 생산의 사유제를 폐지하지 않고서는 빈곤의 문제를 근본적으로 해결할 수 없다. 둘째, 자본주의적 방식으로는 급속한 경제발전을 이룩할 수 없다. 생산수단의 공유화와 공동생산·공동소비의 사회주의노선을 통해서 자원과 노동을 가장 효과적으로 그리고 계획적으로 경제발전에 집중할 수 있다. 셋째, 중

---

21) 체스타 탄, 앞의 책, 207-216쪽; Arif Dirlik, "Socialism and Capitalism in Chinese Socialist Thinking: The Origins," in Studies on Comparative Communism 1: 2, Summer 1988, pp.131-152.

국사회는 자본주의경제가 발전하지 않았기 때문에 노동자계급이 미약하다는 논리는 성립하지 않는다. 중국사회에는 광범위한 잉여노동이 존재할 뿐만 아니라 소수의 군벌, 지주, 자본가를 제외하면 대다수의 소중산계급들은 모두 무산계급의 후보자들이며, 이들은 극심한 착취와 억압을 받고 있기 때문에 혁명적 계급이라고 할 수 있다. 넷째, 계급투쟁을 거치지 않고 부르주아계급의 민주적 개혁에 의존하여 사회주의를 실현할 수 있다고 주장하는 것은 착각이며 기만이다. 노동자계급이 국가권력을 장악하지 않고서는 민주주의는 영원히 자산계급의 지배를 합리화하고 영속화하는 결과를 초래할 것이다. 따라서 중국사회의 근본적인 변혁이란 목적을 달성하기 위해서는, "대다수의 무산계급과 연합하여 맹렬한 대중운동을 전개하여 국가권력을 탈취함으로써 노동자계급이 지배계급이 되어야 하며 정치적 권력을 이용하여 자본가계급으로부터 모든 자본과 생산도구를 탈취, 노동자계급의 국가에 집중시켜 비약적인 생산력의 증가를 꾀해야 한다"고 주장하였다.

이와 같이 맑스주의 지식인들은 개량주의적이며 점진주의적인 개혁노선에 반대하면서 볼셰비키혁명의 경험에 따라서 중국에서도 사회혁명이 단행되어야 하고, 이 같은 목표를 달성하기 위해서는 당의 건설과 노동운동의 조직화를 적극적으로 추진해야 한다고 강조하였다. 사실 이당시 진독수와 이대교 등은 이미 중국공산당의 창건운동에 착수하였다. 이 같은 과정에서 맑스주의 지식인들은 무정부주의자들과 또 다른 논쟁을 치르게 되었다.

사회주의에 대한 논쟁이 사회민주주의를 지향하는 점진주의 또는 단계론적 사회주의자와 혁명적 변혁론자들 사이의 논쟁이라면, 무정부주의자와의 논쟁은 혁명적 변혁론자들 사이에서 당과 국가의 기본적인 성격에 대한 근본적인 견해차이를 표출한 것이라는 점에서 중요한 의미를 가진다고 하겠다.

무정부주의적 사조가 중국에 본격적으로 전파되기 시작한 것은 신해혁명 직후라고 할 수 있다. 특히 1912년 유사복(劉師復)이 중국 최초의 무정부주의자 단체인 회명학사(晦鳴學舍)를 조직하면서 중국의 진보적 지식인들 사이에서 무정부주의사상에 대한 관심이 고조되었다. 크로포트킨(Kropotkin)의 공산주의적 무정부주의에 깊은 영향을 받은 유사복은 국가, 가족, 종교 등 모든 기존의 권위와 불평등을 부정하고 개인의 절대자유와 인간의 선성(善性)을 강조함으로써 중국적 무정부주의운동의 이론적인 기초를 마련하였다. 유사복은 1915년, 31세의 젊은 나이에 죽었지만 그의 무정부주의적 사상은 진보적 지식인들 사이에 급속히 전파되어, 5·4운동 직후까지만 해도 무정부주의사상이 가장 영향력이 큰 신사조였다. 특히 기존의 가치와 제도를 타파하려는 당시의 혁명적 지식인들 사이에서 무정부주의자들의 활동은 괄목할 만한 것이었으며 이런 점에서 무정부주의자들과 맑스주의자들과의 밀접한 협력관계를 유지하였다.

그러나 1920년대에 맑스주의자들의 당 건설작업이 본격적으로 추진되면서 무정부주의자들과 맑스주의자들의 이데올로기적인 분열과 분화는 불가피하게 표면화되지 않을 수 없었다. 당시 중국공산당의 창건작업을 주도하고 있었던 진독수와 무정부주의자인 구성백(區聲白)의 논쟁으로 시작된 맑스주의자와 무정부주의자들의 논쟁은 특히 다음과 같은 두 가지 문제를 둘러싸고 날카롭게 대립하였다.[22]

첫째, 모든 권위와 국가권력은 부정되어야 하는가 하는 점이다. 무정부주의자들은 인간의 순수한 속성을 억압, 왜곡하는 모든 가치와 제도는 타파되어야 한다는 관점에서 맑스주의자들이 주장하는 프롤레타리아독재론도 비판하였다. 즉 자본주의국가나 사회주의국가 모두 부정되어야 한다는 것이었다. 이에 대해 맑스주의자들은 국가의 본질적 차이를 구별하지 않고 모든 국가와 모든 권위를 부정하는 것은 잘못된 생각이라고 지적하면서, 자본주의사회에서 국가는 억압과 착취의 도구이지만, 프롤레타리아독재가 실현되는 '미래의 국가'는 자본계급의 부활을 방지하고 노동자와 민중계급의 자유를 보호, 발전시키기

22) 劉孝良, 「早期 陳獨秀 反對 無政府主義的 鬪爭」, 中國人民大學 書報資料社, 『現代中國史』, K 4-9, 1981, pp.17-21.

위하여 필요한 것이라고 주장하였다.

둘째, 모든 사회조직에서 개인의 자유를 제한하는 기율과 장치는 부당한 것인가라는 문제이다. 무정부주의자들에 의하면, 인간은 상호부조의 본성을 가지고 있기 때문에 사회적 진보를 달성하기 위해서는 사회가 자유롭게 조직되어야 한다고 주장하였다. 따라서 모든 사회조직은 개인의 자유로운 의사를 존중해야 하며, 모든 개인들이 자유롭게 가입하거나 탈퇴할 수 있어야 한다는 것이었다.

이 같이 개인의 절대자유를 강조하는 무정부주의자들의 견해에 대하여 맑스주의자들은 개개인의 동의와 찬성을 얻는 조직원리는 비현실적이라고 주장하였다. 즉, 개인의 자유와 민주적 원칙을 추상화·절대화·신비화함으로써 무정부주의자들은 사실상 혁명운동의 조직화를 방해하고 있다고 비난하였다. 맑스주의자들에 의하면 무산계급혁명을 성공시키기 위해서는 반드시 무산계급의 조직과 기율이 강화되어야 하고 영도력이 집중되어야 한다는 것이었다. 만일 혁명세력의 권력이 집중되지 않고 개인과 단체가 제각기 행동한다면 혁명세력은 이완되고 산만해지기 때문에 자본가계급에게 이용될 것이라고 경고하였다.

이와 같이 맑스주의자들은 무정부주의자들과의 논쟁을 통해서 민주집중제에 입각한 당조직의 필요성을 역설하였고 이 같은 당조직을 바탕으로 조직적인 계급투쟁을 전개하여 프롤레타리아독재의 국가권력을 쟁취해야 한다고 주장함으로써 중국공산당 창당작업에 따르는 이론적·실천적 문제를 정리했다고 할 수 있다.

제4장
맑스주의의 수용과 중국공산당의 창당

앞 장에서 살펴본 것처럼 5·4운동 이후 중국의 진보적 지식인들 사이에서 신문화운동 당시에 형성되었던 문화전선과 사상전선에서의 통일전선이 깨지면서 이데올로기적인 분화와 분열을 경험하였다. 따라서 모택동과 같은 젊은 지식인들은 일종의 사상적 혼돈과 모색의 과정을 겪게 되었다. 모택동이 에드가 스노우(Edgar Snow)에게 술회한 바와 같이, 이 당시 대부분의 젊은 지식인들과 마찬가지로 모택동도 자유주의, 민주적 개혁주의 그리고 공상적 사회주의 등에 대하여 '막연한 열정'을 품고 있었다.[1] 아직 맑스주의야말로 중국을 구원할 수 있는 유일한 길이라고 주장하는 사람은 아무도 없었다. 그러나 문제와 주의의 논쟁, 사회주의와의 논쟁, 그리고 무정부주의와의 논쟁 등 3차례의 논쟁을 통하여 맑스주의자들은 그들의 이데올로기적 정체성(identity)을 확립하였고 1921년에는 마침내 중국공산당을 창당하였다.

---

1) 에드가 스노우 저, 신홍범 역, 『중국의 붉은 별』, 두레, 1985, 147쪽.

따라서 이 장에서는 맑스주의가 중국에 전래 수용되는 과정, 초기중국 맑스주의의 특징 그리고 중국공산당의 창당배경 등을 살펴보고자 한다.

1. 맑스주의의 전파와 수용

모택동은 1949년에 발표한 「인민민주전정론」에서 1917년 볼셰비키 혁명이 일어나기 전까지 중국인들은 맑스주의에 대하여 제대로 알지도 못했고 또한 별로 관심도 없었다고 지적한 바 있다. 이 같은 모택동의 주장은 조금 과장되기는 했지만 당시 상황을 적절히 표현한 것이라고 할 수 있다. 중국의 진보적인 지식인들이 맑스주의에 대하여 본격적으로 관심을 갖기 시작한 것은 아무리 빨리 잡아도 1917년 러시아에서 볼셰비키혁명이 일어난 이후이며 특히 1919년의 5·4운동 이후라는 것은 거의 틀림없는 사실이기 때문이다. 그러나 그 이전에 맑스주의가 전혀 중국에 소개되지 않았다는 것은 물론 아니다.2)

이미 1902년 양계초는 그가 편찬한 ≪신민총보(新民叢報)≫에서 맑스를 언급하고 있었으며, 주집신(朱執信)과 같은 초기 동맹회 이론가는 동맹회 기관지인 민변(民變)의 ≪민보(民報)≫에서 맑스주의를 비롯한 사회주의사상에 대해 소개하였고 1906년에는 맑스의 「공산당선언」 일부를 번역하였다. 주집신은 연이어 ≪민보≫에 발표한 「독일 사회혁명가 소전(小典)」이라는 글에서 맑스와 라쌀레(Ferdinand Lassalle)를 소개했다. 1907년에는 프랑스 파리에서 ≪신세기≫란 무정부주의자들의

---

2) 맑스주의가 중국에 전파되는 과정에 대하여는 邱軍, 「馬克思主義在中國傳播」, 『黨史硏究』, 第2期, 1983, pp.19-30; 陳漢楚, 「五四時期的 社會思潮和 馬克思主義 在中國的 傳播」, 中國人民大學 書報資料史, 『現代中國史』, K 4-12, 1982, pp.3-10 참조

잡지가 창간되면서 공산주의적 무정부주의에 대한 관심이 높아졌고, 또한 동경유학생들을 중심으로 사회주의, 무정부주의, 맑스주의와 같은 급진적 변혁사상이 전파되었다.[3] 1912년에는 상해에서 발간된 ≪신세계≫라는 진보적 잡지는 엥겔스의 「공상적 사회주의와 과학적 사회주의」란 글을 번역 소개하였고, 소수의 진보적 지식인들에 의하여 조직된 각종 조직, 이를테면 강항호(江亢虎)가 조직한 사회당이나 무정부주의학회 등을 중심으로 사회주의와 무정부주의사상에 대한 학습과 선전활동을 하는 과정에서 부분적이나마 맑스주의가 중국지식인들에게 소개되었다.

이와 같이 5·4운동이나 신문화운동 이전에 이미 소수의 지식인들에게 맑스의 사상이 소개된 것은 사실이지만 그렇다고 해서 이 당시 중국의 지식인들이 맑스주의를 충분히 이해하고 있었다는 것도, 더구나 맑스주의를 적극 수용할 자세를 가지고 있었던 것도 아니었다. 진독수도 1915년 ≪신청년≫에 발표한 「프랑스인과 근대문명」이란 글에서 사회주의를 현대의 3대 신사조 중의 하나라고 지적하고, 맑스는 생 시몽이나 포이에르바하를 계승하여 사회주의사상을 발전시켰다고 하면서도 "사회주의의 이상은 매우 고매하지만 중국은 낙후된 나라이기 때문에 그 이상을 실현하기에 적합하지 않다"고 결론을 내리고 있는 것을 발견할 수 있다.

사실 이 당시 진독수를 비롯한 대부분의 진보적인 지식인들은 맑스의 사상과 이른바 공상적 사회주의자들이라고 하는 생 시몽이나 포이

---

3) 신해혁명 직전에 일본에 유학하고 있던 중국학생들의 수는 최고 10만 명에 달했다고 한다. 그런데 이들 일본유학생들은 당시 일본의 지식인사회에서 유행하던 사회주의운동의 영향을 받아, 사회주의에 대해서 번역, 소개하는 일을 적극 추진하였다. 따라서 신해혁명을 전후로 중국의 지식인사회에서도 사회주의에 대한 관심이 고조되었지만, 이 당시에 소개된 사회주의는 대체로 일본의 '개량적' 사회주의의 영향을 많이 받았다고 한다. 이러한 주장에 대해서는 邱軍, 앞의 글, 21쪽 참조.

에르바하의 차이점을 정확히 알지 못하였다. 게다가 맑스주의가 중국사
회의 변혁이론으로 부적합하다고 생각했던 것은 거의 틀림없다. 이 점
에서는 모택동도 예외는 아니었다. 모택동의 경우, 1919년경까지도 맑
스주의가 신중국의 건설에 유용하다고 생각하지 않았다. 1919년 7월에
『상강평론(湘江評論)』에 발표된 「민중의 대연합」이란 논문에서 모택동
은 맑스보다는 러시아의 무정부주의자인 크로포트킨의 사상에 더 경도
되어 있었다.4) 이와 같이 5·4운동 당시까지만 해도 맑스주의에 대한
이해도 깊지 않았고, 또한 맑스주의를 중국사회의 변혁이론으로 수용해
야 한다고 주장하는 지식인들도 별로 없었다고 하겠다.

　그렇다면 언제 어떤 배경에서 중국의 지식인들이 맑스주의를 수용하
였고 이론적인 차원에서 그리고 실천적 차원에서 스스로를 맑스주의자
라고 인식하고 행동하기 시작했는가라는 의문이 제기될 수 있다. 중국
최초의 맑스주의자가 누구인가에 대해서는 여러 가지 논란이 있을 수
있다. 그러나 중국사회에서 맑스주의운동을 조직하는 데 선구적인 역할
을 한 사람으로 진독수와 이대교를 꼽는 데에는 대체로 이론이 없다.
그렇다면 언제 이들이 맑스주의에 대하여 적극적인 관심을 가지기 시
작했으며, 스스로를 맑스주의자라고 인식하기 시작했는가를 살펴볼 필
요가 있다. 그것은 아마 이들이 볼셰비키혁명의 성격을 어느 정도 이해
한 이후라고 할 수 있다. 더 정확히 말하자면 1919년 5·4운동 직후에
이대교와 진독수는 맑스주의를 중국사회의 변혁이론으로 수용하고 스
스로 맑스주의자로 행동하기 시작했던 것이다.

　이미 잘 알려진 바대로 이대교가 진독수보다 먼저 볼셰비키혁명과
맑스주의에 관심을 가지기 시작하였다.5) 이대교는 이미 1917년 2월에

4) Stuart Schram, "From the Great Union of the Popular Masses to the Great
　Alliance," in *The China Quarterly*, no.49, January-March 1972, pp.76-87.
5) 이대교에 대하여는 앞에서 소개한 Maurice Meisner의 *Li Ta-chao and the
　Origins of Chinese Marxism* 이외에, Huang Sung-k'ang, *Li Ta-chao and the
　Impact of Marxism on Modern Chinese Thinking*, Paris: Mouton, 1965를 참고할

있었던 러시아혁명(이것은 다 아는 바와 같이 볼셰비키혁명이 아니다)을 "반관료혁명의 새로운 조류를 대변한 것"이라고 찬양하였다. 또한 볼셰비키혁명이 발발한 지 만 1년이 되는 1918년 11월에 발표한 「볼셰비즘의 승리」라는 글에서 이대교는 볼셰비즘의 승리를 "세계의 무산대중과 세계의 자본가들 사이에서 벌어진 계급전쟁"에서의 승리로 이해하였고 볼셰비즘을 20세기의 새로운 사조라고 선언하였다. 이 당시에 발표한 「서민의 승리」라는 글에서도 이대교는 전쟁의 종식, 자본주의의 패배, 볼셰비키의 승리를 예언하면서 볼셰비키혁명과 맑스주의에 깊은 관심을 가지기 시작하였다. 따라서 이대교는 1918년 겨울에 그가 재직하고 있던 북경대학에 '맑스주의연구회'를 조직하고 소수의 북경대생들을 중심으로 맑스주의에 대한 학습운동을 전개하였다.

이 당시 즉 5·4운동을 전후로 하여 중국의 진보적 지식인들 가운데 이대교만이 볼셰비키혁명과 맑스주의에 대한 관심을 가졌던 것은 물론 아니다. 당시 중국의 진보적인 지식인들은 러시아에서 일어난 세기적인 사건인 볼셰비키혁명에 대하여 깊은 관심을 가지고 있었을 뿐만 아니라, 신생국가인 소련에 대하여도 상당한 호감과 기대를 표시했던 것도 사실이다. 중국지식인들이 볼셰비키혁명에 대하여 얼마나 깊은 관심을 가지고 있었는가는 당시의 중국신문을 보면 잘 알 수 있다. 즉 1917년 11월 7일 볼셰비키혁명이 폭발하자 중국의 일간신문들은 3일 후부터 거의 정기적으로 볼셰비키혁명의 진행상황에 대하여 보도하기 시작하였으며, 손문은 레닌에게 볼셰비키혁명의 승리를 축하하는 전보를 발송하였고 1918년 1월 1일 국민당 기관지인 ≪국민일보≫는 볼셰비키혁명을 호의적으로 다룬 사설을 게재하기도 하였다.[6] 더구나 1917년 7월 25일 볼셰비키정권이 제정러시아 당시에 체결된 중국의 주권을 제약하

수 있다. 또한 중국에서 이대교의 연구현황에 대해서는 杜蒸民·汪世忠, 「近年 來 李大釗研究述評」, 『黨史研究』, 第1期, 1985, pp.58-65를 참조할 수 있다.

6) Meisner, op. cit., pp.60-70.

는 모든 불평등조약을 폐기하고 중국에서 모든 러시아의 특권을 포기한다는 이른바 '카라한선언'을 발표하자, 중국의 지식인들은 물론이거니와 일반 국민들로부터도 열렬한 환영을 받았다.

이러한 상황에서 서구의 제국주의적 침략에 실망하고 있던 중국의 지식인들이 볼셰비키혁명 이후 맑스주의에 대한 소개와 연구를 활발하게 진행하게 되었다는 사실은 조금도 이상한 일이 아니었다. 이를테면 1919년 ≪신청년≫ 5월호는 맑스주의에 대한 특집을 내놓았고, 같은 시기에 당시 온건보수성향을 대변하던 진보당의 기관지 ≪신보(晨報)≫ 는 맑스의 『임금, 노동, 자본』을 번역 소개하였으며, 후에 국민당의 대표적인 보수반공주의자가 된 호한민(胡漢民)도 당시에 카우츠키의 맑스주의 소개서인 『칼 맑스의 경제학』을 번역 출판하였다. 또한 국민당의 반공 이론가로 활약하게 되는 대계도(戴季陶)가 맑스의 『자본론』을 소개한 것도 바로 이때였다.

이와 같이 볼셰비키혁명 이후 중국의 진보적 지식인들 가운데 맑스주의에 대한 관심이 확산되었고 동시에 초보적 형태이긴 하지만 민중운동의 차원에서 노동자에 대한 계몽운동의 필요성이 인식되었다. 따라서 이대교는 1918년 「서민의 승리」라는 글에서 노동운동의 중요성을 강조하였으며, 비슷한 시기에 당시 북경대학 총장이었던 채원배(蔡元培)는 「노동은 신성하다」라는 제목의 강연을 하면서 노동자들에게 관심을 기울일 것을 촉구하였다. 이 당시 일부 지식인들이 중심이 되어 전개하였던 평민교육운동이나 근공검학(勤工儉學)운동 등은 노동운동과 민중운동에 대한 일부 진보적인 지식인들의 관심을 반영하는 것이라고 할 수 있다.[7]

그러나 이 같이 볼셰비키혁명 이후에 맑스주의에 대한 연구와 소개가 활발히 전개되었다고 해서 중국의 진보적인 지식인들이 대부분 맑

---

[7] 이 당시 지식인들이 중심이 되어 전개하였던 이른바 工讀互助運動에 대하여는 彭明, 『五四運動史』, 第16章 참조.

스주의를 수용하게 되었다는 것은 아니다. 앞에서 지적한 것처럼 5·4 운동 직후까지만 해도 맑스주의는 중국의 현실에 적합한 것이 아니라고 인식하고 있었으며, 그보다 무정부주의나 온건한 사회주의를 더 선호하는 경향이 있었다. 1920년대 중국 맑스주의를 대표한다는 진독수도 1919년 12월까지 중국에서 산업노동자의 수는 아직 무시할 만큼 소수의 세력이기 때문에 맑스가 주장하는 계급혁명은 현실성이 없다고 지적하고 있었다. 이 당시 대부분의 진보적인 지식인들은 맑스주의를 지적 호기심의 대상으로 인식했던 것도 사실이다.

다만 이대교는, 다른 어떤 지식인들보다 먼저 볼셰비키혁명의 역사적·세기적 의미를 강조하였고 맑스주의의 수용을 적극적으로 검토했다고 할 수 있다. 다시 말해서 1918년에서 1919년 사이에 "볼셰비키혁명을 세계 노동자계급의 승리로 보고 그것을 20세기의 새로운 조류"라고 파악한 사람은 이대교 한 사람뿐이었다고 해도 과언이 아니며, 그런 의미에서 이대교를 최초의 맑스주의자라고 할 수 있다는 것이다.

그러나 과연 이대교가 언제부터 스스로를 맑스주의자로 인식하고 행동하기 시작했는가에 대해서는 약간의 견해차이가 있을 수 있다. 일부 중국학자들은, 이미 1918년에 이대교는 맑스주의에 경도되기 시작했다고 주장하고 있다. 「볼셰비즘의 승리」를 발표한 1918년경에 이대교는 볼셰비키혁명과 맑스주의에 깊은 관심과 호감을 공개적으로 표명하였고, '맑스주의연구회'를 조직한 것도 사실이다. 그러나 이때까지만 해도 이대교가 완전히 맑스주의를 수용하지 않았다는 것도 그가 발표한 여러 글에 나타나 있다. 1919년 5월에 ≪신청년≫의 맑스주의 특집에 수록된 이대교의 「나의 맑스주의관」이라는 글의 내용도 맑스주의에 대하여 객관적으로 소개하고 나름대로 비판을 하는 것이었다. 어떤 점에서는 1918년의 「볼셰비키혁명의 승리」에서 좀더 차분하고 냉정하게 맑스주의를 분석하고 있었다. 이런 점을 고려해보면 이대교가 이론적인 차원에서 그리고 실천적인 차원에서 맑스주의적 관점을 명백하게 보여

주기 시작한 것은 아마도 5·4운동 이후 전개되었던 논쟁을 경험하면서
부터라고 할 수 있다.[8]

진독수의 경우는 이대교보다 더 늦게 맑스주의를 수용하였다.[9] 1919
년 당시까지만 해도 진독수는 맑스주의보다는 존 듀이(John Dewey)의
실용주의철학과 민주주의에 더 많은 관심을 갖고 있었다. 1912년 12월
에 발표한 「민주정치 실현의 기초」라는 논문에서 진독수는 밑으로부터
의 민주주의와 경제적 민주주의의 실현을 강조하였다. 물론 진독수는
이 당시 시사해설을 다루는 잡지에 발표한 「과격파와 세계평화」란 글
에서 볼셰비키혁명과 레닌의 소비에트정권을 옹호하고 있지만, 이것이
진독수가 이미 맑스주의를 수용했다는 것을 의미하지는 않는다. 이 당
시까지만 해도 진독수는 여전히 맑스주의를 지적 호기심의 대상으로
접근하고 있었다. 또한 중국에 대하여 우호적인 신생 볼셰비키정권에
대하여 호감을 가지고 있었지만, 여전히 맑스의 계급혁명론은 중국의
실정에 적합지 않다고 인식하고 있었다. 그러나 1920년 9월에 ≪신청
년≫ 독자의 질문에 대해 응답하는 형식으로 발표된 「정치를 말함」이라
는 글에서 진독수는 중국의 사회적 문제를 해결하는 유일한 길은 계급
투쟁을 통해서 사회체제를 변혁하는 것이라고 주장하면서, 러시아의 볼
셰비키혁명을 모델로 삼아야 한다고 강조함으로써 맑스주의를 전면적
으로 수용하고 있음을 보여주고 있다.[10]

---

8) 呂明杓, 「李大釗思想 從進化論 到階級論的 發展」, 中國人民大學 書報資料
   史, 『中國現代史』 K 4-7, 1982, pp.2-10.
9) 진독수의 사상과 일생에 대한 개관적인 소개서로는 토마스 쿠오 저, 권영빈 역,
   『진독수 평전』, 민음사, 1985이 있다. 중국에서도 개혁정치와 더불어 진독수에
   대한 재평가작업이 활발하게 진행되고 있다. 이와 관련하여 王樹逮·强重華·楊
   淑娟·李學文 編, 『陳獨秀 評論選編』, 河南 人民出版社, 1982; 唐寶林·林茂
   生, 『陳獨秀年譜』, 上海 人民出版社, 1988; 任建樹, 『陳獨秀傳』, 上海 人民
   出版社, 1989 등이 출판되었다.
10) 체스타 탄, 앞의 글, 81-83쪽; 벤자민 슈워츠 저, 권영빈 역, 『중국공산주의운
   동사』, 형성사, 1983, 38-44쪽.

이러한 사실들을 통해 볼 때 이대교와 진독수의 경우와 같이 중국의 진보적 지식인들이 맑스주의에 대해 본격적인 관심을 갖기 시작하였고 맑스주의를 중국사회의 변혁이론으로 수용한 것은 5·4운동 이후였다. 다시 말해서 1919년부터 1921년 사이에 일부 급진적인 지식인들은 자유주의와 사회주의, 그리고 무정부주의와의 논쟁을 거치면서 이론적·실천적인 차원에서 맑스주의자로 전화되어갔으며, 이들이 중심이 되어 1921년에 중국공산당이 창당되었다. 그렇다면 왜 이들 급진적인 지식인들이 5·4운동 이후에야 비로소 맑스주의를 전면적으로 수용하게 되었는가? 이 같은 질문에 대한 해답의 실마리는 역시 모택동의 「인민민주전정론」에서 찾을 수 있다.

모택동에 의하면 "1840년의 아편전쟁에서 중국이 패배한 후, 선진적인 중국인들은 서방국가로부터 진리를 학습하여" 중국을 구원하고자 했다는 것이다. 이를테면 홍수전, 강유위, 엄복, 손문 등이 모두 서방으로부터 새로운 학문을 습득하여 중국을 개조하려 했으며, 그 점에서는 모택동 자신도 예외가 아니었다고 인정하고 있다. 그러나 중국에 대한 제국주의세력의 침략이 노골화되면서 이 같은 '서방에 대한 미몽'에서 깨어나게 되었다는 것이다. 이와 같이 서방에 대한 회의와 불신이 생겨나고 있던 중에 러시아에서 일어난 볼셰비키혁명은 중국인들에게 새로운 시대를 예고하는 충격으로 받아들여졌고 이때부터 비로소 맑스주의와 러시아를 새로운 각도에서 인식하기 시작했다는 것이다.

사실 중국의 진보적인 지식인들은 신문화운동과 5·4운동 당시만 하더라도 진독수가 표방한 바와 같이 서구의 '민주주의선생과 과학선생'을 학습하여 신중국을 건설할 수 있다고 믿었다. 그러나 서구의 자본주의문명이 지니고 있는 부정적인 측면에 대한 인식이 확산되면서 서구문명에 대한 회의와 비판이 제기되었다. 게다가 5·4운동에 의하여 고양된 제국주의의 중국침략에 대한 위기의식은 중국의 비판적인 지식인들로 하여금 신문화운동 당시 서구문명에 대하여 가졌던 낙관적인 견해를 수정하게 하였다. 따라서 이들은 서구의 자본주의와 제국주의 모두를 비판하는 사회주의와 무정부주의 같은 서구의 신사조에 관심을 가지게 되었다. 이러한 과정에서 볼세비키혁명은 맑스주의를 이론적인 차원에서나 실천적인 차원에서 새롭게 인식하는 계기가 되었다. 5·4운동 이전까지만 해도 맑스주의의 계급혁명은 중국에 적합하지 않다고 인식하고 있던 급진적인 변혁론자들에게 볼세비키혁명의 성공과 신생 소비에트정권의 등장은 새로운 모델을 제시했다고 볼 수 있다.

첫째, 문명사적 위기를 경험하고 있었던 중국의 진보적 지식인들에게 맑스주의와 볼세비키혁명은 중국의 전통문명을 부정하면서도 또한 서구문명의 한계를 극복할 수 있는 제3의 문명으로 인식되었다.

둘째, 혁명적 도약을 약속하는 맑스주의는 점진적·진화론적 단계론에 불만을 가지고 있던 청년지식인들에게 강력한 호소력이 있었다.

셋째, 사회주의논쟁에서 나타난 바와 같이, 중국의 급진적 변혁론자들은 맑스주의를 급속한 산업화와 근대화에 도달할 수 있는 유일한 길로 받아들였기 때문에 맑스주의를 전면적으로 수용하게 되었다.

2. 초기 중국 맑스주의의 성격과 특징

중국의 급진적 지식인들이 맑스주의를 수용한 배경에는 서구에 대한 환멸과 중국이 당면한 민족적인 위기에 대한 절박한 인식에서 출발하여 중국사회의 혁명적 변혁을 달성하여 부강한 신중국을 건설하고자 하는 열망이 강하게 작용하였다. 따라서 1917년의 볼세비키혁명과 1919년의 5·4운동을 경험하면서 짧은 시기 내에 일부 급진적 지식인들이 맑스주의를 수용하여 맑스주의운동을 본격적으로 전개하였다.

이처럼 중국의 맑스주의는 러시아의 맑스주의와는 달리 그 역사가 일천하기 때문에 러시아에서와 같은 맑스주의자들과 인민주의자 사이

의 치열한 이론투쟁과정을 거의 경험하지 않았다. 따라서 중국의 맑스
주의 안에는 이른바 '과학적인 맑스주의'와 인민주의적인 경향성을 내
포하고 있는 '비판적인 맑스주의'가 혼재하고 있었다. 특히 초기 중국
맑스주의운동을 주도하던 이대교와 진독수는 중국 맑스주의 안에 공존
하고 있는 이 같은 '두 개의 맑스주의'를 대변한다고 할 수 있다.11) 즉,
진독수의 맑스주의가 보편적·합리주의적·과학적 맑스주의에 가깝다면,
이대교의 맑스주의는 중국적·민족적·인민주의적·주의주의적 맑스주의
의 성격을 강하게 띠고 있다. 이처럼 중국의 맑스주의 안에 공존하고
있는 두 개의 맑스주의는 진독수와 이대교가 다음과 같은 문제에 대하
여 보여준 사상적 차별성에서도 찾아볼 수 있다.

  첫째, 중국의 전통문화와 가치에 대한 인식의 차이에서 유래하는 맑
스주의의 서로 다른 해석의 가능성을 지적할 수 있다. 주지하는 바와 같
이 진독수와 이대교는 모두 신문화운동의 기수로서 중국의 전통질서와
가치에 대하여 비판적인 태도를 견지하여왔다. 특히 진독수는 중국의 전
통을 거의 전면적으로 부정하면서 새로운 가치와 새로운 제도를 도입해
야 한다고 강조했다는 것은 잘 알려진 사실이다. 진독수는 이 같은 철저
한 전통의 부정이란 전제에서 출발하여 처음에는 서구의 '민주주의선생
과 과학선생'을, 그 다음에는 맑스주의에 대한 전면적인 수용을 주장하
였다. 사실 진독수는 이대교보다 늦게 맑스주의를 받아들였으면서도 그
것을 거의 전면적으로 받아들였다. 슈워츠(Benjamin Schwartz)가 지적한
바와 같이 진독수는 "1920년 12월 이전에 맑스-레닌주의를 전면적으로
받아들였으며" 이 과정에서 진독수는 이대교와는 달리 "망설임을 전혀
보이지 않았다."12) 이런 점에서 진독수에게 맑스주의는 중국의 전통가

---

11) '두 개의 맑스주의'란 용어와 개념에 대해서는 Alvin W. Gouldner, *The Two
  Marxisms: Contradictions and Anomalies in the Development of Theory*, New York:
  Seabury, 1980 참조.
12) 슈워츠, 앞의 책, 44-45쪽.

치를 전면적으로 대치할 수 있는 또 다른 보편적인 가치체계였다는 사
실을 알 수 있다.

그러나 이대교에게 중국의 전통문명과 전통가치는 진독수의 경우와
같이 전면적으로 부정될 수 있는 것은 아니었다. 신문화운동과정에서도
이대교는 중국문화, 중국문명을 진독수처럼 완전히 부정하지 않았다.
1918년에 발표한 「동서문명의 근본적인 차이」란 글에서 이대교는 동
양문명을 서양문명과 마찬가지로 위대한 인류의 유산이라고 주장하면
서, 동서문명을 창조적으로 결합하여 제3의 문명을 만들어내야 한다고
강조하였다. 사실 이대교의 사상에는 마이스너(Maurice Meisner)가 지적
하는 것처럼 동양사상의 전통이 진독수보다 더 많이, 더 오래 계속된
것은 부인할 수 없다고 하겠다.13)

송영배 교수에 의하면, 이대교는 "당대의 모든 지식인들처럼 진화론
의 영향을 받기도 하였지만, 그의 사상의 근저에는 – 특히, 그가 맑스주
의로 전향하기 전인 1912년에서 1919년 사이에는 – 중국의 전통적 사
상들 좀더 정확히 말하자면 유교적 인간론과 도가, 특히 장자(莊子)의
세계관이 지배하고 있었다"14)는 것이다. 이와 같은 동양적 사상의 영향
은 맑스주의를 받아들인 이후에도 그의 맑스주의에서 계속 발견될 수
있다. 특히 역사와 사회의 변혁과정에서 인간의지의 중요성을 강조하고
있는 이대교의 맑스주의는 모택동사상의 주의주의적 경향으로 계승되
고 있다는 점에서 흥미롭다.

둘째, 중국의 전통문명과 전통문화에 대한 진독수와 이대교의 서로
다른 태도에서 나타난 것처럼, 진독수는 중국맑스주의 안에 흐르고 있
는 보편주의적·세계주의적 경향을 대변하고 있었다. 따라서 진독수는
중국민족에 대한 애국심이나 중국적 특수성을 비교적 덜 강조하고 있
는 데 비하여, 이대교는 진독수보다 더 중국민족의 특수성을 강조하고

---

13) Meisner, op. cit., pp.26-28.
14) 송영배, 앞의 책, 359쪽.

있다고 할 수 있다. 예를 들면, 진독수는 ≪신청년≫에 발표한 「청년들에게 고함(敬告靑年)」이란 글에서 중국청년들에게 '세계적·과학적' 정신을 가져야 한다고 강조했으며 이런 맥락에서 1915년에 『갑인(甲寅)』에 발표한 「애국심과 자각심」이란 글에서 그는 감성적이고 따라서 맹목적일 수 있는 애국심보다는 합리적이고 이성적인 자각심이 더 중요하다고 주장하였다.

진독수에 의하면, 현대 국가란 마땅히 국민의 권리를 보장하고 국민의 행복을 증진시켜야 함에도 불구하고 중국에서 국가는 외세에 대하여 치욕적인 예속을 자초하고 있으며, 국내적으로는 자국민을 압박하는 학정으로만 체제를 유지하고 있다고 통렬하게 비판하면서, 이런 국가에 대한 애국심은 부정되어야 한다고 역설하였다. 즉 진독수는 이런 국가에 대한 냉철하고도 비판적인 인식이 없이, 다만 민족주의적 열정 때문에 '애국'하는 것은 '맹목적'이거나 '위험한 행위'라고 지적하면서 "애국심은 자각심에 의하여 비판받고 제거되어야 한다"[15]고 주장하였다.

이와 같이 진독수는 원세개 치하의 중국국가에 대한 혐오감에서 애국심보다는 자각심을 더 강조하였지만, 진독수와 달리 이대교는 애국심과 자각심을 대립적으로 파악하지 않고 있으며 오히려 애국심에서 출발한 자각심을 강조하고 있는 점에서 차이가 있다는 것이다. 진독수의 「애국심과 자각심」이 발표된 직후에 이대교는 「염세심과 자각심」이란 글에서, 중국의 현실에 대한 절망 때문에 중국민족에 대한 애정을 포기해서는 안 된다고 주장하면서 '애국적 자각심'을 강조하였다. 이대교에 의하면 "자기 국가를 애국할 만한 가치가 없다고 단념하고 사랑하지 않는 것은 부당하다"고 주장하면서 "자각의 뜻은 곧 애국의 정신을 개진하여 사랑스러운 국가를 만들어내는 것"이라고 강조하면서, "애국심에 기초한 자각심을 가지고 중국의 변혁을 실현하려고 노력해야 한다"[16]

---

15) 송영배, 앞의 책, 361-365쪽.
16) Meisner, op. cit., pp.24-25.

고 역설하였다.

이러한 이대교의 민족주의적이고 애국주의적인 경향은 맑스주의를 받아들인 이후에도 그대로 계속된다. 1921년 사회주의에 관한 논쟁과 관련하여 이대교는 중국민족 모두가 세계자본주의의 핍박을 받고 있기 때문에 중국민족 전체가 프롤레타리아계급이라고 말할 수 있다는 주장에서도, 그리고 사회주의혁명을 통하여 신중국을 건설하여 새로운 문명의 대열에 복귀해야 한다고 강조하고 있는 데에서도 그의 민족주의적이며 애국주의적인 사상적 경향을 엿볼 수 있다. 또한 1924년에 발표한 『사학요론(史學要論)』에서 이대교는 맑스주의자들의 보편적 역사발전이론을 비판하면서, 민족국가의 특수한 환경과 특성을 강조하고 있다는 점에서도 이대교의 맑스주의는 민족적 맑스주의의 전형이라고 할 수 있다.

셋째, 이대교의 맑스주의는 민족주의적인 성향을 강하게 띠고 있을 뿐만 아니라, 인민주의적 요소까지 포함하고 있다. 즉, 역사와 사회의 발전과 변화과정에서 인간의지의 중요성을 강조하고 있으며, 농민과 농촌사회에서의 계급투쟁의 중요성을 일찍이 강조했다는 점에서 이대교의 맑스주의는 인민주의적인 경향성을 보여주고 있다는 것이다. 사실 이대교는 1919년에 ≪신청년≫특집호에 발표한 「나의 맑스주의관」이란 글에서 맑스를 세계의 개혁에 새로운 시대를 연 '사회주의 경제학'의 아버지라고 극찬하면서도, 그의 유물사관은 윤리의 기능을 무시하고 있다고 비판하고, 역사와 사회의 발전에서 인간 의지의 중요성을 다음과 같이 강조하였다.[17]

우리는 물질적 변화에만 의존해서는 안 된다. 이 점이 우리가 맑스주의에서 바로 잡아야 할 점이다. 인도주의에 따라 인류의 정신을 개조하고 동시에 사회주의에 의해 경제제도를 재건하는 것이 우리의 목적이다. 경제제도를 재

---

17) 체스타 탄, 앞의 책, 91-92쪽.

건함이 없이 인간정신을 개조한다는 것은 허사이다. 그러나 인간의 정신을 개조함이 없이 경제제도를 개조하려고 한다면 이 역시 실패하지 않을까 염려된다. 우리는 물질과 마음의 재건, 영과 육을 동시에 재건해야 한다고 믿는다.

물론 이 글은 이대교가 완전히 맑스주의를 수용하기 전에 씌어진 것이기 때문에, 이것만 가지고 이대교의 맑스주의가 인민주의적 경향을 보여준다고 할 수는 없다. 그러나 이대교가 완전히 맑스주의를 수용한 이후에 씌어진 「사학요론」과 같은 글에서도 여전히 인간의지의 중요성을 강조하고 있다는 점에서 이대교의 맑스주의가 민족주의적이며 동시에 인민주의적인 경향을 강하게 띠고 있다고 해도 과언은 아니다. 이외에도 농민과 농민운동에 대하여 정통적인 맑스주의적 견해를 가지고 있었던 진독수와는 달리, 이대교는 농촌에서의 계급투쟁의 중요성을 강조하고 농민의 '거대한 힘'을 중국혁명 과정에 동원해야 한다고 주장함으로써 모택동에 의하여 계승, 발전된 농촌혁명론의 단초를 마련했다는 점에서 주목된다.

이상에서 이대교와 진독수의 사상적 경향성을 중심으로 중국 맑스주의 안에 공존하고 있는 '두 개의 맑스주의'를 간략히 살펴보았다. 즉, 이대교에 의하여 대변되는 인민주의적·주의주의적·민족주의적 맑스주의와 진독수에 의하여 대표되는 합리주의적·보편주의적인 맑스주의가 바로 그것이다. 물론 이와 같은 구분은 상당히 인위적일 수 있다. 특히 구체적인 현실에서는 이 같은 두 가지 경향이 서로 구별되어 존재하는 것이 아니라 혼재되어 있다는 것은 새삼 지적할 필요도 없다. 그러나 이 같은 두 개의 맑스주의경향은 중국혁명과정에서, 그리고 혁명이 성공한 후 사회주의사회를 건설하는 과정에서 두 개의 노선으로 구체화되면서 노선투쟁과 정치적 갈등으로 표면화되고 있다는 점에서 의미가 있는 것이다.

3. 중국공산당의 창당 배경: 국내적 배경

1921년 7월 중국공산당의 창당은 1917년의 볼셰비키혁명과 1919년의 5·4운동을 계기로 급진화된 맑스주의 지식인들의 대두, 제1차세계대전을 전후로 급격히 성장한 근대산업의 발전과 노동자계급의 등장 그리고 소련과 코민테른의 적극적인 동방정책 등이 복합적으로 결합되어 나타난 결과라고 할 수 있다.

특히 당시 중국의 진보적인 지식인들 사이에서는 갈수록 심화되고 있는 반동적인 군벌정치와 서구와 일본 제국주의세력의 중국침략에 대한 강렬한 저항의식이 팽배하면서 맑스주의에 대한 관심이 급증하였다. 따라서 볼셰비키혁명과 5·4운동을 경험하면서 중국에서도 러시아에서와 같이 혁명적 변혁을 실현하여 신중국을 건설해야 한다고 주장하는 혁명적 엘리트들이 형성되었으며, 여기에 제1차세계대전을 계기로 비약적으로 성장한 근대산업부문에 종사하는 노동자들을 중심으로 노동운동이 점차 활성화되기 시작했다는 것이 중국공산당이 탄생할 수 있는 국내적 배경이 되었다.

중국의 근대산업은 일본과 서구의 제국주의세력이 중국사회에 침투하는 과정에서 대도시와 연해지방을 중심으로 발전하기 시작했다는 것은 잘 알려진 사실이다. 따라서 중국의 근대산업은 처음부터 자본주의 중심부국가에 대한 종속적인 성격을 강하게 띠고 있었다. 그러나 제1차세계대전으로 말미암아 서구 제국주의세력들의 경제적 압력이 일시 이완된 상황에서 면방직공업과 경공업을 중심으로 하는 근대적인 민족산업이 급격하게 발전할 수 있었다. 다음의 <표 2>에서 알 수 있는 것처럼, 1912년부터 1949년 사이에 근대산업의 평균성장률은 5.6%였던데 비하여, 제1차세계대전 당시를 포함하는 1912년과 1920년 사이에는 13.4%라는 놀라운 성장률을 기록했다는 것만 보더라도 제1차세계대전 당시를 중국 근대산업의 '황금기'라고 해도 과언이 아니다.

<표 2> 평균 산업성장률(1912~1949)

시기	1912 ~1949	1912 ~1920	1912 ~1936	1923 ~1936	1928 ~1936	1931 ~1936	1936 ~1942
성장률(%)	5.6	13.4	9.4	8.7	8.4	9.3	4.5

출처: John K. Chang, *Industrial Development in Pre-Communist China*, Chicago: Aldine, 1969, p.71.

이처럼 제1차세계대전을 전후로 한 시기에 대도시를 중심으로 근대 산업이 급격히 발전하면서 도시인구의 증가와 사회적 계층의 다원화현상이 나타나기 시작하였다. 특히 전통사회에서는 찾아볼 수 없었거나 별로 중요한 역할을 하지 않았던 민족자본가와 상인들, 그리고 현대적 노동자계급들이 등장하게 되었다. 물론 이와 같은 현대적 사회계층과 계급들이 중국사회 전체에서 차지하고 있는 산술적 비중은 여전히 미약하였다. 그러나 이들이 대부분 대도시에 밀집되어 있었다는 점, 그리고 대도시를 중심으로 '현대중국'의 운명을 가름할 중요한 정치적·사상적 세력들이 형성되기 시작했다는 점을 고려한다면, 이들의 중요성은 과소평가할 수 없을 것이다.

사실 1920년대 초에 중국의 도시인구는 중국 전체인구, 약 4억 5천만 명 중 약 6%에 불과하였고, 상해와 같은 대도시라도 도시인구는 1919년 현재, 약 200만에 불과하였다. 그러나 이들 도시지역은 현대적인 정치세력들이 등장할 수 있는 거점이 되기에 충분하였다. 실제로 국민당이나 공산당은 모두 이 같은 도시지역에 거주하고 있는 현대적인 사회계층과 사회계급의 지원에 힘입어 급격히 성장할 수 있었음은 두말할 나위도 없다. 특히 대도시지역을 중심으로 활발하게 전개되기 시작한 인텔리겐차들의 반제·반봉건 사상운동은 이들 현대적 도시주민들의 정치적 의식을 각성시키는 계기가 되었으며, 초보적인 형태이긴 하나 노동운동과 농민운동 같은 민중운동이 활성화되는 계기가 되었다.

중국공산당의 초기활동과 관련하여 특히 관심의 대상이 되었던 것은

<표 3> 1919년 산업노동자의 구성

직종	공장노동자	광산노동자	철도, 우편 노동자	선원	운수노동자
숫자	1,110,000	872,250	200,000	160,000	300,000

출처: 王眞, 『1919~1927年的 中國公人運動』, 工人出版社, 1957, pp.6-8.

두말할 필요도 없이 노동운동의 대두라고 하겠다. 이 당시의 공식적인 자료에 의하면 1913년에 현대적인 공장노동자의 수는 기껏해야 약 66만 명이었고, 1918년경에는 약 174만 명에 불과하였다.[18] 중국측에서 제시하고 있는 다음 자료에 의하더라도 1919년 산업노동자의 총수는 200만 명이 조금 넘는 수준이었다.

모택동이 1926년에 저술한 「중국사회의 계급분석」에서 현대적인 프롤레타리아계급을 약 200만 명으로 추산하고 있는 것만 보더라도 엄밀한 의미에서 노동자계급은 이 당시 기껏해야 200만 명에도 이르지 못했다고 할 수 있다. 따라서 진독수와 같은 급진적 지식인들조차 1920년 이전까지만 해도 중국에서 이들을 중심으로 한 계급혁명의 가능성에 대하여 회의를 가진 것은 당연한 현상이라고 할 수 있다.

그러나 현대산업에 종사하는 전형적인 공장노동자 이외에 넓은 의미의 노동자를 대상으로 한다면 그 숫자는 엄청나게 확대된다. 모택동은 1926년에 중국혁명에 대한 정치적 태도와 경제적 요인을 고려하여 중국사회의 계급적 배치를 다음의 <표 4>에서와 같이 구별하고 있는데, 모택동이 무산계급으로 분류한 계층, 즉 공업무산계급, 도시노동자와 쿨리, 농업무산계급 및 룸펜프롤레타리아 등을 모두 포함하여 계산하면 중국사회에서 광의의 노동계급은 약 4,500만 명에 이르는 것으로 추산된다.

일부 서구학자들도 당시 중국사회의 직업구조를 분석하면서 광산과

---

18) 王健民, 『中國共産黨史稿』, 第1編, 臺北, 1965, p.158.

<표 4> 모택동의 1926년 중국사회 계급분석

정치적 태도	경제적 계급	비교
적대세력	지주 매판계급	국제자산계급과 제국주의에 종속 중국의 가장 반동적 생산관계 대표
동요세력	소자산계급	주로 민족자산계급으로 구성. 정치적으로 소생산 경제에 종사하며, 정치적으로 우익, 좌익, 중간파로 구별
동맹세력	半무산계급	半자작농, 빈농, 小수공업자, 점원, 행상 등으로 구성. 경제적으로 상, 중, 하로 구별.
기본세력	무산계급	약 200만의 현대공업 무산계급 이외에 농촌 무산계급, 도시의 쿨리, 유민무산자 등으로 구성되며, 이 중 현대공업 무산계급이 지도계급이 된다.

출처: 毛澤東, 「中國社會 各階級的 分析」, 『毛澤東選集』, 第1卷, 人民出版社, 1969, 3~11에 따라 재구성.

공공시설 및 건축분야에 종사하고 있는 노동자들이 약 200만 명, 교통운수업과 수공업 분야에 약 1,000만 내지 1,200만 명, 그리고 임시직 노동자가 약 500만 명이 있었다고 추산하고 있다.[19] 물론 이들이 모두 맑스가 말하는 프롤레타리아계급은 아니다. 그러나 이들이 대도시의 현대적 산업부문에서 일어나기 시작한 노동운동의 영향을 받을 수 있는 계층들이란 점에서 맑스주의의 중국전파와 더불어 중요한 정치적 의미를 가지게 되었다고 할 수 있다.

사실 중국사회에서 노동운동은 중국공산당이 결성되기 전에도 전통적인 조직을 매개로 간헐적으로 전개되었다. 즉, 행회(行會)라고 하는 길드형태의 조직이나 방구(幫口)라는 비밀결사체 등과 같은 봉건적인 조직을 중심으로 상호구제와 부분적인 임금인상투쟁 등을 전개했다. 그러나 이와 같은 노동운동 또는 노동쟁의는 대부분 자연발생적이고 개별조직 노동자들의 생활개선이나 노동조건 개선과 같은 초보적인 경제

---

19) James P. Harrison, *The Long March to Power: A History of the Chinese Communist Party, 1921-1972*, New York: Praeger, 1972, p.9.

투쟁 양상을 띠고 있었으면서도 지극히 제한적인 범위에서만 발생하였다. 그러던 것이 1900년대에 들어와 중국사회 전체가 혁명적 변혁기를 경험하면서 전통적인 조직형태를 가진 노동운동도 이전보다 활성화되는 양상을 보이기 시작하였다. 특히 1919년 5·4운동을 계기로 노동계급이 정치적으로 자각하면서 정치적인 성향을 지닌 노동운동도 활발하게 전개되었다. 파업의 횟수와 규모도 괄목할 만큼 증가하였고, 청년지식인들이 중심이 되어 추진했던 반제반봉건운동에도 대도시의 노동계급이 활발하게 참여함으로써, 중국의 노동운동은 새로운 발전의 국면을 맞이하게 되었다.[20]

이와 같이 5·4운동을 전후로 하여 대도시의 노동자계급 중심의 현대적인 노동운동이 활성화되는 과정에서 맑스주의를 수용하기 시작한 급진적 지식인들의 역할을 무시할 수 없다. 5·4운동 이후 급격하게 맑스주의에 경도되기 시작한 청년지식인들은 한편으로는 맑스 연구회와 같은 소규모 지식인서클을 조직하여 맑스주의에 대한 학습과 계몽운동을 전개하는가 하면, 또 한편으로는 새롭게 대두하기 시작한 노동운동에 직접 참가하기도 하였다. 이와 같은 활동양상은 이대교와 같은 지식인들의 행적을 보더라도 알 수 있다. 앞에서 언급한 것처럼, 이대교는 1918년 겨울에 북경대학생들을 상대로 '맑스주의연구회'를 조직하고 맑스주의 학습운동을 전개하다가, 1919년 12월에 그것을 '사회주의연구회'로 확대, 개편하면서 약 110명의 북경소재 대학들의 학생을 상대로 맑스주의에 대한 학습운동으로 발전시켰고, 동시에 노동자들에 대한 계몽과 교육운동을 추진하였다. 특히 이 시기에 이대교의 영향을 받은 등중하(鄧中夏), 장국도(張國燾)와 같은 북경대학의 젊은 지식인들이 경한(京漢; 북경-한구)철도 노조운동에 깊이 개입한 것은 잘 알려진 사실이다.

이처럼 5·4운동 이후 중국사회에서 형성된 소수의 혁명적 엘리트들

---

20) 胡華, 『中國革命史講義』 上冊, 中國人民大學出版社, 1980, pp.23-26.

이 대도시에서 대두하고 있던 노동운동에 직접 또는 간접적으로 간여
하고, 이들을 조직, 지도하여 중국사회의 혁명적 변혁을 실현하려고 하
면서, 중국에서도 볼셰비키정당과 같은 중국공산당의 건설이 필요하다
고 인식하게 되었다고 할 수 있다. 그러나 중국에서 맑스주의운동의 역
사는 매우 일천하였고 그 역량도 대단히 제한된 상태였기 때문에, 만일
소련과 코민테른의 도움이 없었다면, 과연 1921년에 중국공산당이 창
당될 수 있었을까는 의문이라고 할 수 있다. 이런 점에서 중국공산당
창당과정에서 소련과 코민테른의 적극적인 지원은 거의 결정적 요인이
되었다고 해도 과언이 아니다.

4. 코민테른과 중국공산당의 창당

　1919년과 1920년경에 레닌을 비롯하여 신생 볼셰비키정권의 지도자
들은 서구에서의 프롤레타리아혁명에 대한 기대가 좌절되면서, 세계혁
명과정에서 식민지와 반식민지 사회에서 벌어지고 있는 민족해방운동
과 노동운동의 역할에 대하여 새롭게 인식하게 되었다. 당시 이들이 제
창했던 "북경을 경유하여 런던으로"라고 하는 슬로건이 시사하듯이 이
들은 제3세계에서의 민족해방운동과 노동운동이 서구에서의 프롤레타
리아혁명과 밀접하게 연계되어 있다고 인식하게 되었다는 것이다. 이와
같은 인식에서 이들은 식민지와 반식민지 상태에 있는 제3세계의 민족
해방운동을 적극적으로 지원하기 시작하였다.
　따라서 볼셰비키정권은 이미 앞에서 언급한 것처럼 중국에 대하여도
1919년 7월과 1920년 9월, 두 차례에 걸쳐 이른바 '카라한 선언'을 발
표하고, 제정러시아가 획득했던 모든 권익의 포기, 중국과 맺은 불평등
조약의 무효를 선언함으로써 중국국민의 열렬한 환영을 받았다. 이 같
은 분위기에서 소련과 코민테른의 지도자들은 직접 중국에 대표단을

파견하여 신생 볼셰비키정부와 중국정부의 국교정상화를 교섭하는 한
편, 중국에서 민족해방운동과 노동운동을 주도할 정치세력들과 접촉하
기 시작하였다. 1920년 4월에 코민테른의 극동서기국 집행위원회가 보
이틴스키(Grigorii Voitinsky) 대표단을 중국에 파견하여, 이대교, 진독수
등을 접촉하고 중국공산당의 창당을 적극 권유한 것도 이러한 소련과
코민테른의 정책을 반영하는 것이었다.

보이틴스키 대표단은 처음에 북경에 도착, 당시 중국에서 맑스주의운
동을 주도하고 있던 이대교를 면담하고 공산당운동의 조직화문제를 논
의한 것으로 알려져 있다. 그러나 당시 이대교는 북경 군벌정권의 강력
한 탄압정책으로 활동의 제약을 받고 있었기 때문에, 비교적 자유로운
상태에서 활동하고 있는 진독수를 소개하였다. 따라서 보이틴스키 대표
단은 다시 상해로 이동, 진독수를 비롯한 몇몇 진보적 지식인들을 만나
공산당의 창당을 위한 준비작업에 착수할 것을 권유하였다. 이 같은 코
민테른 대표단의 권유와 지원에 힘입어 진독수는 1920년 5월부터 주변
의 진보적인 청년, 지식인들을 규합, 1920년 8월에 상해에서 중국 최초
의 공산주의소조를 결성하였다. 상해소조가 발족한 직후, 신문화운동과
5·4운동과정에서 적극 활동을 했던 청년지식인들이 중심이 되어 1920
년 9월부터 1921년 1월 사이에 북경, 광동(廣東), 장사(長沙), 무한(武
漢), 제남(濟南)에서 잇달아 공산주의소조가 결성되었고, 1920년 11월
에는 10여 명의 회원을 기초로 사회주의청년단도 조직되었다. 이와 동
시에 프랑스와 일본 등 해외에서도 유학생들을 중심으로 공산주의소조
가 결성되었다.

이와 같은 조직화작업과 더불어, 청년지식인과 노동자들을 대상으
로 하는 선전활동도 본격적으로 전개되었다. 진독수가 주관하는 ≪신
청년≫은 이때부터 상해소조의 기관지로 탈바꿈하였으며, 1920년 11
월에는 전국조직을 연결하는 ≪공산당≫이란 기관지도 발간하기 시
작하였다. 또한 상해, 북경, 광동 소조는 각기 노동자들을 대상으로 하

는 ≪노동계≫(1920년 8월), ≪노동음(勞動音)≫(1920년 11월), ≪노동자≫(1920년 10월)라는 잡지를 발행하여 공산주의에 대한 선전·선동활동을 전개하는 한편, 야학운동을 통하여 노동자들에게 접근하려고 노력하였다.

이와 같이 공산주의소조운동이 활발하게 전개되는 가운데, 1921년 6월에 코민테른 극동서기국 집행위원을 대표하는 마링(Maring)이 중국에 도착하여 정식으로 중국공산당을 창당할 것을 제의하였다. 이 같은 제의에 따라 1921년 7월에 상해에서 각지의 공산주의소조를 대표하는 13명의 대의원들을 중심으로 중국공산당 창당대회가 개최되었다.[21] 역사적인 중국공산당 창당대회에 참가한 13명의 대표명단은 다음과 같다.

상해 - 이한준(李漢俊), 이달(李達); 북경 - 장국도(張國燾), 유인정(劉仁靜); 호북 - 동필무(董必武), 진담추(陳潭秋); 호남 - 모택동(毛澤東), 하숙형(何叔衡); 광주 - 진공박(陳公博), 포혜승(包惠僧); 산동 - 왕신미(王燼美), 등은명(鄧恩銘); 재일유학생 대표 - 주불해(周佛海)

1921년 7월 23일에 상해에 모인 13명의 대표들은 코민테른을 대표하는 마링이 참석한 가운데, 모두 5일간에 걸쳐 당면한 정치정세와 당의 기본임무, 당의 조직원칙과 주요 당기구에 대하여 심각한 토론을 전개하였다. 중국공산당 창당대회에 관한 공식기록이 남아 있지 않기 때문에 창당대회에서 결정된 사항의 정확한 내용은 알 수 없지만, 13명의 대표들 사이에서 당의 성격과 임무, 조직원칙 등과 관련하여 두 가지 견해가 대립된 것으로 알려지고 있다.[22]

---

21) 중국공산당이 창당대회를 개최한 정확한 날짜와 출석인원 등에 대하여 조금씩 다른 견해가 있었다. 그러나 1980년대 초에 발표된 邵維正의 「中國共産黨 第1次 全國代表大會 召開日期和 出席人數的 考證」에 의하면, 창당대회를 개최한 날은 1921년 7월 23일이며, 폐회한 날은 7월 31일, 8월 1일, 또는 8월 5일이며, 참석자는 모두 13명이라는 것이 밝혀졌다.

22) 중국공산당의 창당대회에 대한 공식기록이 남아 있지 않기 때문에 사실 창당대

　이한준을 비롯한 소수의 대표들은 현재단계에서 당의 당면임무는 노동자와 지식인을 대상으로 맑스주의를 계몽, 선전하는 데 중점을 두어야 한다고 주장하였다. 따라서 이들은 당의 공개적·합법적 활동을 강조하였고, 당원들에 대하여 철의 규율을 강요해서는 안 된다고 역설하였다. 이에 대하여, 유인정과 같은 좌파그룹은 중국공산당의 목표는 중국에서 프롤레타리아독재를 수립하는 것이어야 하며, 따라서 중국공산당은 즉각적이고 비타협적인 혁명투쟁을 전개해야 한다고 주장하면서 어떤 형태의 합법활동에도 반대했다. 특히 이들은 기존의 정치기구에 대한 참여와 다른 정치세력과의 협력에도 반대하는 입장을 견지했다.

　이와 같이 첨예하게 대립된 두 가지 입장이 창당대회에서 어떻게 조정되었는지는 정확히 알 수 없으나 대체로 다음과 같이 절충된 것 같다. 즉, 중국공산당은 중국에서 프롤레타리아독재의 수립을 실현하기 위하여 투쟁하는 것을 최대목표로 삼는다. 그러나 이 과정에서 합법적·비합법적 활동을 모두 전개하고, 다른 정치세력과도 원칙적인 입장을 견지하는 범위에서 협력할 수 있다는 선으로 정리된 것 같다. 또한 창당대회는 당의 성격과 임무에 대한 토론과 결의를 한 것 이외에 당면한 과업과 조직에 대하여도 중요한 결정을 하였다. 그것은 다름아니라 중

　회가 개최된 정확한 날짜, 참가자의 명단과 숫자, 그리고 결정된 사항 등에 대해서는 조금씩 다른 견해가 있을 수 있다. 그러나 창당대회에 참가했던 陳公博이 1924년에 미국 콜롬비아대학에서 석사학위논문으로 제출한 "The Communist Movement in China: an Essay Written in 1924"이 1960년대에 발견된 후, 이것을 바탕으로 창당대회에서의 논쟁을 어느 정도 파악할 수 있었다. 여기서 소개한 창당대회에 관한 사항은 다음과 같은 문헌을 참고하였다. 王健民, 『中國共産黨史稿』, 第1編, 臺北, 1965, pp.36-49; C. M. Wilbur and Julie Lien-ying How, *Documents on Communism, Nationalism, Soviet Advisers in China, 1918~1927*, New York: Columbia University Press, 1972, pp.79-99; 彭明 主編, 『中國現代史 資料選輯』, 第1冊, 中國人民大學出版社, 1987, pp.343-356; 陳潭秋, 「中國共産黨 第1回 全國代表大會の回顧」, 日本 國際問題研究所 中國部會編, 『中國共産黨史資料集』, 勁草書房, 1975, 第1卷, pp.58-63.

국공산당의 당면과제는 적극적으로 노동운동을 조직, 지도하는 것이라고 인식하고, 이를 위하여 노동조합 서기부를 설치하기로 결의하였다. 또한 창당대회는 진독수를 당의 총서기로 선출하였으며, 장국도와 이달로 하여금 조직과 선전을 관장하게 하였다.

이처럼 중국공산당은 코민테른의 적극적인 지원에 힘입어, 1921년 7월에 소수의 급진적인 지식인들이 중심이 되어 창건되었다. 창당대회 당시 총 당원은 불과 57명이었으며, 이들은 대부분 5·4운동에 적극 참여했던 청년지식인들이었다. 당사 연구자료에 의하면, 57명의 당원 중 노동자는 4명에 불과했고, 나머지 53명은 모두 지식인이거나 자유직업에 종사하는 사람이었으며, 앞에서 소개한 창당대회의 논쟁에서 잘 드러난 바와 같이 그들의 정치적·이데올로기적 성향도 다양했다. 따라서 창당대회 이후 중국공산당의 성격이 좀더 뚜렷하게 정리되면서 창당대회에 참여했던 당원들 중에서 일부는 탈당하는 사태가 벌어지기도 하였다. 이처럼 소수의 급진적인 지식인정당으로 출발한 중국공산당이 20여 년 후에 거대한 대중정당으로 변모하여 천하통일을 달성하리라고는 아무도 예상하지 못했다고 하겠다.

제5장
제1차 국공합작과 국민혁명

　　1920년대는 중국의 현대사에서 중요한 전환기가 되었다. 신해혁명, 신문화운동 그리고 5·4운동 과정에서 끊임없이 제기되었던 국민혁명의 과제가 구체적으로 실현될 수 있는 계기를 맞이했기 때문이다. 현대중국의 국민적 과제라고 한다면 두말할 것도 없이 군벌통치의 암흑과 혼란을 극복하고, 제국주의열강의 침략으로부터 해방되어 자주독립의 부강한 신중국을 건설한다는 것이었다.

　　이와 같은 국민혁명의 과제는 신해혁명 이후 5·4운동에 이르기까지 모든 진보적인 지식인과 정치세력이 공통으로 추구했던 것이었다. 그러나 1920년대 이전에는 정치적으로나 사회적으로 그와 같은 국민혁명의 과제를 실현할 수 있는 여건이 성숙되지 않았다고 할 수 있다. 따라서 진독수의 표현을 빌리자면 신해혁명과 신문화운동 그리고 5·4운동과 같은 국민혁명을 세 차례나 경험했지만, 봉건적 군벌통치의 암흑은 여전히 계속되었고, 오히려 1916년 원세개의 사망과 더불어 군벌정치의 병폐는 더욱 심화되고 있었다.

또한 제1차세계대전으로 잠시 이완되었던 일본과 서구 제국주의세력의 중국침략이 재개되면서 중국의 반식민지상태는 더욱 악화되었다. 1921년 11월에 개최된 워싱턴회의를 계기로 중국에서 영국이나 일본의 독점적 지배가 견제를 받았지만, 중국은 여전히 서구열강의 공동관리대상으로 남게 되었다. 관세자주권은 여전히 인정되지 않았고, 만주와 몽고에서 일본의 특수권익을 비롯하여 서구열강이 향유하고 있던 각종 특권은 계속되었고, 중국은 서구열강에 대하여 '기회균등'을 보장하지 않을 수 없는 반(半)식민지 예속상태에서 벗어나지 못했다.[1]

이와 같이 1920년대의 중국은 봉건적 군벌정치와 제국주의적 지배가 더욱 심화되는 경향도 보였지만, 또 한편으로는 이 같은 혼돈과 암흑을 극복하고 신중국을 건설하려는 국민적 자각과 열망도 그만큼 더욱 확산됨으로써 국민혁명을 본격적으로 추진할 수 있는 여건이 조성되기 시작했다. 특히 제1차세계대전 과정에서 비약적으로 발전한 민족산업을 바탕으로 성장한 대도시지역 상인과 부르주아계급 그리고 노동자계급들은 서구열강의 중국진출이 재개됨으로써 민족산업의 '황금시대'가 종말을 고하게 되자, 제국주의의 중국침략에 대하여 새롭게 자각하게 되었다. 제1차세계대전 이후 서구열강과 일본의 자본진출로 말미암아 중국의 면방직공업을 비롯한 경공업은 불황기에 접어들게 되었고, 그에

---

1) 제1차세계대전 이후 극동지역에서 열강의 세력관계를 조정하기 위해 1921년 11월부터 1922년 2월까지 워싱턴에서 개최된 미국, 영국, 프랑스, 일본, 이탈리아 등 9개국회의에서는 (1) 미국, 영국, 일본의 해군력을 5:5:3으로 유지하고, (2) 미국이 주장하던 중국에 대한 '문호개방'의 원칙에 기초하여 열강의 기회균등을 보장하며, (3) 제1차세계대전 이후 일본이 점령한 구독일의 조차지를 중국에 반환하고 일본의 21개조를 유보해야 하지만, (4) 만주와 몽고에서 일본의 특수이익은 암묵적으로 양해한다는 결정을 하였다. 이 같은 결정은 1921년부터 만주사변이 일어나는 1931년까지 약 10년간 중국을 둘러싼 국제관계를 규정하는 것이 되었으며, 이로 말미암아 중국의 반식민지상태는 영국이나 일본의 독점적 지배로부터 서구열강의 공동관리체제로 전환되었다. 워싱턴회담에 대한 자료는 彭明 主編, 『中國現代史 資料選輯』, 第1冊, 中國: 人民大學出版社, 1987, pp.357-370 참조

따라 대도시지역의 반제감정도 확산되었다.[2] 또한 군벌통치가 심화되면서 농촌경제마저 피폐화되자 농민들의 동요도 현저하게 증가되어, 5·4운동 이래 진보적인 지식인들이 제창해온 반군벌 반제운동이 국민적 호응을 획득할 수 있는 여건이 성숙되었다.

더구나 1920년대에 들어와 대도시의 상인과 민족자본가 그리고 노동자계급 사이에 형성, 확산되기 시작한 반군벌 반제운동의 분위기는 이들을 정치적으로 대변하는 국민당과 공산당의 합작이 실현되면서, 국민혁명을 본격적으로 추진할 수 있게 되었다. 이런 점에서 중국공산당의 창당, 국민당의 개조, 그리고 국공합작이 실현된 1921년부터 1927년까지의 국민혁명 시기는 중국현대사에서 중요한 전환기라고 하는 데에 이론이 있을 수 없다. 따라서 이 장에서는 제1차 국공합작이 형성되는 과정에서 나타난 각 정치세력의 입장을 살펴보고 국공합작의 성과와 한계가 무엇인가를 분석해본다.

1. 제1차 국공합작의 형성과정

중국혁명과정에서 중요한 전환점을 마련한 국공합작은 앞에서 지적한 바와 같이 제1차세계대전 이후 중국의 대도시를 중심으로 형성, 성장한 상인, 부르주아 그리고 프롤레타리아계급들 사이에 반군벌 반제운동이 확산되어가고 있는 상황에서 국민당이나 신생공산당의 독자적인 힘만으로는 국민혁명을 실천할 수 없다고 인식하고 역사적인 계급연합을 모색함으로써 실현되었다.

그러나 신생 중국공산당과 국민당이 이 같은 계급연합의 원칙을 수

---

2) 제1차세계대전 이후 서방과 일본의 자본이 다시 중국시장에 진출하면서 중국의 근대산업부분이 불황을 경험하게 되었다는 자료는 胡華, 『中國革命史講義』, 上冊, 中國: 人民大學出版社, 1980, pp.60-64 참조.

용하고, 마침내 국공합작에 합의하기까지 소련과 코민테른의 역할도 간과해서는 안 된다. 어떤 점에서는 국공합작이 소련과 코민테른의 집요하고도 끈질긴 정치공작의 소산이라고도 할 수 있다. 소련과 코민테른은 국민당과 공산당 사이를 오가며 계급연합과 국공합작의 필요성을 역설하였고, 구체적인 합작의 형식에 대해서도 깊이 간여하였기 때문이다.

특히 일종의 흡수통합형식의 굴욕적인 합작에 대한 중국공산당 내부의 격렬한 반대를 억제하고 국공합작을 수용하도록 한 데에는 코민테른의 영향이 결정적이었다고 할 수 있다. 그렇다고 해서 국민당이나 중국공산당이 코민테른의 계급연합원칙과 국공합작에 대한 정책을 기계적으로 받아들였다는 것은 물론 아니다. 중국공산당 내부에서뿐만 아니라 국민당 내부에서도 국공합작의 원칙과 형식에 대한 심각한 논쟁이 전개되었으며, 이 과정에서 국공합작의 한계와 문제점이 거의 모두 지적되었다. 따라서 이 단원에서는 계급연합과 국공합작에 대한 코민테른과 국민당 그리고 공산당의 입장과 논쟁을 살펴보고자 한다.

1) 코민테른의 동방정책

레닌을 비롯한 볼셰비키 지도자들은 세계혁명과정에서 식민지·반식민지사회에서 전개되고 있는 민족해방운동의 중요성에 대하여 일찍부터 주목하였다. 이를테면 레닌은 로자 룩셈부르크와의 논쟁을 통하여 피압박민족의 민족자결운동이 세계혁명과정에서 가지게 되는 진보적 성격을 강조한 바 있으며, 또한 그의 유명한 『제국주의론』에서도 식민지와 반식민지 지역에서 일어나는 변혁운동이 세계혁명의 주요 구성부분임을 제시한 바 있다.3) 이와 같은 맥락에서 스탈린도 1918년에 「결코 동방을 잊지 말라」는 논문을 발표하고 세계 제국주의세력의 무진장

---

3) 레닌의 이 같은 견해에 대하여는 Tony Cliff, *Lenin Vol.#2*, London, 1978, pp.44-56 참조.

한 자원공급지이며 후방기지인 동방에서의 변혁운동을 무시하고서는 사회주의 세계혁명의 승리를 기대할 수 없다고 주장하였다.[4]

그러나 볼셰비키혁명 직후에는 독일, 헝가리, 오스트리아 등 중부유럽에서 프롤레타리아혁명에 대한 기대가 높았기 때문에 동방에 대하여 적극적인 관심을 가지지 않았다. 더구나 일부 코민테른 지도자들 중에서는 식민지·반식민지 사회에서의 민족자결운동이나 독립운동에 대하여 회의적인 생각을 가지고 있었기 때문에, 동방에서의 민족해방운동보다는 유럽에서의 즉각적인 프롤레타리아혁명을 더 강조한 것도 사실이다. 그러나 유럽에서 프롤레타리아혁명의 가능성이 좌절된 1920년경부터 소련과 코민테른은 식민지와 반식민지 사회에서의 민족해방운동에 적극적으로 관심을 표명하기 시작하였다.[5]

이 당시 코민테른 동방정책의 기본방향은 1920년 7월에 개최된 코민테른 제2차대회에서 채택된 레닌의 「민족과 식민지 문제에 대한 테제」에 기초하고 있었다. 여기서 레닌은 제국주의시대에 피압박민족의 민족해방운동은 세계 사회주의혁명의 불가결한 구성요소라고 지적하고, 코민테른은 이 같은 진보적인 민족해방운동을 적극 지원해야 한다고 주장하였다. 또한 레닌은 중국이나 인도와 같은 피압박국가의 공산주의자들은 혁명적인 부르주아계급에 의하여 주도되고 있는 민족독립운동에 적극 참여하고 그들과의 일시적 연합이나 동맹을 추진하지 않으면 안

---

4) 史達林, 「不要忘記東方」, 王健民, 『中國共産黨史稿』, 第1編, 臺北, 1965, pp.9-10.

5) 코민테른의 동방정책에 대한 자료와 연구는 상당히 많다. 그중에서 특히 Xenia J. Eudin and Robert C. North, *Soviet Union and the East, 1920-1927: A Documentary Survey*, Stanford: Stanford University, 1957; C. M. Wilbur and Julie Lien-ying How, *Documents on Communism, Nationalism, Soviet Advisers in China, 1918-1927*, New York: Colum- bia University Press, 1972; Rostislav A. Ulyanovsky, ed., *The Comintern and the East*, Moscow: Progress Publishers, 1979; 中國社會科學院 近代史研究所, 『共産國際 有關中國革命的 文獻資料』, 第1集(1919~1928), 中國社會科學出版社, 1981 등이 유용하다.

된다고 강조하였다.

이 같은 레닌의 제안에 대하여 인도공산당을 대표한 로이(M.N. Roy)
와 이탈리아공산당의 세라티(Serrati)는 강력히 반발하였다. 로이에 의하
면 인도의 경험을 비추어볼 때 민족부르주아계급에 의하여 주도되는
민족독립운동은 민중의 이익을 반영하지 않을 뿐만 아니라, 부르주아계
급의 독립운동과 노동자·농민의 혁명운동은 처음부터 첨예한 계급적
갈등요소를 안고 있기 때문에 이들 사이의 계급연합은 기대할 수 없다
고 주장하였다. 세라티도 부르주아계급이 주도하는 민족독립운동은 프
롤레타리아계급의 혁명운동과 대립되는 것이며, 따라서 식민지사회에서
도 계급투쟁은 여전히 강조되어야 한다고 주장하면서, 프롤레타리아계
급의 독자성을 결코 포기하거나 타협해서는 안 된다고 역설하였다. 레
닌과 코민테른의 지도부는 이 같은 논쟁을 종합하여 레닌의「민족과
식민지 문제에 대한 테제」를 다음과 같이 수정, 보완하였다.[6]

첫째, 피압박국가에서의 반제운동은 코민테른의 가장 중요한 관심사 중의
하나이다. 둘째, 코민테른과 피압박국가의 공산주의자들은 혁명적 부르주아계
급의 민족해방운동을 적극 지원하고, 그들과의 반제통일전선을 모색해야 한
다. 셋째, 부르주아계급의 민족운동과 연합한다고 해서 프롤레타리아계급이
부르주아계급에 융합한다는 것은 아니다. 프롤레타리아계급의 변혁운동은 비
록 초보적인 단계에 있을지라도 계급적 자주성과 독립성을 유지해야 한다.

이와 같은 방침에 따라서 코민테른은 이르쿠츠크(Irkutsk)에 극동서
기국을 설치하고 앞에서 지적한 바와 같이 중국에 코민테른 대표단을
파견하여, 한편으로는 중국공산당의 창당작업을 지원하는가 하면, 또
한편으로는 손문과 접촉하면서 국공합작의 가능성을 적극 모색하였다.

---

6) 코민테른 제2차대회에서 레닌과 로이의 논쟁, 그리고 코민테른의 결의내용에
   대하여는 H. C. Encausse and S. R. Schram, *Marxism and Asia*, Allen Lane The
   Penguin Press, 1969, pp.149-167 참조.

특히 밀사형식으로 중국을 방문한 보이틴스키와는 달리, 공식적인 최초의 코민테른 대표로 중국에 부임한 마링(Maring: 본명 Hendricus Sneevliet)은 1921년 7월 상해에서 개최된 중국공산당 창당대회에 참석하여 코민테른의 「민족과 식민지문제에 대한 테제」를 설명하고 코민테른의 국공합작방침을 수락할 것을 요구하였다. 또한 마링은 같은 해 12월에 계림(桂林)에서 손문을 만나, 손문의 삼민주의와 공산주의의 유사점을 강조하고 소련과 코민테른의 중국문제에 대한 기본정책 등을 소개하면서, 국공합작의 가능성을 타진하였다.[7]

이러한 코민테른의 적극적인 계급연합과 국공합작의 방침에 대하여 국민당은 물론이거니와 중국공산당 내부에서도 처음에는 회의적이었다. 그러나 코민테른의 끈질긴 설득과 1920년대 초에 급격하게 반전을 거듭하는 국내외의 정치적 정세는 마침내 손문으로 하여금 '연소용공(聯蘇容共)'을 표방하게 하였고, 중국공산당 역시 격렬한 내부토론의 과정을 거치면서 코민테른의 계급연합원칙과 국공합작방침을 수락하게 되었다.

2) 손문의 '3대정책'

1905년 일본에서 동맹회를 결성하고 민족·민주·민생의 삼민주의를 표방하면서 국민혁명을 추진하던 손문은 1911년의 신해혁명으로 남경임시정부의 수반으로 취임하여 공화제의 이상을 실현하고자 하였다. 그러나 원세개정권의 등장과 더불어 민국의 이상이 왜곡되고 군벌독재정치가 강화되자, 구동맹회 회원을 중심으로 1914년 중화혁명당을 다시 조직하고 반원세개운동을 전개하였다. 1916년 원세개의 사망과 더불어

---

7) 중국에서 마링의 활동에 대해서는 肖公聞, 「黨的 一大與 馬林」, 中國人民大學 書報資料社, 『中國現代史』, K 4-18, 1982, pp.11-18; Dov Bing, "Sneevliet and the Early Years of the CCP," in *The China Quarterly*, 48, October-December 1971, pp.677-697 참조.

오히려 군벌정치가 더욱 심화되는 상황에서 손문은 당시 북경의 군벌정권과 대립관계에 있던 서남군벌의 지원을 받아 광동에서 1917년에 중화민국 군정부를 수립하고 대원수에 취임, '내란평정과 약법(約法)수호'를 외치면서 북방 군벌정권에 대한 무력통일을 호소하였다. 또 한편으로 손문은 5·4운동을 경험하면서 대중적인 혁명정당의 필요성을 절감하여 1919년 10월에 중화혁명당을 중국국민당으로 개조·개칭하고, 국민혁명의 구심점으로 만들고자 하였다.

이와 같이 손문은 민국의 이상을 실현하고자 동분서주하였으나 번번이 좌절되었다. 손문을 대원수로 추대한 광동 군정부의 실권을 장악하고 있던 지방군벌세력들도 북벌과 국민혁명을 주장하는 손문을 백안시하는 실정이었으며, 국민당도 국민혁명을 주도할 만한 대중성과 혁명성을 획득하지 못하고 명망가들의 정당으로 전락하는 형편이었다. 더욱이 손문이 기대를 걸었던 서구열강들도 국민혁명을 지원하기는커녕 오히려 북방 군벌정권과 결탁하여 자국의 이권확장에 급급하고 있는 형편이었다.

이러한 상황에서 발생한 볼셰비키혁명과 신생 소비에트정권의 '카라한 선언', 그리고 레닌의 신경제정책 등은 손문으로 하여금 소련과 공산주의에 대하여 새롭게 인식하는 계기를 제공하였다. 손문은 볼셰비키혁명이 성공한 후 레닌에게 축전을 보내기도 하였고, "소련의 선진적 경험에서 중국혁명의 방향을 찾아야 한다"고 주장하기도 하였다.[8] 그러나 이와 같이 볼셰비키혁명과 신생 소비에트정권에 대하여 호감을 가지고 있었지만, 손문은 여전히 맑스-레닌주의는 중국의 현실에 적합하지 않다고 생각하고 있었고, 국민당과 광동정부 내부에서도 반공적인 보수주의세력의 반대가 있었기 때문에 1921년 마링의 국공합작 제안에 대해서도 소극적으로 반응하였다.

---

8) 宋慶齡, 『孫中山의 追億』, 堀川哲男 著, 王載烈 編譯, 『孫文과 中國革命』, 역민사, 1985, p.144 재인용.

따라서 코민테른의 대표 마링이 중국공산당 창당대회에 참석하여 국공합작의 필요성을 역설한 후, 그해 12월에 계림으로 가서 손문을 면담하고 계급연합의 원칙에 기초한 국공합작과 혁명군의 설립 등 구체적인 방안을 제안했지만, 손문의 반응은 기본적으로 호의적이었으나 그것을 실천하는 문제에 대해서는 유보적인 태도를 견지하였다. 이와 같이 소련과 코민테른의 국공합작 제의에 소극적이던 손문이 역사적인 '연아, 연공, 부조농공(聯俄聯共扶助農工)'으로 노선전환을 선언하고, 국민당의 개편과 국공합작을 적극 추진하게 된 데에는 1922년의 국내외 정치정세의 변화가 중요한 변수로 작용했던 것이다.

우선 1922년 6월에 '호법 북벌'을 주장하는 손문에 대해 '광동인의 광동'을 강조하는 광동군벌 진형명(陳炯明)이 쿠데타를 감행하는 사태가 발생하여 제2차 광동정부는 붕괴되고 손문은 상해로 망명함으로써 지방군벌을 이용하여 북벌을 단행하고 국민혁명을 실현하려던 손문의 계획은 무산되고 말았다. 또한 서구열강들은 중국혁명에 대해 전혀 관심이 없을 뿐만 아니라 기존의 이익을 보호, 확대하려는 데에만 급급하다는 것이 워싱턴회담의 결과로 명백하게 드러나게 되자, 손문은 더 이상 서구열강으로부터의 지원을 기대할 수 없게 되었다.

이 같은 상황에서 손문은 소련이 북경정부와의 국교정상화를 추진하기 위해 중국에 파견한 요페(A.A. Joffe)와 회동하고, 유명한 '손문-요페 공동선언'을 발표하였다. 사실 소련정부는 이 당시, 한편으로는 중국 내부의 혁명세력인 국민당과 공산당과의 관계를 유지하면서도, 또 한편으로는 북경의 군벌정권과 국교정상화를 모색하기도 하였다. 그러나 소련의 이 같은 외교적 노력에 대하여 북경정부가 냉담한 태도를 보이고, 또 서구열강과 일본이 워싱턴회담을 계기로 중국과 극동지역에서 소련의 영향력을 견제, 배제하는 데 합의하게 되자, 더욱 적극적으로 국공합작과 국민혁명의 확산을 추진하게 되었다. 따라서 요페도 북경정부와의 국교정상회담이 실패한 후, 상해로 가서 손문을 만나고 1923년 1월에 다음과 같은 내용의 공동선언을 발표하게 되었다.

　　첫째, 손문은 중국의 사회적·정치적 여건에서 공산주의와 소련식의 소비에
트체제를 실현할 수 없다고 주장하였고, 이 점에 대해 요페도 동의하였다. 따
라서 손문과 요페는 중국에서 가장 절박하고도 중요한 과제는 국민적 통일과
완전한 독립을 쟁취하는 것이라는 데 의견의 일치를 보았으며, 이 같은 국민
혁명의 과제를 실현하기 위하여 소련은 전폭적인 지지와 원조를 제공하기로
하였다.
　　둘째, 손문과 요페는 소련의 '카라한 선언'을 재확인하고, 금후 소련과 중
국의 새로운 관계는 과거의 불평등조약의 포기를 전제로 모색해야 한다는 데
에 합의하였다.
　　셋째, 요페는 소련이 중국의 동만주철도문제 해결에 협조하며, 외몽고에서
제국주의적인 정책을 추구할 의도가 없음을 확인하였다.

　　이상의 '손문-요페 공동선언'의 제1항에서 명확히 드러난 것처럼, 소
련은 손문의 주장을 거의 전폭적으로 수용하여 국민혁명과정에서 모든
혁명세력은 국민당을 구심으로 단결하고, 자주독립과 통일정부의 실현
을 위해 투쟁해야 한다는 데 합의함으로써 역사적인 국공합작이 실현
될 수 있었다. 이 같은 합의에 따라서 소련과 코민테른의 대표자들은
중국공산당에 대하여 흡수통일 형식의 국공합작을 수락할 것을 요구하
였고, 손문도 소련과의 연합(聯俄), 공산당과의 합작(聯共), 노동자와 농
민운동에 대한 지원(扶助農工)이란 역사적인 3대정책을 선언하고, 기존
의 국민당을 계급적 연합에 기초한 명실상부한 혁명정당으로 개편하는
일에 착수하였다.
　　이와 같이 손문과 소련 및 코민테른의 대표들 사이에 국공합작의 원
칙과 방법에 관한 합의가 이루어졌지만, 이에 대한 반발도 없었던 것은
아니다. 특히 창당과 거의 동시에 국민당으로 흡수통합을 수락해야 했
던 중국공산당의 입장에서는 국민당 중심의 합작형식에 대하여 격렬한
반론을 제기한 것은 당연한 반응이었다고 할 수 있다.

3) 중국공산당과 제1차 국공합작

코민테른 대표인 마링은 1921년 7월에 개최된 중국공산당 창당대회
에 참석하여 레닌의 「민족과 식민지문제에 대한 테제」를 설명하고, 코
민테른의 계급연합원칙과 국공합작방침을 수락할 것을 요청하였다. 그
러나 이 같은 마링의 제안에도 불구하고 창당대회에 참가한 중국공산
당의 대표들은 중국공산당의 목표가 자본가계급의 타도와 사유재산제
의 철폐, 그리고 프롤레타리아독재의 수립을 실현하기 위하여 사회혁명
을 추진하는 것이기 때문에 국민당을 포함하여 기존의 모든 정치세력
과 비타협적인 투쟁을 전개해야 한다고 주장함으로써, 사실상 코민테른
의 계급연합과 국공합작방침을 거절하였다.[9]

이와 같이 국공합작에 대한 중국공산당의 부정적인 태도는 1922년 4
월에 중국공산당 총서기 진독수가 코민테른에 보낸 공개서한에도 반영
되었다. 진독수는 이 공개서한에서 국민당과 공산당은 기본적인 이데올
로기가 다를 뿐만 아니라, 국민당은 국제적으로는 미국 등 제국주의세
력과 연합하고 있으며 국내적으로는 군벌세력과 연계되어 있고, 더욱이
국민당의 정강정책이 불투명하기 때문에 국공합작에 찬성할 수 없다는
입장을 명백하게 밝혔던 것이다.[10]

그러나 코민테른의 계속적인 설득으로 중국공산당은 반제반봉건 민
주혁명을 실현하기 위해서 국민당을 포함한 모든 진보적인 정당 및 사
회단체와 '민주주의적 연합전선'을 결성할 필요가 있다는 점을 인정하
게 되었다. 다시 말해서 레닌과 코민테른이 제창한 기본명제인 민족부
르주아계급과의 협력과 연합원칙에는 찬성하게 되었다는 것이다. 그러

---

9) 중국공산당 창당대회에서 토의되었던 내용에 대해서는 陳潭秋, 「中國共産黨
第1回 全國代表大會の回顧」, 日本 國際問題研究所 中國部會 編, 『中國共産
黨史 資料集』, 第1卷, 勁草書房, 1975, pp.58-63 참조.
10) 孫欲聲, 「試論 第1次 國共合作」, 『靑海民族學院 學報』, 第3期, 1982, p.39.

나 구체적인 국공합작방식에서 굴욕적인 吸收統合방식인 당내합작은
수용할 수 없고, 국민당과 대등한 입장에서 당외합작을 실현해야 한다
고 주장했던 것이다. 이 같은 중국공산당의 공식입장은 1922년 6월에
발표된 「중국공산당 제1차 시국에 관한 주장」에서 다음과 같이 정리,
제시되었다.[11]

  첫째, 중국의 반봉건·반식민지 상태에 대하여 민중들은 계속적으로 저항을
하였고, 1911년 신해혁명으로 중국은 봉건적 지배와 제국주의적 침략으로부
터 해방을 쟁취하고 중국의 독립과 발전을 달성할 수 있는 계기를 맞이하였
다. 그러나 부르주아계급의 이익을 대변하는 국민당이 봉건군벌에 대해서 타
협적인 정책을 추구했기 때문에 신해혁명은 좌절되었다.
  둘째, 이 같은 혁명의 실패로 제국주의와 군벌정권의 지배력은 더욱 강화
되었고, 중간계급을 포함하여 중국민중이 겪는 고통도 가중되었다.
  셋째, 중국공산당은 프롤레타리아계급의 전위당이며, 노동자계급의 완전한
해방을 쟁취하기 위해서 투쟁하는 계급정당이지만, 중국의 현실적인 조건과
역사적인 발전단계를 고려할 때, 프롤레타리아계급의 절박한 과제는 군벌정권
의 타도와 민주적 정권의 수립에 있기 때문에 중국공산당은 이 같은 국민혁명
의 과제를 달성하기 위해 모든 진보적인 세력과의 '민주주의 대동맹'을 모색
할 것이라고 선언하였다.

이러한 「시국에 관한 주장」은 같은 해 7월 상해에서 개최된 중국공
산당 제2차 전국대표대회에서 더욱 구체적으로 확인되었다. 2차 당대회
선언문에서 중국공산당은 현단계의 중국혁명을 반제반봉건 민주혁명이
라고 규정하면서, 국민당을 포함하여 모든 민주세력들과 연합전선을 결
성하는 것이 당면과제라고 선언하였다. 그러나 이 같은 연합전선을 구
축하는 과정에서 프롤레타리아계급은 부르주아계급의 종속물이 되어서
는 안되고, 자신의 계급적 이익을 양보할 수도 없다고 주장하였다. 따

11) 中共 中央, 「時局についての主張(第1次)」, 『中國共産黨史 資料集』, 第1
卷, pp.119-129.

라서 중국의 프롤레타리아계급은 항상 계급적 독립성을 유지하면서 자신의 조직력과 전투력을 단련함으로써, 장래 빈농과 연합하여 중국에서 소비에트정권을 수립하고 완전한 해방을 쟁취하기 위하여 노력하지 않으면 안 된다고 선언하였다.12)

「시국에 관한 주장」과 「2차 당대회 선언문」에서 나타난 바와 같이 중국공산당은 국민당에 대한 종래의 부정적 시각을 수정하고, 국민당이 국민혁명과정에서 진보적인 역할을 수행할 수 있다는 점을 인정하면서도, 프롤레타리아계급과 중국공산당의 계급적·조직적 독자성을 강조하여 대등한 입장에서 당외합작을 고집하였다. 따라서 이미 손문과 국민당을 중심으로 모든 혁명세력이 결집해야 한다는 원칙에 합의한 코민테른은 중국공산당에게 흡수통합방식의 당내합작을 수락할 것을 거듭 요구하였다. 따라서 중국공산당은 1922년 8월, 마링의 요청에 의하여 항주(抗州) 서호(西湖)에서 특별회의를 소집하고 국공합작의 방식에 대하여 격렬한 논쟁을 벌이게 되었다. 진독수에 의하면 서호 특별회의에 참석했던 대부분의 중국공산당 지도자들은 국민당을 부르주아계급의 정당이라고 인식하고, 코민테른이 권고하는 당내합작의 방식은 "계급조직을 혼합하는 것이며, 우리들의 독립정책을 훼손하는 것"이라고 지적하면서 강력하게 반발하였다는 것이다.

그러나 이대교와 같은 일부 지도자들은 국민당의 조직이 해이하기 때문에 정치적 견해가 다른 다양한 집단이 국민당내에서 공존할 수 있다고 지적하면서, 중국공산당원도 비록 개인자격으로 국민당에 입당하더라도 국민당내에서 공산당조직의 독자성을 유지할 수 있다고 주장하였다. 또한 이대교는 중국공산당이 국민당에 가입하여 국민당을 개조하고 국민당의 정강을 개혁함으로써 민중과의 관계를 더욱 밀접하게 발전시킬 수 있으며 국민혁명을 확산시킬 수 있다고 역설하였다.13) 코

12) 『中國共産黨史 資料集』 第1卷, pp.130-143.
13) 傳紹昌, 「李大釗 在實現 第1次 國共合作中的 重大貢獻」, 『華東師範大學

민테른의 대표인 마링도 국민당을 부르주아 단일계급의 정당으로 생각하는 것은 잘못이며, 국민당은 부르주아계급과 프티부르주아계급, 노동자, 농민의 '4계급 블럭정당'이라고 규정하면서, 중국공산당이 국민당에 가입함으로써 반제반봉건의 민주적 대연합을 실현할 수 있다고 주장하였다. 특히 마링은 중국공산당이 코민테른의 지부인 점을 지적하고, 코민테른의 권위를 빌어 당내합작형식의 국공합작을 수락하라고 강권하였다.

이와 같이 1922년 8월의 서호 특별회의에서 국공합작에 대한 격렬한 논쟁을 거친 다음, 중국공산당은 코민테른의 제안을 마지못해 수락하기로 결정하였다. 그러나 개인자격으로 국민당에 가입해야 한다는 국공합작의 방식에 대한 중국공산당의 불만은 여전히 남아 있었고, 따라서 국공합작에 대한 소극적인 태도가 여전히 계속되었기 때문에 코민테른 지도부는 이 같은 중국공산당의 태도를 기회가 있을 때마다 비판하였다. 이를테면 1922년 11월 코민테른 제4차 대회에서 동방문제에 대한 토의를 하는 과정에서 중국대표가 중국공산당의 독자성을 강조하는 연설을 하자, 코민테른의 주요 지도자였던 라데크(Karl Radek)는 중국대표단을 향하여, "동지들, 사물을 너무 장밋빛으로 윤색하지 말라, 당신들의 역량을 지나치게 과대평가하지 말라"고 신랄하게 비판하였다.

이러한 라데크의 비판에서도 알 수 있듯이, 코민테른 지도부는 중국공산당과 중국의 프롤레타리아계급의 정치적 역량이 아직 충분히 발전하지 않은 상태이고, 또한 현단계에서 중국의 역사적인 과제는 민족통일과 민주국가의 수립에 있기 때문에, 민족부르주아계급과의 연합과 협력이 절대로 필요한 것이며, 국민당이야말로 국민혁명을 추진하기 위한 구심체 역할을 수행할 수 있는 유일한 정치세력이라고 인식하고 있었다. 그러나 중국공산당의 국민당에 대한 평가와 중국사회에서 노동운동에 대한 전망은 코민테른과는 달랐다. 이미 진독수의 코민테른에 대한 공개서한에서도 드러난 바와 같이, 중국공산당은 국민당을 이미 그 대중성과 혁명성을 상실한 명망가의 집단으로 인식하고 있었고, 또한 군벌과 제국주의세력에 대하여 타협적인 태도를 견지하고 있는 부르주아 계급의 정당으로 이해하고 있었다. 게다가 이 당시 중국공산당의 지도부들은 대도시를 중심으로 활발하게 전개되고 있었던 노동운동과 민중운동에 대한 기대가 컸기 때문에, 흡수통합방식의 국공합작에는 소극적일 수밖에 없었던 것이다.

사실 중국에서 근대적인 노동운동이 본격적으로 전개되기 시작한 것은 1920년대 이후라고 할 수 있다. 특히 앞에서도 지적한 바와 같이 제1차세계대전 이후 서구열강의 경제적 침략이 재개되면서 중국의 민족산업이 불황을 겪고 5·4운동의 경험으로부터 어느 정도 자신들의 힘을 자각하게 되면서, 대도시를 중심으로 노동운동이 활성화되기 시작하였다. 중국공산당이 창당되기 전에 이미 홍콩, 상해, 광주, 무한 등 대도시에서 자연발생적인 노동운동이 발생하여 전국적으로 확산되는 추세에 있었다. 이 같은 분위기에서 중국공산당은 창당대회에서 결의한 노동조합 서기부를 1921년 8월에 설치하고 노동운동의 조직화에 본격적으로 개입하였다.

따라서 1922년 1월부터 1923년 3월 사이에 중국의 노동운동은 중국공산당의 조직적인 개입에 힘입어 이른바 노동운동의 제1차 고양기를 맞이하게 되었다. 1922년 1월, 중국공산당원인 소조징(蘇兆徵)이 지도하는 홍콩선원노조(香港海員工會)는 대폭적인 인금인상을 요구하며 중국 최초의 대규모적이고도 조직적인 파업운동을 전개하여 영국당국의 무력탄압에도 불구하고 승리를 쟁취하였다. 이 과정에서 홍콩의 운수노동자를 포함하여 거의 모든 시민과 노동자들이 동조파업에 들어갔고, 당시 손문의 광동정부도 적극적으로 홍콩노동자들의 파업을 지원하였다. 이 같은 분위기에서 노동운동은 전국적으로 확산되었고, 1922년 5

월 1일 메이데이를 계기로 전국 12개 도시의 100여 개 노동조합과 약
27만의 조합원을 대표하는 162명의 대의원들이 광주에 집결하여 제1회
전국노동대회를 개최하고, 전국총노동조합을 결성할 준비작업에 착수하
기로 하였다.14)

　이와 같이 중국공산당의 노동조합 서기부를 중심으로 노동운동이 전
국적으로 확산되고 조직화되어가고 있는 과정에서 중국공산당이 흡수
통합방식의 국공합작에 대하여 소극적인 태도를 견지했다는 것은 당연
한 현상이라고 할 수 있다. 그러나 이 같은 노동운동의 고조기는 1923
년 2월 7일에 발생한 이른바 2·7대참사를 계기로 급격히 냉각되었다.
2·7대참사란 1923년 2월에 경한철도 노동자들이 중국공산당의 지도하
에 노동조합을 결성하기 위하여 정주에 집결, 군벌정권에 대하여 노동
조합을 인정할 것을 요구하면서 총파업을 시도하자, 당시 낙양군벌 오
패부(吳佩孚)는 잔혹한 무력탄압을 단행하여 이를 분쇄하였다. 이를 계
기로 전국 각지에서 노동운동에 대한 무력탄압이 전개되었고, 따라서
노동운동과 노동조합은 급속도로 와해되었다.15)

　2·7대참사와 같은 비극적인 노동운동의 패배를 경험하면서 중국공산
당은 계급적 역량의 한계를 절감하게 되었다. 따라서 중국공산당은 국
공합작에 대한 종래의 소극적인 태도를 청산하고 국민당과의 합작을
통하여 노동운동과 민중운동의 새로운 활로를 모색하려 했다. 이와 같
은 상황인식에서 중국공산당은 1923년 6월에 개최된 제3차 전국대표대
회에서 「국민운동과 국민당 문제에 대한 결의안」을 채택하고 공식적으
로 당내합작방식을 수용하였다. 3차 당대회 결의안에 의하면, "중국은

---

14) 이 당시의 노동운동에 대하여는 Jean Chesneaux, *The Chinese Labor Movement,
　　1921-1927*, Stanford: Stanford University, 1972를 참고하고, 중국의 노동운동
　　전반에 대한 연구현황에 대해서는 陳明錄, 「中國勞動運動史硏求」, 中央硏求
　　院 近代史硏究所, 『60年來的 中國近代史硏究』, 下冊, pp.599-639 참조.
15) 이른바 2·7참사에 대한 자료는 中華全國總工會 工運史硏究室 編, 『二七大
　　罷工 資料選編』, 공인출판사, 1983을 참조.

현재 외국제국주의와 군벌세력에 의한 폭압적 압제하에서 국가의 존립과 인민의 자유가 극도로 위협받고 있다"고 전제하고, 이 같은 압제로 말미암아 노동자와 농민은 물론이거니와 온건한 상인계급까지도 격심한 고통을 받고 있기 때문에 반제반봉건의 국민혁명운동을 적극적으로 전개하지 않으면 안 된다고 선언하였다. 따라서 중국공산당은 국민당이 국민혁명운동세력의 구심점이 되어야 한다는 점을 인정하고, 모든 혁명세력은 국민당으로 결집하여 국민혁명의 신속한 승리를 쟁취하기 위해 노력해야 한다고 주장하였다.

이와 같이 중국공산당은 국민혁명과정에서 국민당의 지도적 역할을 인정하면서도 국민당은 첫째, 외국의 지원에 의존하려는 자세를 포기해야 하고, 둘째, 민중운동을 경시하고 군사행동만을 강조하는 태도를 불식함으로써 진정한 민중적·민족적 정당으로 국민당이 개조되어야 한다고 주장하였다. 이와 동시에 중국공산당은 국공합작의 형식을 수락하면서도 여전히 노동자와 농민의 이익을 대변한다는 점을 잠시도 망각해서는 안될 뿐만 아니라, 노동자와 농민에 대한 선전과 조직사업은 국민혁명과정에서 중국공산당이 수행해야 할 특별한 과제로 인식하고 행동해야 한다고 강조하였다. 그뿐만 아니라 중국공산당원은 비록 개인자격으로 국민당에 입당할지라도 국민당내에서 정치적·사상적·조직적 독립성을 유지해야 한다고 강조하였다.[16] 따라서 중국공산당은 국공합작이 구체화되는 1923년 11월에 제3차 중앙위원회 제1차 집행위원회를 개최하여, 국공합작 이후 국민당내에 비밀조직을 유지하고 모든 공산당원의 정치적 행동을 지도할 것, 그리고 국민당의 각급조직에서 중심적 지위를 점유하도록 노력할 것 등을 결의하였다.

---

16) 日本國際問題研究所, 『中國共産黨史 資料集』, 第1卷, pp.255-56.

2. 국공합작의 정치체제와 국민혁명의 확산

이처럼 국공합작은 코민테른의 강력한 지원과 설득에 힘입은 바가 컸지만, 동시에 당시의 정치적 상황에서 국민당과 공산당이 단독의 힘만으로는 군벌과 제국주의세력에 대항할 수 없다는 사실인식의 결과라고 할 수 있다. 이와 같은 배경에서 국민당과 공산당의 합작시대가 개막되었고 국민혁명은 새로운 전환기를 맞이하였다.

무엇보다도 국공합작으로 말미암아 국민당은 명실상부한 4계급연합에 기초한 국민혁명의 구심체가 되었으며, 국민당정권은 이 같은 대중적인 지지와 자체의 무장역량을 바탕으로 국민혁명을 전국적으로 확산시킬 수 있었다. 이 같은 국민혁명의 확산에 기초하여 국민당정권은 1927년에 마침내 북벌을 단행하여, 군벌시대의 종결이라는 국민적 숙원을 일부 달성할 수 있었다. 물론 민족적 통일과 국가적 자주독립의 쟁취라는 국민혁명의 목표는 북벌의 성공이 거의 확실해지는 순간 국공합작이 붕괴됨으로써 다시 좌절되는 비운을 겪게 되었다. 그러나 1924년부터 1927년까지 유지되었던 국공합작은 국민당과 공산당을 중국현대사의 주역으로 등장시키는 계기가 되었다는 사실은 부정할 수 없다. 국공합작시대를 통하여 국민당은 그야말로 현대중국을 주도하는 중심적인 정치세력으로 등장하였고, 중국공산당도 국공합작의 보호를 받으면서 민중운동 부문에서 독자적인 영향력을 확보함으로써, 짧은 시기 안에 소수의 급진적 지식인집단으로부터 어느 정도 민중적인 기반을 가지는 혁명세력으로 성장할 수 있었다.

이와 같이 국민당과 공산당 모두에게 역사적인 발전의 계기를 제공했고, 국민혁명에 부여된 역사적인 사명, 즉 중국의 통일과 독립을 부분적이나마 달성할 수 있게 한 제1차 국공합작의 시대는 1924년 1월, 국민당의 개조를 최종적으로 확인하는 제1회 중국국민당 전국대표대회로부터 시작되었다.

1) 국민당의 개편과 당, 군, 대중조직의 3각체제 형성

1923년 3차 당대회에서 중국공산당이 마침내 당내합작의 방식을 수락하고 개인자격으로 국민당에 가입하기로 결정하자, 손문은 본격적으로 국민당의 개편작업을 추진하였다. 1923년 10월 손문은 국공합작에 의하여 새롭게 탄생하는 중국국민당 제1회 전국대표대회를 준비하기 위하여 중국국민당 임시 중앙집행위원회를 임명하고, 여기서 국민당의 개조와 관련하여 선언문, 당장, 강령, 당조직, 군대조직 등 모든 중요한 문제를 검토하게 하였다.

이와 같이 국민당의 개조와 관련하여 결정적인 영향력을 가지는 임시 중앙집행위원회에는 호한민(胡漢民), 료중개(廖仲愷), 담평산(譚平山) 등 모두 14명이 임명되었는데, 그 중에서 담평산과 이대교가 공산당을 대표하여 참가하였다. 또한 손문은 코민테른이 파견한 보로딘(M. Borodin)을 국민당 고문으로 임명하고, 그에게 국민당의 당장과 강령초안을 작성하게 하였다. 이 당시 손문은 국공합작 및 국민당의 개편과 관련하여 중요한 문제를 국민당내의 좌파를 대표하는 료중개와 코민테른의 고문인 보로딘과 상의해서 결정했기 때문에 이에 대한 우파의 불만이 표출되기도 하였다.17) 그러나 국공합작에 대한 손문의 신념이 확고했기 때문에 이 같은 당내갈등은 잠복되었고, 1924년 1월에 광주에서 중국국민당 제1회 전국대표대회를 개최하여 국공합작시대를 주도해갈 국민당의 새로운 당노선과 당조직의 개편을 결정하였다.

우선 제1회 국민당 전국대표대회는 선언문에서 손문의 '연아, 연공,

---

17) 11월에 국민당 개조작업이 진행중이던 1923년 11월에 임시중앙집행위원 중의 한 사람이던 국민당 우파인 鄧澤如 등 11명은 국민당의 당장, 강령 등 중요 문건이 보로딘과 진독수에 의하여 작성되고 있다고 비난하는 서한을 손문에게 제출, 항의하였다. 이에 대하여 손문은 당장과 강령초안은 보로딘이 작성하고, 자신이 수정한 것을 廖仲愷가 번역한 것이라고 해명하였다. 堀川哲男, 앞의 책, p.153.

부조농공'의 3대정책을 공식적으로 국공합작의 신노선으로 확인하고, 손문이 제창했던 삼민주의를 새롭게 해석하여 국공합작시대의 국민당 의 지도이념으로 삼았던 것이 주목된다.

첫째, 손문의 민족주의와 관련하여, 전국대표대회 선언문은 대외적인 차원 에서는 반제국주의를, 대내적인 차원에서는 국내 각 민족의 자결권을 승인하 고 있다는 점, 둘째, 민권주의와 관련하여 서구의 의회민주주의를 부르주아의 전유물이라고 규정하고, 정치권력은 '진정으로 제국주의에 반대하는 개인과 단체'에 기초해야 한다고 주장하고 있다는 점, 셋째, 민생주의와 관련해서는 지권평균과 자본절제를 강조하면서, 토지의 집중과 자본의 독점을 제한하여 민중의 복지를 향상시켜야 한다고 주장하고 있는 점 등은 국공합작시대의 국 민당이 대중성, 진보성, 혁명성을 지향하고 있다는 사실을 증명해주는 것이다.

이와 같이 국민당은 진보적인 당노선을 표방하고, 동시에 소련공산당 조직원칙을 도입하여 '민주집중제'를 강조하였고, 당이 국가조직과 사 회집단을 지도해야 한다는 원칙에 입각하여 당조직을 개편하였다. 당조 직 개편과 관련하여 주목되는 점은 제1회 국민당 전국대표대회에서 다 수의 공산당원이 당의 최고정책결정기구인 중앙집행위원회에 선임되었 다는 것이다. 총 24명의 중앙집행위원 중에서 담평산, 이대교, 우수덕 (于樹德) 등 3명의 공산당원이 포함되었고, 17명의 후보집행위원 중에 는 임조함(林祖涵), 모택동, 장국도, 구추백 등 7명의 공산당원이 선임 되었다.

이처럼 국공합작의 결과 중국공산당은 국민당의 최고정책결정기구에 까지 진출했을 뿐만 아니라, 국민당의 각종 실무집행부서에서도 중요한 직책과 역할을 담당하게 되었다. 특히 국민당의 개조와 더불어 대중운 동이 강조되었는데, 대중조직을 관장하는 국민당의 조직부, 공인부, 농 민부는 실질적으로 공산당원이 주도했다고 해도 과언이 아니다. 당조직 과 당원에 대한 관리를 책임지는 조직부장에는 공산당원인 담평산이 임명되었고, 공인부장에는 국민당 좌파인 료중개가 임명되었으나, 료중개가 다른 직책을 겸직했기 때문에 실권은 공산당원인 풍국파(馮菊坡)가 장악하고 있었으며, 농민부의 경우도 공산당원인 팽배(彭湃)가 처음부터 농민부 비서로 재임하면서 실질적인 농민운동의 조직과 지도를 담당하였다. 이와 같이 국공합작시대에 국민당의 대중조직은 거의 공산당원의 영향하에 놓여 있었다.[18]

이와 같은 국민당의 조직개편과 더불어 제1회 국민당 전국대표대회에서는 국민당 자체의 무장력을 보유하기 위하여 국민당의 직속으로 황포군관학교를 설립하기로 하였다. 사실 국민혁명군을 창설하기 위한 군관학교 설립에 대한 논의는 1921년 손문과 마링의 회담 때부터 시작되었다. 그 후 여러 차례에 걸친 협의 끝에 혁명군의 창설에 대한 소련의 지원이 거의 확실하게 결정되자, 손문은 1923년 8월에 장개석을 단장으로 하는 대표단을 소련에 파견하여 구체적인 협의를 진행하게 하였다. 이 과정에서 소련은 약 50여 명의 군사고문단을 파견하고, 상당한 재정적인 지원을 약속하였다. 따라서 국민당 제1차 전국대표대회의 결의를 거쳐, 1924년 6월에 장개석을 교장으로 하는 황포군관학교가 설립되었고, 이를 바탕으로 국민혁명군을 창설할 수 있었다.[19]

이처럼 국공합작시대의 정치체제는 대체로 당, 군, 대중조직의 3각체제를 골격으로 형성되었고, 이들 사이의 갈등과 대립이 국공합작시대의 정치과정을 직조했다고 하겠다. 대체로 당조직은 국민당의 좌파와 우파가 장악하고 당내의 양대세력을 형성하고 있었고, 군은 국공합작시대에 당내 좌·우파 대립에 대하여 일정한 거리를 유지하고 있던 장개석의 거의 독점적인 지지기반이 되었으며, 대중조직부분에서는 공산당의 영향이 압도적이었다.

---

18) 中嶋嶺雄 編, 『中國現代史』, 有斐閣, 1990, pp.94-97.
19) 배경한, 「황포군관학교에 있어서 국공간의 합작과 대립」, 민두기외 공저, 『중국 국민혁명의 분석적 연구』, 지식산업사, 1985, pp.119-147.

2) 국공합작시대의 중국공산당과 민중운동

국공합작의 원칙에 합의한 이후 중국공산당은 개인자격으로 국민당
에 합류하여 국민당의 각급 조직에서 활동하면서도 중국공산당의 조직
은 그대로 유지하여 국민당의 좌파와 연합, 국민당내의 입지를 확대하
려고 하였다. 특히 노동운동과 농민운동 부문에서 공산당은 거의 독점
적인 영향력을 구축하려고 노력하였다.

사실 국공합작시대에 중국공산당은 국민당의 깃발을 내세우면서 국
민당정부의 보호와 협력을 받아가면서 공개적이고 합법적으로 민중운
동을 조직할 수 있었다. 물론 이 같은 공개적·합법적인 공간은 국민당
정부가 영향력을 행사할 수 있는 광동지방에 국한된 것이었고, 군벌정
권이 장악하고 있는 대부분의 지역에서는 아직도 노동운동과 농민운동
에 대한 무력탄압이 계속되었다. 그러나 광동 국민당정부가 장악한 지
역은 일종의 민중운동의 '혁명근거지' 역할을 하게 됨으로써, 국공합작
시대가 본격적으로 전개되면서 민중운동은 새로운 고양기를 맞이할 수
있었다.

1923년 2·7대참사 이후 일시적으로 위축되었던 노동운동은 1924년
이후 중국공산당의 적극적인 지원을 받으면서 다시 전국적으로 확산되
기 시작하였다. 특히 이 당시의 노동운동은 '5·30운동'에서와 같이 대
도시에서 전개되는 청년지식인들의 반제반봉건운동과 결합되면서 국민
혁명을 전국적으로 확산시키는 데에 견인차 역할을 하였다. 이와 같이
국공합작과 더불어 노동운동이 활성화되면서, 중국공산당은 전국적인
차원의 노동조합 결성작업을 본격적으로 전개하였다.

이미 1922년 5월 1일에 광주에서 열린 제1차 전국노동대회에서 전
국총노동조합을 결성하기로 결의한 바 있기 때문에, 국공합작이 성립된
이후 중국공산당이 중심이 되어 각 지역에서 노동조합 지역총연맹이
조직되기 시작하였고, 1925년 5월 1일에는 광주에서 제2차 전국노동대

회가 개최되어, 전국의 노동자들에게 반제반군벌투쟁에 동참할 것을 호소하였다. 또한 집회, 결사, 언론, 출판, 파업 등 민주적 권리의 쟁취와 최저임금제, 8시간 노동, 노동조건의 개선을 요구하는 결의문을 채택함과 동시에 정식으로 중화전국총공회(中華全國總工會)의 성립을 선포하였다. 전국적으로 54만의 노조원을 대표한다고 주장하면서 출범한 총공회의 집행부는 거의 중국공산당원에 의하여 장악되었다. 총공회의 위원장에 선출된 임위민(林偉民), 부위원장으로 선임된 유소기(劉少奇), 비서장겸 선전부장의 등중하(鄧中夏)를 비롯하여 25명의 총공회 집행위원 가운데 대다수가 중국공산당원인 점을 고려해보더라도, 이 당시 총공회가 중국공산당의 확실한 지도하에 결성되었다는 것을 알 수 있다.

이처럼 중국공산당을 중심으로 노동운동이 활발하게 진행되고 있는 가운데, 흔히 5·4운동과 비견되는 유명한 5·30 반제반봉건운동이 벌어지게 되었다. '5·30운동'의 발단은 1925년 2월에 상해의 일본계 기업인 내외면방적공장에서 발생한 노동쟁의에서부터 비롯되었다. 특히 5월 15일에 이 공장 노동조합 지도원이 피살되는 사태까지 발생하면서 전국적인 차원에서 반제반봉건운동이 벌어지게 되었다는 것이다. 상해의 내외방적공장에서 중국인 노동자가 피살된 사건은 상해에서는 물론이거니와 중국의 대도시에서 청년학생과 일반시민까지 참가하는 대규모 반제시위를 유발하였다. 특히 5월 30일은 상해 공동조계에서 중국인 노동자 피살사건의 재판이 열리게 되어 있었기 때문에, 청년학생들을 중심으로 대대적인 시위가 전개되었는데, 이에 대하여 영국관헌들이 발포하여 13명이 사망하고 수십 명의 군중들이 부상을 입는 불상사가 발생하였다.

이 같은 사건은 상해의 노동자와 학생들뿐만 아니라 상인과 중소기업인들까지도 반제반봉건운동에 호응하게 만들었다. 중국공산당은 이러한 과정에서 상해총공회를 조직하고, 상해총공회를 통하여 6월 1일 상해의 모든 노동자들에게 총파업을 지시하였고, 학생들에게는 동맹휴학을, 그리고 중소상인들에게는 철시를 호소하여 일시에 상해시를 마비시켰다. 그러나 이 같은 항의에 대하여 영국, 일본, 미국, 이탈리아 등은 군대를 동원하여 무력탄압을 시도함으로써 곳곳에서 유혈사태가 벌어지게 되었다. 이 같은 서구열강과 일본의 무자비한 무력탄압에 맞서 상해에서는 반제반봉건운동을 통일적으로 지도하기 위하여 상해 공상학연합회(工商學聯合會)가 조직되었고, 이 조직이 주관이 되어 대규모의 시민대회를 개최하고 영국과 일본 등 서구 제국주의국가의 군대철수, 영사재판권의 폐지 등을 요구하는 청원서를 조계당국과 북경정부에 제출하기도 하였다.

이와 같이 상해에서 폭발한 반제반봉건운동은 곧 전국의 대도시로 확산되었다. 특히 광동성과 홍콩에서는 국민당정부의 지원을 받으면서 노동자와 농민, 학생과 일부 군인들까지 가담하여 장기간에 걸쳐 영국의 무력탄압에 전면적인 파업으로 대항하였다. 광주와 홍콩의 중국인 노동자들은 광동 국민당정부가 북벌을 단행하는 1926년 10월까지 약 16개월간 파업을 계속함으로써, 남부중국에서 영국의 영향력에 심각한 타격을 주었다. 따라서 '5·30운동'의 특징은, 청년학생들이 주도한 5·4운동과는 달리, 대도시의 노동자들이 반제반봉건운동의 전면에 나서기 시작했다는 것이며, 또한 이들 노동자들은 중국공산당의 정치적 지도를 받으면서 청년학생들이나 중소상공인들과 연합전선을 구축하여 국민혁명을 전국적으로 확산시키는 데 중요한 역할을 했다는 점이라고 할 수 있다.[20]

이처럼 국공합작시대에 중국공산당은 노동운동의 확산과 조직화를 적극적으로 추진하여, 노동운동을 반제반봉건 국민혁명의 중요한 부분으로 부각시키는 데 성공하였고, 동시에 농민운동에도 관심을 가지고

---

20) 이 같은 주장에 대하여는 張有年, 「五三十運動中 知識分子對工人鬪爭的
支援」, 『黨史研究』, 第3期, 1985, pp.55-62 참조; '5·30운동'에 대한 개괄서
로는 林建樹·張銓, 『五三十運動簡史』, 上海 人民出版社, 1985가 있다.

농민협회 등을 조직하기 시작하였다. 물론 이 당시 중국공산당의 주요 활동무대는 대도시 노동현장이었지만, 팽배와 같은 일부 공산당원들은 국공합작 이전부터 농민운동에 몰두하였다. 잘 알려진 바와 같이 팽배는 이미 1922년 7월에 광동성 해풍현에서 농민협회를 결성하고, 농민들의 감조(減租)·감식(減息)운동을 조직했으며, 이 같은 팽배의 농민운동은 광동성의 인근 지역에 급속히 확산되어 1923년에는 해풍과 육풍현을 비롯하여 광동성의 6개 현에서 약 20여만 명의 농민들이 농민협회에 가담하였다.21)

이와 같이 농민운동이 확산되자 광동성의 농촌지역을 장악하고 있던 군벌세력은 무력탄압을 단행하여 팽배의 농민협회는 와해되었지만, 그는 국공합작 이후 국민당 농민부의 비서로 활약하면서 농민운동 강습소를 설치, 농민운동 지도자를 배양하고 농민운동의 확산에 힘을 기울였다. 이 같은 선구적인 농민운동가의 노력으로 광동성과 호남성 등 일부 남부중국에서 농민운동은 들불처럼 번져가기 시작하였다. 특히 북벌이 시작되면서 호남성, 호북성, 광동성과 광서성 등에서는 모택동이 그의 「호남 농민운동 고찰보고」에서 기술하고 있는 것처럼 농민운동이 질풍노도와 같은 기세로 확산되면서, 급진화되는 경향을 보여주었기 때문에 중국공산당의 지도부마저 우려할 정도였다.

3) 손문의 사망과 국공합작의 동요

이미 앞에서도 언급한 것처럼 중국공산당과 국민당내에는 국공합작에 대하여 비판적인 세력이 상존해 있었다. 국민당의 우파인사들은 손문이 생존하고 있던 때에도 반공주의적인 태도를 숨기려 하지 않았고, 중국공산당 내부에서도 부르주아계급과 국민당에 대한 불신이 여전히 남아 있

---

21) Eto Shinkichi, "Hai-lu-feng: The First Chinese Soviet Government," *China Quarterly*, no.8, Oct-Dec 1961, pp.160-183; *CQ*, no.9, Jan-Mar 1962, pp.149-181.

었다. 그럼에도 불구하고 군벌과 제국주의세력에 대한 공동의 저항의식 때문에 국민당과 공산당은 계급적·이데올로기적 차별성을 유보하고 국공합작에 합의할 수 있었다. 게다가 국공합작에 대한 손문의 확고한 신념과 거의 절대적인 영도력으로 말미암아 국공합작 내부에 존재하는 갈등과 균열요인을 억제할 수 있었기 때문에 손문이 생존하고 있는 동안 국민당과 공산당의 마찰은 별로 두드러지게 나타나지 않았다.

그러나 국공합작을 상징하는 중심적 지도자인 손문이 사망하고 국민당 내부에서 권력투쟁이 전개되는 과정에서, 그리고 중국공산당이 주도하는 민중운동이 급속히 확산되면서 국민당내의 우파와 부르주아계급의 의구심이 심화됨으로써 국공합작은 동요하기 시작했다. 1925년 3월 12일, 손문이 국민혁명의 최종목표를 달성하기 위해서는 끝까지 공동투쟁을 계속해야 한다는 유촉(遺囑)을 남기고 사망하자, 국민당의 좌파와 우파 사이에 치열한 권력투쟁이 전개되었고, 이 과정에서 국공합작에 대한 논쟁이 재연되었다. 이른바 서산회의파로 알려진 국민당의 우파는 중국 전통사상의 맥락에서 손문사상을 해석한 대계도(戴季陶)의 이론으로 무장하고 국민당에서 공산당의 축출과 소련 및 코민테른의 영향력 배제를 요구하였다.[22]

이와 같은 우파의 공세에 대항하여 료중개가 암살된 후 왕정위(汪精衛)를 중심으로 다시 결집한 국민당 좌파는, 군을 장악한 장개석의 묵인과 공산당의 지원을 받아 1926년 1월에 국민당 제2차 전국대표대회를 소집, 일부 우파분자를 축출하고 손문의 '연소, 연공, 부조농공'의 3대

---

22) 西山會議派란 戴季陶, 林森, 鄒魯 등이 중심이 되어 1925년 11월 23일 손문의 영정이 안치되어 있는 북경 서산벽운사에서 회합, 반공노선을 밝힌 국민당 우파를 말한다. 戴季陶主義와 西山會議派의 주장에 대해서는 戴季陶,「國民革命與 中國國民黨」,「西山會議派的 政治主張」, 彭明 主編,『中國現代史資料選輯』, 第2冊, pp.248-251, 258-260; Herman Mast #3 and W. G. Saywell, "Revolution out of Tradition: The Political Ideology of Tai Chi-t'ao," *Journal of Asian Studies*, 34: 1, November 1974, pp.73-98 참조.

정책을 재확인하였다. 이처럼 국민당 좌파와 공산당의 연합세력은 당권을 장악함으로써 국공합작은 오히려 강화되는 것 같았다. 그러나 이 같은 표면적인 승리에도 불구하고 공산당의 영향력이 증대되는 것에 대하여, 특히 공산당이 주도하는 민중운동이 확산되고 급진화되는 것에 대하여 국민당 내부에서, 그리고 일반 상인과 자본가계급 사이에서 불안과 반감이 누적되어가고 있었다. 1924년 10월에 발생한 상단(商團)사건을 통하여 표출되었던 것처럼, 노동쟁의가 격화되면서 대도시지역의 상인과 자본가계급들은 민중운동에 대하여 불안감을 가지게 되었고, 국공합작에 대해서도 의문을 제기하기 시작하였다.23)

이러한 상황에서 1926년 3월에 중도파를 자처하던 장개석에 의하여 중산함(中山艦)사건이 발생하였다. 아직도 그 진상이 명확하게 드러나지 않은 중산함사건이란 중국공산당원인 이지룡(李之龍)이 지휘하는 중산함이 광동에서 황포로 회항한 것으로부터 발단된 것이다. 장개석은 중산함의 회항을 자신에 대한 공산당의 반란음모라고 규정하고 광주지역에 계엄령을 선포하는 동시에, 이지룡의 체포를 명령하고 보로딘을 비롯한 18명의 소련 고문단 철수를 요구하였다.

이와 같은 장개석의 실력행사는 국민당 제2차대회에서 국민당 좌파의 당조직, 장개석의 군, 그리고 공산당이 장악하고 있는 대중조직 사이에 형성되었던 3각 협력체제의 와해를 의미하는 것이었으며, 그것은 국공합작에 대한 중대한 도전이었다. 장개석이 1926년 5월에 제출한 당무정리안에서 분명히 나타난 바와 같이, 그는 중산함사건을 계기로 국민당과 광동 국민당정부에서 공산당의 영향력을 제거하고, 군권을 바

---

23) 상단이란 본래 각 지방의 상인과 자본가계급들이 중심이 되어 결성된 일종의 자위조직인데, 1924년 10월 10일 광주에서는 쌍십절을 축하하기 위해 모인 학생, 노동자, 농민들의 집회를 상단이 습격하여 유혈충돌이 일어났다. 이와 같은 상단의 도전에 대하여 당시 광동 국민당정부는 황포학생군과 노동자·농민군을 동원하여 진압하였다.

탕으로 당과 정부의 실권을 장악하려고 했다는 것은 의심의 여지가 없었다.[24] 이런 점에서 중산함사건은 명백한 장개석의 반공쿠데타였다고 할 수 있다.

그럼에도 불구하고 보로딘과 중국공산당 지도부는 장개석의 이 같은 실력행사에 대해 타협적인 해결책을 모색하였다. 즉, 장개석이 소련 고문단과 중국공산당원에 대해 취했던 지나친 행동에 대하여 사과를 하고, 중국공산당은 국민당을 자극할 만한 행동을 자제한다는 약속을 함으로써 중산함사건으로 발생한 국공합작의 균열위기를 극복하려고 했다.

이와 같이 코민테른과 중국공산당의 지도부가 장개석의 도전에 대해 타협적인 태도를 취하게 된 데에는 복잡한 사정이 있었던 것 같다. 당시 소련과 코민테른 내부에서는 처음부터 국공합작에 반대했던 트로츠키파와 국공합작을 추진했던 스탈린파 간의 치열한 권력투쟁이 전개되고 있었기 때문에, 소련공산당의 실권을 장악하고 있던 스탈린은 국공합작의 포기를 용인하지 않았다.[25] 또한 중국공산당의 지도부도 아직 프롤레타리아계급의 역량이 국공합작을 전면적으로 포기할 만큼 성숙한 단계가 아니라고 판단했기 때문에 장개석의 도전에 대해 타협적인 해결책을 모색했다. 한편 장개석의 입장에서도 북벌을 실현하기 위해서는 아직 소련과 중국공산당의 협력이 필요하다고 판단했기 때문에, 당과 정권기구에서 제한하는 수준에서 타협하였다.

이처럼 국공합작은 심각한 균열요인을 이미 노출했는데도 불구하고,

---

24) 장개석은 당무정리안에서 (1) 삼민주의에 대한 비판 금지, (2) 국민당의 중앙집행위원회의 부장급에서 공산당원 배제, (3) 고급당부의 집행위원 중에서 공산당원의 비율을 1/3 이하로 제한해야 한다고 주장하였다. 中嶋嶺雄, 앞의 책, pp.103-104; 당무정리안의 본문은 彭明 主編, 『中國現代史 資料選輯』, 第2冊, pp.285-288 참고.

25) 당시 코민테른 대표로 활동했던 보로딘은 스탈린으로부터 중산함사건을 수습하고 국공합작을 계속 유지해야 한다는 지시를 받았다는 사실에 대해서는 Dan Jacobs, *Borodin: Stalin's Man in China*, Cambridge: Har- vard University Press, 1981, pp.206-211 참조.

관련 당사자들의 미묘한 현실적인 이해관계가 일치됨으로써 불안한 상태로나마 계속 유지되었다. 이 같은 상황에서 1926년 7월에 북벌을 단행하게 되었다.

3. 북벌의 승리, 그리고 국공합작의 붕괴

북벌과 천하통일은 손문과 국민당의 오랜 숙원이었다. 그러나 1926년에 장개석이 북벌을 주장할 때 국민당과 공산당 내부에서는 여러 가지 반대의견도 있었다. 코민테른의 군사고문단은 군사적인 견지에서 북벌의 성공을 낙관할 수 없다고 지적하면서 반대하기도 하였고, 국민당 좌파와 공산당도 북벌을 이용하여 장개석이 군과 정부의 실권을 확고하게 장악하려는 것이 아닌가 하는 의구심에서 처음에는 북벌에 대하여 소극적인 입장을 보였다. 그러나 중산함사건을 수습하는 과정에서 정치적 돌파구가 필요하다고 판단한 국민당의 모든 정파는 장개석의 북벌계획을 승인하게 되었다.

1) 북벌전쟁과 민중운동의 확산

1926년 6월에 장개석이 국민혁명군 총사령관에 취임하고, 7월에 제1군으로부터 제8군에 이르는 약 10만의 국민혁명군이 동원되어 역사적인 북벌전쟁이 시작되었다. 당시 직예파(直隷派)의 군벌, 오패부와 손전방(孫傳芳) 등이 활거하고 있던 양자강 일대의 장악을 제1목표로 삼고 광주를 출발한 국민혁명군은 다음의 <그림 3>에서 보여주는 바와 같이 호남-호북방면, 강서방면, 복건-절강방면 등 세 방향에서 파죽지세로 진격하여, 1926년 11월에는 장사, 무한, 구강, 남창 등 주요 도시를 점령하였고, 1927년 3월에는 상해와 남경에 진주함으로써 북벌전쟁 6개

<그림 3> 북벌전쟁의 진격로(1926~1928)

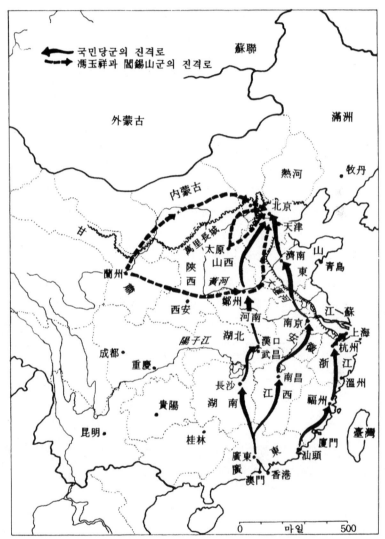

출처: Immanuel Hsu, *The Rise of Modern China*, London: Oxford University Press, 1975, p.630.

월 만에 1차적인 목표를 달성하였다.26)

이처럼 북벌군이 예상 밖으로 신속한 군사적 승리를 거둘 수 있었던 것은 국민혁명에 대한 광범위한 국민적 지지가 있었기 때문이었다. 특히 노동자와 농민들은 적극적으로 북벌전쟁에 참여하여, 북벌군이 진격하는 지역에서 총파업, 사보타지 또는 직접적인 무장투쟁으로 군벌세력에 대항하였다. 1927년 3월 22일 국민혁명군의 상해 무혈입성은 중국공산당이 조직한 상해노동자들의 3차례에 걸친 총파업과 무장투쟁의 결과였다.27) 상해에서뿐만 아니라 무한, 남경, 구강 등 북벌군이 진격하는 대도시에서도 중국공산당은 노동자들과 시민들을 조직, 동원하여 군벌세력과 제국주의세력에 대항하였다.

농촌지역에서도 북벌전쟁을 계기로 그동안 억압되어왔던 농민들의 불만이 한꺼번에 폭발하면서 모택동의 표현을 빌린다면, 농민들의 혁명운동이 급풍폭우와 같은 기세로 무섭게 퍼져나갔다. 호남지역에서 32일 동안 체류하면서 폭발적인 농민운동의 확산을 시찰하고 작성한 모택동의 유명한 「호남 농민운동 고찰보고」에 의하면, 1926년 9월까지 호남성에서 농민협회에 가입한 회원은 30~40만 명에 불과했지만, 북벌전쟁이 진행되면서 폭발적으로 증가했다는 것이다. 1927년 1월에 조합원 수는 200만 명에 육박하였고, 1,000만 명의 지지세력을 가지는 거대한 혁명세력으로 성장하였으며, 각지에서 지주의 토지를 몰수하고 자신들의 정권기구를 설립하는 등 급진화의 경향을 보여주고 있다는 것이다. 모택동은 이처럼 혁명적인 농민운동의 분출을 목격하고 다음과 같이 중국혁명의 장래를 예견하였다.28)

26) 북벌전쟁에 대해서는 Donald A. Jordan, *The National Expedition: China's National Revolution of 1926-1928*(Honolulu: University Press of Hawaii, 1976 참조.
27) 상해에서 노동자들의 무장투쟁에 대해서는 施英, 「上海勞動者の3月暴動の記錄」, 『中國共産黨史 資料集』, 第2卷, pp.543-557 참조.
28) 『毛澤東選集』, 第1卷, p.13.

매우 단기간 내에 수억의 농민들이 중국의 중부와 남부, 그리고 북부의 각 지역에서 떨쳐 일어나게 될 것이며, 그 기세는 급풍폭우와 같이 맹렬하여 어떤 힘으로도 억제할 수 없을 것이다. 이들은 자신들을 속박하는 모든 족쇄를 깨부수고 해방을 향해 길고 신속하게 달려 나갈 것이다. 이들은 모든 제국주의, 군벌, 탐관오리, 토호열신을 그들의 묘지에 묻어버리게 될 것이다.

이와 같이 요원의 불길처럼 타오르는 민중들의 혁명운동과 국민혁명군의 군사적인 작전이 결합되면서, 어느 누구도 예상하지 못할 만큼 짧은 시간 내에 북벌전쟁의 1차적인 목표인 양자강지역의 장악이 실현되었고, 국민혁명세력에 의한 중국의 통일 가능성도 시간문제인 것처럼 보이게 되었다. 이러한 국민혁명의 승리, 또는 승리의 가능성은 모든 정치세력, 국내의 정치세력뿐만 아니라 제국주의세력에게도 불가피하게 중대한 정치적 개편과 변화를 모색하지 않을 수 없게 하였다. 이러한 상황에서 국공합작에 이미 내연되고 있었던 정치적·이데올로기적 갈등이 증폭되면서, 국민당 좌파와 공산당 연합에 기초한 무한 국민당정부의 성립과 민중운동의 분출, 장개석의 상해쿠데타, 그리고 마침내 국민당 좌파와 공산당의 분열의 수순을 밟으면서 국공합작은 비극적 종말을 고하게 되었다.

2) 무한정부의 성립과 민중운동의 분출

북벌전쟁이 예상보다 신속하게 북진을 계속하고, 각지에서 민중봉기가 잇달아 일어나자, 이에 고무된 국민당 좌파와 공산당은 국민당정부의 무한 이전문제를 제기하였다. 그동안 군벌세력에 포위되어 중국의 남단에 위치한 광주에서 그 명맥을 유지해왔던 국민당정부를 북벌전쟁이 진행되면서 중국의 중심부에 좀더 가까이 이전해야 한다는 것에 대해서는 별다른 이견은 없었다. 그러나 장개석을 중심으로 형성된 신우파그룹은 장개석의 국민혁명군 총사령부가 위치하고 있는 남창이나 남경을 주장했고, 국민당 좌파와 공산당은 그 당시 노동운동의 중심부로 부각되고 있던 무한을 선호함으로써, 국민당정부의 이전 문제는 민감한 정치적 쟁점이 되었다.

사실 국민당 좌파와 공산당이 국민당정부의 무한이전을 제기한 데에는 중산함사건 이후 당과 정부 내에서 급격하게 세력을 확장해가고 있는 장개석을 중심으로 하는 신우파그룹을 견제하기 위한 의도가 있었다. 따라서 북벌군이 상해를 제외한 양자강 이남지역의 주요 도시를 점령한 시점인 1926년 11월말에 국민당 좌파와 공산당은 광주에서 국민당 중앙정치회의를 소집하고 중앙당부와 정부의 각 기관을 무한으로 이전할 것을 결정했다. 따라서 국민당 좌파와 공산당의 각급 지도자들이 무한에 집결하여 1927년 1월 1일에 정식으로 무한정부의 성립을 선포하였다.

이와 같이 국민당 좌파와 공산당이 중심이 되어 성립된 무한정부는 북벌전쟁과 더불어 분출되기 시작한 혁명적인 민중운동의 힘을 조직화하여 국민혁명을 완수한다는 입장을 표명하고, 각지에서 노동운동과 농민운동을 지원, 지도하려고 하였다. 이러한 무한정부의 정책으로 민중운동은 더욱 활성화되었지만, 민중운동의 급진화에 대한 우려와 경계심도 역시 증폭됨으로써 국공합작에 내재한 계급적·이데올로기적 갈등이 심화되는 경향도 현저하게 나타났다.

이 당시 혁명적인 민중운동의 분출과 급진화의 경향은 중국공산당으로서도 중대한 딜레마로 인식되었다. 이미 모택동의 「호남 농민운동 고찰보고」에서도 지적되고 있는 것처럼, 북벌전쟁과 더불어 폭발한 농민운동은 질풍노도와 같은 기세로 번지면서 중국공산당이 제시한 국공합작의 정책적 테두리를 벗어나 혁명화·급진화하는 추세였다. 각 지방에서 농민들은 농민협회를 중심으로 실질적인 정권기구를 형성하고 중소지주를 포함한 모든 지주의 토지를 몰수하는 사태가 빈번이 발생하였고, 도시지역에서도 노동자들의 공장접수와 같은 과격한 행동이 빈발하였다. 또한 한구(漢口)와 구강(九江) 같은 곳에서는 외국조계를 강제로 접수하는 사태가 벌어짐으로써, 국민당의 우파는 물론이려니와 국민당의 일부 좌파세력 중에서도 이 같은 민중운동의 급진화에 대하여 우려하는 분위기가 조성되었다.

따지고 보면 계급적·정치적 이해관계의 대립이 첨예하게 드러나게 되는 미묘하고도 긴박한 혁명적 상황에서 계급연합의 원칙에 입각한 국공합작을 견지한다는 것은 대단히 어려운 일이었을 것이다. 왜냐하면 국민당의 우파는 이 같은 민중운동의 급진화·과격화를 이용하여 동요하는 중간계급의 지지를 획득하려고 그것을 과장하였고, 제국주의세력 역시 보수적인 삼민주의자들과 협력하여 국민혁명과정에서 좌파를 제거하기를 원하고 있었기 때문이었다. 또 한편 중국공산당 내부에서는 민중운동의 혁명화·급진화에 고무되어 국공합작을 유지하려는 당중앙의 타협적인 자세를 비판하는 목소리가 강하게 제기되었기 때문이다.

이를테면 구추백과 같은 중국공산당내 좌파는 장개석과 국민당 신우파의 등장에 대하여 경계하면서 국민혁명과정에서 프롤레타리아계급의 독자성과 영도권을 주장하였고, 모택동 역시 「호남농민운동 고찰보고」에서 당은 혁명적인 농민운동의 선두에 서서 이를 조직화하고 지도해야 한다고 역설하였다.[29] 모택동에 의하면 혁명적인 농민운동에 대하여 취할 수 있는 당의 입장에는 3가지가 있다는 것이다. 즉 농민들의 앞에 서서 이들을 지도하고 조직할 것인가, 그렇지 않으면 농민들의 혁명운동의 뒤에서 이들의 과격성을 비판할 것인가, 또는 혁명에 대한 반대입장을 취할 것인가의 선택을 하지 않으면 안 된다고 주장하였다. 물론이 당시 모택동은 혁명이란 수필을 쓰거나 저녁식사에 초대되는 것과 같이 고상한 행위가 아니라 반역이며, 한 계급이 다른 계급을 전복시키

---

29) 劉顯斌, 「瞿秋白 關于 無産階級領導的 思想」, 中國人民大學 書報資料社, 『中國現代史』 K-7, 1982, pp.29-33.

는 폭력적인 행위라고 역설하면서 당은 이처럼 폭발적으로 분출하는 농민의 혁명적 힘을 억제하려고 하기보다는 오히려 그들의 선두에서 이끌어가야 한다고 강조하였다.

그러나 당시의 당 지도부는 국공합작을 깨뜨릴지도 모르는 이 같은 급진적인 주장을 억제하였고, 민중운동이 지나치게 과격화·급진화되는 경향(過火)에 대하여 경계하였다. 중국공산당의 지도부는 프롤레타리아의 계급적 역량이 충분히 성숙되지 않은 단계에서 지나치게 과격하고 급진적인 민중운동을 추구하면, 광범위한 반좌파 연합세력을 형성하게 할지도 모른다고 우려했기 때문에, 국공합작의 테두리 안에서 자제해줄 것을 당부하였다. 1927년 1월에 발표된 공산당 중앙위원회 정치보고는 이 같은 당 지도부의 견해를 반영하였다.[30]

　　……국민당 내부에는 소련과 공산당, 그리고 노동자와 농민운동을 반대하는 대단히 완고한 경향이 있다. 이 같은 우경화의 원인은 첫째, 한 나라에는 하나의 정당이 있어야 하고, 모든 계급은 협력해야 하며, 계급투쟁은 금지되어야 한다고 생각하고 공산당은 더 이상 필요가 없다고 믿는 사람들이 있고, 둘째, 국민혁명의 승리가 임박하였고, 그 다음에는 곧 계급혁명이 시작될 것이기 때문에, 현재 당면한 최대의 적은 제국주의와 군벌세력이 아니라 중국공산당이라고 생각하는 사람들이 늘어나고 있기 때문이다. 이러한 이유로 국민당내에는 거대한 반공조류가 형성되고 있다.……이와 같은 시점에서 우리의 가장 절박한 관심사는 외국제국주의와 국민당 우파가 국민당내의 온건파와 연합하여 안과 밖에서 소련과 공산주의, 노동자와 농민운동에 반대하게 되는 결과를 초래하는 것이다.

따라서 중국공산당 지도부는 국민당 우파와 부르주아계급이 가지고 있는 의구심, 즉 중국공산당이 국민당정부를 반대하고 급진적인 민중운동을 배경으로 프롤레타리아혁명을 획책하고 있다는 의구심을 해소하

---

30) 中共 中央, 「時局の對する宣言(1927. 1. 28)」, 『中國共産黨史資料集』, 第2卷, pp.466-469.

기 위해서 노동자와 농민들의 자제를 당부하였다. 다시 말해서 지나치게 과격한 주장을 자제하고 국민당 정부를 지지할 것을 호소하고, 국민혁명의 승리는 아직도 요원하다는 점을 강조함으로써, 국민당의 우파와 온건파, 그리고 제국주의세력의 연합에 의한 공산당에 대한 공동공격의 가능성을 억제하려고 하였다는 것이다. 그러나 이 같은 중국공산당 지도부의 조심스러운 국공합작노선에도 불구하고 장개석의 상해 반공쿠데타가 발생하였고, 중국공산당이 가장 우려했던 결과가 현실화되었다. 즉, 국민당의 좌파와 우파, 봉건적 반동세력, 그리고 제국주의세력들이 이른바 '반동연합정권'을 형성하고, 공산당에 대한 일대 공세를 취하게 되는 결과가 초래되었다는 것이다.

3) 장개석의 상해쿠데타

앙드레 말로(Andre Malraux)의 『인간의 조건』에서 생생하게 묘사되고 있는 장개석의 상해 반공쿠데타는 중산함사건으로 이미 표출된 국공합작의 계급적·정치적 갈등이 폭력적으로 나타난 사건이라고 할 수 있다. 그러나 언제, 그리고 어떤 요인들이 장개석으로 하여금 결정적으로 공산당과 결별할 결심을 하게 했느냐는 아직도 의문으로 남아 있다고 하겠다. 그럼에도 불구하고 다음과 같은 몇 가지 사건이 장개석으로 하여금 반공주의노선을 행동으로 옮기도록 했다고 할 수 있다.

첫째, 국민당 좌파와 공산당이 연합하여 세운 무한정부와 장개석의 관계가 급속하게 악화되었다는 점이다. 북벌이 진행되면서 국민당 좌파와 공산당은 장개석과 국민당 신우파의 세력을 견제하기 위해서 국민당정부를 광주로부터 무한으로 이전하고, 장개석의 당과 정부에 대한 영향력을 견제하려고 하였다. 이 같은 과정에서 국민당 좌파와 공산당은 1927년 3월에 무한에서 국민당 제2기 3중전회를 개최하고, 중앙집행위원회의 권한을 강화한다는 취지에서 국민혁명군 총사령관직을 폐지하고 장개석을 군사위원회 위원으로 강등시키는 결정을 하였다. 이러한 결정은 장개석과 무한정부와의 관계를 결정적으로 악화시키는 요인이 되었다.

이 당시 국민혁명군은 총 30만으로 보강되었고, 그 대부분이 장개석의 지휘하에 있었으며, 단지 5만여 명의 당생지(唐生智)가 지휘하는 제8군만이 무한정부를 지지하고 있었다는 사정을 고려할 때, 3중전회의 결정은 경솔했다고 해도 과언이 아니다. 사실 이 같은 결정이 내려진 이후 장개석은 무한정부에 대한 적대감을 노골적으로 나타내기 시작하였고, 국민당의 우파는 장개석을 중심으로 결집하기 시작하였다.

둘째, 북벌전쟁 중에 나타난 민중운동의 급진화·과격화로 말미암아 그동안 국민혁명에 대하여 유보적인 태도를 견지했던 대도시의 자본가계급과 농촌지방의 지주계급들은 장개석과 무한정부의 대립을 이용하여 이른바 국민혁명의 급진파를 제압하려고 하였다. 따라서 이들은 장개석에게 접근했고, 또한 장개석으로서도 이들의 재정적인 지원을 받아 그의 군사력을 강화하고 자신이 주도하는 정권을 창출할 수 있다고 생각했기 때문에 반공노선으로 전환을 분명히 할 필요가 있었다는 것이다. 장개석이 상해를 중심으로 양자강 일대에 그 근거지를 두고 있는 절강재벌과 밀접한 관계를 갖게 된 것은 이 같은 추론을 뒷받침해준다.

셋째, 국민혁명이 양자강 유역지역으로 확산되는 과정에서 이 지역에 많은 조계와 이권을 가진 제국주의세력과의 잦은 충돌이 발생하였고, 국민혁명에 대한 제국주의세력의 무력간섭 가능성이 고조되고 있었다. 한구와 구강에서는 제국주의열강의 조계를 민중들이 접수하려고 하는 과정에서 유혈충돌이 발생했고, 남경에서는 외국영사관과 외국인주택들이 습격을 당하고 영국, 미국, 프랑스인 6명이 살해되자, 영국과 미국의 군함이 양자강으로부터 시내를 포격하여 수천 명의 중국인들이 피살되는 사건도 벌어지게 되었다.

이와 같이 국민혁명의 이상을 실력으로 관철시키려고 하는 중국민중들과 제국주의열강과의 대결은 북벌군이 상해로 진격해가고, 이에 호응하여 상해노동자들이 총파업과 무장봉기를 단행하면서 긴박한 상황을 조성하였다. 제국주의열강들의 이권의 중심지라고 할 수 있는 상해조계를 수호하기 위하여 영국, 일본, 미국, 프랑스 등 제국주의열강들은 함정과 군대를 동원, 무력시위를 하고 있었기 때문이다.

상해는 중국의 산업과 금융의 중심지이자, 제국주의열강들이 중국진출의 관문으로 이용하고 있었기 때문에 국민혁명의 불길이 상해에까지 이르게 되자, 중국의 자본가계급과 제국주의 열강세력들은 모든 수단을 동원하여 국민혁명의 급진화를 저지하려 했으며, 또한 장개석은 이들의 지원을 받아 자신이 중심이 되어 북벌을 완수하고 통일정부를 수립하려는 의도에서 상해쿠데타를 결심하게 되었다고 할 수 있다.

1927년 3월 26일, 장개석은 공산당이 주도하는 노동자들의 무장봉기로 이미 '해방'된 상해에 무혈입성한 후 약 3주일 동안 아무 행동도 취하지 않았다. 아마 장개석은 이미 이때 일본과 미국 등 제국주의열강들과 교섭을 하면서 상해 반공쿠데타를 구상하고 있었는지도 모른다. 1927년 4월 12일, 드디어 장개석은 자신의 휘하에 있는 백숭희(白崇禧) 부대와 상해의 비밀결사인 청방(靑幇), 홍방(紅幇)을 동원하여 노동자들과 공산당원들을 대대적으로 체포, 처형하는 피비린내 나는 대탄압을 자행하였다. 중국공산당에 의하면, 4월 12일부터 15일간에 걸친 장개석 군의 백색테러로 상해에서만 약 3,000여 명의 노동자가 피살되었고, 500여 명이 체포되었다고 한다. 이러한 반공테러는 상해에서만 일어난 것은 아니었다. 장개석의 상해쿠데타를 계기로 반공적인 국민당 우파와 군벌세력이 지배하는 지역에서 공산당에 대한 대대적이고 공개적인 탄압이 자행되었다. 북경의 군벌정권이 소련대사관에 피신하고 있던 이대교 등 28명의 공산당원을 체포, 처형한 것도 바로 이때였다.

이와 같이 국공합작의 기조를 뿌리째 파괴한 장개석의 상해쿠데타는 당연히 무한정부의 격렬한 반발을 불러일으켰다. 무한정부는 4월 17일 장개석의 당적 박탈과 체포령을 내렸다. 그러나 장개석은 이에 대항하여 1927년 4월 18일 자신이 주도하는 남경 국민당정부를 수립하였다. 이로써 국민혁명을 추진해왔던 국민당정부는 무한정부와 남경정부라는 두 개의 정권으로 양극 분해되었고, 그동안 국민혁명을 이끌어온 국민당과 중국공산당 사이의 국공합작은 회복할 수 없는 타격을 받게 되었다.

4) 국공합작의 비극적 종말

장개석의 상해쿠테타로 말미암아 중국공산당은 국공합작을 기본적으로 재검토하지 않으면 안 되는 상황에 직면하게 되었다. 국민당의 실세를 형성했던 장개석이 뚜렷하게 반공·반소노선을 행동으로 보여준 상황에서, 실질적인 힘을 가지고 있지 않은 무한정부의 국민당 좌파와 국공합작을 유지하기 위해 노동자와 농민들의 혁명적 행동을 자제하도록 해야 한다는 당중앙과 코민테른의 방침은 오히려 혼란을 가중시켰다.

따지고 보면 이 당시 중국공산당의 지도부와 코민테른은 '장개석과 부르주아계급의 배반'을 전혀 예상하지 못했을 뿐만 아니라, 상해쿠데타 이후에도 국공합작에 대한 당의 입장을 새롭게 정리하지 못하고 서로 상반되는 방침을 결정함으로써 국민당 좌파와의 결렬도 예비하지 못함으로써, 국공합작의 비극적인 종말과 더불어 괴멸되는 최악의 위기를 자초했다고 할 수 있다.

장개석의 상해쿠데타와 남경정부의 수립이 선포된 직후인 1927년 4월 27일 중국공산당은 무한에서 제5차 전국대표대회를 개최하고 '매판자본과 봉건적 반동세력, 그리고 제국주의세력의 연합정권'의 등장으로 초래된 중국혁명의 중대한 위기국면에 대응하기 위한 당의 방침을 토의하였다. 57,967명의 당원을 대표하는 80명의 대표들은 과거의 당노선을 검토하고, 앞으로의 임무와 관련하여 다음과 같이 서로 상반되는 듯한 결정을 내렸다.[31]

첫째, 5차 당대회는 국공합작하에서 국민혁명의 비약적인 발전과 당세의 확장을 긍정적으로 평가하였다. 5차 당대회의 결의문에 의하면, 중국공산당은 이제 5만 7천 명이 넘는 당원을 가지는 대중적인 혁명정당으로 성장했으며, 당의 지도하에 약 280여만 명의 노동자와 900여만 명의 농민이 조직되어 있다고 선언하고, 국민혁명과정에서 이들의 역할을 높이 평가하였다. 이와 같이 당은 노동자와 농민을 조직하여 국민혁명의 확산에 기여했지만, 국민혁명이 발전하면서 계급적 갈등이 심화되고, 특히 국민당내에서 자산계급과 지주계급이 혁명의 주도권을 장악하고 혁명을 왜곡하려는 시도에 대하여 충분히 대비하지 못했다고 지적하였다. '5·30운동' 이후 당은 반제국주의·반군벌 투쟁에는 적극적이었지만, 혁명의 영도권을 쟁취하기 위한 자산계급과의 투쟁은 소홀히 하였다고 평가하였다.

둘째, 이와 같은 평가에 기초하여 현단계에서 중국공산당의 임무는 혁명의 확대와 심화를 동시에 추진하는 것이며, 그것은 구체적으로 토지문제를 철저히 해결하고 농촌지역에서 혁명적 민주정권을 구축하는 것이 중요하며, 이와 같은 과정에서 중국공산당은 노동자와 농민, 그리고 소자산계급의 연합을 견인해내어야 한다고 주장하였다.

셋째, 그러나 현단계에서 국민당의 좌파와 국공합작을 유지하는 것이 필요하며, 무한정부를 강화하는 데 적극 협력해야 한다고 결의하였다.

이와 같이 5차 당대회는 한편으로 도시 노동계급의 조직화·무장화, 토지문제의 해결과 농민운동의 확산, 그리고 소자산계급과의 연합에 기초한 민주적 정권의 수립 등을 주장하면서도, 무한정부에서 국민당 좌파와 협력을 강조하였고, 국민당 좌파를 자극할지도 모르는 노동자와 농민들의 급진적 행동은 자제되어야 한다는 종래의 입장을 재확인하였다.

이러한 정책노선은 1927년 5월에 개최된 코민테른 제8차 집행위원회 전체회의에서 다시 확인되었다. 코민테른은 중국문제와 관련하여, 토지혁명의 중요성, 노동자와 농민의 무장화, 그리고 무한정부와 국민당의 개조를 강조하면서도 트로츠키파가 주장한 국공합작의 즉각적인

31) 中共 5全大會, 「政治政勢と中國共産黨の任務に關するデ-ゼ」, 『中國共産黨史 資料集』, 第3卷, pp.47-56.

포기와 농촌혁명으로 전환, 그리고 소비에트정권의 건설 등에 대해서는
비판적이었다. 특히 국공합작과 관련하여 코민테른은 다음과 같이 강력
한 경고를 하였다. "중국공산당이 국민당에서 이탈하거나, 또는 국민당
이 이탈하도록 하는 입장을 취하는 행동은 결코 용인될 수 없으며, 무
한정부를 과소평가하고 무한정부의 혁명적 역할을 부인하는 것은 착오"
라고 선언하면서, 중국공산당은 국민당 좌파와 연합을 계속 견지하고
북벌전쟁에서 승리를 쟁취해야 한다고 주장하였다.[32]

　이처럼 중국공산당과 코민테른 지도부는 장개석의 반공쿠데타에도
불구하고, 국민당 좌파와 국공합작은 계속 유지하면서 노동자와 농민운
동을 바탕으로 공산당의 실력을 배양하여 점차 국민혁명을 확대, 심화
시키고 프롤레타리아계급의 헤게모니와 공산당의 영도권을 확립해간다
는 전략적 사고를 하였던 것이다. 따라서 한편으로는 노동자와 농민운
동의 조직화·무장화, 토지혁명을 강조하면서도, 또 한편에서는 국민당
좌파를 동요하게 할 수 있는 노동운동과 농민운동의 급진화를 억제하
려고 하였다.

　그러나 이미 북벌전쟁의 와중에서 폭발적으로 분출하기 시작한 민중
운동의 혁명적인 열기는 중국공산당의 희망과는 달리 당의 통제를 벗
어나 곳곳에서 과격하고 급진적인 모습을 보이기 시작하였다. 특히 농
촌지역에서는 공산당의 지시와는 관계없이 자생적인 혁명정권이 등장
하여 모든 지주와 부농에 대한 토지몰수와 계급투쟁을 전개함으로써,
무한정부를 지지하던 당생지의 제8군내에서도 반공정책을 요구하는 세
력이 등장하게 되었다. 1927년 5월에는 당생지(唐生智)군의 직속부대
인 무창 하두인(夏斗寅)군과 장사의 허극상(許克祥)군이 반공쿠데타를
시도하였고, 6월에는 하건(何鍵)군이 반공선언을 발표하였다.

　이와 같이 무한정부를 지지하던 군부가 속속 이탈해감으로써, 국민당

---

32) Yena J. Eudin and Robert C., *North, Soviet Russia and the East, 1920-1927: A Documentary Survey*, pp.371-373.

좌파에서도 심각한 동요가 발생하고 있었다. 바로 이 같은 때에 이른바 코민테른의 비밀전보사건이 발생했다. 당시 코민테른의 대표로 무한에 와 있던 로이(M.N. Roy)가 왕정위에게 보여주었다는 중국공산당에 보내는 코민테른의 비밀전보 내용에는 토지의 국유화, 2만 명의 중국공산당원과 5만 명의 노동자와 농민의 무장화, 국민당 중앙집행위원회의 개조 등을 실현하라는 것이었다고 한다. 이 같은 사건은 그렇지 않아도 민중운동의 급진화에 대하여 깊은 의구심을 가지고 있었던 국민당 좌파로 하여금 결정적으로 중국공산당과의 결별을 결심하게 하였다. 따라서 1927년 7월 15일, 국민당 좌파가 지배하던 무한정부도 반공노선을 선언하고 장개석의 남경정부에 합류함으로써, 제1차 국공합작은 마침내 붕괴되고, 중국공산당은 가장 우려했던 사태에 직면하게 되었다. 즉, 제국주의와 봉건군벌세력, 그리고 통합된 국민당이 연합하여 강력한 반공세력을 형성하고 공산당에 대한 정면공세를 취하게 됨으로써, 중국공산당은 창당 이후 최대의 위기에 봉착하게 되었다는 것이다.

제6장
농촌혁명과 중화소비에트정권의 수립

    중국의 현대사회를 주도하는 부르주아계급과 프롤레타리아계급을 대표한다고 자임하는 국민당과 공산당 사이에 계급연합원칙에 입각하여 형성된 국공합작은 여러 가지 한계와 문제점을 지니고 있었지만, 짧은 시기 안에 국민혁명을 전국적으로 확산시키고, 마침내 북벌을 단행하여 국민혁명의 제1차적인 과제를 달성하는 역사적인 성과를 남겼다.

    비록 국민당과 중국공산당의 합작은 북벌이 완성되기 직전에 와해되고, 장개석이 중심이 된 국민당에 의하여 군벌통치의 종식과 민족국가의 수립이란 국민혁명의 1차적인 과제가 달성되었지만, 이 같은 국민혁명의 승리를 담보한 것이 국공합작이었다는 데에는 이론이 없다. 이런 점에서 국공합작은 중국의 현대사에서 중요한 전환점을 마련한 것이라고 할 수 있다. 이제 중국의 현대사는 국민당 중심의 민족국가 건설에 대한 중국공산당의 끊임없는 도전으로 이어지는 것이기 때문이다.

    1927년 7월, 무한정부가 반공노선을 선언하고 남경정부에 합류함으로써 국민당은 장개석을 중심으로 통일되었고, 이 같은 통일된 국민당을 바탕으로 제2차 북벌을 단행하여 1928년 8월에 북경에서 장개석을 수반으로 하는 중화민국이 수립됨으로써, 국민혁명은 국민당의 주도로 완성되는 것 같았다. 그러나 국민당정권의 통일은 아직도 명목적인 성격이 강한 것이었다. 군벌세력은 여전히 잔존하여 끊임없이 국민당과 장개석의 지배권에 도전을 하였고, 일본제국주의의 침략위협은 날이 갈수록 증대하여 국민당정부의 국가건설을 방해하였다. 그럼에도 불구하고 1928년부터 국공내전이 본격적으로 전개되는 1945년까지 장개석의 국민당정권은 중국을 이끌어가는 중심적 정치세력으로 확고한 위치를 독점할 수 있었다.

이와 같이 국공합작이 붕괴된 이후 장개석과 국민당이 중심이 되어 통일정부의 수립과 민족국가의 건설을 추진하고 있는 동안, 중국공산당은 생존을 위한 길고 고난에 가득 찬 투쟁을 전개하지 않으면 안되었다. 무한정부와의 결별이 선언되면서 시도했던 무장봉기의 참담한 실패, 산간벽지에서부터 시작한 농촌혁명과 소비에트정권의 구축시도, 그리고 국민당정권의 집요한 공격으로 혁명근거지를 포기하고 장정이란 이름으로 진행되었던 도피행로 등으로 이어지는 이 시기의 중국공산당 역사는 그야말로 시련과 좌절로 가득 찬 파란만장한 역사였다.

그러나 다른 한편으로는, 국공합작이 붕괴된 이후부터 항일통일전선의 형성과 연안시대가 개막되기 이전까지의 시기는 중국공산당이 여러 차례의 시행착오를 겪으면서 강인한 혁명정신과 현실에 대한 냉정한 인식을 할 수 있게 한 시기이며, 동시에 도시혁명전략으로부터 농촌혁명전략으로, 그리고 신민주주의혁명전략으로 전환해감으로써 마침내 중국혁명의 승리를 쟁취할 수 있는 기틀을 마련한 시기였다.

1. 무장폭동과 홍군의 건설

국민혁명과정에서 부르주아계급과 국민당의 배반으로 혁명의 좌절이란 위기에 봉착한 중국공산당과 코민테른의 즉각적인 반응은 노동자와 농민을 조직하여 무장봉기를 감행함으로써, 중국혁명을 심화, 발전시킨 다는 것이다. 따라서 중국공산당은 1927년 8월 1일의 남창봉기를 비롯 하여, 9월의 추수폭동, 12월의 광주폭동 등을 잇달아 시도하였다. 그러 나 이 같은 무장봉기는 하나같이 실패하였고, 당은 지리멸렬한 상태로 산간벽지로 패주하게 됨으로써, 후일의 당사는 이 시기의 당의 노선을 좌경 모험주의노선이라고 비판하고 있다. 그럼에도 불구하고 이 시기에 중국혁명과정에서 결정적인 역할을 하게 되는 홍군이 창설되었다는 점 에서 전혀 성과가 없었던 것은 아니었다.

1) 8·7긴급회의와 구추백노선의 등장

국공합작의 붕괴는 중국공산당을 극심한 혼란 속으로 몰아넣었다. 중 국공산당은 장개석의 상해 반공쿠데타를 예견하지 못했고, 또한 무한정 부의 동요와 국민당 좌파의 이탈을 예비하지도 못하고, 마지막 순간까 지 국공합작을 유지하려는 '타협적인' 노선을 견지하였다. 따라서 무한 정부가 공산당과의 관계를 단절하고, 남경정부에 합류하는 사태가 일어 나게 되자, 중국공산당으로서는 국공합작의 실패에 대한 책임문제를 규 명하고, 이른바 '반동연합세력'의 공세에 대응하기 위한 새로운 당노선 의 수립이 긴박한 문제로 대두되었다. 이 같은 상황에서 중국공산당은 무창봉기를 준비함과 동시에 '8·7긴급회의'를 소집하였다.

후일 좌익모험주의라고 비난을 받게 되는 구추백노선이 형성되는 계 기가 된 8·7긴급회의는 1927년 8월 7일, 무한에서 구추백(瞿秋白), 모 택동, 소조징(蘇兆徵), 장태뇌(張太雷), 채화삼(蔡和森), 향충발(向忠發) 등 22명의 각급 공산당 지도자들과 코민테른의 대표인 로미나제가 참 석한 가운데 개최되었다. 여기서 국공합작의 실패에 대한 책임을 진독 수의 '우경기회주의노선'에 돌리고 이를 신랄하게 비판하는 「전체 당원

동지들에게 보내는 글」을 채택 발표하였다. 중국공산당 중앙집행위원회가 전체당원들에게 보내는 서한의 형식으로 발표된 이 글에서, 국공합작시기에 진독수가 대표로 있던 당중앙은 "멘셰비키와 같은 방식으로 민족해방운동과 계급투쟁을 서로 대립되는 것으로 파악하였고, 계급투쟁의 격화는 국민혁명에 유익하지 않다고 생각하였다. 따라서 당중앙은 노동자와 농민들의 계급적 요구를 제약하고 자본가계급과 지주계급에 대한 혁명투쟁을 자제하도록 하였다"고 비판하였다.[1]

특히 8·7긴급회의에서는 북벌전쟁이 확산되면서 노동자와 농민들의 혁명열기가 고조된 상황에서 국공합작을 유지해야 한다는 구실로 토지혁명의 심화를 저지하고, 노동자와 농민들의 무장화를 태만히 한 것에 대하여 신랄하게 비난하였다. 따라서 '8·7회의'는 정식으로 진독수의 퇴진을 결의하고, 구추백을 총서기로 하는 임시정치국을 선임하고, 노동자와 농민의 무장화와 무장봉기를 촉구하는 새로운 당노선을 제시하였다. '8·7회의' 결의문에 의하면, 중국혁명은 기본적으로 부르주아 민주혁명단계에서 사회주의혁명단계로 이행하고 있다고 전제하고 있다. 이와 같은 과정에서 반제국주의투쟁과 계급투쟁, 그리고 사회혁명을 상호 대립적인 것이라고 파악하는 것은 잘못이라고 지적하였다. 따라서 중국공산당은 노동자와 농민들의 계급투쟁을 심화, 발전시킴으로써, 프롤레타리아계급의 헤게모니를 관철하면서 국민혁명을 완성해야 하고, 사회주의혁명으로 이행을 준비해야 한다고 주장하였다.

특히 현단계에서 중국혁명의 기본과제는 토지혁명에 있기 때문에 농민들의 혁명투쟁을 조직화하고, 토지문제에 대한 '민중적 해결'을 실현해야 한다고 강조하였다. 이와 같은 관점에서 8·7회의는 도시지역에서의 노동자들의 조직화·무장화를 당면과제로 제시하였고, 농촌지역에서는 추수기를 이용하여 농민들의 무장폭동을 조직할 것을 지시하였다.

---

1) 中共 中央 緊急會議, 「全黨員に告する書」, 『中國共産黨史 資料集』, 第3卷, pp.233-264.

특히 농민운동이 활발하게 전개되고 있었던 호남, 호북, 광서, 광동지역
에서 추수폭동을 감행할 것을 결의하였다.2)

이와 같은 방침에 따라서 구추백을 중심으로 형성된 새로운 당중앙
은 비록 실패로 끝나긴 했지만 8·7긴급회의가 개최되기 전에 시도했던
남창봉기의 정당성을 인정하였다. 남창봉기는 주은래, 이립삼 등이 국
민혁명군내에서 공산당을 지지하는 섭정(葉挺), 주덕, 하룡의 부대들을
동원하여 1927년 8월 1일에 남창을 일시 점령했던 것으로서, 중국공산
당이 국공합작이 좌절된 후 첫 번째로 시도했던 무장봉기였다. 이 같은
남창봉기의 실패에도 불구하고, 구추백은 농촌지역에서 대대적인 무장
봉기를 계획하였다. 따라서 본격적으로 9월 추수폭동을 준비하기 위하
여 임시정치국원들을 각지에 파견하였다. 이를테면 8·7회의에서 임시
정치국 후보위원으로 선출된 모택동이 호남에 파견되어 호남 추수폭동
을 지휘하게 된 것도 이 같은 당의 방침 때문이었다.

그러나 9월 추수폭동은 당중앙의 예상과는 달리 농민들의 소극적인
반응과 준비부족, 그리고 국민당정부와 지방군들의 압도적인 무력에 밀
려 모조리 실패하고 말았다. 모택동의 경우도 호남 추수폭동을 지휘하
기 위하여 호남성 전적(前敵)위원회를 구성하고, 장사의 노동적위대와
장사 근교의 농민자위대를 동원하여 호남성의 중심도시인 장사를 공격,
점령하려고 하였지만, 압도적인 군사적 열세로 말미암아 중도에서 포기
하고 퇴각하지 않을 수 없었다.3)

모택동이 1927년 1월에 「호남 농민운동 고찰보고」에서 질풍노도와

2) 中共 中央,「中國共産黨の政治任務と戰術についての決議」, 앞의 책, pp.265-
274.
3) 이와 같은 모택동의 장사공격 중지에 대하여 당시의 당중앙은 모택동을 '우경
군사기회주의자'라고 비판하고, 임시정치국 후보위원의 직책에 대한 정직처분
을 내렸다. 그러나 모택동은 당시의 당중앙이 군사적인 측면은 등한시하면서
민중의 무장봉기만을 강조하는 모순적인 정책을 취하고 있었다고 후일 불평을
하였다. James Harrison, op. cit., p.130.

같이 농민들의 혁명적 열기가 폭발하고 있다고 했던 호남지역에서마저 농민들이 중국공산당의 무장폭동계획에 냉담했던 이유는 무엇인가. 그것은 장개석의 상해 반공쿠데타 이후 농촌지역에서도 농민운동에 대한 강력한 탄압이 자행되어 농민협회는 궤멸되었고, 많은 농민운동의 지도자들이 살해되는 것을 농민들이 목도했기 때문이었다. 게다가 구추백이 지휘하는 당 지도부는 토지문제에 대한 '민중적 해결'을 주장하면서도, 프티부르주아계급과의 연합을 견인해낸다는 입장에서, 그리고 국민당 좌파의 완전한 반동화를 방지한다는 정치적인 이유로 농민들에 의한 전면적인 토지몰수라든가 노농소비에트의 건설을 인정하지 않았고, 좌파 국민당의 깃발을 계속 이용할 것을 지시했기 때문에, 농민들 사이에서도 중국공산당이 주장하는 혁명의 구체적 내용이 무엇인지에 대하여 혼란과 의구심을 가지게 하였다.

이와 같이 8·7회의에서 결정한 무장봉기와 추수폭동이 모두 실패했는데도 불구하고, 당중앙은 1927년 11월에 상해 근교에서 임시정치국 확대회의를 개최하고, 구추백의 '연속혁명론(無間斷性的 革命)'에 입각하여 더욱 급진적인 정책노선을 추진하기로 결정하였다. 즉, 국민당 좌파의 깃발을 더 이상 이용할 필요가 없으며, 노동자와 농민의 무장봉기를 심화, 확대하여 즉각적으로 노농소비에트를 수립한다는 것이었다. 이와 같은 급진적 정책결정의 배경에는 현실적으로 국민당 좌파와 프티부르주아계급에게 더 이상 기대할 것이 없다는 인식과 대중의 혁명적 열기는 아직도 높다는 낙관주의적 판단이 깔려 있었다.

사실 1927년 7월에 무한정부가 공산당과의 결별을 선언하고 남경정부와 통합협상을 벌일 것을 결정했지만, 국민당 내부의 복잡한 파벌적 이해관계의 대립으로 국민당 좌우파의 통합이 지연되었다. 따라서 공산당은 아직도 국민당 좌파와 우파의 완전한 통합을 저지하기 위해 마지막 순간까지 무한 국민당정부의 명의를 사용했던 것이다. 그러나 국민당의 좌파와 우파는 마침내 9월에 최종적으로 통합결정을 확정하였기 때문에 더 이상 국민당 좌파에 기대할 것이 없게 되었다. 또 한편으로는 중국사회의 프티부르주아계급도 몇 차례의 무장봉기 실패에서 드러난 것처럼 혁명에 대하여 냉담한 태도를 보여주고 있었기 때문에 이들과의 연합을 견인해내기 위해서 노동자와 농민들의 혁명적 요구를 더이상 지연할 필요가 없다고 판단했다는 것이다.

이러한 상황에서 구추백은 부르주아민주혁명과 사회주의혁명의 정통적인 2단계혁명론을 연속혁명론적 입장에서 해석하여, 부르주아민주혁명의 과제가 완성되지 않은 상태에서도 프롤레타리아계급의 헤게모니를 유지하면서 중단이 없이 사회주의의 길로 나가야 한다고 주장하면서, 급진적인 토지혁명과 소비에트의 건설을 요구하였다. 또한 구추백 등은 남창봉기와 추수폭동의 실패에도 불구하고 "중국의 상황은 직접적인 혁명정세에 놓여 있고" 대중의 혁명열기는 아직도 높다고 주장하면서, 일부 지역에서라도 먼저 노동자와 농민의 무장봉기를 감행하여, 홍군을 조직하고 소비에트정권을 수립하지 않으면 안 된다고 역설하였다.4)

구추백의 관점에서 9월 추수폭동이 실패한 것은 혁명에 대한 대중의 지지가 낮았기 때문이 아니라, "광범위한 대중의 혁명적 고양을 예측하고 폭동을 조직하고 이를 무장폭동으로 발전시키도록 노력할 책임을 지고 있는" 당 간부들의 자각적인 노력이 부족했기 때문이라는 것이었다. 따라서 구추백이 중심이 된 당중앙은 모택동을 비롯한 추수폭동의 실무책임자들을 견책하고, 광동지방에서 또다시 무장봉기를 시도하고 소비에트정권을 수립할 것을 지시하였다.

이 같은 당중앙의 지시에 따라 팽배(彭湃)가 일찍부터 농민운동을 조직해왔던 광동성의 해풍현과 육풍현에서 농민봉기를 시도하여 해륙풍 소비에트를 수립하였고, 1927년 12월 11일에는 중국공산당 광동성위원

---

4) 1927년 11월 임시정치국 확대회의에 대하여는 『中國共産黨史 資料集』, 第3卷, pp.386-391 참조.

회는 섭검영(葉劍英)이 지휘하는 군부대와 광주지역의 노동자적위대를 동원하여 일시 광주를 장악하고, 광주꼬뮌 또는 광주 소비에트정부의 수립을 선언하였다. 그러나 압도적인 국민당군의 반격으로 광주 소비에트정부는 3일 정도를 버티다가 장태뢰와 같은 주요 봉기지도자들을 포함하여 수천 명의 희생자를 내고 붕괴하였다. 해륙풍소비에트도 1928년 2월 말에 국민당군에게 함락됨으로써, 이른바 구추백노선에 의하여 시도되었던 모든 무장봉기는 실패로 끝나게 되었다.

2) 홍군과 농촌근거지의 건설: 모택동의 정강산투쟁

국공합작이 붕괴된 이후 중국공산당이 시도했던 모든 무장봉기는 국민당과 지방군벌의 압도적인 군사력과 급격하게 냉각하기 시작한 대중들의 무관심으로 실패와 좌절을 거듭 경험함으로써, 대도시의 노동운동을 중심으로 구축되었던 중국공산당의 영향력은 대부분 파괴되거나 지하로 잠적할 수밖에 없었다. 이와 같은 참담한 패배로 말미암아 구추백노선은 1928년 6월에 모스크바에서 개최된 중국공산당 6차 당대회에서 좌경모험주의노선이라고 비판을 받게 되었고 구추백은 퇴진하였다.

그러나 이 같은 비판에도 불구하고 구추백시대의 성과가 전혀 없었던 것은 아니다. 구추백노선이 집행되는 과정에서 중국공산당의 장래와 관련하여 중요한 발전의 맹아가 싹트기 시작했다는 점을 간과할 수 없다. 그것은 홍군과 농촌혁명근거지의 건설이 추진되었다는 것이다. 이미 8·7긴급회의에서 당 지도부는 무장봉기를 지시하면서, 봉기에 참여한 국민혁명군이나 지방군벌부대를 개편하고, 동시에 노동자·농민군을 중심으로 '당대표제를 갖춘 공농혁명군'을 건설할 것을 결의하였다.

이 같은 방침에 따라 남창봉기의 잔여병력 중에서 주덕이 지휘하는 부대가 최초로 공농혁명군 제1사로 개편되었으며, 동랑(董郞)이 이끄는 부대가 공농혁명군 제2사로 개편되었다. 모택동도 호남추수폭동에서 실패한 후 잔여병력을 이끌고 퇴각하던 중에 강서성 영강현(寧岡顯) 삼만 (三灣)에서 이른바 삼만개편을 단행하고, 그의 부대를 공농혁명군 제1 군 제1사 제1단으로 편성하였다. 이와 같이 남창봉기 이후 각종 무장봉 기에 참여했던 병력을 중심으로 편성된 공농혁명군은 1928년 5월에 발 표된 당의 「군사공작대강」에 의하여 모두 홍군이라고 명칭을 바꾸고, 당대표제를 정치위원제로 변경하였다. 주덕의 공농혁명군 제1사 제1단 이 모택동의 군대와 정강산에서 합류하여, 주덕을 총사령관으로 하고 모택동을 정치위원으로 하는 홍군 제4군이 성립한 것도 이때였다. 그 후 여러 차례의 개편을 거치면서 각지에 분산되어 있는 혁명근거지를 중심으로 건설된 공농혁명군이 정규 홍군체제로 정리되었다.

이처럼 구추백시대에 대도시의 무장봉기에서 패배한 공산당의 무장 병력이 각지의 농촌지역으로 분산, 할거하면서 홍군의 건설을 본격적으 로 추진하고, 이 같은 홍군의 힘을 배경으로 농촌근거지에서 소비에트 정권을 수립, 토지혁명을 실시함으로써 점차로 홍색정권의 영향력을 확 대하는 방식의 농촌혁명전략이 싹트기 시작하였다. 유명한 모택동의 정 강산투쟁이 바로 이 같은 농촌혁명전략의 전형이었다.

모택동은 장사공격에서 실패한 후, 1,000여 명의 잔여병력을 이끌고 강서성과 호남성의 경계에 있는 정강산에 할거하면서 홍군의 건설에 주력하였다. 특히 "변경지역에서의 투쟁은 모두 군사적인 것이고……어 떻게 적을 상대하고 어떻게 싸울 것인가가 일상적인 생활의 중심과제" 인 상황에서 홍군의 건설은 생사의 문제이었다. 그러나 모택동에게 홍 군의 임무는 단순히 전쟁을 수행한다는 것이 아니라, "대중에게 선전하 고, 대중을 조직화하고 무장화하며, 혁명정권의 수립을 지원할 뿐만 아 니라 공산당의 건설을 조직하는 것"까지 포괄하는 것이었다. 다시 말해 서 홍군의 존재야말로 모택동에게는 중국혁명의 중추세력이라는 것이 었다. 따라서 모택동은 엄격한 기율과 정치교육을 실시하고 군대의 민 주화를 실천함으로써 홍군을 자신의 역사적 임무를 자각하는 참다운 인민의 군대로 건설하지 않으면 안 된다고 역설하였다.

이와 같이 모택동이 군 내부의 민주화와 정치교육의 중요성을 강조한 것은 당시 모든 할거지역의 홍군지도자들이 당면했던 문제점을 극복하려는 의도에서부터 ·비롯되었다. 무엇보다도 홍군의 계급구성이 잡다할 뿐만 아니라, 홍군 내부에 지방군벌의 군대나 비적 출신이 많고 룸펜적 요소가 많기 때문에 '유적사상(流賊思想)'의 위험성이 강하게 남아 있기 때문에 정치·사상교육을 통하여 프롤레타리아의식을 가지게 하지 않으면 안 되었다. 게다가 대단히 열악한 상황에서 강력한 적과의 전투를 계속하면서 살아남기 위해서는 홍군병사 하나하나가 "남을 위해서 싸우는 것이 아니라 자신을 위하여, 그리고 인민을 위해서 싸운다"는 자각이 있어야만 했고, 또한 인민대중들에게 홍군이 다른 군대와 다른 참다운 '인민의 군대'라는 점을 인식시키지 않을 수 없었다.5) 따라서 모택동은 정강산에 도착하면서 홍군에 대하여 이른바 '3대기율'과 '6대주의(注意)'를 강조하였고, 홍군 내에서 용병적 요소를 제거하기 위하여 봉급제도를 폐지하였으며, 군 내부에 당대표제도를 중심으로 하는 당조직을 확립하여 정치·사상교육을 강화하였고, 군대의 민주화를 실시하였다.6)

이처럼 인민의 군대로서 건설된 홍군을 바탕으로 모택동은 정강산을 중심으로 홍군이 장악한 지역에서 토지혁명을 추진함으로써 농민들의 혁명적 에너지를 동원, 조직하여 홍색정권의 대중적 존립근거를 확립하

---

5) 毛澤東, 「井岡山鬪爭」, 『毛澤東選集』, 第1卷, pp.56-82.

6) '3대기율'이란, 모든 행동은 명령에 따른다, 인민으로부터 바늘 하나, 실 한 오라기도 취하지 않는다, 몰수한 것은 모두 공공물로 한다는 것이며, 6항주의란 말씨를 온화하게 한다, 매매는 공정하게 한다, 빌린 물건은 반드시 돌려준다, 손해를 입힌 것은 반드시 배상한다, 잠자리를 정돈한다, 침구로 쓴 문짝은 반드시 원상태로 한다는 것이라고 한다. 이 같은 3대기율과 6항주의는 1927년과 1928년 사이에 모택동에 의하여 제정된 이후, 부분적으로 수정, 추가되어 1929년 이후에는 '3대기율', '8항주의'로 정착하게 되었다고 한다. 瞿定國, 「三大紀律 八項注意的 歷史演變」, 『黨史硏究』, 第2期, 1983, pp.76-79 참조.

고자 하였다. 따라서 모택동은 1928년 12월에 중국공산당이 만든 최초의 토지법이라는 '정강산토지법'을 제정, 집행하였다. 모든 토지의 몰수와 토지의 평균분배를 골자로 하는 '정강산토지법'의 문제점은 그 후 모택동 자신도 인정하였다. 따라서 1929년 4월에 제정된 '홍국토지법'에서는 공공토지와 지주소유토지만을 몰수의 대상으로 하고, 토지분배에서도 노동력에 따른 분배를 실시하려고 하였다. 그러나 정강산지역과 같이 몰수할 만한 공공재산도 별로 없고, 계급구성도 별로 복잡하지 않은 곳에서는 편의상 모든 토지의 몰수, 그리고 촌락단위의 평균분배가 실시되었다.[7]

토지혁명이란 농촌사회의 모든 구성인들의 이해관계가 복잡하게 얽혀 있는 문제이기 때문에, 중국공산당의 토지혁명정책도 여러 차례의 시행착오를 거치면서 변화했지만, 어떤 경우이든 모택동을 비롯하여 이 당시의 홍군지도자들은 혁명에 대한 농민들의 무관심을 극복하고, 농촌 사회의 봉건적 착취와 억압구조를 파괴하기 위해서, 그리고 홍색정권의 대중적 지지기반을 확립하기 위하여 토지혁명과정에 대중의 참여를 적극적으로 유도하고 조직화하려고 하였다.

이와 같이 대도시와 떨어진 산간벽지나 농촌지역에서 홍군의 건설과 토지혁명을 바탕으로 홍색정권을 수립하고, 점차로 혁명을 농촌지역에서 도시지역으로 확산해간다는 이른바 '농촌으로 도시를 포위하는 혁명 전략구상'은 아직 초보적인 단계에 있었고, 또한 당시의 코민테른이나 당중앙의 방침과도 정면으로 충돌되는 것이 아니었다. 하지만 모택동이 다른 지도자들보다도 더욱 적극적으로 농촌지역에서 홍색정권의 수립을 강조했던 것은 사실이다.

모택동은 1928년의 「왜 중국에서 홍색정권이 존재할 수 있는가」라는 글에서 "한 국가 안에서 하나의 작은, 혹은 몇 개의 작은 홍색정권

---

7) 앞의 글, 70쪽; 金善森, 「興國土地法對 井岡山土地法的 一個原則改正」, 中國人民大學書報資料社, 『中國現代史』 K 4-13, 1982, pp.85-87.

이 지배하는 지역이 백색정권으로 완전히 포위된 상태에서도 장기간 존속할 수 있는 일은 이제까지 세계 어디에서도 일어난 적이 없는 현상"이라고 지적하면서, 이와 같이 홍색정권이 중국에서 존재할 수 있는 것은 다음과 같은 몇 가지 중국의 특수한 사정 때문이라고 지적하였다.[8)]

첫째, 모택동은 경제적으로 낙후된 반식민지 사회라는 중국적 특수성이 홍색정권이 존립할 수 있는 중요한 이유라고 주장하였다. 모택동에 의하면 지방적으로 분산, 고립되어 있는 농촌경제와 백색정권 내부에서의 군벌 간의 분열과 분쟁, 그리고 제국주의국가들 사이의 영향권 분할경쟁 등의 조건이 중국에서 홍색정권을 장기간 존속할 수 있게 한다는 것이다.

둘째, 중국에서 홍색정권이 등장, 존속할 수 있는 정치적인 배경으로 지난 북벌전쟁 중에 폭발적으로 확산되었던 국민혁명의 영향도 무시할 수 없다고 지적하였다. 모택동에 의하면, "홍색정권이 먼저 발생하고 장기간 존속할 수 있는 지방은 호남, 광동, 호북, 강서성처럼 1926년과 1927년의 2년에 걸친 부르주아민주주의혁명의 과정에서 노농병 대중이 크게 부상한 지방"이며, "이들 지방에서는 일찍이 노동조합과 농민협회가 광범위하게 조직되어 있었고, 지주와 지방호신계급, 그리고 부르주아들에 대하여 수많은 정치적·경제적 투쟁을 전개했었다"고 지적하면서, 이 같은 혁명의 경험이 홍색정권이 존속할 수 있는 배경으로 작용하고 있다고 강조하였다.

셋째, 모택동은 매판자본과 지주계급, 그리고 국제적인 자본가계급 내부에서의 분열과 분쟁이 끊임없이 계속되는 상황에서 중국의 혁명적 조건은 발전할 것이기 때문에 홍색정권은 장기간 존속할 수 있을 뿐만 아니라, 점차로 그 세력을 확장하여 마침내 전국적인 정권을 장악할 수도 있다고 주장하였다.

넷째, 모택동은 상당한 힘을 가진 홍군의 존재가 홍색정권의 존립에 필요조건이라고 강조하였다. 모택동에 의하면, "노동자와 농민대중이 활동적인 경우에도 상당한 힘을 가진 홍군이 없다면 결코 할거의 국면을 만들어낼 수가 없으며, 더구나 장기간에 걸쳐 날로 확대하고 발전하는 홍색정권을 유지한다는 것은 불가능하다"고 주장하였다. 끝으로 모택동은 강건한 공산당조직과 올

8) 毛澤東, 「中國的 紅色政權 爲什摩能句存在」, 『毛澤東選集』, 第1卷, pp.47-55.

바른 당노선이 홍색정권의 존립에 불가결한 요인이라고 지적하였다.

이처럼 모택동은 정치적으로나 경제적으로 아직 완전히 통일되지 않은 중국에서, 더구나 장개석정권에 대한 잔존 군벌세력들의 반란이 끊임없이 계속되고 있는 상황에서, 국민당정권의 힘이 미치지 않는 농촌지역에서 홍군을 바탕으로 홍색정권을 수립하고, 점차 홍색정권을 확대, 발전시켜 전국적인 차원에서의 혁명을 도모하는 것을 내용으로 하는 농촌혁명전략구상을 제시하였다. 이 같은 모택동의 전략구상은 당시의 코민테른이나 중국공산당 지도부의 정책노선과 반드시 충돌하는 것은 아니었다. 그럼에도 불구하고 모택동의 '군사주의적인 경향'이나, 또는 농촌혁명에 대한 지나친 강조 등은 대도시에서의 무장봉기를 중시하는 구추백이나 이립삼노선과는 상당한 차별성을 함축하고 있었다.

3) 중국공산당 6차 당대회와 이립삼노선의 등장

구추백노선의 실패로 대도시지역에서 공산당의 세력이 급속히 와해되고, 일부 농촌지역에서 패잔병력을 중심으로 홍군과 소비에트정권이 등장하고 있는 상황에서 코민테른은 1928년 2월 집행위원회를 개최하여 중국혁명이 퇴조기에 들어선 것을 인정하고, 이 시기에 중국공산당은 노동운동의 활성화와 당조직의 재건, 토지혁명의 확대, 그리고 홍군의 건설에 주력함으로써 새로운 혁명고조기를 준비해야 한다고 결의하였다. 이와 같은 코민테른 집행위원회의 2월 결의를 바탕으로 중국공산당은 1928년 6월에 모스크바에서 6차 당대회를 개최하고, 중국혁명의 성격과 과제에 대하여 다음과 같은 내용의 결의를 하였다.[9]

---

9) 중국공산당 6차 당대회에서 통과된 '정치결의안'에 대하여는 『中國共産黨史資料集』, 第4卷, pp.3-27 참조.

첫째, 국민당의 좌파와 우파가 통합하여 중국의 통일정권을 수립했는데도 불구하고 중국은 여전히 반(半)봉건·반(半)식민지 상태에서 벗어나지 못하고 있으며, 중국의 통일과 자주독립이란 국민혁명의 목표는 아직 달성하지 못했다. 중국에서 지주계급의 봉건적 지배는 아직 계속되고 있다. 따라서 중국혁명은 여전히 부르주아민주혁명의 단계에 있으며, 중국공산당은 부르주아민주혁명단계의 과제인 반(反)봉건·반(反)제투쟁을 완수해야 한다는 역사적 임무를 띠고 있다. 이와 관련하여 중국공산당이 추구하는 민주혁명단계의 10대 정치강령은 (1) 제국주의적 지배의 종식 (2) 외국자본의 기업과 은행몰수 (3) 중국의 통일과 민족자결권의 확립 (4) 군벌적 국민당정권의 타도 (5) 소비에트정권의 수립 (6) 8시간노동제, 실업구제와 사회보장제도의 실시 (7) 모든 지주계급의 토지에 대한 몰수와 경작 농민들에게 토지분배 (8) 병사생활의 개선 (9) 모든 잡세의 폐지와 통일적인 누진세의 실시 (10) 소련과 세계무산계급과의 연합이라고 선언하였다.

둘째, 현재의 상황은 혁명의 퇴조기이며 혁명역량에 비하여 반혁명세력이 강대하기 때문에 전면적인 무장봉기를 시도하는 것은 잘못이다. 그러나 혁명의 고조기는 불가피하게 도래할 것이다. 또한 제국주의세력과 반동계급의 지배에 대한 민중들의 저항은 날로 가열되고 있으며 제국주의세력과 반동적 지배계급 내부에서의 분열과 분쟁은 계속 존재하기 때문에 "일부의 성, 또는 몇 개의 성에서 혁명적 고조와 소비에트정권의 수립"이 가능한 시기는 곧 올 것이다. 따라서 중국공산당은 대중적 지지의 확보와 당조직의 강화를 실천함으로써 혁명의 고조기를 준비해야 한다.

이와 관련하여 농촌지역에서 당의 임무는 홍군의 건설과 토지혁명의 실시를 바탕으로 홍색정권을 수립하고 농촌근거지를 확대하는 것이며, 도시지역에서는 노동조합운동의 회복과 당조직의 강화를 위하여 노력하지 않으면 안 된다. 특히 도시와 농촌 간의 '혁명의 불균등성'을 극복하기 위해서도 당조직의 재건과 프롤레타리아트화를 적극적으로 추진하여야 한다.

셋째, 반봉건반제운동이 실패한 원인은 민족연합전선 내부에서 자산계급의 이탈, 소자산계급의 동요, 그리고 당 지도부의 기회주의적 노선착오의 결과이기 때문에 진독수의 우경기회주의노선에 대한 경각심을 늦추어서는 안되고, 또한 구추백이 범한 '맹동주의'와 '명령주의'의 착오를 반복하지 않기 위해서도 철저한 당의 무산계급화가 긴요하다. 이와 같은 관점에서 6차 당대회는 노동자계급 출신의 향충발을 총서기로 하고, 주은래(조직부장), 이립삼(선전부장), 항영(項英, 노동부장)등으로 구성된 새로운 당 지도부를 성립하였다.

　이상에서 살펴본 바와 같이 1928년의 6차 당대회는 구추백과 같은 당내 좌파지도자들이 주장했던 혁명의 전화 가능성과 즉각적인 무장봉기 전략을 비판하고 2단계혁명론을 재확인하면서 농촌지역에서 추진되고 있는 홍군의 건설과 토지혁명, 그리고 농촌소비에트정권의 수립을 긍정적으로 평가하였다. 이런 점에서 6차 당대회는 당내에 존재하는 다양한 견해의 대립, 특히 농촌혁명을 중시하는 모택동과 같은 지방당 간부와 도시혁명을 중시하는 구추백 중심의 당중앙의 갈등을 수렴하려고 했다고 할 수 있다. 따라서 모택동은 1936년 에드가 스노우(Edgar Snow)와 회견하면서 정강산 할거방식이 6차 당대회의 의사록이 정강산에 도착하기 전까지 당중앙의 공식승인을 받은 것은 아니었다고 인정하면서, "그러나 6차 당대회에서 채택된 새로운 방침에 대하여 주덕과 나는 완전히 찬성하였고, 이때 이후 당의 지도자와 농촌지구의 소비에트운동 지도자들 사이에 의견의 상치점이 해소되었다"고 술회하였다.10)

　이와 같이 6차 당대회의 새로운 방침에 대하여 모택동이 당중앙과의 의견의 상치점을 강조하기보다는 의견의 합치점을 강조하고 있었던 것은 모택동이 에드가 스노우와 회견할 당시에 아직도 당내에서 그의 위치를 완전히 확립하지 못했고, 게다가 6차 당대회를 사실상 주도한 코민테른의 방침을 정면으로 비판할 입장이 아니었기 때문이었다. 그러나 호화(胡華)와 같은 당사 연구가가 지적하고 있는 바와 같이, 6차 당대회는 구추백의 좌경모험주의노선을 철저히 비판하지도 못하였고, "농촌혁명근거지의 중요성과 민주혁명의 장기성에 대한 인식도 부족"하여 이립삼노선과 같은 좌경모험주의노선이 등장할 수 있게 하였다는 것이다.11)

　호화에 의하면 "대혁명이 실패한 후 중국혁명의 발전과정은 필연적으로 장기적인 투쟁을 통하여 농촌으로부터 도시를 포위하여 최후에 도시를 장악하는 과정일 수밖에 없으며, 자본주의국가의 프롤레타리아

---

　10) 에드가 스노우, 앞의 책, p.167.
　11) 胡華, 『中國革命史講義』, 上冊, p.278-279.

혁명 방식인 무장봉기의 관점은 중국에 적합하지 않은 데도 불구하고"
6차 당대회의 노선은 여전히 '도시혁명의 주도적 역할'을 강조하고 있
으며, '프롤레타리아계급의 혁명적 고양'만을 '승리의 결정적 역량'이라
고 인식하고 있다는 것이다. 앞의 6차 당대회의 결의문에서도 나타난
바와 같이 6차 당대회는 농촌지역에서의 홍군의 건설과 소비에트정권
의 중요성을 강조하고 있으면서도 이 같은 농촌혁명은 도시지역에서의
프롤레타리아계급이 영도하는 도시혁명과 결합할 때에만 의미가 있다
고 인식하고 있었고, 도시혁명의 보조적인 역할로 농촌혁명의 중요성을
인정하고 있었다고 하겠다.

　또한 6차 당대회는 구추백의 좌익모험주의를 비판하면서도 구추백노
선의 구체적 실천이라고 할 수 있는 남창봉기, 추수폭동, 광동꼬뮌 등
을 모두 긍정적으로 평가하고 있다는 점, 그리고 혁명의 퇴조기가 도래
했다고 지적하면서도 그것은 일시적인 현상이며 필연적으로 혁명의 고
조기가 도래할 것이며 일부지역에서 우선적인 혁명의 승리가 가능하다
고 주장하였다는 점 등은 이립삼노선이 등장할 수 있는 근거를 제공했
다고 할 수 있다는 것이다.

　이립삼노선의 논리적 근거는 구추백 이후 당중앙이 제시한 혁명의
불균등발전론에 근거하고 있다. 즉 장개석정권과 제국주의세력이 중국
을 완전히 장악하지 못하고 내부적인 갈등과 분쟁을 계속 노출하고 있
는 상황에서 일부 '약한 고리'를 형성하고 있는 지역에서 혁명이 우선
적으로 성공할 수 있다는 점에서 출발하여 이 같은 일부 지역에서의 혁
명의 성공은 전국적으로 파급되어 중국혁명의 폭발로 발전될 수 있고,
또한 제국주의국가의 거대한 원료공급지이며 상품시장인 중국에서의
혁명은 마침내 세계혁명을 촉발시키는 계기가 될 수 있다는 것이었다.
이러한 관점에서 당시 당의 실권을 장악하고 있었던 이립삼은 1930년
6월에 상해에서 정치국회의를 소집하여, "혁명을 위한 객관적 조건은
성숙되고 광범위한 노동대중의 혁명투쟁은 급속하게 발전하고 있다"고

주장하면서 「새로운 혁명의 고조와 한 개의 성, 또는 수개의 성에서의 우선적 승리(新的 革命高潮與 一省或 數省的 首先勝利)」라는 테제를 통과시켰다.[12]

이와 같이 이립삼이 "혁명을 위한 객관적 조건이 성숙되고 있다"고 판단한 것은 나름대로 근거가 없었던 것은 아니다. 1929년 이후 미국의 금융공황으로부터 시작된 세계자본주의 경제의 위기, 장개석정권에 대한 군벌세력의 도전, 그리고 농촌혁명근거지의 확대와 도시 노동운동의 부분적인 회복현상 등이 이립삼을 비롯한 일부 코민테른 지도부로 하여금 '새로운 혁명적 고조기'가 시작되고 있다고 판단하게 하였다.

실제로 1929년 10월 미국 월가의 증권시장의 붕괴로부터 시작하여 전 세계로 파급된 경제공황은 맑스가 예견한 자본주의 세계경제의 몰락이 실현되는 것이라고 착각할 만큼 심각한 양상을 띠고 있었으며 중국도 이 같은 대공황의 영향을 받아 도시지역에서 위기감이 고조되고 있었다. 더욱이 장개석의 국민당정권이 북벌의 완성과 더불어 중앙집권적인 통치체제를 구축하려고 하자, 이에 대한 기존 군벌세력의 반발이 폭발하여 1929년에서 1930년 사이에 국민당정권은 최대의 도전에 직면하게 되었다. 1929년 9월 장발규(張發奎)의 반란에서부터 시작하여 10월에는 풍옥산(馮玉山)부대가, 11월에는 광서군벌 이종인(李宗仁)이, 12월에는 호남의 당생지, 그리고 이듬해 2월에는 산서군벌 염석산(閻錫山)이 각각 반장(反蔣)선언을 함으로써 1930년 초에는 장개석의 중앙군 25만 명과 반장 연합군 35만 명이 대치하는 국면이 조성되었다.

이와 같이 장개석정권이 내외의 정치적·군사적·경제적 위기에 직면하고 있었던 데 비하여 중국공산당은 구추백노선이 패배로 끝난 후 농촌지역을 중심으로 홍군의 건설과 소비에트정권의 수립을 추진하고, 도시지역에서도 노동조직을 재건하려고 노력한 결과, 어느 정도 혁명역량을 회복했다고 판단할 수 있는 성과를 올릴 수 있었다. 모택동이 「중국

---

12) 『中國共産黨史資料集』, 第5卷, pp.3-17.

에서 홍색정권은 왜 존재할 수 있는가」라는 논문에서 주장한 바와 같
이 강서, 하남, 호남, 호북 등 과거 북벌전쟁 당시 농민운동이 치열하게
전개되었던 지역에서 홍군을 중심으로 소비에트정권이 등장하기 시작
하여 1930년경에는 주모군(朱毛軍)이 장악하고 있는 강서소비에트를
비롯하여 크고 작은 15개의 혁명근거지가 생겨났으며 홍군의 병력도
총 6만을 넘게 되었다.

이러한 일련의 '객관적인 조건'은 이립삼으로 하여금 "한 개의 성,
또는 몇 개의 성에서 우선적 승리"를 쟁취하고, 그 같은 국지적인 승리
를 바탕으로 전국적인 혁명을 담보해낼 수 있는 '새로운 혁명의 고조
기'가 도래하고 있다고 믿게 하였다. 따라서 이립삼이 이끄는 당중앙은
앞에서 언급한 1930년 6월 정치국 결의를 통하여 농촌지역에 분산되어
유격전을 전개하고 있던 모든 홍군을 집중시켜 장사와 무한과 같은 대
도시를 공격, 점령할 것을 명령하고, 도시지역의 당조직에게도 노동자
들의 총파업과 무장봉기를 조직할 것을 지시하였다.

이 같은 당중앙의 지령에 따라서 홍군은 몇 개의 군단으로 재편성되
어 남창, 무한, 장사 등 대도시에 대한 공격을 시도하였다. 모택동과 주
덕은 이립삼의 대도시 공격전략에 대하여 의문을 제기하기도 하였지만
당중앙의 명령에 따라 무한과 남창 공격에 가담하였다.[13] 그러나 국민
당군의 강력한 방비벽을 깨뜨리지 못하고 무한공격은 중도에서 포기되
었고 남창에서는 참담한 패배를 맛보고 퇴각하지 않을 수 없었다. 다만

---

13) 주덕은 후에 이립삼의 도시공격계획에 대한 자신과 모택동의 입장을 다음과
    같이 술회하였다. "모택동과 나는 이립삼계획에 대하여 대단히 회의적이었다.
    그러나 우리는 수년 동안 농촌지역에 고립되어 있었기 때문에 국제적·국내적
    정보를 충분히 가지고 있지 못했다. 따라서 전국적 봉기가 임박했다는 당중앙
    의 정세분석을 수락하지 않을 수 없었다. 그러나 우리 홍군은 미약했기 때문에
    몇 개의 산업도시를 점령할 수 있을지는 모르지만, 과연 도시를 방어할 수 있
    을지는 의문이었다." Agnes Smedley, *The Great Road: The Life and Times of Chu
    The*, New York: Monthly Reviw Press, 1956, p.281

제3군이 주축이 된 홍군이 일시 장사를 점령하는 데 성공하여 호남성 공농병소비에트의 수립을 선포하기도 하였다. 그러나 홍군의 장사점령도 압도적인 국민당군의 반격과 미국, 영국, 일본 군함의 함포사격을 받고 9일 만에 퇴각하지 않을 수 없었다. 그 후 홍군은 전열을 정비하여 재차 장사공격을 시도하였으나 처음부터 성공의 가능성이 없다고 판단한 모택동과 홍군의 일부 지도자들은 홍군의 궤멸을 방지하기 위하여 독단적으로 공격을 중지하고 퇴각하였다. 이로써 이립삼의 대도시 공격전략은 곳곳에서 예상 이외의 군사적 패배를 겪으면서 참담한 실패로 끝나고 말았다.

이와 같이 이립삼노선이 예상외의 군사적 패배를 경험한 것은 국민당군의 무장역량에 대한 과소평가와 혁명역량에 대한 과신에서 비롯된 것은 두말할 것도 없다. 그러나 중국공산주의운동과 관련하여 중요한 사실은 대도시의 노동자계급들의 반응이 이립삼이 생각했던 것보다 훨씬 소극적이었다는 것이다. 이립삼은 대도시에서 노동자들의 무장봉기와 홍군의 공격이 결합되면 손쉽게 몇몇 지역에서 혁명의 우선적 승리를 획득할 수 있다고 생각했다. 그러나 이립삼의 기대와는 달리 노동자 대중들의 반응은 거의 냉담하다고 할 만큼 미약했다. 장사와 무한, 그리고 상해와 천진 등에서 공산당은 노동자들에게 무장봉기와 총파업을 호소했으나 이 같은 공산당의 호소에 호응한 노동자들은 겨우 1,000~2,000명 수준에 불과하였다. 이처럼 도시지역 노동자들의 공산주의운동에 대한 지지가 냉각되어가고 국민당정부의 가혹한 탄압이 도시지역에서 강화되자 공산주의운동의 중심은 자연히 농촌지역의 홍군과 소비에트운동으로 전환되었다.

4) 이립삼노선의 비판과 소비에트운동으로의 전환

이립삼노선의 패배가 거의 명확해진 1930년 9월에 중국공산당 제6

기 3차 중앙위원회 전체회의가 개최되었다. 코민테른이 파견한 구추백과 주은래가 중심이 되어 긴급하게 소집된 3중전회에서는 이립삼이 지시했던 전국적 총봉기계획과 홍군의 도시진공계획을 중지할 것을 결정하였고 이립삼의 '전술상의 과오'를 비판하였다. 그러나 3중전회는 이립삼의 '노선상의 과오'를 철저하게 비판하지 않았을 뿐만 아니라 이립삼노선에 대한 비판을 오히려 억제하려고 했기 때문에 코민테른은 이립삼의 '원칙적 과오'를 지적하는 서한을 발송하였다.

1930년 11월 16일자 코민테른의 서한에 의하면 이립삼의 과오는 단순히 혁명정세를 오판했다는 전술상의 과오가 아니라 명백히 트로츠키적인 경향을 보여주는 원칙상의 과오라고 비판하였다. 이립삼은 혁명의 불균등발전에 대한 인식이 부족했고, 제국주의세력에 대한 과소평가, 혁명무장력에 대한 과신에서 무모한 무장봉기를 획책함으로써 중대한 손실을 초래했다고 지적하였다. 특히 코민테른은 중국혁명과 세계혁명의 관계를 '약한 고리'의 논리에서 파악하여, 중국 대도시에서의 무장봉기가 전국적인 규모의 중국혁명을 촉발하고, 중국혁명은 즉각적인 사회주의세계혁명으로 전이될 것이라는 이립삼의 주장이 원칙적이고 노선상의 중대한 과오라고 지적하였다.[14]

---

14) 코민테른의 서한 전문은 『中國共産黨史 資料集』, 第5卷, pp.125-135 참조; 1928년부터 1931년 사이에 코민테른과 중국공산당 내부에서 혁명전략에 대한 다양한 논쟁이 전개되었는데, 이에 대한 해석이 다양하다. 특히 모택동과 이립삼, 그리고 코민테른의 입장에 대하여는 여러 가지 해석이 제시되고 있다. 일반적으로 모스크바의 입장은 이립삼노선은 명백하게 중국공산당 6차 당대회의 노선과 일탈된 것이며, 당시 코민테른의 방침에도 위배된 것이라고 주장하고 있는 데 비하여, 서구학자들은 이립삼은 코민테른과 6차 당대회의 기본노선을 집행했으며, 그것이 실패하자 속죄양으로 처단되었다는 견해를 표명하고 있다. 그러나 중국측의 입장은 6차 당대회의 기본노선은 무장봉기와 도시점령에 있었던 것이 아니라 노동운동의 회복과 대중의 지지확보에 강조점이 있었다고 해석함으로써 코민테른의 입장과 일치하고 있으나, 모택동은 6차 당대회노선이 함축하고 있는 도시중심적 혁명론의 결함을 극복하고 농촌혁명에 대한 구상을 제시했다는 것이다. 이 같은 다양한 견해에 대하여는 Richard C. Thornton, *The*

이와 같은 코민테른의 지적을 받게 되자 중국공산당은 1930년 11월 말에 중앙정치국회의를 서둘러 개최하고 3중전회의 결정을 수정하여, 이립삼의 퇴진을 결의하였다. 그리고 1931년 1월에 소집된 4중전회의에서 코민테른의 지원을 받는 진소우(陳紹禹, 일명 王明), 진방헌(秦邦憲, 일명 博古), 심택민(沈澤民) 등 이른바 소련유학생파가 당권을 장악하게 되었다. 이들은 이립삼의 군사모험주의에 대하여 신랄하게 비판하면서 6차 당대회의 노선을 재확인하였다. 즉 농촌지역에서 홍군의 건설과 토지혁명을 통하여 소비에트정권을 수립하고 도시지역에서 노동운동의 회복과 당조직의 재건을 강조했던 것이다. 이러한 소련유학생파의 노선은 여전히 도시중심적인 혁명을 염두에 두면서 도시와 농촌에서 '반자본주의투쟁'을 강조하는 '좌경적' 요소를 내포하고 있었다.

그럼에도 불구하고 이 시기에 중국의 소비에트운동과 관련하여 중대한 정책결정이 내려진 것에 주목할 필요가 있다. 1930년 9월의 3중전회와 곧이어 개최된 당 중앙군사위원회 확대회의에서는 그동안 공산당 지도부내에서 진행되어왔던 할거부인론(割據否認論)과 근거지건설론(根據地建設論)의 논쟁을 마감하고 소비에트구역의 강화와 발전을 촉구하는 결의를 채택했으며, 전국소비에트 대표대회의 소집과 임시중앙정부의 수립, 중국공산당 소비에트중앙국의 설치 등에 대한 방침을 결정했던 것이다.15)

Commintern and the Chinese Communists, 1928-1931, Seattle: Uiversity of Washington Press, 1969 참조.

15) 이미 앞에서 지적한 바 있는 것처럼, 모택동이나 주덕과 같은 농촌근거지의 지도자들은 이립삼의 도시진공계획에 대하여 회의를 가지고 있었고, 도시진공보다는 농촌근거지의 건설이 중요하다고 강조하였다. 이 같은 근거지건설론에 대하여 이립삼이 지배하는 당중앙은 프롤레타리아계급혁명을 시도하기보다는 할거지역의 장악에 만족하려는 보수적 관점이며 농민적 발상이라고 혹독하게 비판을 하였다.

2. 중화소비에트공화국의 수립과 주요 정책

이미 앞에서도 지적한 바와 같이 1927년 무장봉기가 패배한 후 국민당정부의 영향력이 미치지 않는 산간벽지와 농촌지역에서 홍군을 중심으로 농촌혁명근거지가 수립되기 시작하여 1930년대 초에는 중국 각지에서 약 15개의 크고 작은 혁명근거지가 등장하였다.

1928년에서 1930년 사이에 생긴 주요 농촌혁명근거지를 살펴보면, 1928년 봄에 해륙풍소비에트의 붕괴와 더불어 호북, 하남, 안휘성의 경계지역으로 도피한 서향전(徐向前)부대는 홍군 제1군으로 개편되어 '악여환(鄂予晥) 근거지'를 수립하였고, 하룡(賀龍)이 이끄는 홍군 제2군은 호남과 호북 서쪽에서 '상악서(湘鄂西) 근거지'를 건설했으며, 방지민(方志敏)의 유격대는 복건, 절강, 안휘성 경계지역에 '민절감 근거지'를 수립했다. 또한 광서지방에서는 등소평 등이 중심이 되어 '좌우강(左右江) 근거지'를 건설했다. 한편 모택동과 주덕이 이끄는 홍군 제4군은 1929년에 정강산에서 내려와 강서성 남부와 복건성 서부에서 중앙 근거지를 건설하였다. 이와 같이 1930년 초에는 전국적으로 13개의 성, 약 300개의 현에서 약 15개의 혁명근거지가 수립되었다.[16]

이처럼 농촌혁명근거지가 확대, 발전하게 되면서 이들에 대한 당의 통일된 지도의 필요성도 증가되었고, 또한 국민당정부에 대항할 수 있는 중국공산당이 지배하는 중앙정부의 수립 필요성도 인식되었다. 따라서 이립삼이 지배하던 당중앙은 1930년 5월에 상해에서 전국소비에트구역대표대회를 소집하여 중화소비에트정부의 수립을 선언하기 위한 제1차 전국소비에트대회를 1930년 11월 7일 러시아혁명 기념일에 개최하기로 결정하였다. 그러나 이립삼노선의 도시진공계획이 집행되면서 제1차 소비에트대회는 여러 차례 연기되다가 1931년 11월 7일에 강서

---

16) 胡華, 『中國革命史講義』, 上冊, pp.279-289.

성 남부에 위치한 서금(瑞金)에서 610명의 소비에트구 대표자들이 모인 가운데 중화공농병소비에트 제1차 전국대표대회를 개최하고 헌법, 토지법, 노동법, 홍군문제와 경제정책에 대한 결의문을 심의, 통과시키고, 모택동을 주석으로 하고 항영과 장국도를 부주석으로 하는 중화소비에트공화국의 수립을 공식으로 선포하였다.[17]

중화소비에트공화국의 수립으로 개막된 이른바 강서시대(1931～1934)는 중국의 공산주의운동에서 중요한 전환기가 되었다. 앞에서도 지적했듯이 구추백과 이립삼의 대도시중심의 무장봉기노선이 잇달아 실패하면서 중국공산당의 혁명운동은 불가피하게 농촌지역에서 홍군과 소비에트정부를 중심으로 추진되지 않을 수 없게 되었다. 물론 소련유학생파가 지배하고 있던 상해의 당 지도부는 여전히 도시중심적 사고를 버리지 않고 대도시에서의 노동운동과 당조직 재건을 강조하였지만, 도시노동자들의 무관심과 날로 가혹해지는 국민당정권의 탄압으로 말미암아 상해 당중앙의 존립마저 불가능해지고 말았다. 따라서 1933년 초까지 상해에서 지하조직을 유지하고 있던 당중앙도 강서성의 중앙소비에트구역으로 이전함으로써 자연히 중국공산당의 활동 중심은 농촌혁명근거지의 방어와 발전에 집중하게 되었다.

이 당시 국민당정권은 중앙집권적인 통일정부를 수립하는 과정에서 기존 군벌세력들의 대규모 저항을 극복하고 외형적으로나마 공산당과 홍군이 지배하는 일부 농촌지역을 제외하고는 거의 중국 전역을 장악하는 데 성공한 것처럼 보였다. 이처럼 국민당정권이 군사적·정치적 안정기에 들어가고 있는 상황에서 장개석정권은 공산당이 지배하고 있는 농촌혁명근거지에 대한 대규모 토벌작전을 수행하기 시작하였다. 1930년 12월부터 1934년 10월 사이에 장개석정권은 모두 5차례에 걸쳐 대대적인 포위공격을 감행함으로써 중화소비에트공화국은 탄생과 더불어

---

17) 제1차 전국소비에트대회에서 통과된 주요 정책문건들에 대하여서는 『中國共産黨史 資料集』, 第5卷, pp.450-483 참조.

생존의 위협을 받게 되었다.

따라서 강서소비에트시대에 중국공산당은 한편으로는 장개석군의 포위공격에 군사적으로 대항하고, 또 한편으로는 소비에트정권을 수호하기 위하여 대중들의 정치적 지지기반을 확보하는 데 총력을 기울이지 않을 수 없었다. 이러한 상황에서 중국공산당은 여러 차례의 시행착오를 거치면서도 농민대중의 정치적·경제적 이익을 담보할 수 있는 토지혁명을 실시하고, "대중의 참여라는 정치적 개념과 대중의 동원이란 조직적 기술"에 바탕을 둔 대중노선(군중노선)을 개발함으로써, 4차례의 장개석군의 포위공격을 격파하고 상당한 정도로 홍군과 소비에트지역을 확보할 수 있었다.18)

1) 모택동과 대중노선의 개발

"군중으로부터 나와서, 군중으로 돌아가는" 원칙으로 정식화된 중국공산당의 대중노선이 체계화·이론화된 것은 물론 연안시대에 들어선 이후이다. 그러나 대중노선의 기본적인 개념과 초보적 방식이 실시되기 시작한 것은 강서시대라는 점은 이미 잘 알려진 사실이다.

김일평 교수에 의하면 대중노선의 기본개념인 '대중참여'는 모택동과 같은 농촌지도자들이 1925년에서 1930년 사이 농촌지역에서 체득한 혁명경험을 바탕으로 개발한 것으로서 강서소비에트정부의 각급 행정조직과 대중조직의 원칙으로 실시되었다. 즉 새로운 정치체제를 구축하

---

18) 강서시대에 관한 자료로는 1982년에 강서성 黨校黨史委員會가 중국공산당 창건 60주년과 강서중화소비에트 정부수립 50주년을 기념하여 편찬한 『中央革命根據地 史料選編』(江西 人民出版社, 1982)이 있다. 이것은 1927년 '南昌起義'로부터 중화소비에트정부가 붕괴되는 1934년까지 발표했던 정책문건 160편을 수록한 것이다. 그중에서 상당 부분은 이미 여러 차례 공개되었던 것이기는 하지만, 강서시대의 정책문건을 하나로 엮었다는 점에서 이 시대를 연구하는 데 중요한 가치가 있다고 하겠다. 모두 3권으로 되어 있다.

는 과정에서 강서소비에트정부의 지도자들은 대중들로 하여금 각종 소
비에트기구와 대중조직에 직접 참여하여 자신들의 문제를 스스로 결정
하고 집행할 수 있게 함으로써 대중들의 정치적 무관심과 냉소주의를
극복하고 대중들의 정치의식을 고양시키려고 했다.[19]

이 당시 중국공산당의 지도자들이 당면했던 가장 당혹한 문제는 대중
들의 무관심이었다. 구추백과 이립삼노선의 실패에서도 드러난 것처럼
도시노동자와 농촌지역의 농민들에게서는 국민혁명시대에 폭발했던 혁
명적인 열기를 찾아볼 수 없었으며 공산당의 호소에 대하여도 무관심하
거나 냉담한 태도를 보여주었다. 이 같은 대중들의 무관심과 냉담한 반
응에 대하여 모택동은 「정강산투쟁」에서 다음과 같이 기술하였다.[20]

> 우리는 1~2년 동안 각지를 돌아다니며 싸웠으나 혁명의 전국적 퇴조를 깊
> 이 맛보지 않을 수 없었다. 홍군이 가는 곳마다 대중들은 무관심하고 냉담하
> 였고, 선전을 해야 겨우 움직이기 시작하였다.……우리는 참담함 고립감을 느
> 끼면서 언제 이와 같은 날이 끝날 것인가를 생각하지 않았던 적이 한 번도 없
> 었다.

이와 같은 대중의 무관심과 냉담함을 극복하고 공산주의운동의 대중
적 지지를 확보, 확대해야 한다는 것은 모택동이 처음으로 강조했던 것
은 아니었다. 구추백이나 이립삼도 대중공작의 중요성을 지적한 바 있
으며, 특히 6차 당대회 이후 기회가 있을 때마다 당중앙은 대중공작을
강조했다. 그러나 강서시대 이전의 대중공작은 아무래도 이념적인 차원
에서만 강조되는 경향이 있었다. 대중의 지지를 확보해야 한다는 당위
성을 강조하면서도 구체적이고 실천적인 차원에서 어떻게 대중을 혁명
과정에 동참하도록 해야 하는지에 대하여는 별다른 방안을 제시하지

---

19) 강서시대의 대중노선에 대하여는 Kim Ilpyong, *The Politics of Chinese Communism: Kiangsi Under the Soviet*, Berkeley: University of California, 1973 참조.
20) 『毛澤東選集』, 第1卷, p.77.

않았다.

그러나 모택동과 같은 소비에트의 지도자들의 입장에서는 대중적 지지의 확보란 생사의 문제였다. 따라서 이미 강서소비에트정부가 수립되기 이전부터 각각의 농촌지역에서 각종의 대중조직을 통하여 대중의 참여를 유도하고 대중의 지지를 확보하려고 하였다. 이 같은 경험을 바탕으로 모택동과 강서소비에트정부의 지도자들은 본격적으로 각급 소비에트기구와 각종 대중조직을 통하여 정책결정과 정책집행과정에 대중의 참여를 조직적으로 유도하려고 하였다. 따라서 강서시대에 당과 정부조직, 그리고 각종 대중단체들이 유기적으로 연계되어 대중의 정치참여와 대중동원을 해낼 수 있는 조직적 체계가 수립되었다.

이를테면 강서소비에트정부는 특히 기초단위인 촌락(鄕)소비에트를 주민들이 직접 선거하는 대의원으로 구성하게 하였고 선거과정을 주민들의 정치교육과 정치참여의 기회로 활용하였다. 즉 당조직에 의하여 엄격하게 통제하면서도 선거관리위원회에 주민들을 참여시키고 선거관리위원회로 하여금 "투표할 자격기준을 결정하고, 선거의 중요성을 선전하며 각종 연설회와 연극공연, 그리고 소규모 선전대를 동원하여 선거를 홍보하고 노동자, 농민, 부녀의 적절한 비율을 고려하여 후보자의 명단을 작성하고 이 명단에 대한 대중단체들의 토론을 거쳐 후보명단을 조정한 다음, 선거집회를 개최하여 지방정부의 시책을 청취, 비판하는 절차를 거친 다음에 대의원의 선거를 집행하는" 방식으로 선거의 모든 과정을 대중의 참여와 대중에 대한 정치교육의 기회로 적극적으로 이용했다.

이와 같은 대중들의 참여와 동원은 비단 선거과정에만 국한된 것은 아니었다. 거의 모든 중요한 정책의 집행은 이 같은 과정을 밟아 진행되었다. 특히 농민대중들의 직접적인 이해관계와 밀접하게 연결되어 있는 토지혁명은 당과 정부기구의 통제하에서 실시하면서도 토지소유실태와 주민들의 계급구성에 대한 조사에서부터 토지의 몰수와 분배에

이르기까지 모든 과정에 각종 대중조직을 통하여 광범위한 대중들이 참여하도록 하였다.[21]

그러나 이와 같이 대중노선의 조직체계를 통하여 대중들의 정치적 무관심을 극복하고 계급의식과 정치의식을 높이는 것도 중요하지만, 그 것보다도 더 중요한 것은 모택동에 의하면 대중들로 하여금 당과 정부가 자신들의 이익을 대표한다는 점을 자각하게 하는 것이라고 지적하였다. 즉 정책결정과정에서 '대중 속으로 들어가' 대중의 이익과 소망이 무엇인가를 우선 파악하고, 대중들의 이익과 소망을 바탕으로 당과 정부의 정책이 결정되어야만 한다는 것이다.

특히 당은 추상적이고 이데올로기적인 차원에서 대중들의 이익을 강조할 것이 아니라 대중들의 구체적이고 직접적인 이익을 충족시켜줌으로써 "우리가 그들의 이익을 대변하고, 우리의 삶과 그들의 삶이 긴밀하게 연계되어 있다"는 것을 인식할 수 있게 해야 한다고 지적하면서, 그와 같은 바탕에서 비로소 당이 제시하는 더 높은 차원의 과제, 즉 혁명전쟁의 과제에 대하여 대중들이 이해하고 지지한다고 주장하였다. 모택동은 따라서 1934년에 다음과 같이 "대중들의 복지에 관심을 가지고 공작방법에 주의를 기울여야 한다"고 역설하였다.[22]

우리는 대중의 지지를 획득하고자 하는가? 우리는 대중들이 혁명전선에 온 힘을 다 바치기를 원하는가? 그렇다면 우리는 대중들과 함께 하면서 대중들의 열망과 창의력을 불러일으키도록 해야 하며, 그들의 복지에 관심을 가지고 진심으로 그들의 이익을 위하여 노력하고, 그들의 모든 일상적인 문제들, 이를 테면 소금을 구하는 문제, 쌀을 구하는 문제, 살 곳을 마련하고 입을 것을 걱정하는 문제, 아이를 낳는 문제 등을 해결해주도록 힘쓰지 않으면 안 된다. 우

21) 강서시대의 대중동원과 참여에 관해서는 James R. Townsend, *Political Participation in Communist China*, Berkeley: University of California Press, 1968, pp.43-51 참조.
22) 毛澤東, 「關心群衆生活, 注意工作方法」, 『毛澤東 選集』, 第1卷, pp.124-125.

리가 그렇게 한다면, 대중들은 우리를 지지할 것이고, 혁명을 자기들의 영광된 임무이며 자신들의 생명이라고 여기게 될 것이라고 확신한다.

이와 같이 모택동은 대중 속에 들어가 대중들의 일상적인 이익과 관심사를 바탕으로 당과 국가의 정책이 수립되어야 하고, 그렇게 함으로써 대중의 마음을 얻을 수 있으며, 대중들로 하여금 당이 내세우는 혁명전쟁의 대의를 이해하고, 그것을 위해서 신명을 바치게 할 수 있다고 주장하면서 정책집행과정에서 대중의 참여와 더불어 정책결정과정에서의 대중의 참여도 강조하였다. 물론 모택동의 이 같은 주장이 서구적인 의미에서의 대중적 민주주의를 염두에 두고 한 것이라고 볼 수는 없다. 모택동은 당의 지도라는 원칙을 조금도 의심하지 않았기 때문이다.

그러나 당의 지도가 관철되는 과정에서 관료의 권위주의와 명령주의를 대단히 경계하였고, 그것을 극복하는 길로서 정책결정과 정책집행과정에서 대중의 폭넓은 참여를 주장했다. 이와 같은 모택동의 대중노선이 강서시대에 그대로 다 실천된 것은 아니지만, 그래도 당과 정부의 각급 수준에서 대중의 참여를 확대하는 조직적 기제가 상당한 정도로 개발된 것은 사실이다. 이 같은 경험을 바탕으로 중국공산당은 연안시대에 본격적인 대중노선을 실천하면서, 이른바 신민주주의 또는 인민민주주의라는 새로운 정치체제를 구축하게 된다.

2) 강서시대의 토지혁명

대중노선과 더불어 강서소비에트공화국의 경험 가운데 중요한 것은 두말할 나위도 없이 토지개혁정책이라고 하겠다. 토지문제는 당시의 중국 농촌사회에서 가장 절박하고 핵심적인 문제였다는 사실은 새삼 설명할 필요가 없다. 따라서 중국공산당과 코민테른은 일찍부터 농민운동과 관련하여 토지문제의 중요성을 강조하였다. 그러나 강서시대 이전에는 중국공산당의 주요 관심이 도시지역의 노동운동에 집중되어 있었기 때문에 토지문제에 대한 실제적인 정책은 거의 없었다.

그러나 당의 주요 업무가 농촌혁명근거지의 건설에 집중되면서 토지혁명은 농민대중의 지지를 창출한다는 정치적 의미와 함께 봉건경제의 속박에서 벗어나 농촌경제를 활성화하기 위해서도 필요한 중요한 과제가 되었다. 모택동이 강서지역에서도 토지분배가 이루어지고 난 후에야 농민들의 생산의욕이 고취되었고 생산의 비약적 발전이 실현되었다고 주장한 것처럼 토지혁명은 근거지의 정치적·경제적 기반을 구축하는 데 필수적인 정책이 되었다.[23] 어떻든 중국공산당이 일정한 농촌지역에서 비교적 장기적으로 근거지를 구축하려고 했던 강서시대에 토지혁명의 문제는 단순한 이론적·이념적 문제가 아니라 가장 구체적이고 실천적인 과제가 되었다. 따라서 1차 전국소비에트 대표대회에서는 그동안 개별적인 차원에서 실시되었던 토지혁명을 종합하여 '중화소비에트토지법'을 제정하였다.

당시 모택동과 같은 농촌혁명근거지의 지도자들은 각자의 지방적 특색에 따라서 나름대로 토지법을 제정하고 토지혁명을 추진하였다. 이를 테면, 모택동에 의하여 실시되었던 1928년의 '정강산토지법'이라든가 1929년의 '홍국토지법', 1930년의 '이립삼토지법', 그리고 1930년에 모택동이 주도하여 작성·발표한 '중국혁명군사위원회토지법' 등이 있었다. 그러나 이런 토지법은 적용범위가 매우 제한되었거나 일시적인 선언의 형태를 크게 벗어나지 않은 것들이었고, 또한 토지혁명의 성격과 방법 등에 대한 지도부의 인식이 정리되지 않은 상태에서 만들어진 것이기 때문에 여러 가지 문제점을 안고 있었다. 이를테면 모택동의 '정강산토지법'은 토지몰수의 범위와 분배의 방식에서 지나치게 평등주의적이었다고 스스로 인정하였다. 또한 모택동의 1930년 토지법은 부농에게도 보통농민들과 마찬가지로 토지를 분배했다고 해서 당시의 당

23) 毛澤東, 「我們的 經濟政策」, 『毛澤東 選集』, 第1卷, pp.116-121.

지도부로부터 '부농노선'이라고 비판을 받았으며, '이립삼토지법'은 부르주아민주혁명단계에서 토지에 대한 농민의 사적소유권을 인정하지 않고 국유화나 집단화를 전제로 한 것은 중대한 노선상의 문제라고 지적되었다.[24] 물론 이 같은 문제, 즉 몰수의 범위와 분배의 방식 등에 대한 논쟁점은 1931년에 공포된 '중화소비에트토지법'에서도 완전히 불식된 것은 아니지만, 과거의 경험을 종합하여 중화소비에트정부의 통일된 토지법을 마련했다는 점에서 의미가 있다고 하겠다.

모두 14조로 된 '중화소비에트토지법'에 의하면 토지몰수의 대상과 분배의 기본원칙과 관련하여, "봉건지주, 호신(豪紳), 군벌, 관료, 그리고 기타 대토지소유자들의 모든 토지를 무상몰수하며," 몰수된 토지에 대하여는 각급 소비에트정부가 빈농과 중농, 그리고 홍군병사들에게 분배한다고 규정하고 있다. 이와 같은 규정은 모든 토지에 대한 몰수를 규정하던 '정강산토지법'에 비교하면 몰수대상을 혁명의 적대적인 계급에 국한했다는 점에서 완화된 것이라고 할 수 있다. 그러나 지주와 부농계급에 대한 정책에서는 과거의 그것보다 훨씬 혁명적인 성격을 띠고 있다. 즉 모택동의 1930년 토지법에 의하면 노동을 하고자 하는 지주와 부농에게도 토지분배를 실시한다고 규정하고 있지만, 중화소비에트토지법에 의하면 지주계급의 경우 모든 토지를 몰수할 뿐만 아니라 토지분배의 대상에서도 제외하고 있다. 또한 부농에 대하여도 그들이 소유한 토지를 몰수하고, 그 대신 척박한 토지를 분배해주도록 규정하고 있다는 점에서 과거보다는 급진적인 요소를 가지고 있다.

그러나 중화소비에트토지법은 중농에 대하여는 상당한 배려를 하려고 하였다. 중농의 경우는 본인이 원하지 않으면 토지의 재분배과정에

---

24) 강서시대의 토지법의 내용과 문제점에 대해서는 雷扶招, 張錦宏, 戰勇, 「中央革命根據地的 土地鬪爭 問題」, 中國人民大學書報資料社, 『中國現代史』 K 4-8, 1982, pp.89-94; Hsiao Tso-Liang, *The Land Revolution in China, 1930-1934*, Seattle: University of Washington Press, 1969 참조.

서 제외하였으며 분배과정에서도 빈농과 더불어 중농에게 유리하게 처리하는 것을 원칙으로 하고 있다. 그밖에 토지분배의 원칙에서도 과거의 토지법이 인구수에 의하여 일괄 분배하던 방식을 지양하고 노동력과 인구수를 동시에 고려할 것을 규정하고 있으며, 이립삼의 토지법과는 달리 토지의 사적 소유를 원칙적으로 인정하고 토지의 전매와 대여 등을 인정하고 있다는 점이 특징이다.[25]

이상에서 간략히 살펴본 바와 같이 중화토지법을 구체적으로 실천하려고 할 때 가장 중요한 것은 농촌사회에서 계급을 어떤 기준에 의하여 어떻게 분류하느냐는 점은 두말할 필요도 없다. 1930년대에 중국공산당이 토지혁명을 추진하면서 사용한 계급기준은 소유권을 중심으로 한 고전적인 맑스주의자의 계급분류가 아니라 토지소유의 정도와 더불어 중국의 농촌현실을 구체적으로 반영하고 있는 실제의 노동여부와 착취의 정도를 동시에 고려했다는 점이 특징이라고 할 수 있다.

즉 토지를 소유하고 있지만 전혀 노동에 종사하지 않고, 모든 소득이 타인의 노동에 대한 착취에 의존하고 있는 사람들을 지주계급으로 분류하였고, 그 자신이 노동에 종사하지만 전체소득 중에서 15% 이상이 타인의 노동착취에 의존하고 있는 경우에는 부농으로 분류하였다. 중농은 기본적으로 자급자족을 하는 자작농이었으며, 빈농의 경우는 약간의 토지를 소유하고 있지만 생존을 위해서 노동력을 팔지 않을 수 없는 계층을 뜻하고, 노동력 이외에는 소유하고 있는 것이 아무것도 없는 계층을 농업노동자로 분류하였다.[26]

이와 같이 강서소비에트정부는 토지법과 계급분류의 기준을 정하고 지방정부와 당조직을 중심으로 빈농위원회와 같은 각종 대중조직을 동원하여 토지혁명을 실시하기 시작하였다. 그러나 국민당군의 군사적 압

---

25) 강서소비에트토지법 전문은 『中國共産黨史 資料集』, 第5卷, pp.467-471 참조.

26) 이 같은 계급분류에 대해서는 Hsiao, op. cit., pp.42, 65, 112, 152-153 참조.

력이 계속되고, 또 각 지역의 사정이 다르기 때문에 토지혁명을 일괄적
으로 실시하지 못했다. 특히 부농정책에서는 당과 정부의 지도부 내부
에 혼선이 있었기 때문에 이를 시정하기 위해서 1933년에 이른바 사전
운동(査田運動)을 전개하였다.

사전운동이란 소비에트지역내의 각 지방에서 개별적으로 실시되었던
토지혁명의 실상을 파악하고 토지혁명을 한층 확대, 심화시키기 위하여
전개했던 대중운동이었다. 따라서 사전운동과정에서 당과 정부의 중앙
기관은 각급 조직을 동원, 각 지역에서 개별적으로 진행되었던 계급 심
사를 다시 정밀 조사하여 지주와 부농의 잔존 세력을 색출해내고, 빈농
을 중심으로 하고 중농과의 연합을 강화하는 방침을 관철하려고 하였
다. 그러나 이 같은 목적에서 실시되었던 사전운동과정에서 다시금 지
도부 내부의 이견이 노출되었다.

예컨대 당시 당권을 장악하고 있던 진방헌(秦邦憲)과 일부 당 지도부
는 1930년대 초 소련에서 전개되고 있었던 스탈린의 반(反)쿨락(부농)
정책의 영향을 받아 지주는 물론이거니와 부농에 대하여도 가혹한 계
급투쟁을 전개할 것을 요구하였다. 이들은 부농에 대하여 일정한 정도
로 토지를 분배해주는 모택동의 정책을 우경노선이라고 비판하면서 농
촌사회에서 지주는 물론이거니와 부농에 대하여도 타협 없는 계급투쟁
을 전개해야 한다고 주장하였다. 이 같은 '좌경적' 계급노선에 대하여
왕명은 1934년에 다음과 같이 비판하였다.[27]

이들 동지들은 중화소비에트구역 내에서 부르주아민주혁명이 이미 사회주
의혁명으로 이행되고 있다고 생각하였다. 따라서 그들은 사회주의를 달성하는
과정에서 부농계급을 가장 위험한 요소로 간주하였고, 결국 중화소비에트지역
에서 주요 과업은 부농계급에 대한 투쟁을 전개하는 것이라는 결론에 도달하
였다. 중화소비에트정부의 잘못된 좌경노선은 부르주아민주혁명이 이미 완성
되었다는 잘못된 이론의 결과라고 하겠다.

27) Kim Ilpyong, op. cit., p.11 재인용.

강서소비에트시대에 진방헌을 중심으로 하는 당중앙은 농촌지역에서 반부농정책을, 도시지역에서 반자본계급투쟁을 강조함으로써, 모택동에 의하여 후일 구추백, 이립삼 노선에 이어 세 번째 좌경노선이라고 비판을 받았다. 그러나 이 같은 좌경노선이 단순히 코민테른과 소련의 경험을 기계적으로 수용했기 때문이거나, 앞에서 왕명이 지적한 바와 같이 "부르주아민주혁명이 이미 완성되었다는 잘못된 이론"에서 비롯된 것만은 아니라는 점을 유의할 필요가 있다. 이들의 반부농정책은 단순히 토지혁명에 국한된 것이 아니라 이들이 주장했던 군사정책과도 밀접한 연관성을 가지고 있다. 이들은 모택동의 유격전이 소비에트지역의 인민들, 특히 기층민중들을 보호하기보다는 오히려 이들을 국민당군의 수중에 넘겨주게 됨으로써 혁명정권에 대한 이들의 기대를 배반하고 있다고 비판하면서 국민당군에 정면으로 대항하는 총력전을 주장하였다. 다시 말해서 홍군과 소비에트정권이 기층민중들과 일치단결하여 국민당군과 정면으로 싸우기 위해서는 선명한 계급투쟁노선을 실천해야 한다는 것이었다. 따라서 토지혁명과정에서도 정치적 충성심이 의심스러운 부농에 대한 철저한 계급투쟁을 전개함으로써 빈농과 고농들의 확실한 지지를 동원하려고 했다.

그러나 농촌사회에서 가능한 다양한 계급들의 광범위한 지지기반을 창출하는 것을 강조했던 모택동은 정치적·경제적인 차원에서 부농에 대한 지나친 계급투쟁은 오히려 역효과를 초래한다는 입장을 견지한 것으로 알려지고 있다. 즉 부농을 가혹하게 취급하는 경우에는 중농이 동요하게 되고, 농촌사회에서 정치적으로나 경제적으로 중요한 역할을 하는 중농과 부농이 이탈하게 되면 결국 혁명세력의 약화를 초래한다고 주장하면서 그의 부농정책을 정당화하였다.

따라서 모택동은 지주와 부농의 토지를 몰수하는 당중앙의 방침에는 동의하면서도 이들에게 어느 정도 토지를 분배해주는 것은 필요하다고 주장하였다. 특히 부농의 경우는 척박한 토지를 분배함으로써 다른 계급보다 불이익을 주는 것은 당연하지만 그들이 분배받은 토지를 개간하여 옥토로 만들었을 때 그 토지를 다시 몰수하는 것은 잘못이라고 지적하였다. 또한 모택동은 중국의 농촌사회에서 지주와 부농, 자작농을 정확히 가려낸다는 것은 대단히 복잡한 일이라고 지적하면서 과거에 부당하게 지주로 분류된 사람들을 구제해주어야 한다고 역설하였다. 모택동의 부농정책이란 결국 부농의 말살이 아니라 부농의 정치적·경제적 영향력을 제한하면서도 농촌사회에서 그들의 역할을 이용하려고 한 것이며, 토지혁명과정에서 빈농을 중심으로 삼으면서도 중농과 연합하여 광범위한 계급적 지지기반을 형성해야 한다는 정치적 고려에서 출발한 것이었다.[28]

이와 같이 당과 정부의 지도부 내부에서도 토지혁명에 대한 갈등이 존재했기 때문에 두 차례에 걸친 사전운동에도 불구하고 강서소비에트 시대에 실시되었던 토지혁명의 구체적인 내용은 대단히 복잡하고, 시기적으로나 지역적으로 균등하지 않았다. 모택동이 사전운동의 초기단계에 지적한 것처럼 일부 지역에서는 좌경적 노선의 영향으로 당의 공식적인 정책이 부농의 말살이 아닌 데도 불구하고 실제로는 부농을 지주와 마찬가지로 취급하기도 하였고 중농의 토지까지도 몰수했는가 하면, 그와는 반대로 어떤 지역에서는 지주와 부농의 영향력이 당과 정부에까지 침투하여 여러 가지 방법으로 토지혁명을 지연시키거나 형식적으로 토지혁명을 실시하도록 하는 경우도 있었다는 것이다. 또한 많은 지방당과 정부의 간부들은 대중들의 적극적인 참여를 통하여 토지혁명을 실시하지 않고 관료주의와 명령주의로 일관함으로써 토지혁명과정에서 대중들의 계급의식과 정치의식을 고양시킨다는 대중노선을 등한시하였다고 지적하였다.[29]

---

28) 金德群,「中央革命根據地 在 1929-1931年間 土地革命的 情況」, 中國人民大學書報資料社,『中國現代史』K 4-8, 1982, pp.83-88 참조.

29) 査田運動에 대한 모택동의 입장에 대하여서는『中國共産黨史 資料集』, 第6

강서시대에 실시되었던 토지혁명이 이 같은 문제점을 안고 있었기 때문에 과연 토지혁명이 농촌사회에서 농민들의 지지를 창출하는 데 얼마나 기여를 했는지를 단정적으로 말할 수는 없다. 그러나 당시의 농촌사회가 안고 있었던 심각한 계급적인 긴장상태를 고려한다면 강서시대의 토지혁명이 농촌사회 구성원들의 지지를 창출하는 데 기여했을 것이라는 점은 쉽게 이해할 수 있다. 모택동의 홍국현 조사에 의하면 이 지역인구의 1%에 불과한 지주계급이 전체토지의 40%를 장악하고 있고, 5%의 부농이 30%의 토지를 소유하고 있으며, 전체인구의 20%를 차지하고 있는 중농의 경우는 전체토지의 약 15%를 차지하고 있는 데 비하여 빈농은 전체인구의 60%인데도 불구하고 단지 5%의 토지만을 소유하고 있다는 것이다.[30]

이 같은 조사가 얼마나 객관적인가는 의문의 여지가 있을 수 있고, 지방마다 형편은 상당히 다른 것도 사실이지만, 중국의 농촌사회가 심각한 계급적 갈등요인을 안고 있다는 것은 부인할 수 없다. 따라서 빈농을 중심으로 하고 중농과 결합하는 중국공산당의 토지혁명정책은, 비록 그것이 실시되는 과정에서 여러 가지 문제점과 결함을 노출했다고 하더라도 농민대중의 지지를 창출하는 데 결정적인 요인이 되었다는 사실은 부인할 수 없다.

3) 반장항일과 밑으로부터의 통일전선

1918년 9월 18일 일본 관동군은 남만주 철도폭파사건을 조작하고, 이를 구실로 만주 전역에서 일제히 군사행동을 개시하여 불과 5~6개

卷, pp.313-328 참조.

30) James Harrison, op. cit., pp.211-212; 1931년 모택동의 홍국조사와 1933년의 국민당정부의 6개성에 대한 농촌조사를 바탕으로 鄧拓도 비슷한 결론을 내리고 있다. 鄧拓, 「舊中國農村의 階級關係與 土地制度」, 中國人民大學書報資料社, 『中國現代史』 K 4-19, 1982, pp.7-12.

월 만에 거의 모든 만주지역을 장악, 1932년 3월 1일에 일본의 괴뢰정
권 만주국을 수립하였다. 이와 같이 만주를 장악하는 데 성공한 일본은
중국본토에 대한 침략행위를 노골적으로 자행하기 시작하였다. 1932년
의 상해사변, 1933년의 열하진공, 1935년의 기동방공(冀東防共) 자치
정부 수립, 1936년 몽고 자치군정부의 수립 등, 일본은 전면적인 중일
전쟁이 발발하기 전에 이미 중국침략의 야욕을 조금도 숨기려 하지 않
았다.

이와 같이 일본의 중국침략이 노골화되면서 중국민족의 항일의식은
그 어느 때보다도 고조되었다. 특히 대도시지역의 청년학생들과 지식인
들은 각계각층의 중국인민들이 일치단결하여 항일전을 전개할 것을 요
구하였다. 그러나 거국적·민족적 단결을 요구하는 이들의 주장에 대하
여 국민당정권도 공산당정권도 모두 냉담하였다. 장개석은 소위 양외필
선안내(攘外必先安內)를 내세워 본격적인 항일전을 수행하기 전에 먼
저 국내의 안정이 확보되어야 한다고 주장하면서 공산당세력의 섬멸에
총력을 경주하였다. 한편 중국공산당과 코민테른도 반장항일과 밑으로
부터의 통일전선만을 고집하였다.[31]

중국공산당은 만주사변이 발발하자 즉각적으로 노동자, 농민, 도시
소시민을 중심으로 반제운동을 조직하라고 지시하였고 만주지역에서는
항일유격전을 전개해야 한다고 강조하였다. 또한 1932년 4월에는 중화
소비에트정부의 명의로 대일선전포고를 발표하면서 전국의 홍군과 피
압박민중들은 민족혁명전쟁에 적극적으로 참여해야 한다고 호소하였다.
그러나 이와 같은 중국공산당의 항일전 요구는 실질적인 의미보다는

---

31) 이른바 강서시대의 '3차 좌경적 착오'에는 스탈린과 코민테른의 책임도 크다
    고 하겠다. 스탈린과 코민테른은 중국혁명을 부르주아민주혁명이라고 규정하면
    서도 중국사회의 특수성에 대한 이해부족, 특히 중간계급의 중요성에 대한 인
    식부족에서 반부농정책과 반자산계급투쟁을 강조하였다. 이와 관련한 내용에
    대해서는 曲厚芳, 「3次 左傾錯誤與 共産國際」, 中國人民大學書報資料社,
    『中國現代史』 K 4-9, 1982, pp.57-60 참조.

선전적이고 전술적인 의미가 더 많은 것이었다. 무엇보다도 강서소비에 트지역은 일본의 침략세력과 접촉할 기회가 전혀 없었으며 도시지역에 서도 공산당의 호소를 실천으로 옮길 만한 조직적 역량이 없었기 때문 에 중화소비에트공화국의 대일 선전포고는 누가 보더라도 선전적인 차 원에 불과한 것이며 국민당정부의 군사적 압력을 교란시키려는 의도를 포함하고 있다는 것이 명백하였다.

실제로 중국공산당은 일본의 침략에 대항하여 민족혁명전쟁을 수행 해야 한다고 주장하면서도 민족혁명전쟁에서 승리를 쟁취하기 위해서 는 국민당정권의 타도와 소비에트정권의 전국적 승리가 먼저 확보되어 야 한다고 역설함으로써 장개석정권과 마찬가지로 거국적인 항일전쟁 을 수행하기보다는 국공내전의 승리를 더 강조하고 있다는 점을 숨기 려 들지 않았다. 더욱이 중국공산당은 내전 중지와 민족적 단결, 거국 적 항일전을 주장하는 중간세력이야말로 "혁명적 위기가 신속하게 성 숙되고 있는 시기에 가장 위험한 적"이라고 규정하고, 국민당정부에 비판적인 지식인들을 '개량주의적 재야세력'이라 하여 이들을 경계하 였다.[32]

이와 같은 중국공산당의 비타협적 태도는 일본의 중국침략이 확대되 고 자생적인 항일민중운동이 대도시지역을 중심으로 확산되면서, 그리 고 강서소비에트지역에 대한 국민당정부의 군사적 압력이 날로 가중되 어 가면서 부분적으로 수정되었다. 1933년 1월에 일본군이 중국본토의 입구라고 할 수 있는 산해관(山海館)을 점령한 직후, 강서소비에트정부 와 홍군 군사위원회는 3개의 조건이 충족되면 전국의 어떤 무장부대와 도 일본 제국주의의 침략에 저항하기 위한 공동작전을 수행할 수 있다 고 선언하였다. 3개의 조건이란 첫째, 홍색구역에 대한 군사적 공격중 지, 둘째, 민중의 민주적 제 권리의 보장, 셋째, 즉각적인 민중의 무장

---

32) 田中仁,「中國共産黨における抗日民族統一戰線理論の確立」, 池田誠, 『抗 日戰爭と中國民衆』, 法律文化社, 1987, pp.81-82.

화와 무장한 의용군 창설이었다.[33]

또한 중국공산당은 1933년 1월에 「만주의 각급 당부와 전체 당원에 보내는 서한」에서 '만주의 특수한 환경'을 고려할 때, "일본제국주의와 그 주구와의 투쟁을 전개하기 위하여 전 민족적 반제통일전선을 결성할 필요성"이 있다는 점을 인정하였다. 「1월 서한」에 의하면 만주는 이미 일본의 독점적 식민지가 되었고, 일본침략군의 민족억압정책에 대하여 노동자, 농민, 소자산계급은 물론이거니와 일부 자산계급도 적대적인 태도를 가지게 되었기 때문에 전 민족적 반제통일전선을 결성할 수 있다고 지적하였다. 그러나 중국공산당 당중앙은 반제통일전선의 목적이 단순히 제국주의에 대항하는 무장투쟁을 전개하는 것만이 아니라 프롤레타리아계급의 지도하에 농민과 소자산계급을 결속시키는 것이며 부르주아계급과의 특별한 형태의 계급투쟁을 계속하는 것이라고 주장함으로써 부르주아계급에 대한 적대감을 감추려 하지 않았다.[34]

이와 같이 중국공산당은 '만주의 특수한 환경'에서는 전 민족적 반제통일전선을 형성할 수 있다고 인정하면서도 중국본토에서는 여전히 국민당정권의 타도와 부르주아계급을 배제한 밑으로부터의 통일전선을 강조하였으며, 중간세력에 대하여 비판적인 태도를 견지하였다. 이러한 당의 방침으로 말미암아 중국공산당은 장개석에 반기를 들고 공산당과의 연합을 모색하던 복건인민혁명정부에 대하여도 냉담한 태도를 보였던 것이다. 1933년 11월에 장개석의 대일유화정책에 불만을 가진 채정개(蔡廷鍇)가 지휘하는 국민당 제19로군이 주축이 되어 국민당내의 일부 반장세력과 제3당세력이 연합하여 반장항일의 구호를 내걸고 복건인민혁명정부를 수립하고 중국공산당과의 연합전선을 요청하였다. 그러

33) 胡華, 앞의 책, pp.349-350.
34) 1933년 「1월 서한」의 내용과 당시 당중앙의 밑으로부터의 통일전선전략에 대해서는 西村成雄, 「東北の植民地化と抗日救亡運動」, 池田誠, 앞의 책, pp.42-48; Chong-Sik Lee, *Revolutionary Struggle in Manchuria*, University of California Press, 1983, pp.158-168.

나 당시의 중국공산당 지도부는 복건정부를 회색정권이라고 백안시하
고, 본질적으로 국민당정권과 전혀 다를 바가 없다고 매도함으로써 장
개석으로 하여금 신속하게 복건정부를 진압하고 총력을 경주하여 중국
공산당의 거점지역에 대한 제5차 포위공격을 감행할 수 있게 하였다.[35]

3. 중화소비에트공화국의 붕괴

강서시대는 중국공산당이 농촌지역에서 홍군의 건설과 혁명근거지의
구축을 시도하여 강서성 서금을 중심으로 중화소비에트공화국을 수립
하는 데 성공함으로써 일정한 영토와 인구를 통치하는 정치세력으로
성장한 시기였지만, 또한 장개석군의 끊임 없이 계속되는 군사적인 공
격으로 그 생존이 위협당하던 시련의 시기이기도 하였다. 1931년 11월
에 중화소비에트공화국이 수립되기 이전부터 파상적으로 전개되었던
장개석군의 이른바 '공비토벌작전'이 날이 갈수록 그 규모와 강도가 확
대되면서 강서소비에트정부는 생존의 위기에 다시 봉착하게 되었다.

당시 장개석은 국민당의 중앙집권화계획에 반발하여 반장개석의 기
치를 내걸고 중앙정부에 항거한 풍옥상(馮玉祥), 염석산 등의 군벌세력
들을 제압한 후, 강서성 남부를 중심으로 그 세력을 확대해가고 있었던
중국공산당의 근거지에 대한 군사적인 토벌작전을 실시하기 시작하였
다. 특히 1930년 7월과 9월에 홍군이 이립삼의 지시에 의하여 장사와
같은 대도시에 대한 군사적 공격을 감행하자, 이에 자극을 받아 장개석
은 대규모의 이른바 위초(圍剿)작전(포위토벌작전)을 지시하였다.

1930년 12월부터 1931년 1월까지 장개석은 강서성 주석이었던 노척
평(魯滌平)을 총사령관으로 삼고 강서성의 지방군을 중심으로 약 10만

---

35) William Dorrill, "The Fukien Rebellion and the CCP," *The China Quarterly*,
    no.37, January-March 1969, pp.6-37.

명의 병력을 동원하여 1차 위초전을 시도하였고, 1931년 3월부터 5월
까지 당시 국민당정부의 군정부장이었던 하응흠(何應欽)을 총사령관으
로 하여 약 20만의 병력을 동원하여 2차 위초전을 전개하였다. 이와 같
이 두 차례에 걸쳐 중국공산당의 근거지에 대한 포위토벌작전을 감행
했지만 이 같은 토벌작전은 모택동과 주덕이 지휘하는 홍군의 유격전
으로 말미암아 실패하였다. 따라서 1931년 7월에는 장개석 자신이 총
사령관이 되어 국민당의 정예부대를 중심으로 약 30만 명의 병력을 동
원하여 대대적인 포위공격작전을 시도하였다.

　그러나 장개석의 3차 포위공격작전은 1931년 9월 18일 만주사변이
발발하고, 일본의 중국침략에 대한 국민적인 항의운동이 폭발하게 됨으
로써 어쩔 수 없이 중단되었다. 이와 같이 3차례에 걸친 장개석군의 포
위공격이 모두 실패로 끝나게 되면서 중국공산당은 홍군의 건설과 중
앙소비에트정권의 수립에 더욱 박차를 가하여, 1931년 11월 7일에 강
서성 서금에서 중화소비에트공화국의 수립을 선언하였다. 이 당시에 중
국공산당의 세력은 장개석의 군사적 압력에도 불구하고 계속 확장되어,
중화소비에트공화국 설립 당시에 중국공산당은 중국의 18개 성 가운데
11개 성에 있는 총 300개의 현에서 크고 작은 소비에트가 형성되어 있
다고 주장하였다. 이것은 중국본토의 총면적 중에서 6분의 1이 소비에
트의 구역에 속해 있으며 약 6,000만 명의 인구를 지배하고 있다는 것
을 의미하는 것이었다. 물론 이 같은 공산당의 주장은 다소 과장된 것
이라고 할 수 있다. 그러나 앞에서도 지적한 바 있지만, 이 당시에 소비
에트 지역은 약 100개의 현, 1,200만 명의 인구를 점유하고 있었고, 홍
군의 병력도 최고 30만까지 증가되었다.[36)]

　이와 같이 3차례의 포위공격에도 불구하고 농촌지역에서 중국공산당
의 세력은 오히려 확대되었는데, 그에 비하여 장개석은 내외의 도전으
로 또다시 정치적 곤경에 처하게 되었다. 한편으로는 국민당내의 반장

---

36) Kim Ilpyong, op. cit., p.32.

개석세력이 1931년 5월에 장개석의 독재를 비난하면서 광동국민정부의 수립을 선포함으로써 국민당 내부의 분열이 또다시 공개되었는가 하면, 또 다른 한편에서는 만주사변 이후 국민당이 지배하는 도시지역에서 내전중지와 일치항일을 주장하는 학생과 지식인들의 항일국민운동이 전개되면서 장개석의 대일유화정책과 국민당의 독재정치를 비판하는 소리가 높아졌다. 이 같은 분위기에서 장개석은 왕정위가 중심이 된 광동국민당정부와 타협과 협상을 하여 1932년 1월에 통일정권을 다시 수립하는 데 성공하였고, 일본과는 전면적인 전쟁을 극력 회피하면서 "먼저 국내의 적을 일소하고 외국의 침략에 대항한다"는 방침을 고집하였다. 따라서 1932년 6월에 40만 명의 병력을 동원하여 소비에트지역에 대한 제4차 포위공격작전을 개시하였다.

이처럼 장개석군의 4차 공격에 즈음하여 중국공산당 내부에서도 중요한 변화가 발생하고 있었다. 소비에트지역에 대한 당중앙의 통제권이 강화되면서 모택동의 유격전술이 비판을 받게 되었고, 모택동의 당과 홍군 내에서의 지위에도 변화가 발생하였다는 것이다. 앞서 있었던 장개석의 3차례의 포위공격에 대항하여 모택동은 "적이 진격하면 퇴각하고, 적이 퇴각하면 공격하고, 적이 정지하면 적을 교란하고, 적이 피로해지면 습격을 하는(敵進我退, 敵退我追, 敵駐我擾, 敵疲我打)" 유격전을 전개하여 압도적으로 우세한 토벌군을 분쇄하는 데 성공하였다. 그러나 "적을 깊숙이 유인하여 분쇄하는" 유격전을 수행하는 과정에서 소비에트구역의 상당부분이 장개석군에게 점령당하는 사태가 발생하여 소비에트구역내의 대중들의 정치적·심리적 동요를 초래했던 것도 사실이었다.

특히 장개석군의 제3차 포위공격작전이 진행되는 동안에는 장개석의 주력부대가 중앙소비에트의 수도인 서금에까지 육박하는 사태가 벌어졌다. 물론 3차공격은 만주사변으로 말미암아 중단되었기 때문에 군사적 위기를 모면할 수 있었지만, 이를 계기로 중국공산당의 지도부내에서 모택동의 유격전에 대한 비판이 공공연하게 제기되었다. 따라서 장개석군의 4차공격이 개시될 무렵에 모택동은 홍군의 지휘계통에서 제외되었고 주은래가 홍군의 총정치위원으로 임명되어 과거와는 달리 적극적인 진지전과 정면대응전을 전개하였다.[37]

이 당시 공산당의 당중앙은 중화소비에트공화국이 수립된 이상, 공산당과 국민당군의 싸움은 국가와 국가의 싸움이라고 인식하였고, 따라서 적을 유인하기 위하여 자신의 영토와 주민들을 포기하는 것은 잘못이라고 비판하면서 소비에트정권을 수호하기 위해 모든 전선에서 정면으로 대항해야 한다고 역설하였다. 따라서 홍군은 당중앙의 정면대응방침을 적용하여, 4차공세 당시 중앙소비에트구의 점령을 목표로 집중공격을 해오는 장개석의 주력부대를 서금의 입구라고 할 수 있는 광창(廣昌)에서 맞이하여 총력전을 전개한 끝에 격퇴함으로써 장개석의 4차 포위공격전도 좌절시키는 데 성공하였다.

이처럼 네 번의 포위공격이 실패로 돌아가자 장개석은 단시일 내에 군사적인 승리를 획득하려던 종래의 방침을 대폭 수정하고 소비에트지역에 대한 경제봉쇄와 농촌사회의 개조, 그리고 점진적으로 포위망을 압축해가는 장기전을 준비하였다. 이 같은 작전구상을 실천하기 위하여 장개석은 미국으로부터 5,000만 달러의 차관을 얻어 전쟁비용을 마련하고 독일의 저명한 군사전략가인 폰 젝트(Von Seekt)를 군사고문으로 초빙한 다음, 1933년 10월에 약 100만의 대군을 동원하여 소비에트지역에 대한 제5차 포위공격전을 전개하였다. 장개석군의 이 같은 포위공

---

37) 이 당시 모택동과 주은래의 사이는 대단히 미묘하였다. 주은래는 당시 소비에트구역에 대한 당의 통제를 담당하는 당 소비에트구 중앙국서기의 입장에서 모택동의 부농정책과 유격전술에 대하여 비판을 하였고, 1932년 10월 초에 개최된 '寧都會議'에서 장개석의 4차공격에 대한 전술문제로 모택동과 대립하였다. 이 같은 비판으로 모택동은 홍군의 주력부대인 제1방면군의 총정치위원직을 사임하고, 그 대신 주은래가 총정치위원으로 취임하여 군권을 장악하였다. 中嶋嶺雄 編, 『現代中國』, pp.132-134.

격작전은 단시일 내에 군사적인 승패가 결정되지 않았지만 시간이 지나면서 효과가 나타나기 시작하였다.

첫째, 장개석군의 경제봉쇄로 말미암아 소비에트지역 내에 경제위기가 발생하기 시작하였고, 둘째로 장개석군의 토치카전술로 말미암아 홍군의 유격적, 운동전이 무력화되었고, 셋째로 압도적인 화력과 군사력을 바탕으로 점진적으로 목표물을 집중공격하는 장개석군에 대항하여 홍군은 진지전으로 정면대응을 하려고 했지만 그것은 곧 역부족이라는 것이 판명되었다. 따라서 대대적인 물량전으로 공격해오는 장개석군에 의하여 홍군의 거점은 차례로 각개격파되어 1934년 4월에는 마침내 광창이 함락됨으로써 강서소비에트의 수도인 서금의 점령도 시간문제가 되었다.

이와 같은 상황에서 당 지도부는 마침내 강서소비에트의 포기를 결정하고, 1934년 7월 방지민(方志敏)의 부대가 선발대로 국민당군의 포위망을 뚫고 북쪽으로 탈출하였고, 각 지역에 분산되었던 다른 홍군부대도 각자의 위치에서 포위망탈출을 시도하였다. 1934년 10월 16일, 마침내 중국공산당과 중앙소비에트 정부기구의 지도부를 중심으로 하는 약 10만의 주력부대가 강서성 서금을 포기하고 국민당군의 포위망을 탈출하여 새로운 거점지역을 찾아 나서게 되었다. 이로써 중국공산당이 홍군과 토지혁명을 바탕으로 농촌지역에서 수립한 중화소비에트 정권은 붕괴되었고 중국공산당은 또다시 국민당군과 지방군대의 추격을 받으면서 생존을 위한 대장정의 길에 나서게 되었다.

4. 강서시대는 실패했는가

강서시대에 대한 평가는 중국공산당 내부에서, 그리고 중국혁명을 연구하는 학자들 사이에서도 다양하게 전개되고 있다. 이를테면 강서시대 이후 등장한 모택동을 중심으로 형성된 당 지도부는 강서시대의 좌경노선을 비판하면서 강서시대의 의미를 축소해석하려는 경향이 있으며, 또한 찰머스 존슨(Chalmers Johnson)과 같은 학자들은 농민민족주의의 관점에서 강서시대의 '실패'와 연안시대의 '성공'을 대비하고 있다. 그렇다면 과연 강서시대는 실패했는가. 중국공산당의 역사에서 강서시대를 어떻게 평가할 것인가.

1931년 11월에 수립되어 1934년 10월에 붕괴된 중화소비에트공화국 시대, 이른바 강서시대는 겨우 3년이란 짧은 기간이었지만 중국의 공산주의운동사에서 중요한 의미를 지니는 시기였다. 그것은 도시혁명을 추구하던 초기의 혁명전략에서 이른바 "농촌으로 도시를 포위하는 농촌혁명전략"으로의 이행기를 의미하는 것이며, 구체적으로 홍군의 건설과 토지혁명의 실시, 그리고 농촌혁명근거지의 확대를 모색하던 시기였다. 이 같은 혁명전략의 변화는 물론 처음부터 계획된 것은 아니었다. 국공합작의 붕괴와 도시지역에서의 무장봉기노선이 좌절되면서 국민당군의 추격과 탄압을 피하여 산간벽지와 농촌지역으로 분산된 공산당의 잔존세력이 생존을 위한 투쟁을 전개하는 과정에서 점차 형성된 것이었다. 그러나 이 같은 혁명전략의 전환은 다음 몇 가지 점에서 중요한 변화와 성과를 산출하였다.

첫째, 홍군의 건설과 확대라는 점을 지적할 수 있다. 1927년 8월 1일의 남창봉기와 9월의 추수봉기에 참여했던 무장병력을 중심으로 창설된 홍군은 농촌지역에서 소비에트정권을 수립하는 과정에서 꾸준히 확대되었다. 특히 국민당군의 파상적인 포위공격이 진행되고 있었기 때문에 농촌혁명근거지에서 공산당은 홍군의 건설과 확대를 최대과제로 강조하였다. 따라서 1928년경에 약 1만 명의 수준이었던 홍군의 병력은 1929년에는 2만 2천 명, 1930년 초에는 6만 6천 명, 그리고 1931년경에는 10만 명으로 증가되었다. 더구나 장개석군의 4차와 5차 포위공격이 잇달아 전개되면서 중국공산당은 '백만의 홍군건설'이란 슬로건을 내세우고 홍군의 확장에 총력을 경주하여 1933년경에는 홍군의 총병력이 30만에 이르게 되었다고 주장하였다.[38]

물론 이 같은 홍군의 병력 수는 실제와는 상당히 차이가 있는 것도 사실이다. 1934년 10월 강서소비에트를 포기하고 장정의 길에 오를 때 홍군의 주력부대가 통칭 10만이라고 했지만, 그 중에는 후방기관요원, 수송대원 등 비전투원이 상당수 포함되어 있었기 때문에 정규홍군은 7만-8만 명에 불과했으며, 잔여병력과 다른 지역에 분산된 모든 홍군병력을 포함해도 15만을 넘지 않았던 것으로 추산된다. 그럼에도 불구하고 10만 이상의 전투경험이 풍부한 정규홍군을 가지게 됨으로써, 중국혁명은 그야말로 '무장된 반혁명세력과 무장된 혁명세력' 사이의 무장투쟁의 형식으로 진행하게 되었다.

둘째, 홍군의 건설과 더불어 농촌혁명근거지에서 소비에트정권기구가 수립됨으로써 중국공산당은 처음으로 일정한 영토와 인구에 대한 통치 경험을 가지게 되었다. 중화소비에트공화국의 통치구역은 당시의 군사적인 상황으로 말미암아 유동적이었기 때문에 정확하게 추산할 수 없지만, 앞에서도 언급한 것처럼 중화소비에트공화국은 최소한 100여 개의 현단위에서 소비에트정권기구를 수립하였으며 총 1,200만 명의 인구를 통치하였다.

이 당시에 중화소비에트공화국의 통치체제는 행정적인 차원에서 본다면 강서성 서금에 위치한 중앙정부와 성-현-구 또는 향의 각급 지방정부기구로 구성되어 있었고, 지역적인 차원에서 본다면 중화소비에트정부는 대략 중앙소비에트지역을 중심으로 약 7개의 소비에트지역으로 나누어져 있었다. 즉 호북성의 남서쪽에 위치한 상악서(湘鄂西)소비에트와 호북성 동북쪽의 악여환(鄂予皖)소비에트를 제외하면 나머지 5개의 소비에트 지역은 모두 강서성에 위치하고 있었다. 이 중에서 강서성 남부에 있는 중앙소비에트구는 약 250만에서 300만의 인구를 가진 가

38) James Harrison, op. cit., pp.199-200.

장 큰 소비에트지역이었다.

이와 같이 강서시대에 중국공산당은 일정한 영토와 인구를 통치하는 정부기구를 운영하면서 행정적인 경험을 축적할 수 있었고, 앞에서도 지적한 바와 같이 강서시대에 개발된 대중노선과 같은 독특한 영도방법은 연안시대에 계승, 발전되었다.

셋째, 강서시대에 중국공산당은 양적인 측면과 질적인 측면에서 모두 변화하였다. 홍군의 증가와 더불어 강조될 점은 1927년의 대파국을 거치면서 급격하게 감소되었던 공산당원의 수가 강서시대에 큰 폭으로 증가되었다는 것이다. 국공합작이 붕괴된 후 공산당원의 수는 약 1만 명 미만이었던 것이 1930년에는 약 12만 명으로, 그리고 1934년의 장정 직전에는 최고 30만 명까지 증가되었다는 것이다.

이와 같은 양적 증가와 더불어 주목할 만한 사실은 중국공산당의 당원구성 변화이다. 1920년대의 중국공산당은 도시지역의 청년, 지식인 그리고 정통적인 노동자계급이 주축을 이루고 있었다면, 1930년대 이후는 농촌지역의 농민이 압도적인 다수를 차지하게 되었다는 것이다. 강서시대 중국공산당원들의 계급적 배경에 대한 정확한 통계는 없지만 여러 가지 정황으로 미루어보아 약 70% 이상이 농민 출신이라는 점은 부인할 수 없다.

이처럼 강서시대의 중국공산당은 도시 프롤레타리아계급의 정당이라기보다는 농민의 정당이라고 할 만큼 농민들의 비중이 압도적으로 증가되었을 뿐만 아니라 중국공산당내에서 홍군의 비중도 상당히 차지하게 되었다. 역시 중국공산당원 중에서 홍군이 차지하는 비중에 대한 정확한 통계는 없지만 1934년 약 30만의 홍군 중에서 45% 가량이 공산당원이거나 공산주의 청년단원이란 점을 고려한다면 홍군의 비율이 상당히 높았을 것이란 점을 쉽게 추론할 수 있다.[39]

---

39) 서진영, 「중국공산당의 조직과 구성변화, 1921-1987」, ≪아세아연구≫, 고려 대학교 아세아문제연구소, 1988, vol.1, no.2, 46-48쪽.

넷째, 강서시대의 중국공산당의 변화는 일반공산당원의 구성변화라는 측면에서도 분석될 수 있지만 동시에 당 지도부의 구성변화라는 차원에서도 살펴볼 필요가 있다. 1931년에서 1934년 사이에 선출된 중화소비에트공화국 중앙집행위원 241명에 대한 조사에 의하면 강서시대의 당과 국가의 지도자들은 1920년대의 지도자들과 비교해볼 때, 교육수준이 높고 비교적 상층계급의 출신들의 지식인들이 대부분이었다는 점에서는 공통점이 있지만 1920년대의 지도부보다 강서시대의 지도부가 좀더 연령적으로 성숙되어 있으며 다양한 혁명경험과 직업적 배경을 보여주고 있다.40)

즉 1927년 당시 당 지도부의 평균연령이 30세이었던 데 비하여 강서시대의 지도부의 평균연령은 34세이었고, 강서시대에는 과거보다 더 많은 지방당 간부와 홍군 지도자들이 진출하였다. 이와 같은 지도부의 구성변화는 강서시대가 농촌지역에서 홍군의 건설과 소비에트정권의 수립을 주요 과제로 삼았기 때문에 당연한 현상이라고 할 수 있다.

그러나 이 같은 다양한 혁명경험을 가진 계층들이 당의 지도부에 진출하게 됨으로써 과거와 같은 당 지도부의 동질성이 약화되고 당내의 파벌이 형성될 수 있는 요인이 되었다. 강서시대에 중국공산당 지도부의 파벌에 대하여는 여러 가지 상이한 해석이 있지만 대체로 볼셰비키 28인으로 불리는 소련유학생파, 중국공산당 창당과정에서부터 주도적인 역할을 담당했던 주은래, 장국도 등과 같은 노간부파, 그리고 모택동이나 주덕과 같이 지방당 간부와 홍군 지도자들로 구별할 수 있다. 이들은 각각 혁명경험도 다르고 권력기반도 다르기 때문에 중요한 정책문제에 대하여 서로 다른 견해를 표명하기도 하였고 때로는 격렬한 권력투쟁을 전개하기도 하였다.41)

---

40) Derek. J. Waller, "The Evolution of the Chinese Communist Elite, 1931-56," in Rovert A. scalapino, ed., *Elite in the People's Republic of China*, Seattle: University of Washington press, 1972, pp.47-56.

이처럼 강서시대에 중국공산당은 국공합작의 붕괴, 도시지역에서 무장봉기의 파국적 실패로 말미암아 생존을 위협받는 상태에서부터 중국의 광활한 농촌지역에서 새롭게 탄생하는 데 성공한 것처럼 보였다. 그러나 이 같은 성공은 그렇게 오래 지속되지 못했다. 장개석의 국민당정부의 파상적인 포위공격으로 중국공산당은 마침내 1934년 10월에 강서소비에트를 포기하고 또다시 생존의 길을 모색하면서 중국대륙을 종횡하는 장정을 단행하지 않을 수 없었다.

그렇다면 결국 강서시대는 중국공산당의 또 다른 실패인가? 이런 문제는 중국공산당 내부의 권력투쟁과 노선투쟁의 심각한 쟁점이 되었으며 동시에 중국의 공산주의운동사에서 강서시대의 의미를 평가하려는 학자들 사이에서도 중요한 쟁점이 되었다. 이 같은 쟁점과 관련하여 대체로 다음과 같은 세 가지 견해가 제시되었다.

첫째, 강서시대의 '실패'를 압도적으로 우세한 장개석군에 대한 군사적 패배라는 차원에서 해석하는 견해가 있다. 이 같은 견해를 주장하는 사람들은 중국공산당의 토지혁명정책이나 대중노선은 여러 가지 시행착오과정을 겪으면서도 대중적 지지를 창출하는 데 성공했다고 주장한다. 예를 들어 강서시대의 대중노선에 대하여 집중적인 연구를 한 김일평 교수는 강서시대를 다음과 같이 평가하였다.[42]

대체로 강서소비에트시대의 중국공산당 지도자들은 내부적인 파벌투쟁과 장개석정권으로부터의 대대적인 군사적 압력과 같은 여러 가지 문제를 가지고 있었음에도 불구하고 효과적인 정치체제를 만들어 운영하여 소비에트 통치하에 있는 농민대중들을 동원하는 데 성공했다고 결론을 내릴 수 있다.

41) 강서시대에 중국공산당 지도부 내부에서 전개되었던 파벌 간의 갈등과 권력투쟁에 대하여는 John E. Rue, *Mao Tse-tung in Opposition, 1927-1935*, Stanford: Stanford University Press, 1966; Tso-liang Hsiao, *Power Relations within the Chinese Communist, 1930-1934*, Seattle: University of Washington Press, 1961 등을 참조.

42) Kim Ilpyong, op. cit., p.201.

1934년에 강서소비에트 근거지의 포기는 기본적으로 군사적인 실패로 비롯된 것이지, 대중적 지지가 없었기 때문이거나 또는 최고정책결정자들 사이의 의견대립 때문이라고 할 수는 없다.

둘째, 앞의 견해와는 대조적으로 강서시대의 토지혁명은 농민대중의 지지를 창출하는 데 실패했다는 가정에서 강서소비에트의 붕괴는 단순한 군사적 패배의 차원에서 해석할 것이 아니라 급진적인 토지혁명의 실패라는 측면에서 이해해야 한다고 주장하는 학자들도 있다. 이 같은 견해를 가진 사람들은 찰머스 존슨(Chalmers A.Johnson)과 같이 농민대중이 중국공산당을 지지하게 된 것은 토지혁명 때문이 아니라 일본의 중국침략으로 촉발된 농민민족주의의 결과라고 주장하면서 강서시대의 실패와 연안시대의 성공을 대비시키고 있다.[43]

그러나 이 같은 주장에 대한 반론도 상당히 강력하게 제기되었다. 이를테면 도날드 길린(Donald Gillin)과 같은 학자는 토지혁명이 농민들의 정치적·계급적 의식을 고양시키고 중국공산당을 지지하게 했다고 주장하였다.[44] 이와 같은 비판에 대하여 존슨은 중국공산당의 지도부 자신이 강서시대를 '실패'라고 인정하고 있으며, 또한 장개석군의 진격이 본격적으로 전개되면서 소비에트지역은 군사적으로 동요했을 뿐만 아니라 정치적·경제적·사회적으로도 극심한 동요현상을 보여주었다는 점을 지적하고 있다.[45]

실제로 장개석군의 대대적인 제5차 포위공격전이 전개되면서 소비에트지역의 농민들 사이에서는 '공포, 피난, 도망하려는 기운'이 널리 퍼

---

43) Chalmers A. Johnson, *Peasant Nationalism and Communist Power: The Emergence of Revolutionary China, 1937-1945*, Stanford: Stanford University Press, 1962 참조.

44) Donald Gillin, "Peasant Nationalism in the History of Chinese Communism," *Journal of Asian Studies*, no.23, Feburary 1963, pp.269-289.

45) 이 같은 존슨의 반론에 대하여는 Chalmers A. Johnson, "Peasant Na tionalism Revisited," in *The China Qarterly*, no.45, December 1977, pp.766-785 참조.

져 있었고 홍군 내부에서도 '동요, 자신감상실, 도망, 심지어는 변절'하는 경우까지 나타나게 되었다. 따라서 이 당시의 당과 국가의 지도부는 "토지를 위해, 자유를 위해, 소비에트정권을 위해 최후까지 투쟁하자"고 독려를 했지만 이 같은 호소에 대한 대중들의 지지는 기대했던 것만큼 컸던 것은 아니었다.[46]

셋째, 강서시대에 대하여 중국공산당의 공식적인 평가가 존슨이 주장한 것처럼 실패로 규정하고 있는가를 재검토할 필요가 있다. 특히 강서시대에 대한 평가와 관련하여 모택동의 입장을 살펴볼 필요가 있다. 강서시대를 바라보는 모택동의 입장이 미묘한 것은 그 당시의 당내의 파벌투쟁, 노선투쟁을 고려하면 이해할 수 있다.

이미 앞에서도 언급하였듯이 모택동은 1931년 11월에 중화소비에트공화국이 수립되면서 국가주석으로 선임되었고, 또한 제1방면군의 총정치위원의 지위를 유지하면서 홍군을 지휘하여 장개석군의 제1차, 제2차의 포위공격을 격파하는 데 중요한 역할을 하였다. 그러나 모택동의 당내 위상은 소비에트지역에 대한 당의 통제가 강화되면서 당시 당권을 장악하고 있던 진소우, 진방헌과 같은 소련유학생파와 주은래와 같은 노간부파에 의하여 견제, 비판을 받게 되었다. 특히 1933년 이후 모택동은 홍군의 지휘권을 상실하였고 국가주석으로서의 권한도 대폭 축소되어 상징적인 존재로 전락하는 불운을 겪었다. 따라서 모택동이 이 당시 당 지도부의 정책과 노선에 대하여 신랄하게 비판하고 있는 것은 조금도 이상한 일이 아니다.

따라서 모택동이 대장정 도중에 개최된 유명한 준의(遵義)회의에서 홍군 지도자들의 지지를 얻어 강서시대에 당중앙이 채택한 정면대응의 진지전에 대하여 신랄하게 비판을 하였고 당과 군에서 다시 지도적인 위치를 확보하는 데 성공한 것은 잘 알려진 사실이다. 준의회의 당시에

---

46) '紅星' 社論,「土地のため, 自由のため, ソウェト政權のため最後まで鬪おう」 (1934年 4月 27日),『中國共産黨史 資料集』, 第7卷, pp.284- 287.

모택동은 강서시대의 당 지도부가 채택한 군사전략의 문제점만을 집중적으로 거론하는 데 그쳤지만, 당내에서 모택동의 지위가 확고하게 수립되면서 강서시대에 당 지도부가 추진했던 급진적 토지혁명노선과 밑으로부터의 통일전선전략 등을 구추백과 이립삼의 좌경모험주의노선의 연속선상에서 제3차 좌경노선이라고 비난하였다. 이와 같은 모택동의 견해는 1945년 4월에 개최된 중국공산당 제6기 7중전회에서 통과된 「약간의 역사문제에 대한 결의」에 반영되었다.[47)]

1945년의 「역사결의」에 의하면 강서시대는 다음과 같이 평가되었다. 즉 1927년 대혁명이 실패한 후 1937년 중일전쟁이 폭발하기까지 10년간의 '토지혁명시기'에 중국공산당은 홍군을 창건하고 공농병소비에트정권을 수립하며 농촌혁명근거지를 확대함으로써 중국혁명을 심화, 발전시켰다. 그러나 구추백, 이립삼, 왕명 등으로 대표되는 극좌노선으로 말미암아 중국공산당은 심각한 좌절을 감수하였다. 특히 1931년부터 1934년 사이에 왕명, 박고와 같은 좌경적 지도자들은 중국혁명의 장기성과 복잡성을 간과하고 조급하게 혁명의 승리를 쟁취하려고 하였으며 중간계급의 양면성을 무시하고 지나치게 반자본주의 투쟁만을 강조함으로써 혁명의 패배를 자초하였다.

이와 같이 모택동은 강서소비에트가 붕괴된 것은 압도적인 장개석군에 의한 군사적인 패배에서 비롯되었다기보다는 당시의 당지도부가 추진했던 좌경적 정책노선의 과오에도 책임이 있다고 주장하였다. 특히 당시의 당 지도부는 농촌사회의 구체적인 현실을 무시하고 급진적인 토지혁명을 추진함으로써 정치적으로나 경제적으로 중요한 역할을 하는 부농과 중농을 소외시켰으며, 또한 일본의 제국주의적 침략이 자행되면서 중국사회의 계급적 성격에 중대한 변화가 생겼는데도 이를 무시하고 중간세력과 부르주아계급을 모두 배격함으로써 중국공산당의

---

47) 中共 中央 6期 擴大 7中全會, 「若干の 歷史的 問題についての決議」, 『中國共産黨史 資料集』, 第12卷, pp.232-266.

고립화를 자초했다는 것이다.

또한 앞에서도 지적한 바와 같이 반장개석의 기치를 내걸고 중국공산당과의 연합을 모색하던 복건인민혁명정부에 대한 중국공산당의 무관심과 적대적 태도는 역설적으로 장개석의 군사적·정치적 입지를 강화해주었고, 장개석으로 하여금 신속하게 제5차 포위공격전을 전개할 수 있게 한 것은 부인할 수 없다. 이와 같은 관점에서 본다면 강서시대의 좌경노선이 중화소비에트공화국이 붕괴하게 된 직접적인 원인은 아닐지라도 간접적인 원인이 된다.

다시 말해서 강서시대의 좌경적 당중앙은 압도적으로 우세한 장개석군에 대항하여 정면으로 진지전을 전개함으로써 막대한 군사적 패배를 초래하였을 뿐만 아니라 토지혁명의 급진화를 통해 농촌사회에서 빈농의 지지를 동원하는 데는 어느 정도 성공했지만 중농과 부농을 소외시킴으로써 농촌경제를 약화시켰으며, 또한 도시지역에서 반자본주의투쟁을 지나치게 강조하고 부르주아계급과 중간계층을 적대시함으로써 스스로 정치적 고립을 자초하여 마침내 중화소비에트공화국의 붕괴를 촉진했다는 것이다.

그럼에도 불구하고 강서시대의 이와 같은 시행착오로 말미암아 중국공산당은 첫째, 중국혁명은 장기적이고 복잡한 계급투쟁의 과정이란 점을 인식하게 되었고, 둘째, 농촌에서의 반봉건투쟁은 빈농을 중심으로 하면서도 중농과 연합하고 부농을 이용할 수 있는 유연한 정책을 개발하지 않으면 안 된다는 점을 터득하게 되었으며, 셋째, 일본제국주의의 침략이 확대되면서 중국공산당의 농촌혁명운동은 도시지역의 반제투쟁과 결합하지 않으면 안 된다는 교훈을 얻었다는 것만으로도 강서시대를 '실패'라고 단정할 수 없다. 연안시대의 성공은 이런 점에서 계급연합을 강조했던 국민혁명시대의 쓰라린 좌절의 경험과 계급투쟁을 강조했던 강서시대의 패배의 경험을 변증법적으로 결합함으로써 쟁취할 수 있었던 것이다.

제7장
장정과 항일민족통일전선의 성립

　　1934년 10월 장개석군의 5차 포위공격으로 마침내 강서소비에트를 포기하지 않을 수 없게 된 중국공산당의 주력부대가 강서성의 서금을 탈출, 중국대륙을 종횡단하여 1935년 9월 20일 섬서성(陝西省) 오기진 (吳起鎭)에 도착하기까지 1년간의 대장정은 그야말로 고난과 시련에 가득 찬 시기였다. 장개석군과 지방군벌군대의 집요한 추격과 공격을 받아가면서 중국대륙의 11개 성을 통과하고 18개 산맥과 17개 큰 강을 건너 2만 5천리(1만 2천 킬로미터)를 답파한 끝에 섬서성 북부지방에 도착했을 때, 강서성을 탈출할 당시 10만이었던 홍군의 주력부대는 겨우 7천의 생존자만이 남아 있을 만큼 궤멸적인 타격을 받았다.[1]

---

[1] 장정에 대한 중국측 문헌은 여기서 다 열거하기에는 너무나 많다. 대부분이 사실적 기술보다는 장정에 참여했던 사람들의 회고록 형식으로 씌어진 것이다. 예를 들면, 『回顧長征: 記念 中國工農紅軍 長征勝利會師50周年』, 人民出版社, 1985 등이 있다. 장정에 대한 서구의 연구업적 중에는 Dick Wilson, *The Long March, 1935: The Epic of Chinese Communism's Survival*, New York: Viking Press, 1971 등이 있다.

그러나 대장정은 중국공산당사에서 단순한 패주의 기록만은 아니었다. 무수히 많은 이름 없는 병사들과 간부들이 감동적인 영웅담을 남기고 죽어간 대장정의 과정은 중국혁명사에서 중국공산당의 불굴의 용기와 희생정신을 상징하는 위대한 신화를 남겼으며, 또한 존망의 위기에서 승리의 전기를 마련한 역사적 분수령으로 기록되고 있다. 모택동은 대장정 직후에 다음과 같이 대장정의 의미를 설명하였다.[2]

장정은 진실로 선언서이며 선전대이며 파종기였다.……12개월 동안 공중에서는 매일같이 수십 대의 비행기가 우리를 정찰, 폭격하고 지상에서는 수십만의 대군이 우리를 포위, 추격, 차단하였다. 우리는 장정의 과정에서 말로는 형용할 수 없는 고난과 장애를 겪었다. 그러나 우리는 두 개의 다리만으로 2만여 리가 되는 거리를 걸어 11개의 성을 종횡단하였다.……장정은 진실로 선언서였다. 전 세계를 향하여 홍군이야말로 영웅적인 군대이며, 제국주의와 제국주의자들의 주구인 장개석의 무리들은 아무것도 아니라는 사실을 선언하는 것이었다. 장정은 제국주의자들과 장개석이 시도하려 했던 포위, 추격, 차단의 파산을 선고하는 것이었다. 장정은 또한 선전대였다. 그것은 11개의 성에 사는 약 2억의 대중들에게 홍군이 가는 길만이 그들이 해방되는 길이란 것을 선전하는 것이었다. 만일 장정이 없었더라면, 어떻게 광범위한 대중이 홍군이 구현하고 있는 대진리를 그렇게 빨리 알 수 있었겠는가. 장정은 또한 파종기였다. 장정의 과정에서 우리는 많은 종자를 11개의 성에 뿌렸다. 그것이 언젠가는 싹이 트고 잎이 나고 꽃이 피고 열매를 맺어서 추수할 때가 반드시 있을 것이다. 한마디로 장정은 우리에게 승리였고, 적에게는 패배였다.

모택동이 예언한 대로 중국공산당은 장정을 통하여 또다시 새롭게 탄생하였다. 강서시대에 이룩했던 거의 모든 것을 잃었으면서도, 중국공산당은 장정과정에서 중국혁명의 승리를 담보할 수 있는 새로운 지도부와 새로운 정책노선을 형성하였다. 1935년 1월 유명한 준의회의를 계기로 모택동을 중심으로 하는 새로운 당 지도부가 형성되었으며, 또

---

2) 毛澤東, 「論日本帝國主義的 策略」, 『毛澤東選集』, 第1卷, p.136.

<그림 4> 홍군의 대장정

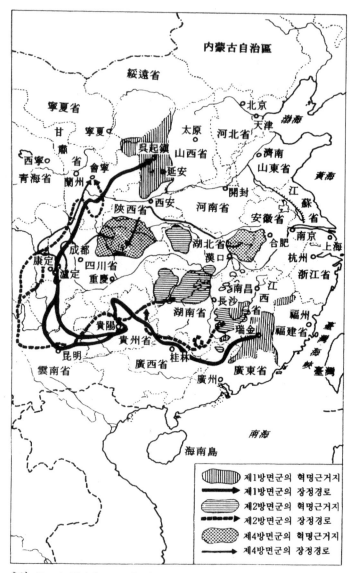

출처: Dennis Twitchett, and John Fairbank, eds., *The Cambridge History of China*, vol. 13, London: Cambridge University Press, 1980, p.210; 岩村三川夫, 『中國現代史』, p.122.

한 국민당과의 제2차 국공합작을 실현함으로써 중국공산당이 기사회생할 수 있는 계기를 마련했다는 점에서 장정은 중국공산당사에서 역사적인 전환점이 되었던 것이다.

1. 준의회의와 모택동의 등장

1934년 10월에 강서성 서금을 탈출한 홍군 주력부대인 제1방면군의 1차적인 목표는 당시 호남성 남부에 집결해 있었던 하룡이 지휘하는 제2방면군과 합류한다는 것이었다. 따라서 일단 퇴각의 행로를 서쪽으로 잡고 행진하였다. 그러나 이 같은 '대서천(大西遷)'을 간파한 국민당군의 집중공격을 받고 홍군은 병력의 거의 3분의 2를 손실당하는 치명적인 타격을 입었다. 따라서 홍군 주력부대는 하룡의 부대와 합류하는 것을 단념하고 예정에도 없었던 귀주성으로 향하여 1935년 1월에 귀주성 준의를 점령하고 약 2주간의 휴식을 취하면서 앞으로의 진로와 당과 군 내부에서 제의되고 있는 여러 가지 문제를 토의, 결정하기 위해 정치국 확대회의를 개최하였다.

중국공산당사에서 모택동의 지도권이 확립되는 기점으로 알려진 유명한 준의회의에는 당시 당의 지도부를 형성하고 있던 진방헌, 장문천, 왕가상, 주은래 등을 비롯하여 모택동, 유소기, 주덕, 팽덕회, 임표 등 총 22명의 당과 군의 주요 지도자들이 참가하였다. 준의회의의 의제와 토의내용 그리고 최종적인 결정에 대하여는 여러 가지 이견이 있지만, 가장 심각하게 논의되었던 것은 아무래도 당중앙의 군사노선에 대한 것이었다.[3] 다시 말해서 준의회의에서 모택동은 장개석의 제5차 포위

---

3) 준의회의의 개최날짜와 참가자, 토의내용 등에 대한 상세한 검토를 위해서는 Benjamin Yang, "The Zunyi Conference as One Step in Mao's Rise to Power: A Survey of Historical Studies of the Chinese Communist Party," in *The China*

공격에 대하여 정규적인 진지전으로 맞서 대패한 것에 대하여 당 지도 부를 신랄하게 비판하였고, 대부분의 홍군 지도자들이 모택동의 입장을 지지한 것으로 알려지고 있다. 이와 같은 군사적인 문제 이외에도 일부 자료에 의하면, 당시 도시지역의 당활동을 책임지고 있었던 유소기도 국민당이 장악한 도시지역에서 당의 활동이 당중앙의 지나친 좌경노선 으로 말미암아 파괴되었다고 비난하였다고 한다. 그러나 준의회의에서 는 당의 '좌경노선' 전반에 대한 토론은 더 이상 심각하게 진전되지 않 았던 것 같다.

준의회의가 개최되었던 상황을 고려해본다면, 모택동이나 유소기 등 이 당의 이른바 제3차 좌경노선 전반에 대한 불만을 가지고 있었더라 도 그 같은 불만을 전부 표출했다고 믿어지지 않는다. 정치적으로나 군 사적으로 당의 지도체제와 당노선 전체를 변경할 만큼 안정된 상황이 아니었고, 또한 모택동을 중심으로 하는 반대세력이 결정적인 우세를 점유하고 있었던 상황도 아니었기 때문이다. 따라서 준의회의에서 토 의, 결정된 사항은 당시 당이 직면하고 있었던 가장 절박한 군사적 전 략과 전술의 과오를 교정하는 문제, 그리고 그에 따른 부분적인 지도부 의 교체에 국한되었다. 준의회의의 결의문에 의하면 강서시대에 당중앙 이 채택한 전반적인 정책노선은 올바른 것이라고 지적하고 있으면서도 장개석의 제5차 포위공격에 대항하는 과정에서 당중앙은 군사적 전략 과 전술에서 과오를 범했고, 이에 대한 진방헌의 책임을 인정하고 있다 는 것이다. 이와 동시에 준의회의는 모택동의 군사노선을 새로운 당의 방침으로 채택하기로 하였다.

이와 같이 준의회의에서 모택동의 군사노선이 올바른 것이었다고 인 정되었다고 해서 모택동이 준의회의에서 당권과 군권을 모두 장악했다 는 것은 아니다. 최근에 발표되고 있는 준의회의에 관한 문헌들을 살펴

Quarterly, no.106, June 1986, pp.235-271을 참조; 盖軍, 「毛澤東軍事思想的 偉大勝利: 重讀遵義會議決議」, 『黨史硏究』, 第6期, 1984, pp.8-18 참조.

보면, 준의회의에서는 부분적이고 타협적인 인사개편만이 있었던 것이 사실로 판명되었다. 즉 모택동은 정치국 상임위원으로 선출되었고, 주은래, 왕가상(王稼祥)과 더불어 군사위원회 3인 소조를 구성하여 군사문제에서 중요한 역할을 다시 담당하게 되었지만 당과 군의 최고지도자의 직책을 장악한 것은 아니라는 것이다. 당시 당의 최고지도자였던 진방헌의 교체문제는 준의회의에서 결정된 것이 아니라, 1935년 2월에 결정되었으며, 모택동이 진방헌을 대신하여 당의 책임자로 선정된 것이 아니라 장문천이 당무를 총괄하기로 결정되었다. 이런 점에서 본다면 준의회의의 결정은 모택동을 지지하는 세력과 과거의 당중앙을 구성했던 일부 세력 간의 대결에서 모택동 지지세력의 일방적 승리로 끝난 것이 아니라, 당내의 다양한 세력들의 타협과 협력을 반영하고 있다고 할 수 있다.

다시 말해서 준의회의와 그 직후에 있었던 당의 인사개편과 조직개편의 내용을 면밀히 분석하면, 준의회의에서 모택동이 당과 군권을 장악했다는 주장은 과장된 것이라고 할 수 있다는 것이다. 그러나 준의회의가 모택동이 당권과 군권을 장악해가는 중요한 계기가 되었다는 사실은 여전히 부인할 수 없다. 준의회의 이후 장문천이 당의 명목상의 책임자로 선출되었고, 1943년에서야 모택동은 공식적으로 중앙정치국과 중앙서기국의 주석으로 취임했지만, 준의회의 이후 모택동은 당 중앙군사위원회의 실질적인 지도자로서 당과 군에서 그 위치를 확립하기 시작하였다. 특히 준의회의의 적법성에 대하여 의문을 제기한 장국도의 도전에 대항하고, 장정의 방향을 결정하는 과정에서 모택동은 당과 군의 실질적인 지도권을 장악하였다.

준의회의 이후 모택동과 주덕이 지휘하는 홍군 제1방면군을 주축으로 하는 당의 주력부대는 사천성 서부에서 소비에트를 건설하고 있었던 장국도의 제4방면군과 합류하기 위하여 북상을 시도하였다. 그러나 이 같은 의도를 간파한 장개석군과 군벌군대의 끈질긴 추격으로 또다시 막대한 군사적인 손실을 입고 남하하여 귀주성, 운남성을 숨바꼭질하듯 돌아 마침내 1935년 6월에 사천성 서북지방에서 장국도의 제4방면군과 합류하는 데 성공하였다. 이처럼 천신만고 끝에 모택동의 제1방면군과 장국도의 제4방면군이 합류하게 됨으로써 당과 군의 사기는 일시 고조되었다. 그러나 당의 지도권과 장정의 진로문제를 둘러싸고 지도부 내부의 분쟁이 발생하였다. 1935년 6월에 개최된 양하구(兩河口) 정치국회의와 8월의 모아개(毛兒蓋)회의에서 장국도의 지지세력은 준의회의에서 결정된 사항에 대한 적법성에 대하여 의문을 제기하고 북상항일(北上抗日)을 주장하는 모택동의 제안에 반대하였다.

장국도는 준의회의에 모든 정치국원이 참여할 수 없었고, 게다가 중요한 인사문제와 조직개편과 같은 사항은 중앙위원회 전체회의에서만 결정될 수 있다고 주장하면서 준의회의의 결정을 승복할 수 없다는 태도를 보였다. 또한 장국도는 장정의 진로와 관련하여 사천성 서북지방에 소비에트를 건설하는 것이 더욱 유리하다고 주장하면서 모택동의 북상항일정책에 반대하였다.

이와 같이 장국도가 준의회의의 결정사항에 대하여 반대를 하게 된 배경은 확실하지 않지만 아마도 자신을 비롯한 제4방면군의 세력이 배제된 가운데 결정된 당의 인사개편과 조직개편에 대한 불만에서 비롯된 것이라고 추측해볼 수 있다. 이 당시 홍군의 주력부대를 구성하고 있던 모택동과 주덕의 제1방면군은 장정을 시작할 당시의 7, 8만의 병력으로부터 약 1만여 명으로 감소되었고, 그동안의 전투와 도피행진으로 완전히 지친 상태였던 데 비하여, 장국도의 제4방면군은 4~5만의 병력을 그대로 유지하고 있었기 때문에 군사적인 실력면에서 장국도의 세력이 당중앙의 주력부대보다 훨씬 우세한 형편이었다.

따라서 장국도는 자신을 포함하여 제4방면군의 지도자들이 당과 군의 지도부에서 더 많은 발언권을 가져야 한다고 생각할 수도 있었을 것이다. 어떤 이유에서건 장국도가 준의회의의 결정사항에 대하여 반대하

자, 이에 대하여 모택동은 강력하게 비판하면서 준의회의의 적법성을
옹호하였고 북상항일을 주장하였다. 이 과정에서 준의회의에 참여했던
대부분의 당 지도자들이 모택동의 입장을 지지하면서 모택동의 지도권
은 확립되기 시작했다.

그러나 장국도가 이 당시 모택동과 당 지도부의 결정을 승복한 것은
아니었다. 결국 모아개회의에서도 모택동의 북상항일 주장과 사천성의
변방지역으로 진격하자는 장국도의 주장을 절충하는 데 실패하자, 홍군
을 양분하여 제각기 활로를 찾기로 하였다. 따라서 모택동과 당중앙의
주요 지도자들은 섬서성 북부지방에서 농촌근거지를 건설하고 있었던
서해동(徐海東)과 유자단(劉子丹)군과 합류하기 위하여 북상하였고 장
국도와 주덕 등은 군사적으로 좀더 유리하다고 여겨지는 사천성 부근
에서 소비에트를 건설하기 위하여 남하하였다.

이와 같이 모아개회의에서 중국공산당의 주력부대가 다시 양분되어
남북으로 갈려지면서 모택동과 장국도의 운명은 결정되었다고 해도 과
언은 아니다. 모택동 일행은 국민당의 추격을 받아가면서 또다시 행군
을 계속하여 1935년 10월에 7, 8천 명의 생존자가 섬서성 북부지방에
도착하는 데 성공하였다. 그러나 사천성 방면으로 남하했던 장국도의
군대는 국민당과 지방군벌의 집중적인 공격을 받고 궤멸하여 근거지
건설을 단념하고 1936년 10월에 다시 모택동이 1년 전에 도착하여 자
리를 잡고 있던 섬서성 북부지방으로 돌아와 합류하였다. 또한 하룡이
지휘하는 제2방면군도 모택동과 비슷한 경로를 거쳐서 섬서성에 도착
하였다. 따라서 섬서성 북부지방은 강서소비에트가 붕괴된 후 지리멸렬
했던 공산당과 홍군의 새로운 중심지가 되었으며, 준의회의 이후 북상
항일을 주장하면서 장정을 지휘해온 모택동의 지위는 이제 확고하게
자리 잡기 시작하였다.

이와 같이 장정과정에 형성된 모택동을 중심으로 하는 새로운 당과
군의 지도부의 등장은 중국공산당사에서 중요한 변화를 의미한다고 할

수 있다. 그것은 첫째로 중국공산당이 진독수로 대표되었던 신문화시대
의 지식인이나, 또는 실무경험이 거의 없는 소련유학생파와 같은 이론
가들이 퇴진하고 농촌혁명과정에서 단련되고 성장한 농촌혁명근거지와
홍군의 지도자들이 당중앙을 장악했다는 것을 의미하며, 둘째로 이 같
은 지도부의 교체는 중국공산당의 혁명전략이 도시중심의 대중봉기전
략으로부터 본격적인 농촌혁명전략으로 전환되었다는 것을 뜻하고, 셋
째로 중국공산당이 소련이나 코민테른의 직접적 지도에서 벗어나 어느
정도 자율성을 획득해가는 계기가 되었다는 것이다. 물론 모택동이 등
장한 이후에도 중국공산당은 소련과 코민테른과 밀접한 관계를 유지했
지만, 소련유학생파들보다는 모택동이 중심이 된 새로운 지도부가 중국
혁명의 특수성을 좀더 강조했다고 할 수 있다.

2. 중국공산당의 통일전선전략 변화

　1931년 9월 18일의 만주사변 이후 일본의 침략이 노골화되면서 중
국사회의 각계각층에서 내전중지와 거국적 항일전을 요구하는 소리가
높아지자 중국공산당은 1932년 4월에 비록 상징적인 것에 불과하지만
강서소비에트정부의 명의로 대일선전포고를 하기도 하였고, 노동자와
농민 그리고 소시민을 중심으로 반제운동을 전개해야 한다고 주장하기
도 하였다. 그러나 강서시대의 통일전선전략은 부르주아계급과 국민당
을 배제한 '밑으로부터의 통일전선'을 강조함으로써, '좌경적 편향성'을
보여주었다.
　그러나 장정과정에서 발생한 중국의 국내적·국제적인 변화는 이 같
은 강서시대의 비타협적인 통일정책을 수정하지 않을 수 없게 하였다.
즉 부르주아계급과 장개석의 국민당을 배제하는 밑으로부터 통일전선
전략에서 장개석의 국민당을 포함한 모든 세력의 단결을 강조하는 방

향으로 변화하기 시작했다는 것이다. 이와 같이 중국공산당의 항일통일
전선전략의 변화배경에는 물론 중국공산당의 절박한 현실적인 과제, 즉
장개석군의 무력진압작전을 둔화시켜 절체절명의 상태에서 조금이라도
벗어나고자 하는 의도도 분명하게 작용하였다. 그러나 또 한편으로는
1935년을 전후로 하여 중국의 국내외적인 여건이 중국공산당으로 하여
금 좀더 적극적인 통일전선전략을 제기하게 했던 것이다.

1) 코민테른 7차 대회와 통일전선전략의 변화

1930년대 초에 중국공산당이 '좌경적' 통일전선전략을 주장하게 된
데에는 당시 코민테른의 반자본주의노선의 영향을 무시할 수 없듯이,
1935년 이후 중국공산당의 통일전선전략의 변화도 코민테른의 정책노
선 변화와 무관하지 않다. 다시 말해서 1930년대 초에 코민테른은
1929년의 대공황 이후 서구 자본주의사회에서 계급투쟁이 격화되고 노
동자계급의 급진화·혁명화 경향이 심화되고 있다고 판단하고 노동자계
급을 중심으로 하는 반자본주의투쟁을 강조하였다. 특히 당시 코민테른
은 부르주아민주주의세력과 사회민주주의세력을 경계하였는데, 바로 이
같은 코민테른의 정책노선이 강서시대에 중국공산당이 '좌경적' 통일전
선전략을 주장하게 된 배경이었다.[4]

그러나 1935년을 전후로 하여 독일, 이탈리아, 일본 등에서 파시즘
세력이 급속하게 팽창하면서 반소·반공정책을 강화하고, 또한 중국을
비롯하여 스페인, 오스트리아 등 각국에서 급진적인 공산주의운동의 패
배가 확실해지자 소련과 코민테른의 지도자들은 과거의 좌경적 통일전
선전략을 수정할 필요를 느끼게 되었다. 특히 독일과 일본의 파시스트

---

4) 1930년대 초 코민테른의 반파시스트 연합전선론에 대하여는 James Degras,
   The Communist International, 1919-1943: Documents, London: The Camelet Press,
   1965, vol.#3, pp.151-167 참조.

세력이 연합하여 소련에 대하여 노골적인 적대감을 표시함으로써 소련
의 지도자들은 부르주아민주주의세력과 사회민주주의세력을 포함하여
광범위한 반파시스트 연합전선을 결성해야 한다고 강조하기 시작하였다.
　　1935년 봄에 일본의 대표단이 베를린에 도착하여 반소·반공 공동전
선을 논의하는 상황에 직면한 스탈린은 미국을 비롯하여 영국과 프랑
스 등 서구 민주주의국가와 반파시스트 연합전선을 모색하지 않을 수
없었으며, 한 걸음 더 나아가 국민당정부와도 관계를 개선할 필요를 느
끼고 있었다.5) 이 같은 상황에서 1935년 7월말에 모스크바에서 코민테
른 제7차 대회가 개최되고, 통일전선전략의 일대 전환이 선언되었다.
코민테른의 이 같은 정책전환은 디미트로프(Georgi Dimitroff)의 연설에
서 잘 나타나 있다. 디미트로프는 코민테른의 새로운 통일전선전략을
다음과 같이 정리하였다.6)

　　첫째, "자본주의의 일반적 위기가 첨예화되고 노동대중이 혁명적으로 되어
가고 있는 상황에서……지배적 부르주아계급은 점점 더 파시즘에서 구원을
찾으려고 하기 때문에" 파시즘의 위험을 과소평가해서는 안 된다고 경고하면
서 파시즘과의 투쟁이 모든 진보적 세력들의 중심적인 임무라고 선언하였다.
　　둘째, 파시즘의 계급적 본질은 "금융자본의 가장 반동적이며 가장 국수주
의적이고 가장 제국주의적인 세력에 의한 공공연한 테러 독재"라고 규정하면
서, 파시스트국가와 일반적 부르주아국가와의 차별성을 간과하는 것은 중대한
착오라고 규정하였다. 파시스트 반혁명세력은 노동자계급에 대하여 야만적인
착취와 억압을 자행할 뿐만 아니라 부르주아민주주의에 대하여도 공격을 하
기 때문에, 프롤레타리아계급은 전통적인 자유와 민주주의를 수호하기 위해서
도 부르주아계급과 반파시스트 연합전선을 구축해야 한다고 주장하였다.

---

5) 1935년을 전후로 일본과 독일 사이에 논의되었던 반소·반공 연합전선에 대하
　여는 Ohata Tokushiro, "The Anti-Comintern pact, 1936-1939," in James W.
　Morley, ed., *Determent Diplomacy, Japan, Germany, and the USSR, 1935-1940*,
　New York: Columbia University Press, 1976, pp.23-25 참조.
6) Gregori Dimitroff, *The United Front: The Struggle against Fascism and War*,
　Moscow: Proletarian Publisher, 1975, pp.9-93.

셋째, 식민지·반식민지 사회에서 광범위한 반제통일전선을 형성함에서 각 국의 특수성이 인정되어야 한다고 선언하고, 각국의 프롤레타리아계급의 혁명 투쟁과 노동운동이 지니고 있는 민족적 특성은 프롤레타리아 국제주의와 모 순되는 것이 아니라고 강조하였다. 따라서 각국의 공산주의자들은 국제주의적 인 입장을 견지하면서도 민족의 자유와 국가의 독립을 위하여 투쟁하는 민족 적 정치세력으로 성장해야 한다고 주장하였다.

이와 같은 디미트로프의 연설에서 나타난 바와 같이, 1935년 7월말에 모스크바에서 개최된 코민테른 제7차 대회는 과거의 '밑으로부터의 통 일전선전략'이 내포하고 있었던 좌경적 폐쇄성과 교조주의적 획일성을 비판하면서 더욱 광범위한 통일전선전략으로 전환할 것을 각국의 공산 당에게 지시하였다. 이 당시 코민테른의 입장은 레닌이 1921년 「식민 지·반식민지 민족문제에 대한 테제」에서 제시한 바와 같이 프롤레타리 아계급의 독자성을 견지하면서도 광범위한 계급과 계층을 반파시스트 연합전선에 결집시킨다는 것이었으며, 또한 각국의 공산당은 각국의 구 체적인 환경과 특수성을 고려하여 다양한 형태의 통일전선전략을 모색 해야 한다는 것이었다. 특히 식민지와 반식민지사회에서 공산당은 민족 독립의 문제와 민중들의 민족감정을 무시해서는 안 된다고 경고함으로 써, 코민테른 제7차 대회는 중국을 비롯하여 제3세계에서 민족주의적 공산주의운동이 등장할 수 있는 근거를 제공해주었다.

2) 반장항일에서 핍장항일(逼蔣抗日)로 변화

코민테른 제7차 대회를 계기로 소련과 코민테른 지도부가 부르주아 계급을 포함하여 광범위한 반파시스트 연합전선전략을 강조함에 따라 서 중국공산당도 과거와는 달리 거국적인 항일통일전선의 결성을 강조 하기 시작하였다. 따라서 코민테른 제7차 대회에 중국공산당을 대표하 여 참석한 왕명이 중국공산당의 이름으로 이른바 「8·1선언」이라고 하

는 「항일구국에 관하여 전체동포에게 드리는 글」을 발표하였다. 「8·1
선언」에서 중국공산당은 모든 당파와 군대 그리고 각계각층의 인사들
은 정치적 견해가 다를지라도 내전정지, 항일구국의 공동목표를 위하여
단결해야 한다고 호소하면서 통일된 국방정부와 항일연군(抗日聯軍)을
수립하고 거국적인 차원에서 항일투쟁을 전개하자고 제안하였다.7)

　중국공산당과 홍군이 장정 중에 발표한 「8·1선언」은 아직도 장개석
의 국민당정부에 대하여는 매국적 집단이라고 매도함으로써 과거와 같
이 반장항일의 입장을 고수하고 있었지만, 극소수의 친일, 매국세력을
제외한 모든 계급과 모든 계층과의 단결을 강조했다는 점에서 과거의
편협하고 경직된 '밑으로부터의 통일전선전략'과는 다른 점을 보여주
었다.8)

---

7) 中國ソヴェト政府-中共中央, 「抗日救國のために全同胞に告する書」, 『中國共
　産黨史 資料集』, 第7卷, pp.521-526.
8) 오늘날 중국공산당의 공식적인 당사에 기록되어 있는 「8·1선언」이 과연 1935
　년 8월 1일에 중국공산당에 의해 작성, 발표되었는가에 대한 의문이 많다. 지금
　까지 알려진 바에 의하면 「8·1선언」은 당시 중국공산당을 대표하여 코민테른
　제7차 대회에 참석하였던 왕명에 의하여 작성되었다고 한다. 그러나 왕명 개인
　에 의하여 작성된 것이 아니라, 왕명을 비롯하여 康生, 吳玉章, 高自立 등 중국
　공산당 대표단의 집체적 토의를 바탕으로 작성된 것이기 때문에, 「8·1선언」은
　당시 중국공산당 당중앙의 견해를 반영한 것으로 보아야 한다는 주장이 제기되
　었다. 이 같은 주장에 대해서는 姚寅虎, 楊經淸, 「簡評 八一宣言」, 『黨史硏
　究』, 第3期, 1983, pp.47-52 참조; 그러나 일부에서는 당시에 장정중에 있었던
　중국공산당이 어떻게 코민테른이나 모스크바에 있던 중국공산당 대표단과 연락
　을 계속할 수 있었으며, 더구나 디미트로프의 주요 연설이 있기 하루 전에 그와
　같은 선언을 발표할 수 있었는지에 대하여 의문을 제기하고 「8·1선언」이 1935
　년 8월 1일에 작성, 발표된 것이 아닐지도 모른다고 주장하고 있다. 이들은 코민
　테른 제7차 대회에 대한 ≪프라우다≫지의 기사 가운데에도 중국공산당의 「8·1
　선언」이 언급되지 않았고, 「8·1선언」의 내용이 처음으로 공개된 것은 1935년
　10월 1일 파리에서 간행되는 코민테른의 파리 기관지인 ≪救國時報≫였다는
　점을 지적하고 있다. 이 같은 사실을 미루어볼 때, 「8·1선언」은 중국공산당이
　10월 초에 작성한 것으로 추론할 수 있다는 것이다. 이 같은 주장에 대하여는
　John W. Garver, "The Origins of the Second United Front: The Comintern

「8·1선언」에서 나타난 중국공산당의 새로운 통일전선전략 구상은 1935년 1월 준의회의 이후 새로운 실력자로 부상한 모택동에 의하여 더욱 구체화되었다. 일본의 화북 분리정책에 대한 광범위한 민중적 저항운동이 전개되는 가운데 1935년 12월에 소집된 중국공산당 정치국회의에서 모택동은 「일본제국주의를 반대하는 전술」에 관한 연설을 하면서 다음과 같이 중국공산당의 새로운 통일전선전략을 제시하였다.[9]

첫째, 일본의 중국침략으로 말미암아 정치정세의 기본적인 변화가 발생했다. 중국은 제국주의열강의 반(半)식민지상태로부터 일본의 독점적인 식민지국가로 전락할 위험에 직면해 있다. 이 같은 국가적·민족적 위기로 말미암아 국내계급관계에 중대한 변화가 일어났다. 노동자, 농민, 도시소시민들이 중심이 된 항일운동이 고조되면서 민족자산계급의 동요와 변화가 발생한 것이다. 민족자산계급 중 일부 분파는 혁명과 항일문제에 적극적인 태도를 보여주고 있으며, 일부는 중도적인 입장을 견지하고 있다. 이와 같이 민족위기가 심화되면서 민족자산계급이 동요할 뿐만 아니라 반혁명진영 내부에서도 분열과 분화현상이 발생하고 있다는 사실에 주목하지 않으면 안 된다.

둘째, 민족위기의 심화와 계급관계의 변화는 당연히 중국공산당의 전략노선 변화를 요구한다. 중국공산당은 중국혁명의 순수성을 고집하는 폐쇄적인 태도를 청산하고 노동자와 농민계급을 기초로 하여 모든 반일·반매국적 세력을 규합함으로써 가장 광범위한 민족통일전선을 구축해야 한다. 다시 말해서 중국공산당이 민족통일전선에서 독자성을 유지해야 한다는 원칙을 견지하면서도 노동자, 농민, 학생, 소자산계급 그리고 민족자산계급 등 단결할 수 있는 모든 혁명세력을 결집해야 한다는 것이었다.

셋째, 이와 같은 관점에서 소비에트정부는 과거의 '공농병공화국'의 형태로부터 '인민공화국'의 형태로 전환되어야 하며, 동시에 각종 정책도 변화되어야 한다. 과거의 소비에트정부가 노동자, 농민, 소자산계급만을 대표한 것이라면, 앞으로의 소비에트정부는 노동자, 농민, 소자산계급뿐만 아니라, 민족자산

and the Chinese Communist Party," *The China Quarterly*, no.113, March 1988, pp.31-35 참조

9) 毛澤東, 「論反對日本帝國主義的策略」, 『毛澤東選集』, 第1卷, pp.128-153.

계급과 모든 반일세력의 참여를 보장하고 중화민족을 대표하는 전민족국가의
성격을 가져야 한다. 따라서 부농과 민족자산계급에 대한 소비에트정부의 정
책도 과거와는 달라져야 한다. 부농의 재산을 무조건 몰수해서는 안되며, 부
농을 빈농과 중농등과 동등하게 대우를 해주어야 한다. 또한 소비에트정부는
민족상공업자들의 투자와 경제활동을 보호해주어야 한다.

넷째, 중국혁명의 당면과제는 중국인민의 자유와 국가의 완전독립을 쟁취
하는 것이다. 따라서 제국주의세력과 국내 반혁명세력에 대항하는 광범위한
민족통일전선을 수립함으로써 혁명의 불균등성을 극복해야 한다. 현재 민족적
위기는 새로운 국민혁명의 고조기를 창출하였고, 혁명적 상황이 전국적 규모
로 확산될 수 있는 계기를 마련하였다. 그러나 중국혁명의 승리는 하루아침에
쟁취할 수 있는 것은 아니다. 중국혁명은 장기적이고 우여곡절의 과정을 예상
하지 않으면 안 된다. 그 이유는 제국주의와 반혁명세력이 아직도 강고한 반
면에, 혁명역량은 지역적으로나 계층적으로 불균등하게 발전하여 있는 상태이
기 때문이다.

이상에서 살펴본 바와 같이 모택동은 중국혁명의 장기적·지구적 성
격을 강조하면서 과거와 같이 신속한 혁명의 승리를 기대할 수 없다는
점을 인정하면서도 일본의 침략으로 조성된 민족적 위기로 말미암아
중국사회의 계급관계에 중대한 변화가 발생했다는 가정에서 1차 국공
합작 당시와 같은 4계급연합의 민족통일전선과 인민정부의 결성이 가
능해졌다고 주장하였다. 모택동은 1차 국공합작 당시 국민혁명의 패배
는 핵심적인 혁명세력이 형성되지 않았기 때문에 불가피했다고 지적하
면서 현재에는 강력한 공산당조직과 홍군 그리고 혁명근거지를 확보하
고 있기 때문에, 4계급연합의 인민정부와 민족통일전선전략은 혁명의
승리를 담보해줄 것이라고 주장하였다.

모택동은 이와 같이 4계급연합의 인민정부 수립을 강조하면서도 장
개석이 지배하는 국민당과의 합작 가능성에 대하여는 아직도 부정적이
었다. 국민당과 반혁명진영을 통일된 단일세력으로 간주해서는 안 된다
고 경고하면서도 "토호열신(土豪劣紳), 군벌, 매판자본가와 고급관료들

을 대표하는 장개석정부"는 "중국인민의 적이며, 제국주의세력의 주구"
라고 비판하였다.10) 이처럼 모택동도 통일전선의 계급구성문제에 대해
서는 개방적이고 적극적이면서도, 장개석정권과의 협력에 대하여는 과
거와 마찬가지로 대단히 비판적인 입장을 고수하고 있었다. 이러한 입
장은 장개석의 이른바 안내양외정책이 계속되고, 공산당세력을 근절하
기 위한 장개석군의 포위공격이 중단되지 않고 있는 상황을 고려한다
면 이해할 수 있다.

  이 당시 일본의 침략이 만주의 점령만으로 끝나지 않고 중국본토에까
지 확산되었고, 이에 대한 국민적 항의가 한층 고조되고 있는 데도 불구
하고 장개석정부는 여전히 일본에 대하여는 타협적인 태도를 견지하면
서 공산당세력의 소탕전에 몰두하고 있었다. 또한 중국공산당도 소련이
나 코민테른의 입장과는 달리 국민당정권에 대한 적대감을 감추려 하지
않았다. 소련과 코민테른의 지도자들은 일본과 국민당정부가 반공·반소
정책에 접근하게 될 경우를 우려하여 중국공산당에게 장개석정권과 협
력하여 광범위한 항일민족통일전선을 형성해야 한다고 제안하였다.

  그러나 중국공산당은 코민테른 7차대회 이후에 항일투쟁을 전개하기
위한 4계급연합을 강조하면서도 장개석정권과의 타협을 거부하였을 뿐
만 아니라 1936년 2월에는 동정항일(東征抗日)의 슬로건을 내걸고 거
의 모든 병력을 동원, 군벌 염석산이 지배하고 있던 산서성을 침공하여
산서성 서부지역을 일시 점령하는 군사행동을 실시하였다. 왜 중국공산
당이 이 시점에 그와 같은 대규모 군사행동을 시도했는지는 지금도 명
확하지 않다. 중국공산당은 "일본군과 싸우기 위해서 황하를 건너 동쪽
으로 진출한다(爲實現抗日, 渡河東征)"는 명목을 내세웠지만, 이 당시
중국공산당의 군사행동은 장개석정권을 더욱 자극하는 것이었을 뿐만
아니라, 소련과 코민테른의 정책과도 배치되는 것이었다. 1935년 말과
1936년 초에 소련과 코민테른은 일본과 독일 사이의 반소·반공동맹이

10) 앞의 글, 130쪽.

구체화되고 장개석의 국민당정부내에서도 반공·친일세력이 등장하고 있는 상황에서 비밀리에 국민당정부와의 관계개선을 모색하는 중에 있었기 때문에, 중국공산당의 동정항일은 이 같은 소련과 코민테른의 정책에 정면으로 위배되는 '좌경모험주의'로 인식되었던 것도 무리는 아니었다.[11]

그러나 중국공산당의 입장에서 본다면 소련이나 국민당정부에게 자신을 배제한 어떠한 통일전선도 받아들일 수 없다는 사실을 행동으로 보여주었다는 점에서 항일동정의 정치적 의도가 있었을 것이라고 추론해볼 수 있다. 하여간 중국공산당의 이 같은 군사행동에 대하여 장개석 정부는 대규모 반격을 준비함으로써 전면적인 내전이 폭발할 위험성이 고조되었던 것은 사실이다. 이 같은 긴박한 상황에서 모택동은 1936년 5월에 "항일전쟁을 위해 국방력을 보존하자"는 명분을 내세우면서 홍군을 산서성에서 철수시키고 국민당정부에 대하여 '정전강화, 일치항일(停戰講和 一致抗日)'을 제안하였다.[12] 이것은 지금까지 중국공산당이 견지해왔던 반장항일노선의 변화를 의미하는 것이었다.

이와 같이 중국공산당이 반장항일노선을 포기하고 장개석으로 하여금 항일노선을 수락하도록 강제한다는 이른바 핍장항일노선으로 전환하게 된 배경에는 첫째, 중국공산당이 시도했던 동정항일의 군사작전이 예상보다 부진했다는 점을 들 수 있다. 홍군은 초기에 산서성 군벌군대와의 전투에서는 비교적 성공적이었지만 장개석의 중앙군이 대규모 투입되면서 군사적 좌절을 경험하였고, 자칫 잘못하면 강서소비에트의 붕괴와 같은 또 다른 군사적 패배를 자초할 수도 있었다. 따라서 군사적 해결의 한계를 다시 확인한 중국공산당이 국민당과의 정전협상을 제안했다고 볼 수도 있다.[13]

---

11) 이 같은 점에 대해서는 John Garver, op. cit., pp.47-53 참조.
12) 中華ソヴエト人民共和國 中央政府-中國人民紅軍 革命軍事委員會, 「停戰講和, 一致抗日の通電」, 『中國共産黨史 資料集』, 第8卷, pp.164-165.

둘째, 소련과 코민테른의 반대를 들 수 있다. 소련과 코민테른은 유럽과 아시아에서 반소연합전선이 형성되는 것을 저지하기 위하여 장개석의 국민당정부와 관계개선을 모색하고 있는 상황에서 중국공산당의 군사적 도전은 장개석정부로 하여금 일본과의 평화협상을 추진하게 할 위험성이 있다고 판단하고 중국공산당의 동정항일에 대하여 반대했을 것이란 점은 쉽게 추론할 수 있다. 코민테른의 대표로 중국에 와 있던 오토 브라운(Otto Braun)은 동정항일의 계획에 대해 처음부터 그것은 소련과 코민테른의 정책노선과 부합하지 않는다고 지적하면서 강력하게 반대하였다.[14] 이와 같은 코민테른과 소련의 압력이 구체적으로 어떻게 작용했는지는 알 수 없지만, 중국공산당은 동정항일의 군사적인 좌절이 분명하게 드러나면서 국민당을 포함하는 모든 정치세력과의 항일통일전선의 결성에 적극적으로 나서게 되었다.

셋째, 중국공산당의 입장에서도 전국적으로 전개되고 있는 내전중지와 일치항일의 국민운동에 적극적인 지지와 협력의사를 명확하게 표명하는 것이 정치적으로 유리하다고 판단함으로써 반장항일에서 핍장항일로의 정책전환을 시도했다고 볼 수도 있다. 1936년 5월에는 전국학생구국연합회가 결성되고 심균유(沈鈞儒), 장내기(章乃器) 등 이른바 구국 7군자들의 제창으로 전국각계구국연합회가 수립되어 국민당과 중국공산당에게 내전정지와 일치항일을 요구하는 국민운동이 전국적으로 확산되고 있었다.

이 같은 분위기에서 중국공산당은 1936년 8월에 「중국국민당에게 보내는 서한」을 발표하고, "망국멸종의 긴박한 민족적 위기에 직면하여……즉각적으로 내전을 중지하고 전국적인 항일통일전선을 조직함

13) 이 같은 견해에 대해서는 James Harrison, *The Long March to Power*, Praeger Publishers, 1972, pp.264-265 참조.
14) Otto Braun, *Comintern Agent in China, 1932-1939*, Stanford: Stanford University Press, 1982, pp.159-160.

으로써 신성한 민족자위전쟁을 수행해야 한다"고 선언하였다. 또한 중
국공산당은 만일 국민당이 1924년에 손문이 제창한 3대정책—즉 연공
(連共), 연소(連蘇), 부조농공(夫助農工)의 정책—을 다시 수용한다면,
국민당과 협력하여 전 민족적 통일전선을 결성하고 통일된 중화민주공
화국을 수립할 용의가 있다고 제안하였다.[15]

이와 같은 중화민주공화국에 대한 제안은 중국공산당의 입장에서 본
다면 상당한 양보를 뜻하는 것이었다. 중화민주공화국에 관한 중국공산
당의 제안은 1935년에 모택동이 제시한 소비에트 인민민주공화국론에
서 한 걸음 더 후퇴(後退)한 것이며, 실질적으로 부르주아민주주의를 수용한
다는 것을 의미하는 것이었다. 이처럼 중국공산당은 1936년 5월 이후
국민당과의 합작을 성사시키기 위해서 정치적·이데올로기적 차원에서
양보를 할 의도를 명백히 밝히면서 '반장항일'의 구호를 공식적으로 철
회하였다. 1936년 9월 1일 중국공산당 지도부는 「핍장항일문제에 관한
지시」를 발표하면서, 중국인민의 최대의 적은 일본제국주의이며, 장개
석정권과 일본제국주의를 동등시하는 것은 잘못이라고 지적하고, 모든
당원들은 '내전정지, 일치항일'의 구호에 따라서 국민당을 포함하여 모
든 정파와 모든 중국인민들이 참여하는 범민족적인 통일전선을 구축하
도록 노력해야 한다고 강조하였다.[16]

3. 서안사건과 항일민족통일전선의 성립

1935년 이후 세계적인 차원에서 일본과 독일의 반소·반공동맹이 결
성되고 중국본토에 대한 일본의 침략이 확대됨에 따라 소련과 코민테

---

15) 중국공산당이 국민당에게 보내는 서한 전문은 『中國共産黨史 資料集』, 第8
卷, pp.258-266 참조.
16) 胡華, 앞의 책, p.409.

른은 광범위한 반파시스트 연합전선을 제창하면서 국민당정부와의 관계를 개선하려고 노력하였고, 중국공산당도 1936년 초 동정항일의 군사행동이 좌절된 후 내전정지와 일치항일을 강조하는 국민운동에 적극적으로 부응하면서 국민당정부와 협력할 의사를 명확히 표시하였다.

이처럼 국내외에서 내전중지와 일치항일을 요구하는 정치적 압력이 가중되고 있었지만 장개석은 일관되게 안내양외정책, 즉 국내의 정치적·군사적 안정과 통일을 완성한 다음에 일본의 침략에 대응한다는 정책을 여전히 고수하였다. 1936년 7월에 개최된 국민당 제5기 2중전회에서 장개석은 중국의 영토주권을 포기할 수 없다는 입장을 명백히 밝히면서도 항일전의 전제조건으로서 공산당의 섬멸을 강조하였다. 따라서 장개석정권은 즉각적인 내전중지를 요구하는 구국항일운동을 탄압하고 중국공산당세력에 대한 대대적인 제6차 포위공격을 계획하였다. 장개석은 이 같은 대규모 소공전을 준비하면서 일본의 만주점령으로 만주로부터 철수한 장학량(張學良)의 동북군과 양호성(楊虎城)의 서북군을 동원, 장정 이후 섬서성 북부지방에서 혁명근거지를 구축하고 있던 공산당세력에 대한 최후의 포위공격을 실시하려고 하였다.

그러나 동북군과 서북군은 모두 장개석의 직계군대가 아니었고, 또한 홍군과 싸우게 된 것에 불만이 많았다. 특히 고향인 만주에서 일본군에 의하여 축출된 동북군 사이에서는 내전중지와 일치항일을 지지하는 분위기가 당연히 만연되어 있어서 홍군에 대한 공격에는 소극적이었을 뿐만 아니라 일부에서는 공산당세력과 공공연히 협상을 통해 전투를 중지하는 일까지 있었다. 이 같은 상황에서 1936년 12월 12일, 평소에 장개석의 소극적인 항일노선에 대하여 불만을 품고 있었던 장학량의 동북군이 공산당과 홍군에 대한 포위공격작전을 독려하기 위하여 서안에 온 장개석을 체포, 구금하고 국민당정부의 개조, 내전중지, 정치범의 석방 등 8개항을 요구하는 극적인 서안사건이 발생하였다.[17]

17) 서안사건에 대한 상세한 내용은 Wu Tien-wei, *The Sian Incident: a Pivot Point*

국민당정부의 최고지도자가 그의 부하들에 의하여 감금되는 이 기이한 사건은 전 세계에 혼란과 충격을 주었던 것은 당연하였다. 소련의 신문들은 장개석의 체포를 친일분자들의 음모라고 보도하였고, 일본신문들은 반대로 소련과 공산당세력의 사주를 받았다고 주장하기도 하였다. 이 같은 충격과 혼란 속에서 국민당과 중국공산당 내부에서 이 사건을 어떻게 해결할 것인가를 둘러싸고 격렬한 논쟁이 전개되었다. 국민당 내부의 강경파는 서안에 대한 즉각적이고도 대대적인 무력토벌작전을 주장하였고, 온건파는 장개석의 생명을 위태롭게 할 무력사용을 자제하면서 평화적 협상을 통해서 수습하려고 하였다. 중국공산당 내부에서도 장개석의 처단과 국민당정권에 대한 군사공격을 개시해야 한다는 견해와 내전의 확대에 반대하고 평화적 해결을 모색해야 한다는 견해가 대립하였다.18) 서안사건의 초기단계에서 중국공산당의 지도부는 대부분 장개석의 처단을 주장하였다. 1927년 장개석의 상해쿠데타 이후 수많은 중국공산당원이 희생당한 것에 대한 적개심을 고려한다면 이 같은 감정적인 반응은 당연한 것이라고도 할 수 있었다. 그러나 장개석을 제거하는 경우에 중국은 항일전의 구심점이 될 만한 지도자를 상실하고 내전에 휘말릴 위험성이 있으며, 그것은 바로 일본과 국민당정부 내의 친일세력에게만 유리하다는 현실적인 판단 때문에 중국공산당은 서안사건의 평화적인 해결을 강조하게 되었다. 물론 이 같은 결정에 이르는 과정에서 코민테른의 입장이 충분히 고려된 것도 사실이다. 코민테른과 소련은 처음부터 장개석의 국민당정권을 중심으로 항일전이 전개되어야 한다는 입장에서 장개석의 석방을 요구하였다.

---

in Modern Chinese History(Ann Arbor: Center for Chinese Studies, University of Michigan, 1976); 李雲峰, 『西安事變史實』, 陝西 人民出版社, 1981; 松本一男, 『張學良と中國』, サイマル出版會, 1990 참조.

18) 이 같은 논쟁에 대하여는 Lyman P. Van Slyke, Enemies and Friends: The United Front in Chinese Communist History, Stanford: Stanford University Press, 1967, pp.75-88 참조.

이와 같이 서안사건에 대한 평화적 해결을 강조하는 방향으로 정책이 결정되자 중국공산당은 주은래 등을 서안에 파견하여 장학량과 긴밀하게 협력하면서 국민당의 온건파와 협상을 전개하게 하였다. 따라서 1936년 12월 12일 장개석의 체포에서부터 시작하여 장개석이 석방될 때까지 2주일간 국민당과 공산당 그리고 장학량의 동북군 사이에 숨가쁜 조정과 협상이 진행된 결과, 내전정지와 일치항일의 명분을 받아들여 제2차 국공합작을 실현한다는 암묵적인 합의에 도달하였다. 따라서 1936년 12월 25일 장개석은 병간(兵諫)의 주모자였던 장학량을 대동하고 남경에 귀환함으로써 서안사건은 평화적으로 해결되었다.[19]

이처럼 서안사건이 평화적으로 해결된 후 국민당과 공산당 사이에서 막후교섭이 계속 진행되었다. 따라서 1937년 2월에 국공합작문제를 토의하기 위하여 국민당 5기 3중전회가 소집되었다. 이와 동시에 공산당은 국민당에게 보내는 서한을 발표하고 다음과 같은 5개항의 요구와 4개항의 보증을 제시하였다. 중국공산당이 국민당에게 요구한 사항은 첫째, 내전중지와 일치항일, 둘째, 언론·집회·결사의 자유보장과 정치범 석방, 셋째, 모든 당파와 군대의 대표자회의 소집과 공동구국의 실현, 넷째, 항전준비공작의 신속한 완성, 다섯째, 인민생활의 개선 등이었다. 이 같은 5개항의 요구가 받아들여진다면, 중국공산당은 첫째, 국민당정부에 대한 무장폭동을 중지할 것이며, 둘째, 소비에트정부의 명칭을 중화민국 특구로 개칭하고, 홍군도 국민혁명군의 편제를 따를 것이며, 셋째, 특구정부구역 내에서 보통선거의 원칙에 따르는 민주제도를 실시할

---

19) 국민당과 공산당, 그리고 장학량의 동북군 사이에 내전중지와 일치항일에 합의한 후, 장학량은 이 모든 사건에 대한 책임을 지고 스스로 장개석과 함께 남경에 가서 군사재판을 받았다. 재판의 결과 장학량은 10년형과 5년의 공민권 박탈의 형을 선고받았으나 장개석은 이를 사면하는 동시에 가택연금시켰다. 장학량은 이때부터 장개석이 사망한 1975년 4월까지 대만에서 가택연금상태에 묶여 있었다. 이 같은 서안사건의 비화에 대하여는 Earl Albert Selle, *Donald of China*, Harper and Brothers, 1948을 참조.

것이고, 넷째, 지주토지 몰수정책을 중단하고 항일민족통일전선의 강령을 실행할 것 등을 보증한다는 것이었다.[20]

이와 같은 중국공산당의 제안은 최소한 표면적으로는 국민당 중앙정부의 권위를 인정하고 공산당의 독자적인 소비에트정부체제를 포기했다는 점에서, 그리고 토지혁명과 같은 과격한 계급투쟁노선을 포기했다는 점에서 그야말로 획기적인 양보였다. 따라서 국민당 5기 3중전회는 격렬한 논쟁을 전개한 끝에 내전중지와 일치항일의 원칙을 수용하기로 결정하고 공산당에 대하여 소비에트정부와 홍군의 해체, 계급투쟁의 중지, 공산주의에 대한 선전활동의 중지 등을 요구하였다.

이것은 국민당이 과거에 주장했던 공산당세력을 완전히 섬멸한다는 적화근절(赤禍根絶)의 명분을 유지하면서도 실질적으로는 공산당이 앞에서 제안한 5개항을 승인한 것이었다. 이로써 국민당과 중국공산당은 1927년 제1차 국공합작이 붕괴된 후 계속되었던 10년간의 내전을 종식하고, 항일민족통일전선이란 명분에 합의하여 역사적인 제2차 국공합작을 실현시킨 것이다. 이 같은 국민당과 중국공산당의 합작으로 중국혁명은 두말할 필요도 없이 새로운 국면을 맞이하게 되었다.

---

20) 中共 中央, 「國民黨5期3中全會に宛てた電報」, 『中國共産黨史資料集』, 第8卷, pp.385-386.

제8장
중일전쟁과 연안공산주의

　　1937년 7월 7일 노구교(蘆溝橋)사건을 구실로 일본은 중국에 대한 전면적인 침략전쟁을 자행하였다. 이때부터 1945년 8월에 일본이 패망할 때까지 중국은 전란의 소용돌이에 휘말리게 되었고, 중국민족은 혹독한 시련을 겪게 되었다. 중일전쟁은 중국민족 전체에게 엄청난 고난과 시련을 안겨주었으며, 이들의 삶의 형태를 완전히 뒤바꾸어 놓았듯이, 국민당과 중국공산당에게도 엄청난 시련과 변화의 계기를 마련해주었다.[1]

　　중일전쟁이 발발하던 시기에 장개석과 국민당은 중국을 대표하는 지도자였고 지도적 정치집단이었다. 서안사건에서 나타난 바와 같이 중국공산당을 비롯한 대부분의 정치세력들은 장개석만이 거국적인 항일전쟁을 지도할 수 있다는 사실을 인정하고 있었으며, 따라서 국민당정부를 중심으로 모든 정치세력이 단결을 맹세할 만큼, 중일전쟁의 초기단

---

[1] 중일전쟁에 대한 연구현황에 대해서는 李雲漢, 「對日抗戰史料和 論著」, 『60年來的 中國近代史硏究』上冊, pp.401-438; 張注洪 編著, 『中國現代革命史史料學』, 中共黨史資料出版社, 1987, pp.115-152 참조.

계에 장개석과 국민당정부의 위신과 권위는 그 어느 때보다 높았던 것이다.

그러나 8년 동안의 중일전쟁이 끝날 무렵 장개석과 국민당정부는 항전초기와는 비교할 수 없을 정도로 쇠약해져 있었다. 국민당정부의 주요 근거지였던 대도시와 연해안지방이 일본군에 의해 점령당하는 바람에 사천성과 같은 내륙지방으로 이동하여 8년간의 전쟁을 치를 수밖에 없었던 장개석과 국민당정부는 정치적으로나 군사적으로 대단히 약화되었다. 특히 국민당정부는 항일전쟁 중에 중국국민들에게 새로운 중국에 대한 대안을 제시하지도 못하였고, 장개석 1인 지배체제하에서 당과 군, 정부의 모든 분야에서 부패와 부정이 만연된 낡은 정치세력으로 전락해버렸다는 것이다.

그에 비하면, 중일전쟁은 중국공산당에게 기사회생의 계기를 제공하였다. 항일전쟁은 험난한 장정에서 살아남은 중국공산당과 홍군의 잔여세력에 대하여 최후의 섬멸전을 전개하려던 장개석의 시도를 완전히 좌절시켰을 뿐만 아니라 장개석으로 하여금 제2차 국공합작을 수용하게 함으로써, 중국공산당은 국민당과 더불어 일본제국주의 침략으로부터 중국민족을 수호하고 중국의 해방과 독립을 위하여 싸운다는 명분과 지위를 주장할 수 있게 하였다. 사실 중국공산당과 홍군은 국민당정권이 철수한 힘의 공백지대에서 중국민족의 해방과 독립을 위하여 싸우는 거의 유일한 항일세력으로 등장하였고, 여기서 광범위한 지역과 인구를 포괄하는 근거지 또는 해방구를 건설할 수 있었다.

이와 같이 중일전쟁은 중국공산당세력의 비약적 발전의 계기가 되었다는 사실은 당원, 홍군 그리고 근거지의 폭발적인 증가현상으로도 증명된다고 하겠다. 중일전쟁이 발발하기 직전인 1936년경에 중국공산당원은 모두 3만 명, 홍군의 총병력은 약 5만 명에 불과했던 것이 전쟁이 종료되기 직전인 1945년 4월, 연안에서 제7차 전당대회를 개최할 무렵에는 중국공산당은 121만 명의 당원과 91만의 정규홍군을 보유하고 있

었고, 19개의 혁명근거지에 약 9,500만의 인구를 지배하는 거대한 정치
세력으로 성장하였다. 한마디로 중국공산당은 8년의 전쟁을 통하여 국
민당과 거의 대등한 군사력과 정치력을 가진 전국적인 정치세력으로
발전하여, 종전 후 국민당과의 내전을 거쳐 마침내 중국혁명의 승리를
쟁취할 수 있었다.[2]

따라서 서구학계에서는 중일전쟁 8년의 시기에 중국공산당의 세력이
폭발적으로 증가할 수 있었던 이유에 대하여 오랫동안 다양한 해석과
논쟁이 전개되어왔다. 그것은 대체로 민족주의론, 사회개혁과 사회혁명
론, 그리고 조직과 동원능력을 강조하는 견해로 대별할 수 있다. 다시
말해서 찰머스 존슨(Chalmers Johnson)이나 제임스 해리슨(James Har-
rison)과 같이 일본의 중국침략으로 각성된 대중민족주의에 호응함으로
써 중국공산당은 도시와 농촌사회에서 광범위한 지지를 확보할 수 있
었다는 견해가 있는가 하면, 마크 셀던(Mark Selden)과 같은 학자들은
중국공산당이 중국사회가 안고 있는 모순과 문제를 과감하게 개혁함으
로써 대중들의 지지를 창출할 수 있었다고 주장하였다. 그러나 김일평
이나 가타오까와 같은 학자들은 민족주의적 요인이나 사회개혁적 요소
도 중요하지만, 결국 중국공산당과 홍군의 조직화와 동원화의 능력을
강조하였다.[3]

이와 같이 '연안시대의 성공'에 대하여 다양한 해석이 가능하지만,
다음에서 자세히 살펴보는 것처럼, 연안의 경험이란 민족주의와 사회개

---

2) 서진영, 「중국공산당의 조직과 구성변화, 1921-1987」, ≪아세아연구≫, 고려
   대학교 아세아문제연구소, 1988, pp.33-56.
3) 민족주의적인 요인을 강조한 것으로는 Chalmers Johnson, *Peasant Nationalism
   and Communist Power*, Stanford: Stanford University Press, 1962와 James
   Harrison, *Modern Chinese Nationalism*, New York: Praeger, 1972 등이 있고, 사
   회개혁을 강조한 것으로는 Mark Selden, *The Yenan Way in Revolutionary China*,
   Cambridge: Harvard University Press, 1971을 참조하고, 홍군의 조직화와 동원
   능력에 대해서는 Tetsuya Kataoka, *Resistance and Revolution in China*, Berkeley:
   University of California Press, 1974를 참조할 수 있다.

혁 그리고 조직화의 능력 등으로 개별화될 수 있는 것이 아니라, 이런
것들을 종합한 연안공산주의의 승리라는 것이다. 다시 말해서 중국공산
당은 연안시대에 이르러 민족주의적 요구와 사회혁명적 요구를 결합하
고, 대중의 참여와 대중의 동원을 결합하는 데 성공함으로써, 중국사회
의 다양한 계층과 계급의 지지를 받을 수 있었다는 것이다.

1. 중일전쟁의 전개와 항일민족통일전선

중일전쟁이 한참 진행 중이었던 1938년 5월에 모택동은 유명한 '지
구전론'을 발표하고 항일전쟁에 대하여 다음과 같이 전망하였다. 항일
전쟁의 제1단계는 강력한 군사력을 바탕으로 일본이 속전속결을 꾀하
면서 중국 전역에서 일대 공세를 취할 것이지만, 일본의 경제적·군사적
한계로 말미암아 중국을 완전히 굴복시킬 수 없기 때문에 중일전쟁은 2
단계의 전략적 대치국면을 유지하다가 궁극적으로 제3단계, 즉 실지회
복과 반격의 시기가 올 것이라고 주장하였다.[4]

장개석도 항일전쟁이 지구전의 성격을 띨 것이고, 초기단계에서 일본
의 압도적으로 우세한 군사력으로 말미암아 중국의 상당부분이 일본군
의 점령하에 들어갈 것이라고 예상하였다. 그러나 "우리가 중국의 18개
성 중에서 15개 성을 잃는다고 하더라도 사천성, 귀주성, 운남성만 우
리들의 수중에 있다면, 우리는 분명히 적을 제압하고 모든 실지를 회복
할 수 있다"고 주장하였다. 장개석도 모택동과 마찬가지로 중국의 광대
한 영토와 인구를 바탕으로 장기전을 전개하면, 마침내 중국은 승리할
수 있다고 예상하였다.[5]

---

4) 毛澤東, 「論持久戰」, 『毛澤東選集』, 第2卷, pp.407-484.
5) 장개석의 이 같은 전략구상이 중일전쟁이 본격적으로 시작되기 전인 1935년에
발표되었다는 점이 주목된다. 당시 장개석의 전략구상에 대해서는 Wu Hsiang-

사실 장개석과 모택동이 예상한 것처럼, 중일전쟁의 초기단계(1937～ 1938)에는 일본이 압도적인 군사적 우세를 유지하면서 신속하게 중국 의 주요 도시와 연해안지방을 점령하지만, 1939년 이후 1942년까지 중 일전쟁은 교착상태에 빠지면서 대치국면을 유지하였다. 그러나 1941년 12월에 태평양전쟁이 발생하면서 중일전쟁의 성격이 변모하기 시작하 여 중일전쟁은 1943년 이후 중국의 반격과 일본의 방어전으로 전환되 어 마침내 1945년 일본의 패망으로 종결되었다.[6] 이와 같이 중일전쟁 의 국면이 변화되면서 국민당과 공산당의 대응양상에도 변화가 발생하 였고, 중일전쟁의 초기단계에서 형성되었던 항일민족통일전선의 내용과 성격도 변화하였다.

1) 일본군의 진격과 국공합작

1937년 7월 7일 북경으로부터 약 10킬로미터 떨어진 노구교에서 벌 어진 사소한 총격사건을 구실로 군사적 압력을 가중하여 화북지역에서 일본의 지배권을 확장하려는 일본의 정책에 대하여 국민당정부는 과거

---

hsiang, "Total Strategy Used by China and Some Major Engagements in the Sino-Japanese War of 1935-1945," in Paul K. T. Sih, ed., *Nationalist China during the Sino-Japanese War, 1937-1945*, Hicksville: Exposition Press, 1977, pp.37-80 참조.

6) 중일전쟁 8년의 시기구분은 학자들에 따라서 조금씩 다르다. 이를테면 胡華는 1937년 7월부터 1940년 말까지를 1단계로 잡고, 1941년부터 1943년까지를 2 단계로, 그리고 1944년부터 1945년까지를 최종단계로 설정하고 있는가 하면, 池田誠의 경우는 1937년 7월부터 1941년 왕정위의 괴뢰정권이 수립될 때까지 를 1단계로 설정하고, 1943년 1월 미군이 과달카날섬을 함락할 때까지를 2단 계로, 그리고 1945년 8월 일본의 항복까지를 3단계로 구분하기도 한다. 필자도 3단계 구분한 것은 마찬가지이지만 가급적 중일전쟁의 전개과정에 충실하면서 도 국민당과 공산당의 관계를 고려하여 1937년 7월부터 1938년 말까지를 1단 계로 설정하였고, 1939년 초부터 1942년 말까지를 2단계로, 그리고 제2차 세 계대전의 국면전환이 발생하는 1943년을 3단계로 잡았다.

와 달리 결연한 항전의사를 표시하였다. 사실 이 당시 장개석의 국민당 정부는 서안사건을 계기로 항일민족통일전선을 수용하기로 이미 약속을 한 것이나 다름없었기 때문에 더 이상 일본의 무도한 침략행위를 용인할 수 없는 입장이었다. 따라서 장개석은 1937년 7월 17일 역사적인 여산담화(廬山談話)를 발표하고 중국의 주권과 영토의 보전을 침해하는 어떠한 타협안도 받아들일 수 없다고 선언하였다. 이 같은 국민당정부의 완강한 태도를 굴복시키기 위하여 일본은 일본본토와 만주, 그리고 조선으로부터 증원군을 차출, 파견하여 북경과 천진지역에서 중국군에 대한 총공격을 단행, 7월 31일에 천진을, 8월 4일에 북경을 점령하였다.

그러나 이와 같은 일본의 군사행동은 중국의 항전의지를 좌절시키기는커녕 오히려 전국적으로 일치항일의 기운을 더한층 불붙게 하였고, 장개석으로 하여금 일본과의 전면전을 각오하게 했다. 따라서 장개석은 상해주변에 국민당의 정예부대를 투입하여 일본군과 대결하는 자세를 취하였다. 마침내 8월 13일 상해지역에서 국민당군과 일본군이 정면으로 무력충돌함으로써 전면적인 중일전쟁에 돌입하였다.

이처럼 중일전쟁이 폭발하자 전국적으로 항일운동이 전개되는 가운데 국민당과 공산당은 공식적으로 항일민족통일전선에 합의하고 거국적 항전태세를 갖추었다. 즉 국민당과 공산당은 홍군과 소비에트정부의 개편에 합의하여 남경정부의 '통일된 지도'하에 거국적인 항전체제를 갖추었다는 것이다. 1937년 8월에 홍군은 국민혁명군 제8로군에 편입되었고, 또한 섬서성 북부지방의 혁명근거지에 설립된 소비에트정부도 남경의 국민당 중앙정부에 소속하는 섬감령 변구정부(陝甘寧 邊區政府)로 개칭되었다.

중국공산당은 이와 같이 홍군과 소비에트정부의 편제를 개편하면서 장개석과 남경의 중앙정부에 대하여 정성단결(精誠團結), 일치항일(一致抗日)의 태도를 분명하게 밝혔지만, 홍군과 변구정부의 독자성을 포

기하지는 않았다. 또한 공산당은 국민당정부에 대하여 거국적인 항일전
을 수행하기 위해서 국민당정부의 민주적 개혁이 필요하다고 주장하기
도 하였다. 이러한 중국공산당의 입장은 1937년 8월 하순에 섬서성 낙
천(洛川)에서 열린 중앙정치국 확대회의에서 채택, 발표된 중국공산당
의 '항일구국 10대강령'에도 반영되었다. 즉, 중국공산당은 10대강령에
서 전국군사력의 총동원, 전국인민의 총동원, 민족단결을 강조하면서도
동시에 국민당정부에 대하여 정치기구의 개혁, 인민생활의 개선, 친일
매국세력의 숙청 등을 요구하였다. 그러나 항일전쟁 초기단계에서 중국
공산당은 장개석과 국민당정부의 권위에 도전하는 일은 극력 자제하였
다. 오히려 모택동을 비롯한 중국공산당의 지도자들은 장개석의 리더십
을 공개적으로 찬양하였고, 국민당정부의 국방최고회의에도 주은래, 주
덕 등이 참가하여 국공합작에 적극 협력하는 자세를 견지하였다.

　국민당도 이 당시에는 항일민족통일전선에 적극적이었다. 장개석은
상해에서의 패배에도 불구하고 일본 측이 제안한 화평교섭을 거부하고
거국적인 항일전을 전개할 의사를 분명히 하였다. 국민당은 1938년 3
월에 무한에서 국민당 임시전국대표대회를 개최하고 장개석을 신설된
당의 최고지도자인 총재직에 선출하고, 정부의 자문기관으로서 국민참
정회를 설치할 것을 결의하였으며, 중국공산당의 10대강령의 일부를 수
용한 항전건국강령을 통과시켰다. 국민당은 이 같은 결의에 의거하여
1938년 4월에 구성된 국민참정회에 모택동, 왕명, 진방헌 등 공산당의
지도자들을 비롯하여 각 정파를 골고루 선임하여 항일민족통일전선을
실천한다는 점을 과시하였다.[7]

　이와 같이 국민당정부는 공산당과의 협력을 바탕으로 거국적인 차원
에서 항일민족통일전선을 결성하여 일본군의 침략에 대항하려고 하였

---

7) 국민참정회에 대해서는 Lawrence N. Shyu, "China's Wartime Parliament: The
　People's Political Council, 1938-1945," in Paul K.T. Sih, ed., *Nationalist China
　during the Sino-Japanese War, 1937-1945*, pp.273-313 참조.

지만, 중국군은 강력한 일본군의 총공세에 밀려 거의 모든 전선에서 패주하였다. 특히 상해전투 이후 장개석이 장기전에 대비하여 국민당군의 전력보존을 염두에 두면서 후퇴전술로 임하게 되자, 일본군은 모든 전선에서 신속하게 진격하였다. 북부지방에서는 1937년 말에 이미 하북, 차하르(察哈爾), 수원(綏遠), 산서 등 광대한 지역의 철도연변이 일본군의 점령에 들어갔고, 상해전선이 붕괴되면서 일본군은 국민당정부의 수도인 남경을 향하여 곧바로 진격하여 1937년 12월 13일에 남경을 점령하고 악명 높은 남경대학살을 자행하였다.

남경을 점령한 일본은 국민당정부에 대하여 만주국의 인정, 내몽고와 화북의 특수정권 승인, 전쟁배상금 지불 등을 요구하면서 평화협상을 제의했으나 무한으로 이전한 국민당정부가 거부함으로써, 일본은 1938년에 전선을 더욱 확대하였다. 1938년 3월에 태아장(台兒莊)전투에서 패배한 것을 제외하면, 일본군은 곳곳에서 승승장구 진격을 계속하여 1938년 10월에는 마침내 국민당정부의 전시 수도인 무한을 점령하였고, 동시에 광동상륙작전을 감행하여 광주까지 점령하는 데 성공하였다. 따라서 중일전쟁이 폭발한 지 16개월 만에 일본은 북으로는 수원성과 차하르성으로부터 남쪽의 광동성에 이르기까지 인구가 밀집되어 있는 중국의 주요 대도시와 상공업지대를 거의 모두 장악하였다(<그림 5> 참조).

이와 같이 일본군의 신속한 진공으로 말미암아 국민당정부는 남경에서 무한으로, 그리고 다시 사천성 중경(重慶)으로 이전하였고, 국민당의 통치 지역도 사천성, 운남성, 광서성, 귀주성 등의 내륙지방으로 축소, 국한되었다. 한편 중국공산당이 지휘하는 8로군과 신4군은 일본군이 점령한 배후지역과 국민당정부가 철수한 광대한 지역에 진출하여 게릴라전을 전개하면서 농촌해방구를 건설하기 시작하였다. 따라서 1938년 말에는 중일전쟁 이전에 건설된 섬감령 변구 이외에 진찰기(晉察冀)변구(산서-차하르-하북)와 진수(晉綏)변구(산서-수원), 진기예(晉冀豫)변구(산서-하북-하남)가 건설되었고, 산동성과 일부 화중지역에서도 해방구가

<그림 5> 중일전쟁과 일본군 점령지역(1937~1945)

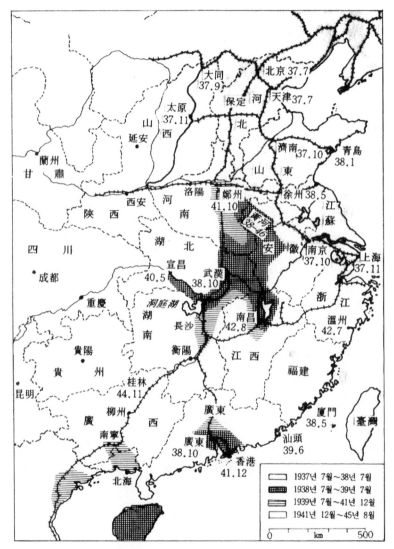

출처: Dennis Twitchett, and John Fairbank, eds., *The Cambridge History of China*, vol. 13, London: Cambridge University Press, 1980, p.549; Immanuel Hsu, *The Rise of Modern China*, London: Oxford University Press, 1975, p.706.

탄생하였다. 따라서 중국은 이때부터 일본군이 점령한 지역, 국민당정부가 지배하는 지역, 그리고 중국공산당이 장악한 지역으로 3분되었다.

2) 전선의 교착상태와 국공합작의 균열

1938년 10월 무한과 광주를 점령한 후 일본군의 대규모 군사작전은 사실상 중단되었고, 중일전쟁은 장기적인 교착상태로 들어갔다. 일본이 처음 예상했던 것보다도 국민당정부가 장기항전의 태세를 굳히고 있는 데다가, 내륙 산간지방에까지 전선을 확대시킬 수 없기 때문에 일본은 이른바 '점과 선으로 연결된' 광대한 점령지역을 공고히 하는 데 주력하지 않을 수 없었다. 사실 일본은 무한을 점령한 이후 또다시 국민당과의 평화협상에 기대를 걸었다. 당시 국민당 내부에서는 왕정위를 중심으로 일부세력이 일본과의 화평을 주장하고 있었기 때문이다.[8]

그러나 왕정위의 화평론이 좌절되자 일본은 국민당지역을 탈출한 왕정위를 중심으로 친일세력을 규합, 괴뢰정권인 '남경국민정부'을 수립하여 중경의 국민당정부를 '대치'하려는 정치적 공세를 펼치는 한편, 국민당 지배구역에 대한 경제적·군사적 봉쇄를 강화하여 국민당정부의 자멸을 유도하려고 하였다. 따라서 국민당정부가 지배하는 지역과 외부세계를 차단하기 위한 제한된 목표의 군사작전만을 실시하였다. 또한 일본군은 점령지역 배후에서 게릴라활동을 펼치고 있었던 홍군과 무장게릴라 부대가 지배하는 지역에 대한 '토벌작전'을 전개하기도 하였다. 그러나 1941년, 태평양전쟁이 발발한 이후에 일본의 관심은 미국과의

---

8) 국민당의 원로 정치지도자이며, 당시 장개석정부의 제2인자였던 왕정위는 장개석의 초토항전(焦土抗戰)에 반대하여 일본과의 화평을 주장했지만, 이에 호응하는 세력을 얻지 못하자 1938년말에 중경을 탈출하여 홍콩 등지에 머물러 있다가 1940년 3월에 일본괴뢰정권의 수반이 되었다. 왕정위의 화평론에 대해서는 Gerald Bunker, *The Peace Conspiracy: Wang Ching-wei and the China War, 1937-1941*, Honolulu: Hawaii University Press, 1972 참조.

전쟁으로 돌려졌기 때문에 중일전쟁은 교착상태를 면하지 못하였다.

이와 같이 중일전쟁이 장기적인 교착상태를 유지하게 된 데에는 일본의 전쟁목표와 정책의 변화에 1차적인 원인이 있지만, 동시에 장개석과 모택동 등 중국측의 전략구상과도 관계가 있다고 하겠다. 이 당시 장개석과 모택동은 다 같이 중일전쟁이 장기적인 대치국면을 유지할 것이라고 예상을 하였고 또 그렇게 유도하였다. 그것은 압도적으로 우세한 일본군의 속전속결전략에 정면으로 대응할 수 없다는 현실인식에 기초하여 광대한 중국의 영토와 인구를 담보로 장기전으로 전환될 때 중국이 승리할 수 있다고 믿었기 때문이다.

특히 장개석은 중일전쟁의 국제화를 예상하면서 서방국가의 협력과 원조를 기대하였다. 따라서 장개석은 전쟁의 초기와는 달리 일본군에 대하여 적극적인 항전을 독려하기보다는 국민당군의 전력보존과 증강에 더 관심을 가지고 있는 듯하였다. 사실 중일전쟁의 초기단계에 벌어졌던 상해전투와 같이 국민당군의 정예부대를 투입하여 일본군의 진공을 저지하려는 노력은 그 이후 별로 없었던 것도 바로 이 같은 장개석의 전략구상에서 비롯된 것이라고 할 수 있다.

장개석이 예상한 대로 태평양전쟁이 발발하면서 중일전쟁의 성격도 변모하였고, 미국을 비롯하여 서방국가들의 지원도 어느 정도 가시화되었으며, 전쟁의 승패도 중국에서가 아니라 태평양에서 판가름이 났지만, 태평양전쟁 이전까지 국민당정부는 소련을 제외한 서방국가들의 지원을 거의 받지 못하고 일본군의 군사적·경제적 봉쇄에 시달림을 받았다. 사실 소련은 중일전쟁의 초기단계부터 국민당정부를 정치적으로나 경제적으로 적극 지원하였지만, 미국을 비롯한 서방국가들은 일본을 자극하지 않기 위해서 태평양전쟁 이전까지는 대단히 소극적인 자세를 보였다.9)

---

9) 중일전쟁의 초기단계인 1937년에서 1939년 사이 소련은 국민당정부에게 약 1,000대의 비행기, 2,000명의 지원비행사, 500명의 군사고문단을 파견했고, 미

이와 같은 상황에서 장개석은 더욱 일본군과의 정면대결을 회피하면서 전력보존을 추구하였다. 특히 장개석의 직계부대인 중앙군을 증강시키고 홍군을 비롯한 지방군벌의 군사력 확장을 억제하려고 하였다. 더구나 국민당군이 철수한 지역에서 홍군과 중국공산당이 급속히 세력을 확장하자 국민당정부의 경계심은 더욱 고조되었다. 이미 앞에서도 지적한 것처럼, 중국공산당이 지배하는 변구와 해방구는 전쟁의 초기단계에서부터 급속도로 확대되었고, 홍군과 공산당의 세력은 항전과정에서 엄청나게 성장하였다. 중일전쟁이 발발하던 당시에 8로군 3만과 신4군 1만 2천 명의 수준이었던 홍군이 1938년 말에는 8로군 15만 6천, 신4군 2만 5천으로 증가되었고, 1940년 말에는 8로군 40만, 신4군 10만, 총병력 50만 대군으로 되었다.[10] 또한 이 시기에 중국공산당의 당건설도 상당히 급진적으로 진행되어 1937년에 4만 명의 당원을 가지고 있던 공산당이 1940년에는 80만의 당원을 가지는 거대한 정치세력으로 발전하였다.

이처럼 공산당세력의 폭발적 증가는 국민당을 자극하기에 충분하였다. 따라서 중일전쟁이 대치국면으로 전환하면서 국민당정부는 공산당과 홍군의 활동을 적극적으로 억제하려고 노력하였다. 1939년 초에 국민당정부는 '이당활동방지변법(異黨活動防止辦法)'을 발표하고 공산당의 활동을 제한하기 시작하였고 홍군의 활동에 대하여도 간섭하였다.

화 총 2억 5천만 달러의 저금리차관으로 전략무기와 물자를 제공했던 데 비해, 미국과 영국은 1939년 말에 2천 5백만 달러와 2백만 달러의 차관을 각각 제공했으나, 그것도 일본을 의식해서 무기와 전략물자의 구매는 금지하였다. 미국과 서방국가의 중국에 대한 원조는 1941년경부터 증가되었지만, 이때에도 1937년부터 1941년까지 서방국가들 전체가 지원한 원조액은 소련이 단독으로 지원한 원조액과 비슷한 수준이었다. 이 같은 통계에 대해서는 Lloyd E. Eastman, "Nationalist China during the Sino-Japanese War 1937-1945," in Dennis Twitchett and John K. Fairbank, eds., *The Cambridge History of China*, vol.13, Cambridge: Cambridge University Press, 1986, pp.576-577.

10) 胡華, 『中國革命史 講義』, 下册, p.764.

따라서 국민당군과 홍군 사이에는 크고 작은 무력충돌이 여러 차례 발생하였다. 1939년 말에 장개석의 국민당정부는 국민당군의 정예부대인 중앙군을 동원하여 공산당세력의 중심부인 섬감령 변구를 포위, 봉쇄하는 사태로까지 발전하였다.

이 같은 국민당과 공산당 사이의 '마찰'은 두말할 것도 없이 홍군의 규모와 활동구역을 가능하다면 국공합작 당시의 수준으로 제한하려는 국민당정부의 정책에 대하여, 국민당정부가 철수한 지역과 일본군이 점령한 배후지역에서 항일전을 전개하고 혁명근거지를 확장하려는 공산당의 시도에서 비롯된 것이었다. 따라서 국민당과 공산당은 쌍방의 활동구역을 나누는 방식으로 분쟁을 '해결'하려고 하였지만, 두 세력 사이에 존재하는 뿌리 깊은 불신으로 말미암아 국민당과 공산당 사이의 무력충돌은 점차 확대되었다. 이러한 상황에서 1941년 1월에 발생한 신4군사건으로 국민당과 공산당 사이의 통일전선은 더 이상 돌이킬 수 없을 정도로 악화되었다.

신4군사건이란 양자강 이남의 화중지역에서 활동을 하고 있던 중국 공산당의 신4군에 대하여 국민당정부가 1940년 10월에 1개월 이내에 양자강 이북으로 철수할 것을 명령하였는데, 이를 집행하는 과정에서 신4군이 몇 차례에 걸쳐 국민당군이 제시한 시한을 넘기면서 철수를 지체하자 1941년 1월 국민당군은 돌연 이동 중이던 신4군을 포위, 공격하여 괴멸적인 타격을 입힌 사건이었다.[11] 이 같은 국민당군의 공격으로 신4군의 사령관 엽정(葉挺)은 포로가 되었고, 부사령관이었던 항영은 전사를 했으며, 신4군의 주력부대는 거의 괴멸하는 큰 타격을 입

---

11) 신4군은 원래 강서소비에트 정부가 붕괴되고 공산당의 주력부대가 장정을 떠난 후에 화남과 화중지역에서 게릴라전을 계속했던 홍군의 일부 병력이었다. 이들은 1937년 10월 국공합작의 정신에 따라서 국민당정부의 국민혁명군에 소속하는 신4군으로 개편되어 안휘성 남부지역에서 활동하고 있었다. 이때 신4군은 그 세력을 꾸준히 확장시켜, 항일전이 시작될 때의 1만 2천의 병력에서 1940년 말에는 10만의 대병력으로 성장하였다.

었다. 이와 같은 노골적인 국민당정부의 반공정책에 대하여 중국공산당이 강력한 항의를 제기했음은 두말할 필요도 없다. 중국공산당은 국민참정회의 참여를 거부하고 국민당의 반공정책을 맹렬하게 비난하였고, 신4군의 해산명령을 거부하였다. 오히려 중국공산당은 진의(陳毅)를 총사령관으로, 유소기(劉少奇)를 정치위원으로 임명하고 신4군의 재건을 추진하였다.

이처럼 국민당정부의 반공정책이 강화되고, 국민당군에 의한 섬감령 지역에 대한 봉쇄가 계속되고 있는 가운데 홍군은 이른바 '백단대전(百團大戰)'을 단행하였다. 1940년 8월부터 12월초까지 4개월에 걸쳐 화북지방의 5개성에서 홍군 115개 연대(단), 총병력 40만을 동원하여 팽덕회의 지휘하에 일본군에 대한 대대적인 공세를 전개한 것이 유명한 '100단 대전'이다. 이 '100단 대전'의 정치적·군사적 목표와 성과에 대해서는 오늘날까지 논쟁점으로 남아 있다. 그러나 한 가지 확실한 것은 이 같은 홍군의 대공세로 말미암아 국민당정부와 일본군은 공산당세력에 대한 공세를 더욱 강화시켰다는 것이다.[12] 사실 백단대전에 놀란 일본군은 대규모의 병력을 동원하여 화북과 화중지역에서 공산당의 근거지에 대하여 강도 높은 소탕작전을 전개하였다. 즉, 일본군은 화북과

---

12) 항일전쟁 중에 홍군이 화북지역에서 전개한 가장 대규모적이고 공개적인 군사작전이었던 '백단대전'을 단행하게 된 이유는 여러 가지 군사적인 고려에도 있겠지만 정치적인 고려도 간과할 수 없다고 할 수 있다. 특히 당시 국민당은 공산당에 대하여 항일전쟁에 충실하기보다는 공산당세력의 확장에만 급급하고 있다고 비난을 하고 있었기 때문에, 이 같은 국민당의 비난을 불식시키고 항일전에 대한 공산당의 의지와 능력을 천하에 과시할 정치적 필요성도 있었던 것이다. 그러나 백단대전은 결과적으로 홍군과 해방구에 상당한 곤란을 초래하였고, 또한 모택동의 유격전략원칙과도 위배된 것이라는 점을 근거로 문화혁명기에 일부 홍위병들은 팽덕회를 중심으로 하는 일부 홍군의 사령부가 모택동 등 당 지도부의 반대에도 불구하고 백단대전을 관철시켰다고 주장하기도 하였다. 이 같은 점에 대해서는 우노 시게아끼 저, 김정화 역, 『중국공산당사』, 일월서각, 1984, pp.138-139; James Harrison, op. cit., pp.300-301 참조.

화중지역을 '치안구', '준치안구', '비치안구'로 나누고, 치안구에서는 주민통제의 전통적인 수단인 보갑제(保甲制)를 강화하고 공산당의 동조자를 색출하는 작업을 강화하였고, 준치안구에서는 토치카와 봉쇄구를 설치하여 공산게릴라의 침투를 막고, 비치안구에 대해서는 잔혹한 3광작전을 전개하여, "모조리 태우고(燒光), 모조리 죽이고(殺光), 모조리 약탈(槍光)"하는 전멸작전을 실시했다는 것이다.[13]

이 같은 잔혹한 일본군의 소탕작전은 중국민족의 분노를 불러일으켜, 중국민중들 사이에서 중국공산당의 정치적 위상을 제고하는 계기가 되었고, 중국공산당으로 하여금 대중적 민족주의를 대변하는 세력으로 성장할 수 있게 했다고도 할 수 있다. 그러나 중국공산당과 홍군이 받은 타격은 엄청난 것이었다. 사실 국민당군의 봉쇄와 일본군의 잔혹한 소탕작전이 진행되었던 1941년과 1942년 동안이 중국공산당에게는 항일전쟁 전 기간 중 가장 곤란한 시기였으며, 이 시기에 공산당의 세력이 상당히 위축되었다. 호화에 의하면 1940년에 40만의 8로군이 1941년에는 30만으로 감소되었고, 13만 5천이었던 신4군의 병력도 11만으로 감소되었으며, 해방구의 면적과 인구도 절반 정도로 위축되었다는 것이다.[14]

3) 중일전쟁의 국면전환과 국공의 대응

이처럼 일본군의 소탕작전과 국민당군의 봉쇄로 중국공산당이 극심한 곤란에 직면한 가운데 모택동은 1942년 9월 7일, 항일전쟁 5주년을 기념하는 ≪해방일보≫ 사설에서 "항일전쟁은 실질적으로 승리를 위한 투쟁의 최종단계에 들어서고 있다"고 선언하면서, 공산당이 당면한 어려움이란 "여명이 오기 전의 암흑"과 같은 것이라고 주장하였다. 또한

---

13) 胡華, 앞의 책, pp.541-543.
14) 胡華, 앞의 책, p.543.

1942년 10월 12일의 ≪해방일보≫ 사설을 통하여 모택동은 스탈린그
라드에서의 소련군의 승리로 제2차세계대전은 마침내 대전환의 국면을
맞이하게 되었고, 일본의 패망도 멀지 않았다고 강조하였다.[15]

사실 중일전쟁은 1941년 12월, 일본의 진주만 공격으로 시작된 태평
양전쟁을 계기로 모택동과 장개석이 예견한 바와 같이 세계대전의 일
부가 되었다. 중일전쟁은 이제 중국과 일본만의 싸움이 아니라 전 세계
적 차원에서 전개되고 있었던 파시스트세력과 반파시스트세력의 대결
의 일부가 되었다는 것이다. 1939년 9월 나치스 독일의 폴란드 침공으
로 시작된 유럽전쟁은 1940년 9월 독일, 이탈리아, 일본 등 파시스트국
가들의 3국동맹, 1941년 6월 독일의 소련침공, 그리고 1941년 12월 일
본의 진주만공격 등으로 파시스트국가들과 반파시스트국가들 사이의
세계대전으로 확대되었고, 중일전쟁도 세계적인 차원에서 수행되는 반
파시스트 전쟁의 일부가 됨으로써, 중일전쟁의 승패는 이제 세계대전의
전황과 밀접한 관련을 가지게 되었다. 따라서 1942년 8월 미국이 남태
평양의 과달카나에 상륙하고, 같은 해 10월에 스탈린그라드전투에서 소
련군의 우세가 보이면서 세계대전은 모택동이 지적한 바와 같이 대역
전의 국면으로 접어들게 되었고, 일본의 패망도 예견할 수 있게 되었다.

이와 같이 1942년 후반기와 1943년 초 사이에 세계대전의 전세는
연합군의 대반격이 시작되면서 전환국면에 들어섰지만, 중국전선에서는
여전히 대치국면이 계속되었다. 그것은 태평양전선에서의 일본군의 패
배에도 불구하고 중국전선에서는 여전히 일본군이 군사적 우세를 유지
하고 있었을 뿐만 아니라, 장개석의 국민당정부는 전후의 주도권을 장
악하기 위하여 국민당군의 전력보존과 공산당의 견제에 더욱 신경을
쓰고 있었기 때문이었다. 1941년의 신4군사건 이후 국민당과 공산당
사이의 국공합작은 사실상 파기된 것이나 다름없었고, 국민당군에 의한

---

15) 毛澤東, 「一個扱其重要的 政策」, 「第二次 世界大戰的 轉折點」, 『毛澤東
選集』, 第3卷, pp.836-839, 840-844.

홍군지역에 대한 무력봉쇄는 더욱 강화됨으로써 내전으로 확전될 조짐
마저 보였다. 그러나 중국국민들의 여론과 국제적 압력으로 말미암아
국민당이나 공산당이 정면충돌을 자제함으로써, 표면적으로 항일민족통
일전선은 계속 유지되었고, 몇 차례에 걸쳐 제3의 세력들에 의하여 중
재도 시도되었다.

이를테면 1941년에 결성된 중국민주정단동맹(1944년에 중국민주동
맹으로 개칭)을 중심으로 하는 이른바 민주정파들은 국공내전의 방지와
민주주의의 실현을 주장하면서 국민당의 반공정책과 독재정치를 비판
하였고, 태평양전쟁이 발발하면서 중국전선에 관심을 가지게 된 미국도
장개석의 국민당정권에 대한 군사원조를 증강하면서 국공합작을 복원
하여 항일전쟁에 적극적으로 대처해줄 것을 요구하였다.

사실 미국은 항일전쟁의 초기단계에는 중국에 대한 지원에 대단히
소극적이었지만, 태평양전쟁의 발발과 함께 중국에 대한 지원에 더욱
적극적으로 임하게 되었다. 따라서 1942년 1월에 미국을 중심으로 하
는 연합국들은 중국-버마-인도지역의 전장을 설정하고 장개석을 중국
전선의 최고지도자로 선임하면서 미국의 스틸웰 장군(General Joseph
Stilwell)을 장개석의 참모장으로 임명하였다. 또한 미국은 1941년 8월
부터 곤명(昆明)에서 활동하고 있었던 일명 '나는 호랑이(the Flying
Tigers)'라는 미국의 지원 파일럿 부대를 확대 개편하고, 일본에 대한
공습을 시도하였다. 이와 동시에 미국은 국민당정부에 대한 원조도 대
폭 증가하였다. 1942년부터 1945년까지 미국은 5억 달러의 차관과 13
억 달러 상당의 무기대여(Lend-Lease)를 제공하였다.[16]

이와 같이 미국은 장개석의 국민당정부에 대한 경제적·군사적 원조
를 제공하면서도 항일전선을 강화하기 위해서 국민당과 공산당이 협력
할 것을 요구하였다. 미국은 비록 국공대립과정에서 장개석의 국민당정

---

16) Arthur N. Young, *China and the Helping Hand, 1937-1945*, Cambridge:
    Harvard University Press, 1963, p.350, 441.

부를 지지한다는 기본적인 입장을 견지하였지만, 당시 미국의 일차적인 목표가 일본에 대한 군사적인 압력을 가중한다는 것이었기 때문에 당연히 장개석에게 공산당과 타협하고 좀더 적극적으로 항일전쟁을 수행하라고 압력을 행사하였다.

이 같은 미국의 정책에 대하여 장개석은 완강하게 저항하였다. 장개석의 입장은 명백하였다. 장개석은 그가 예견한 대로 연합군이 참전한 이상 일본의 패망은 이제 거의 확정적이라고 판단하고, 국민당군의 보존과 중국공산당세력에 대한 억제에 더욱 관심을 가지게 되었다. 따라서 공산당의 거점지역을 포위, 봉쇄하는 데 동원된 국민당군의 정예부대를 항일전에 돌리라든가, 또는 미국의 군사원조 일부를 홍군에게도 제공하고 국민당군과 홍군이 연합하여 항일전을 수행하라는 스틸웰 장군의 제안은 도저히 수용할 수 없는 것이었다. 따라서 장개석은 미국정부에 대하여 스틸웰 장군의 경질을 고집하고, 그것을 관철시키면서 종래의 반공노선을 견지하려고 하였다. 그러나 장개석정권은 국제적·국내적 여론 때문에 공산당에 대한 공개적인 무력탄압을 단행하지 못하였고, 공산당과의 협상을 통하여 갈등을 해소하려는 자세를 보여주지 않을 수 없었다.

이와 같은 상황에서 중국공산당은 한편으로는 민주당파와 미국 등에 의하여 제기되고 있는 국공합작의 복원에 대하여 호의적인 자세를 보이면서, 또 한편으로는 국민당의 반공노선과 독재정치를 비판하면서 국민당지역의 학생과 지식인, 그리고 광범위한 민주적 인사들과 연합하여 국민당정권의 민주화를 요구하는 국민운동에 적극적으로 참여하였다. 특히 공산당은 모택동의 신민주주의론을 바탕으로 해방구를 민주주의와 사회적 정의가 실현되는 신중국의 모델로 제시하고, 그것을 일당독재, 4대가족의 족벌적 지배, 부패와 무기력이 만연되어 있는 국민당 지배지역과 대비함으로써, 국민당정권의 대안적 정치세력으로 성장하려고 하였다.17)

　이처럼 중국공산당은 국민당에 대한 다각적인 정치적 공세를 강화하면서, 대도시지역에서 공산당의 영향력을 증대시키고 당조직을 재건하려고 노력하였고, 또 한편에서는 일본군의 소탕작전과 국민당군의 압력으로 위축되었던 해방구를 다시 확장하고 홍군과 공산당의 세력증강을 도모하였다. 특히 1943년 이후 세계대전의 전세가 점차로 역전되어가고, 그에 따라서 북부지방에서 일본군의 대공세가 둔화되고 있는 상황에서, 그리고 앞에서 언급한 것처럼 국민당정부가 국제적·국내적 압력으로 더 이상 노골적인 무력탄압을 시도하지 못하게 되었기 때문에 공산당은 다시 화북지방을 중심으로 홍군의 활동영역을 점차 넓혀가면서 해방구를 확대할 수 있었다. 더구나 일본군의 최후의 대규모 군사작전이라고 할 수 있는 '1호작전' 또는 '대륙타통작전(大陸打通作戰)'으로 국민당군이 치욕적인 패배를 하게 되자 정치적으로나 군사적으로 공산당은 더욱 자유롭게 그 영향력을 증대시킬 수 있었다.

　1944년 4월부터 약 반년간에 걸쳐 진행된 일본군의 '1호작전' 또는 '대륙타통작전'은 말 그대로 조선반도와 만주, 그리고 중국대륙을 관통하여 하노이까지의 육상수송로를 확보하고, 동시에 1942년 말부터 중국내의 비행기지로부터 발진하여 일본의 구주(九州)지방을 공습하기 시작한 미군의 공군기지를 파괴한다는 군사적 목표를 가지고 있었다. 따라서 일본군은 정주와 낙양을 공격하고 하남성 남부를 점령하여 북경

---

17) 사실 국민당군에 의하여 포위 봉쇄된 공산당 지배지역을 방문한 외국인사들은 거의 모두가 중경과 연안에서 두 개의 서로 다른 세계를 발견하고 놀라움을 표시하였다. 이들에게 국민당 정부의 전시수도인 중경은 구중국의 모든 약점을 가지고 있는 것으로 인식되었고, 반면에 연안은 신중국의 모든 강점을 대변하는 것으로 인식되었다. 따라서 에드가 스노우와 같은 사람은 중국공산당을 "중국의 떠오르는 붉은 별(The Red Star Over China)"이라고 묘사하였고, 테오도르 화이트(Theodore H. White)는 국민당정권이 도덕적 타락과 정치적 실패를 거듭함으로써 천명(天命)을 잃고 있다고까지 예언하였다. 이 당시 외국관찰자의 인상기에 대해서는 Kenneth E. Shewmaker, *Americans and Chinese Communists, 1927-1945: A Persuading Encounter*, Ithaca, N.Y., 1971, pp.34-346 참조.

과 한구를 연결하는 평한선(平漢線) 일대를 장악하였고, 다음에 광주와 한구를 연결하는 월한선을 개통함으로써 대륙타통에 성공하였다. 또한 일본군은 미국공군기지가 있는 계림과 유주남령(柳州南寧)을 점령하였고, 국민당정부의 전시수도인 중경까지 육박하였다.[18]

이 같은 일본군의 마지막 대공세로 말미암아 국민당정부는 군사적으로나 정치적으로 심각한 타격을 받았다. 군사적인 차원에서만 보더라도 국민당군은 괴멸적인 타격을 받았다. 국민당정부의 관계자들에 의하면 1호작전이 진행되는 동안 국민당군은 약 30만의 사상자를 냈으며, 막대한 군사장비를 일본군에게 탈취당했다는 것이다. 그러나 이 같은 군사적인 손실보다도 눈에 보이지 않는 정치적인 손실도 간과할 수 없는 것이었다. 거의 패망을 앞두고 있는 일본군의 공세에 국민당군이 무기력하게 붕괴함으로써 전시 국민당정부의 취약성이 그대로 노출되어 정치적 반대파들에게 다시금 장개석의 독재와 국민당정부의 부정부패와 무능력을 공격할 수 있는 기회를 제공하였다. 미국도 이 같은 국민당군의 패주에 당황하여 다시금 국공협상을 적극적으로 중재하려고 하였다. 그러나 장개석의 완강한 반대로 그 같은 미국의 중재는 좌절되었고, 중국공산당 문제에 대한 미국과 국민당정부의 견해차이만을 재확인하는 결과로 끝났다.

이처럼 국민당정부의 정치적·군사적 입지가 약화되고, 일본의 패망이 눈앞의 현실로 나타나면서 중국공산당의 세력은 또 한 번 급성장하였다. 홍군의 병력은 일본의 1호작전이 진행 중이었던 1944년 6월에 약 47만 4천여 명이었던 것이 일본의 패망이 거의 확실해진 1945년 4월에는 거의 두 배로 증가하여 91만 명이 되었다 (<표 5> 참조).

이와 같은 증가현상은 홍군에게서만 발견될 수 있는 것은 아니었다.

18) 이 같은 대륙타통작전에 대해서는 Ch'i Hsi-sheng, *Nationalist China at War: Military Defeats and Political Collapse, 1937-1945*, Ann Abor: University of Michigan Press, 1982, pp.73-82 참조.

<표 5> 홍군의 증가현황(1944~1945)

	8로군	신4군	합계
1944년 6월	320,000	153,676	474,476
1944년 10월	385,000	185,000	570,000
1945년 3월	513,000	247,000	760,000
1945년 4월	614,000	296,000	910,000

출처: Lyman Van Slyke, "The Chinese Commust Movement during the Sino-Japanese War 1937-1945," in John K. Fairbank and Albert Feuerwerker(eds.), *The Cambridge History of China*, Vol. 13, Cambridge University Press, 1986, p.709.

비록 정확한 통계는 없지만, 중국공산당의 당원수도 비슷한 양상으로 증가되었고, 또한 해방구도 전쟁의 최종단계에 괄목할 만한 속도로 확대되었다.[19] 특히 주목되는 것은 중일전쟁의 최종단계에 중국공산당의 활동이 농촌지역에만 국한된 것이 아니라 도시지역에까지 확대되었다는 것이다. 모택동은 1944년 4월에 이미 대도시지역에서 당의 건설과 당 활동의 중요성을 강조하면서 도시와 농촌의 결합을 바탕으로 전국적인 차원에서 승리를 쟁취할 준비를 하고 있었다.[20]

대도시와 주요 교통요지에서 우리들의 작업은 항상 불충분하였다. 그러나 이제 대도시와 주요 교통요지에서 일본제국주의자들의 억압을 받고 있는 수천만 명의 근로대중들과 인민들을 우리 당의 주위에 결집시키려고 노력하지 않는다면, 그리고 그들을 바탕으로 무장봉기를 준비하지 않는다면, 우리의 군

---

19) 중국공산당의 당원 수 증가현상도 비슷한 패턴을 보여주고 있다. 중국공산당은 제2차 국공합작이 결성된 후 폭발적으로 증가하여 1940년에는 80만까지 증가되었지만, 국민당의 반공정책이 노골화되고 일본군의 강력한 치안유지와 소탕작전이 전개되었던 1941년과 1942년에는 약 76만과 73만으로 감소되었다. 그러나 1943년부터 점차 회복세를 보이기 시작하다가 전쟁의 최종단계인 1944년에는 85만을 넘어섰고, 1945년 4월의 7차 당대회 당시에는 120만 명 이상이 되었다. 이 같은 공산당원의 증감현상에 대해서는 서진영, 「중국공산당의 조직과 구성변화, 1921-1987」, ≪아세아연구≫ 31: 2, 1988년 7월, 90-91쪽 참조.
20) 毛澤東, 「學習和 時局」, 『毛澤東 選集』, 第3卷, p.900.

대와 농촌근거지는 도시지역과의 협조체제를 갖추지 못함으로써 온갖 어려움
에 봉착하게 될 것이다. 지난 10여 년간 우리는 농촌지역에 머물러 있으면서
많은 사람들에게 농촌을 잘 이해하고 농촌혁명근거지를 건설해야 한다고 권
유해왔다. 지난 10여 년간 우리는 6차 당대회에서 결의한 도시에서의 봉기를
준비하는 작업을 실천하지 못했고, 또 실천할 수도 없었다. 그러나 이제 사정
은 달라졌다. 6차 당대회의 결의는 다음에 열릴 7차 당대회 이후에 실행에 옮
기게 될 것이다. 7차 당대회는 아마 조만간 개최될 것이며, 우리 당의 도시공
작을 강화하고 전국적인 승리를 쟁취하는 문제를 토의하게 될 것이다.

이처럼 항일전쟁의 최종국면에 중국공산당은 도시와 농촌지역에서
급속도로 영향력을 확대함으로써 1945년 4월 연안에서 제7차 전당대회
를 개최할 때에는 <그림 6>에서 보여주는 바와 같이 중국 전역에서
19개의 지역에서 해방구를 구축하고 국민당정부에 맞설 수 있는 거대
한 정치적·군사적 세력으로 성장하였다.

2. 모택동사상과 모택동의 지도권 확립

앞에서 개괄한 바와 같이 중국공산당은 강서소비에트가 붕괴된 후
거의 전멸상태에 빠졌지만, 중일전쟁을 계기로 기사회생하여 중일전쟁
이 종결될 무렵에는 국민당과 필적할 만한 거대한 정치적·군사적 세력
으로 성장하였다. 이 같은 중국공산당의 비약적인 성장과정에서 모택동
과 모택동사상은 누구도 도전할 수 없는 당의 최고지도자로서, 그리고
당의 지도이념으로 자리 잡게 되었다. 이 같은 모택동의 지도권 확립은
1945년 4월에 개최된 중국공산당 7차 당대회에서 공식화되었다. 7차
당대회에서 모택동은 새로 신설된 당중앙위원회 주석으로 선출됨으로
써, 명실상부한 당의 최고지도자로서 공인되었다. 또한 7차 당대회는
모택동사상을 "맑스-레닌주의를 중국혁명의 구체적 현실과 실제에 창

<그림 6> 항일전쟁 최종단계의 해방구

[1] 陝西·甘肅·寧夏의 해방구   [11] 淮河南部
[2] 山西·綏遠   [12] 江蘇南部
[3] 山西·察哈爾·河北   [13] 安徽中部
[4] 山西·河北·河南   [14] 浙江東部
[5] 河北·山東·河南   [15] 湖北·湖南·安徽
[6] 山東   [16] 湖南·江西
[7] 河北·熱河·遼寧   [17] 河南
[8] 淮河北部   [18] 廣東
[9] 江蘇北部   [19] 海南
[10] 江蘇中部

출처: 岩村三川夫, 『中國現代史』, p.164.

조적으로 적용한 것"이고, "당의 모든 정책과 공작의 지도이념"이라고 선언함으로써, 1935년 준의회의에서 당과 군의 지도권을 장악하기 시작한 모택동의 대장정은 마침내 모택동과 모택동사상의 승리로 끝났다는 것을 과시하였다. 이런 점에서 연안시대의 중국공산당의 역사는 모택동과 모택동사상의 승리의 역사라고도 할 수 있다.

사실 연안시대에 모택동은 가장 정력적으로 활동하였다. 당이 당면한 중요한 정책문제에 관한 토론과 결정·집행과정에서 주도적인 역할을 하면서 중국공산당의 승리를 견인해내는 데 중요한 공헌을 했을 뿐만 아니라 모택동은 이 시기에 가장 생산적인 저술활동도 전개하였다. 모택동사상을 대표할 수 있는 주요한 저작물들이 거의 모두 이 시기에 생산되었던 것이다. 중화인민공화국이 수립된 후에 중국공산당이 편찬한 모택동선집 5권 중에서 절반 이상이 이 시기에 쓰인 것이란 점만 보더라도 연안시대는 모택동의 당내지도권이 확립되는 시기이며, 또한 모택동사상이 성숙되는 시기였다고 할 수 있다.

연안시대에 발표된 모택동의 저작물들을 개괄적으로 살펴보면, 「실천론」과 「모순론」같이 이론적·철학적 문제를 다룬 것들도 있지만, 대체로 중국공산당이 당면한 현실적인 과제, 즉 항일전쟁의 정치적·군사적 전략과 전술의 문제라든가, 또는 해방구의 건설과 신중국에 관한 정치적 구상이나 정책문제, 또는 중국적 맑스주의에 관한 것들이었다. 사실 「실천론」이나 「모순론」 같은 것도 순수한 이론적·철학적인 문제를 다룬 것이라기보다는 맑스-레닌주의의 보편적인 이론을 어떻게 중국공산당이 당면한 현실적이고 구체적인 문제에 창조적으로 적용해야 하느냐를 염두에 둔 것이었다. 따라서 모택동의 거의 모든 저작물들이 연안시대의 중국공산당이 당면했던 정치적·군사적 전략과 전술에 관련된 것이라고 해도 과언이 아니라 하겠다.[21]

---

21) 모택동사상에 대한 연구문헌을 여기서 일일이 열거하기에는 너무나 많고 다양하다. 연안시기를 포함하여 모택동과 모택동사상 일반에 대한 연구현황에 대

이런 점에서 모택동사상은 모택동 개인의 창조물이기도 하지만, 또한 중국공산당의 '집체적 지혜의 결정'이라고도 할 수 있다. 따라서 중국공산당의 연안시대를 이해하기 위해서도 모택동과 모택동사상을 이해하지 않으면 안 된다.

1) 모택동의 「실천론」과 「모순론」

모택동이 「실천론」과 「모순론」을 발표하기 전에는 맑스주의의 이론적·철학적 문제에 대하여 전혀 언급하지 않은 것은 아니다. 1920년대와 1930년대의 모택동의 저작물에서도 간헐적으로 이론적인 문제에 대한 모택동 특유의 해석과 견해를 제시하려고 하였다. 그러나 1930년대 후반까지는 맑스-레닌주의의 철학적 문제에 대하여 체계적으로 연구할 기회도 없었고, 또 자신의 견해를 밝힐 만한 입장도 아니었다.

그러나 준의회의 이후 당의 지도자로 부상하기 시작한 모택동은 장정 직후부터 항일전쟁이 본격적으로 시작되기 직전까지의 시기인 1936년과 1937에 집중적으로 맑스주의의 철학적 문제에 대하여 학습을 하였고, 그것을 나름대로 정리하여, 1937년 7월과 8월에 연안의 항일군정대학에서 강의한 것이 바로 「실천론」과 「모순론」이었다.[22]

해서는 서진영, 「모택동사상고」, 박순영 외 공저, 『현대사회와 마르크시즘』, 연세대학교 출판부, 1984, 84-107쪽; Stuart Schram, "Mao Studies: Retrospect and Prospect," *The China Quarterly*, no.97, March 1984, pp.95-125를 참조.

22) 서구학자들 사이에서는 모택동의 「실천론」과 「모순론」의 저작연대, 저작자, 그리고 이론적인 함의에 대하여 다양한 해석과 논쟁이 있었다. 예컨대 코헨과 같은 학자들은 「실천론」과 「모순론」이 1937년에 쓰인 것이 아니라 1950년대에 쓰인 것이라고 주장하였고, 비트포겔 같은 학자들은 모택동의 '독창성'에 대하여 강한 의문을 제기하기도 하였다. 이 같은 논쟁에 대해서는 Arther A. Cohen, *The Communism of Mao Tse-tung*, Boston: University of Chicago Press, 1964, pp.22-28; Karl A. Wittfogel, "The Legend of Maoism," *The China Quarterly*, no.2, April-June,1960; Stuart Schram, "Mao Tse-tung as Marxist Dialectician," *The China Qurterly*, no.29, Jan.-March, 1967, pp.155-165; Nick

모택동은 이 당시에 이미 탁월한 군사전략가이며, 농촌혁명가로서 당내에서 잘 알려져 있었다. 특히 준의회의 이후 군사전략문제에 대한 모택동의 권위와 독창성은 그의 경쟁자였던 소련유학생파들도 어느 정도 인정하는 터였다.[23] 그러나 맑스주의 이론가로서 모택동의 권위나 독창성에 대해서는 별로 주목을 받을 만한 것이 없었다. 이와 같이 이론적인 문제에 대한 모택동의 약점은 중국공산당의 지도자로 등장하기 시작한 모택동에게 부담이 되지 않을 수 없었다. 더구나 맑스주의 이론가로 자처하고 있는 소련유학생파가 도전세력으로 여전히 남아 있는 상황에서 모택동은 맑스주의 이론가로서 자신의 입장을 정립해야 할 필요성을 느꼈으리라고 쉽게 추론할 수 있다. 따라서 모택동은 비교적 여유가 있었던 시기에 소련에서 발간된 철학교본의 중국어 번역본을 바탕으로 변증법적 유물론과 같은 맑스주의의 기초이론을 학습하고, 그것을 중국적 현실에 적용하는 문제와 관련된 저작물들을 발표하게 되었다.

변증법적 유물론에 입각하여 실천-이론-실천의 역동적 관계를 규명하려고 한 모택동의 「실천론」이 맑스주의 인식론에 얼마나 독창적인 기여를 했는가에 대해서는 의문이 많지만, 중국공산당의 당내 노선투쟁과 관련하여 시사하는 바가 크다고 하겠다. 모택동에 의하면 인간의 인식과정은 사회적 실천으로부터 시작되고, 사회적 실천을 통해서 검증됨으

Knight, "Mao Ze Dong's On Contradiction and On Practice: Pre-Liberation Texts," *The China Quarterly*, no.84, December 1980, pp.641-668을 참조.

23) 이미 앞에서도 지적한 바와 같이 준의회의에서 모택동이 집중적으로 제기한 문제는 군사전략문제이며, 이 부분에 대한 모택동의 독창적인 기여에 대해서는 당내에서뿐만 아니라 서구학자들 사이에서도 이론의 여지가 없다고 하겠다. 연안시대에 모택동은 강서소비에트시대의 이른바 혁명전쟁의 경험을 바탕으로 항일전쟁의 전략체계를 수립하는 작업을 완성하게 되는데, 이 같은 모택동의 군사전략사상은 1936년 12월에 연안의 홍군대학에서 행한 '중국혁명전쟁의 전략문제'에 관한 강연, 1937년의 「유격전」, 1938년 3월의 「기초전술」, 1938년 5월의 「항일 유격전쟁의 전략문제」, 그리고 같은 해 5월에 연안 항일전쟁연구회에서 발표한 「지구전론」 등에서 발전, 완성되었다고 하겠다.

로써 발전한다는 것이다.

즉 인식의 초기단계에는 감각기관을 통하여 사물의 일면, 또는 사물의 외면만을 인식하는 감성적 인식에 도달하지만, 사회적 실천을 부단하게 전개하면서 인식의 두 번째 단계인 이성적 인식의 단계에 도달할 수 있다는 것이다. 이성적 인식의 단계에서는 감각적 인식의 단계에서 얻은 단편적이고 피상적인 지식이 논리적인 차원에서 체계화되면서 이론으로 발전한다는 것이다. 이 단계에서 이론이란 사물의 현상과 사물의 외부관계에 대한 피상적인 지식이 아니라, 사물의 본질, 사물의 내부관계에 대한 지식을 의미한다. 그러나 이 같이 형성된 이론은 제3의 단계, 즉 검증의 단계에서 사회적 실천을 통해서 그것을 적용해보고, 그것이 옳은 것인가를 실험해보지 않으면 안 된다고 모택동은 주장하였다.

이처럼 모택동은 실천-이론-실천의 변증법적인 관계를 강조하면서 이론이 없는 실천만을 강조하는 경험주의의 오류와, 실천을 통하여 검증되지 않는 이론만을 강조하는 교조주의의 오류를 모두 비판하였다. 이와 같은 모택동의 비판은 인식론적 차원에서 당내의 잘못된 두 가지 노선과 정책정향을 비판하고 있다는 점에서 주목된다. 다시 말해서 현실의 제약조건만을 지나치게 의식한 나머지 혁명의 전화·발전의 가능성을 간과하고 타협주의적 노선과 정책을 추구하려는 이른바 우경기회주의노선을 경계하면서, 동시에 현실적 조건을 무시하고 계급투쟁과 계급혁명의 목표만을 강조하는 좌경모험주의노선도 비판하고 있다는 것이다.

모택동의 이러한 비판은 당시 당내에서 전개되고 있었던 항일민족통일전선에 대한 정책논쟁과 관련하여 시사하는 바가 크다고 하겠다. 그것은 다름 아니라 모택동은 "모든 것을 통일전선을 통하여"라는 슬로건을 내걸고 국민당과의 적극적인 항일민족통일전선을 결성해야 한다고 주장하는 왕명의 우경노선을 비판한 것이며, 동시에 강서소비에트시대에 반자본주의투쟁을 강조하면서 부르주아계급과의 합작을 반대한 좌익노선을 비판한 것이기도 하다는 것이다. 또한 모택동은 「실천론」을 통하여 중국적 현실과 혁명적인 실천과정을 통하여 검증되지 않은 '추상적 맑스주의', '공허한 맑스주의'를 신랄하게 비판함으로써, 당시 맑스주의 이론가로 자처하고 있었던 소련유학생파들에 대한 불신을 강하게 표출하였고, 1942년 정풍운동에서 적극적으로 추진하게 될 맑스주의의 중국화에 대한 인식론적 바탕을 이때 이미 마련했다고 할 수 있다.

「실천론」과 함께 모택동사상을 이해하는 데 주요한 저작물로 인정받고 있는 「모순론」의 경우에도 이론적이고 사상적인 의미와 더불어, 일본제국주의의 침략으로 초래된 중국혁명의 성격변화에 따라서 중국공산당의 혁명전략이 어떻게 변화해야 할 것인가를 문제로 삼고 있다는 점에서 관심의 대상이 된다고 하겠다.

「모순론」에서 특히 주목할 만한 점은 중국사회의 복잡한 갈등구조와 성격에 대한 이해를 바탕으로 혁명전략의 수정과 변화를 모색하고 있다는 것이다. 모택동은 모든 사회의 변화를 추동하는 요인으로서 모순의 법칙을 거론하면서 모순의 다층구조를 분석하려고 하였다. 따라서 모택동은 내부모순과 외부모순, 모순의 보편성과 모순의 특수성, 주요한 모순과 주요하지 않은 모순, 적대적인 모순과 비적대적인 모순 등의 개념을 사용하면서 모순의 다층적·유동적 성격을 부각하려고 하였고, 그에 따라 혁명전략이 변화되어야 한다고 주장하고 있는 것이다.

이를테면 모택동은 중국혁명의 내부모순(계급관계)과 외부모순(국제관계)을 구별하고, 사물의 발전의 근본원인은 사물의 내부모순, 즉 계급적 모순에서 찾아야 한다고 주장하면서도, 변화의 조건으로 작용하는 외부모순의 중요성을 간과해서는 안 된다고 강조함으로써, 일본의 제국주의적 침략으로 중국사회에 내재하고 있는 계급적 모순의 성격이 변화했으며, 그에 따라 혁명전략의 변화도 불가피하다는 논리를 전개하고 있다는 것이다. 이 같은 모택동의 견해는 모순의 보편성과 모순의 특수성을 구별하고, 주요한 모순과 주요하지 않은 모순을 구별하는 과정에서도 반복적으로 강조되고 있다. 모택동은 모순의 특수성을 강조하면서 중국사회의 특수성에 대한 인식을 바탕으로 혁명전략이 구상되어야 하며, 또한 주요한 모순과 부차적인 모순이 무엇이냐에 따라서 모순을 해결하는 방법도 달라야 한다고 주장하였다.

모택동에 의하면 자본주의사회에서는 프롤레타리아계급과 부르주아계급 사이의 모순이 주요한 모순이고 그와 같은 모순은 사회주의혁명의 방법으로 해결될 수밖에 없지만, 중국과 같은 사회에서 나타나는 인민대중과 봉건제도 사이의 모순은 민주혁명의 방법에 의해서 해결되어야 한다는 것이다. 그러나 모택동에 의하면 한 사회의 주요한 모순과 부차적인 모순이 항상 고정되어 있는 것은 아니기 때문에 혁명전략은 변화될 수밖에 없다고 지적하고 있다. 이를테면 일본의 제국주의침략으로 말미암아 현단계에서는 일본 제국주의세력과 중국민족과의 모순이 주요한 모순으로 되었고, 중국사회의 여러 계급 간의 모순은 부차적인 모순으로 되었다고 주장함으로써, 모택동은 중국공산당의 항일민족통일전선에 대한 전략적 변화를 정당화하고 있다는 것이다.

이처럼 모택동은 모순의 다층구조와 유동성에 대한 인식과 그에 따른 혁명전략의 유연한 변화를 강조하면서 「실천론」에서와 마찬가지로 당내의 교조주의적 인식과 경험주의적 인식의 위험성을 경계하고 있다. 다시 말해서 모순의 특수성과 변화가능성을 인정하지 않고 모순의 보편성만을 강조하는 교조적 사고와, 또한 모순의 보편성과 총체성을 간과하고 개별적이고 단편적인 현상에만 집착하는 경험주의적 인식을 모두 경계하고 있다는 것이다.

이런 점에서 「실천론」과 「모순론」은 중국공산당의 역사에서 끊임없이 등장하고 있는 두 가지 노선, 즉 좌경적 교조주의노선과 우경적 경험주의노선을 극복해보려는 노력의 산물이라고 하겠다. 이 같은 모택동의 인식론적 특징은 당시 중국공산당이 당면했던 최대의 정책과제라고 할 수 있는 항일민족통일전선에 대한 왕명과의 논쟁과, 맑스주의의 중국화에 대한 시도를 통하여 좀더 구체적인 형태로 나타났던 것이다.

2) 모택동과 항일민족통일전선

이미 앞에서도 살펴본 바와 같이 코민테른과 중국공산당의 통일전선전략은 1935년의 코민테른 제7차대회, 그리고 중국공산당의 8·1선언 등을 계기로 크게 변화하였다. 특히 중국공산당은 일본의 중국침략이 노골화되고 장개석군의 군사적 압박이 가중되면서 노동자, 농민, 도시소시민의 3계급연합을 강조하던 강서시대의 '밑으로부터의 통일전선전략'으로부터 민족자본가를 포함하는 4계급연합의 항일민족통일전선전략으로 전환되었고, 국민당과의 합작문제에 대해서도 반장항일에서 핍장항일로, 그리고 서안사건을 계기로 연장항일로 변화되었다.

이와 같이 통일전선전략의 변화과정에서 중국공산당은 종전의 배타적인 계급노선을 비판하고, 민족모순의 중요성을 강조하면서 국민당정부와 협력하기 위한 구체적인 양보와 타협안을 수락하였다. 즉 과격한 계급투쟁노선과 토지혁명정책의 중단, 소비에트정부와 홍군의 편제개편, 그리고 장개석과 국민당 중앙정부의 지도권과 권위인정 등이 그것이었다. 이처럼 중국공산당이 대폭적인 양보를 하면서 항일민족통일전선의 결성을 추진한 배경에는 반파시스트연합전선을 강조하는 소련과 코민테른의 정책변화도 작용했겠지만, 그보다는 강서소비에트 정부가 붕괴된 이후에도 계속되는 장개석정부의 군사적 압력을 완화하려는 직접적인 목표도 중요한 요인이었다. 특히 일본의 제국주의적 침략으로 자극되어 중국국민들 사이에서 분출하기 시작한 민족주의운동에 호응함으로써, 중국공산당의 정치적 영향력을 확대한다는 의도도 중국공산당이 항일민족통일전선에 대하여 적극적인 자세를 보이게 된 이유라고 할 수 있다.

따라서 중국공산당은 국민당을 중심으로 항일민족통일전선을 강화해야 한다고 주장하면서도 국민당정부의 민주적 개조를 계속 요구하였고, 항일민족통일전선의 테두리 안에서 공산당의 자율권과 독자성을 견지한다는 점을 명확히 하였다. 이러한 공산당의 기본노선은 모택동에 의하여 여러 차례에 걸쳐서 반복적으로 강조되었다. 이를테면, 1937년 2월에 소집된 중국공산당 임시전국대표대회에서 모택동은 「항일전쟁시기의 중국공산당의 임무」에 관하여 연설하면서 다음과 같이 공산당의 통일전선전략의 변화배경에 대하여 설명하였다.[24]

첫째, 중국과 일본 간의 민족모순이 첨예하게 발전함에 따라 계급모순은 부차적인 모순으로 전화되었고, 국내의 계급관계에도 변화가 초래되었다. 이처럼 민족모순이 주요모순으로 등장하면서 민족자산계급을 포함하여 모든 항일세력을 결집해야 할 필요와 가능성이 있게 되었다.

둘째, 거족적인 항일투쟁을 효과적으로 수행하기 위해서는 중국공산당과 국민당 간의 적대관계가 청산되지 않으면 안 되기 때문에 중국공산당은 국민당에 대하여 일정한 양보를 하게 되었다.

셋째, 그러나 공산당의 양보와 타협이 무원칙적이거나 무조건적인 것이어서는 안 된다. 소비에트정부와 홍군의 명칭과 편제를 변경할 수는 있지만, 변구정부와 홍군에 대한 공산당의 영도권을 포기할 수 없으며, 국민당과의 관계에서도 공산당의 독자성은 유지해야 한다.

넷째, 현 단계에서 민족모순이 주요모순이고 계급모순은 부차적인 모순이지만, 언제나 그렇다는 것은 아니다. 민족모순이 주요모순인 단계에서도 계급모순은 여전히 존재하며, 그것은 결코 소멸될 수 있는 것이 아니다. 따라서 공산당의 항일민족통일전선전략이 계급투쟁의 포기를 의미하는 것이 아니라, 새로운 상황과 조건에서 계급투쟁의 변형된 형식이란 점을 인식할 필요가 있다.

이와 같이 모택동과 중국공산당은 한편으로는 국민당과의 협력을 강조하면서도, 또 한편으로는 중국공산당의 독자성과 자율권을 유지해야 한다는 입장을 견지하면서, 일부당원들 사이에 제기되고 있는 항일민족통일전선에 대한 잘못된 견해를 경계하였다. 즉 강서소비에트시대와 같이 반자본주의투쟁을 강조하고, 밑으로부터의 통일전선만을 중시하는

---

24) 毛澤東, 「中國共産黨　在抗日時期的　任務」, 『毛澤東選集』, 第1卷, pp.232-248.

좌파적 폐쇄성을 비판하였고, 동시에 국민당과의 협력에 대한 중요성을 지나치게 강조한 나머지, 공산당의 자주독립의 원칙을 간과하는 이른바 우경노선에 대해서도 경계했던 것이다.

사실 중국공산당의 지도부 사이에서는 광범위한 항일민족통일전선을 결성해야 한다는 원칙에는 대체로 모두 동의하면서도, 항일민족통일전선을 실현하는 과정에서 대두되는 민족모순과 계급모순의 관계, 당의 독립자주원칙을 관철하는 문제 등에 대해서는 미묘하고도 심각한 견해 차이가 있었다. 특히 소련과 코민테른의 입장을 대변한 것으로 알려진 왕명이 1937년 10월에 모스크바로부터 귀국하면서 이러한 견해차이는 모택동과 왕명의 논쟁으로 표출되고 권력투쟁의 양상까지 보여주었다.

강서소비에트시기에 당권을 장악했던 이른바 소련유학생파의 대표자 중의 한 사람이었던 왕명은 여러 가지로 모택동과 비교되었다. 우선 왕명은 대부분의 청년시절을 소련에서 보냈고, 정통적인 맑스-레닌주의의 교육을 받았는가 하면, 지적으로도 코스모폴리탄적이었던 데 비하여, 모택동은 이미 잘 알려진 바와 같이 정규적인 대학교육도 받지 못했고, 중국 밖으로는 한 번도 외국여행을 해본 적이 없는 농촌게릴라 지도자로 성장하였다. 따라서 왕명은 가끔 모택동의 맑스-레닌주의에 대한 무지를 지적하고, 모택동의 '편협한 경험주의'를 비판하기도 하였다.[25]

그러나 왕명과 모택동의 갈등은 이런 두 사람의 성격과 배경의 차이보다는 당시 가장 중요한 문제로 대두된 항일민족통일전선에 대한 중국공산당의 입장에 대한 견해의 차이로부터 시작하여, 중국공산당의 혁명전략에 대한 인식의 차이로까지 발전되었다. 간략하게 줄여 말한다면, 왕명의 입장은 현 단계에서 국민당과의 협력에 전심전력을 해야 하며, 중국공산당은 농촌지역보다 대도시지역에서 반제혁명운동에 중점을 두어야 한다는 것이었다면, 모택동은 항일민족통일전선을 유지하면서도

---

25) Gregor Benton. "The Second Wang Ming Line(1935~1938)," in *The China Quarterly*, No. 61, March 1975, p.77.

공산당의 자주독립원칙을 견지하여 통일전선 내부에서 공산당의 영향력을 확대하려는 노력을 중단하지 않아야 한다는 것이었다.

사실 왕명은 1935년 제7차 코민테른대회 이후, 중국공산당내의 이른바 좌파종파주의를 신랄하게 비판하면서, 중국공산당은 계급투쟁을 강조하는 토지혁명노선에서부터 도시부문에서의 광범위한 반제민족통일전선을 중시하는 전략으로 전환해야 한다고 주장하였다. 왕명에 의하면 민족적 위기가 날로 심화되고 있는 상황에서 계급투쟁을 강조하고 토지혁명운동을 추진하기보다는 반제혁명운동을 추진하는 것이 훨씬 더 광범위한 민중들의 지지를 획득할 수 있다고 주장하면서 토지혁명과 계급투쟁을 중시하는 종래 당노선의 변경을 요구하였다. 더구나 중일전쟁이 폭발하고 파시스트국가들의 공세가 강화되고 있는 가운데 중국공산당은 민족적 단결과 거국적 항전을 추진하기 위해서 국민당과의 관계를 더욱 밀접하게 발전시켜야 한다고 역설하였다. 따라서 왕명은 "모든 것은 통일전선에 복종해야 한다(一切 服從 統一戰線)"라는 슬로건을 내걸고 국민당과의 협력에 성의를 다 해야 하며, 국민당정부의 비민주성과 소극적 항일노선에 대한 비판을 자제해야 한다고 주장했다는 것이다.[26]

특히 왕명은 1937년 12월 연안에서 개최된 중국공산당 활동분자회의에서 모택동이 제기한 항일민족통일전선 내부에서의 공산당의 독립자주원칙을 견지하는 문제와, 통일전선 내부에서 좌파를 강화하고 중간파를 견인해내야 한다고 주장한 데에 대하여 비판적인 견해를 표명하

---

26) 왕명은 1937년 12월에 개최된 중국공산당 정치국 회의에서 코민테른 대표자의 신분으로 정치보고를 하는 과정에서 '一切 服從 統一戰線'이란 슬로건을 제시했다. 이 점에 대해서는 唐曼珍, 「王明爲 '一切經過統一戰線'的 錯誤飜案是徒勞的」, 『黨史研究』, 第3期, 1983, p.53 참조; 이 당시 왕명의 주장에 대해서는 Gregor Benton, op.cit., pp.56-66; 劉俊民, 「試論 王明 右傾投降主義的 形成」, 中國人民大學書報資料社, 『中國現代史』, K 4-7, 1982, pp.57-63.

였다. 모택동은 「상해와 태원(太原) 실함(失陷) 이후 항일전의 형세와 임무」에서 중국공산당은 과거의 과오를 결코 반복할 수 없다고 지적하면서, 통일전선을 유지하면서도 공산당의 독립자주원칙을 견지해야 한다고 강조하였다. 또한 모택동은 통일전선에 참여하는 각 당파, 각 계급의 항전과 민주주의에 대한 태도를 분석하여 좌파와 우파 그리고 중간집단으로 구분하면서, 공산당의 임무는 통일전선 내부에서 좌파의 영향력을 확대하고 중간파를 견인해내며, 우파의 투항주의를 억제해야 한다고 주장하였다.[27] 이 같은 모택동의 견해에 대하여 왕명은 중국공산당의 자주독립을 지나치게 강조하고 통일전선 내부의 좌파와 우파, 중간파의 차이를 강조하면서, 중국공산당의 영향력 확대에만 관심을 가지는 것은 잘못이라고 신랄하게 비판했다는 것이다. 따라서 호화와 같은 중국공산당사 연구가들은 왕명이 다음과 같은 과오를 범했다고 지적하였다.[28]

첫째, 통일전선 내부에서 계급구별을 하지 않고 단지 항일세력과 투항주의 세력만으로 양분하면서, '모든 항일세력은 우리들의 동지'라는 추상적인 개념만을 적용, 분석하였다.

둘째, 통일전선 중에서 중국공산당의 자주독립원칙을 부인하고, 모든 것은 통일전선의 과업에 복무해야 한다고 주장하였다.

셋째, 중일전쟁의 장기성에 대한 인식이 부족하였고, 당의 영도하에 전개되고 있는 홍군의 유격전쟁을 경시하고 근거지의 건설을 소홀하게 생각하였고, 도시의 역할과 국민당의 세력을 과대평가하였다. 따라서 대도시에서의 합법투쟁과 국민당과의 협력을 지나치게 강조하였다.

넷째, 중국혁명과정에서 항일전쟁의 위치와 의미를 잘못 해석하였다. 따라서 항일민족통일전선이 민주혁명단계에서 부분적인 전략변화라는 점을 인식하지 못하고, 민주화를 위한 투쟁과 항전을 대립적으로 파악하고, 민족해방과 인민해방을 기계적으로 분리하여 이해하였다.

---

27) 毛澤東, 「上海 太原 失陷以後 抗日戰爭的 形勢和 任務」, 『毛澤東選集』, 第2卷, pp.357-369.
28) 胡華, 앞의 책, pp.491-493.

다섯째, 조직과 기율상의 과오를 범하였다. 당중앙의 통일된 영도를 존중하지 않고, 당중앙의 동의를 받지 않고 자신의 견해를 발표하였다.

만일 호화가 위에서 지적한 것처럼, 왕명이 모택동에 의하여 대표되는 당중앙의 통일된 의견을 존중하지 않고 통일전선 중에서 중국공산당의 자주독립원칙에 대하여 비판적이었으며, 공산당에 대하여 장개석의 국민당정부와 긴밀하게 협력할 것을 강요했다면, 왕명으로 하여금 그렇게 할 수 있게 한 것은 무엇일까. 물론 이 당시 당내에서 모택동의 지도적 위치가 완전히 확립된 것도 아니며, 왕명과 더불어 강서소비에트시대에 당권을 장악했던 소련유학생파들이 아직 당내에 남아 있었을 뿐만 아니라, 왕명 자신이 정치국의 일원이었기 때문에, 상당히 영향력을 행사할 수 있는 위치에 있었던 것은 사실이다. 그러나 이미 왕명과 더불어 소련유학생파로 구분되었던 장문천이나 진방헌은 준의회의 이후 모택동과 협력하는 관계를 유지하여 왔으며, 강서시대에 왕명을 지지했던 주은래도 모택동과 협력하고 있는 형편이었다. 따라서 당내에서 왕명의 조직적 기반은 별로 없었다고 할 수 있다.[29]

그럼에도 불구하고 왕명이 통일전선과정에서 공산당의 독립자주원칙의 문제에 대하여 모택동과 당내 다수파의 견해를 비판할 수 있었던 것은, 왕명이 소련과 코민테른의 견해를 대변하고 있었기 때문이었다. 이미 앞에서도 지적한 것처럼, 소련은 장개석정부를 중심으로 항일민족통일전선이 결성되어야 한다고 일찍부터 주장해왔고, 중일전쟁이 발발한 이후에는 장개석의 국민당정부를 공식적으로 중국을 대표하는 중앙정부로 인정했을 뿐만 아니라, 미국이나 서구국가들이 관망하는 자세를 보이던 전쟁초기부터 소련은 국민당정부에 대하여 군사·경제원조를 적

---

29) Lyman Van Slyke, "The Chinese Communist Movement during the Sino-Japanese War 1937-1945," in John Fairbank and Albert Feuerwerker, eds., *The Cambridge History of China*, vol.13, pp.615-619.

극적으로 제공하였다. 이러한 소련의 입장은 제2차세계대전이 끝날 때까지 변함이 없었다. 왕명은 바로 이 같은 소련과 코민테른의 정책을 대변하고 있었기 때문에, 모택동과 당중앙이 왕명의 '우경투항주의노선'을 정면으로 비판하지 못했다고 추론해볼 수 있다.[30] 왕명의 '우경투항주의노선'에 대한 비판운동이 본격적으로 제기된 것은 1942년 정풍운동과정에서 맑스주의의 중국화가 추진되면서부터였다.

이처럼 소련과 코민테른의 권위를 배경으로 국민당정부에 대한 중국공산당의 좀더 적극적인 협력을 요구하는 왕명의 주장에 대하여 모택동은 민족모순의 중요성과 항일민족통일전선의 필요성을 인정하면서도 공산당의 계급노선이나 당의 독립자주노선은 결코 포기될 수 있는 것이 아니라는 점을 명확히 하였다. 따라서 국민당과 공산당의 2차 국공합작이 구체화되는 1937년과 1938년 사이에 모택동은 당의 각종 회의에서 다음과 같은 점을 특히 강조하였다.[31]

첫째, 항일민족통일전선 시기에 계급투쟁은 중단되거나 포기되는 것이 아

---

30) 모택동은 1956년에 발표한 「10대 관계론」에서 스탈린의 대중국정책과 관련하여 다음과 같이 불평하였다. "스탈린은 중국에 대하여 몇 가지 과오를 범했다. 제2차 국내혁명전쟁 후기에 있었던 왕명의 '좌경'모험주의 그리고 항일전쟁 초기에 있었던 왕명의 우경기회주의는 모두 스탈린으로부터 유래한 것이었다." 毛澤東, 「論十大關係」, 『毛澤東選集』, 第5卷, p.286 참조. 또한 항일전쟁시기에 소련과 코민테른은 중국공산당의 역량을 과소평가하고 국민당의 역량을 과대평가하여 중국공산당에게 무원칙적인 국민당정부와의 협력만을 강조했다는 주장에 대해서는 廖盖隆, 「關于抗日戰爭的 幾個問題」, 『黨史硏究』, 第1期, 1985, pp.9-11 참조.

31) 1937년에서 1938년 사이에 모택동이 항일민족통일전선과 관련하여 행했던 주요 연설은 다음과 같다. 「中國共産黨 在抗日時期的 任務」, 『毛澤東選集』, 第1卷, pp.232-248; 「爲爭取 百萬群衆 進入抗日民族統一戰線」, 『毛澤東選集』, 第1卷, pp.249-258; 「上海 太原 失陷以後 抗日戰爭的 形勢和 任務」, 『毛澤東選集』, 第2卷, pp.357-369; 「中國共産黨 在民族戰爭中的 地位」, 『毛澤東選集』, 第2卷, pp.485-501; 「統一戰線中的 獨立自主問題」, 『毛澤東選集』, 第2卷, pp.502-505 등이 있다.

니라, 거국적인 민족투쟁의 필요와 요구에 따라 그 형식과 내용이 조정되는 것이다. 따라서 민족투쟁과 계급투쟁을 상호모순되는 것으로 보는 것은 잘못이다. 민족투쟁과 계급투쟁은 오히려 상호 보완적인 관계에 있다.

둘째, 중국공산당의 최종적인 목표는 중국사회에서 사회주의와 공산주의를 실현하는 데 있다. 그러나 공산당의 최고강령은 부르주아민주혁명의 단계를 거치지 않고서는 실현될 수 없다는 것도 자명하다. 따라서 중국공산당의 당면과제는 민주주의 쟁취에 있다. 특히 모든 계급과 모든 당파를 항일민족통일전선으로 결집시키기 위해서는 국민당의 일당독재와 일계급독재에 대한 민주적 개혁이 선행되지 않으면 안 된다. 이런 점에서 민주주의를 위한 투쟁과 항일투쟁은 상호불가분의 관계가 있다는 사실을 인식해야 한다.

셋째, 철저한 민주적 개혁과 항일투쟁을 전개할 수 있는 세력은 프롤레타리아계급과 공산당뿐이다. 중국의 역사적 경험에 비추어 볼 때, 부르주아계급은 믿을 수 없는 동맹자이며, 민주적 개혁과 항일투쟁에 대하여 소극적이고 동요하는 태도를 보여왔다. 따라서 프롤레타리아계급과 중국공산당은 민주주의를 쟁취하기 위한 투쟁에서나 거국적인 항일투쟁을 전개함에서 선도적인 역할을 담당해야 한다.

넷째, 1차 국공합작의 실패경험을 고려할 때, 항일민족통일전선 과정에서 공산당은 이데올로기적·정치적·조직적 차원에서 독립자주의 원칙을 견지해야 한다. 물론 공산당의 독자성은 절대적인 것이 아니며, 또한 민족적인 항일투쟁을 방해하는 것이 되어서도 안 된다. 그러나 과거의 실패를 반복하지 않기 위해서, 그리고 중국혁명의 발전과 전화를 가능하게 하기 위해서는 공산당과 프롤레타리아계급의 독립자주의 원칙은 반드시 유지하여야 한다.

이와 같이 모택동은 왕명과는 달리 국민당정부와의 협력체제를 유지하면서도 중국공산당의 독자성을 확보해야 한다고 강조하였고, 공산당의 이데올로기적·정치적·군사적 영향력을 확대해야 한다는 입장을 견지하였다. 그러나 모택동도 항일전쟁의 초기단계에서 장개석과 국민당정부의 주도적인 역할을 부인한 것은 아니었다. 모택동 역시 항일민족통일전선을 적극적으로 추진하였고, 항일전쟁을 수행하는 과정에서 장개석과 국민당정부의 영도적인 지위를 인정하였다. 이런 점만 본다면 모택동과 왕명노선의 차이는 표면적으로는 별로 다를 게 없는 것 같다고도 할 수 있다.

그러나 앞에서 지적한 바와 같이 왕명이 항일전쟁과 항일민족통일전선 그 자체를 당의 중심과업으로 파악했다면, 모택동은 항일민족통일전선을 민주혁명단계의 한 부분으로 설정하고, 계급투쟁과 민족투쟁의 결합, 민주주의를 위한 투쟁과 항일전쟁의 결합을 강조했다는 점에서 근본적인 차이가 있다. 특히 모택동은 항일민족통일전선 시기에 장개석과 국민당정부의 지도적인 지위를 인정하면서도, 궁극적으로는 민주혁명을 추진함에 있어서 공산당과 프롤레타리아 계급의 헤게모니가 관철되어야 한다고 주장했다는 점에서 왕명의 '투항주의'와 구별되는 것이다.

이 같은 모택동과 왕명의 노선투쟁은 1938년 10월에 연안에서 거행된 중국공산당 제6기 6중전회에서 모택동노선의 승리로 귀결되었다. 6중전회의는 모택동이 주장했던 것처럼, 항일민족통일전선에서 공산당의 정치적·조직적 독립성을 강조하였고, 장기적으로 국공합작을 견지하고 거국적인 항일전쟁을 수행하기 위해서는 국민당정부에 대하여 민주적 개혁을 요구해야 한다고 결정한 점에서 모택동의 노선을 그대로 반영하였다. 또한 항일전쟁은 지구전의 성격을 가지고 있기 때문에, 중국공산당의 과제는 적의 후방지역에서 유격전을 전개하고, 항일근거지를 확대하면서 광대한 민중을 동원, 조직해내는 것이라고 결의함으로써 6중전회의는 항일민족통일전선에 대한 모택동노선의 승리를 확인하였다.[32] 이처럼 6중전회에서 항일민족통일전선에 대한 모택동노선이 지지를 획득할 수 있었던 것은 당내에서 모택동의 지지세력이 이미 다수파를 형성했기 때문이기도 하지만, 동시에 모택동노선이 왕명노선보다는 장개석의 국민당정권에 대한 깊은 적대감과 불신을 지니고 있는 중국공산당의 정서와 이익에 부합했기 때문이라고 하겠다.

---

32) 1938년 10월의 중국공산당 제6기 6중전회 내용에 대해서는 王健民, 『中國共產黨史稿』, 第3編, pp.118-119, 191-194 참조.

3) 모택동의 「신민주주의론」

모택동은 항일민족통일전선에서 중국공산당의 독립자주원칙을 강조하였고, 이러한 입장에서 "모든 것을 통일전선을 통하여"라는 슬로건을 강조하는 왕명노선을 비판하였다. 그러나 항일전쟁의 초기단계에서 모택동도 장개석과 국민당의 지도적 위치를 부인하지는 않았다. 따라서 1938년 10월의 제6기 6중전회에서 모택동은 국민당정부의 민주화를 요구하면서도 항일전쟁과정에서 장개석정권이 주도적인 역할을 담당해야 한다는 점을 인정하였고, 심지어 국민당정부의 앞날을 축복하기까지 하였다.

그러나 모택동의 이 같은 유화적인 입장은 1939년 이후 국민당과 공산당의 '마찰'이 발생하고 국민당군이 공산당의 연안지역을 봉쇄하면서 변화하였다. 즉, 모택동은 구민주주의 혁명과정에서 국민당과 부르주아계급의 실패를 강조하고, 신민주주의단계에서 중국공산당과 프롤레타리아계급의 지도적 역할을 공개적으로 주장하기 시작하였다는 것이다. 다시 말해서 모택동의 「신민주주의론」은 그보다 앞서 쓰인 「중국혁명과 중국공산당」과 더불어, 항일전쟁 이후 처음으로 중국혁명과정에서 중국공산당의 주도적인 역할과 임무를 주장했던 것이다. 그뿐만 아니라, 모택동은 이들 두 논문에서 중국사회와 중국역사에 대한 분석을 바탕으로 중국공산당이 주도하는 중국혁명의 성격과 내용에 대해서도 구체적으로 제시했다는 점에서 의미가 있다고 하겠다.[33]

첫째, 모택동은 레닌과 스탈린에 의하여 정식화된 2단계 혁명론을 수용하여 중국혁명을 민주주의혁명과 사회주의혁명 단계로 구분하였다. 모택동은

---

[33] 1940년을 전후로 한 모택동의 정치적 구상을 살펴보기 위해서『毛澤東選集』에 수록된 다음과 같은 저작물을 참고하였다. 「中國革命和 中國共産黨」,「新民主主義論」,「目前 抗日統一戰線中的 策略問題」,『毛澤東選集』, 第2卷, pp.584-617, 623-670, 702-710.

1840년의 아편전쟁 이후 중국사회의 성격이 반봉건반식민지사회로 전환되었
다고 전제하고, 중국혁명의 1차적인 과제는 반(反)봉건·반(反)제투쟁을 전개하
여 민족국가의 독립과 민주주의를 쟁취하고, 부르주아민주혁명을 완수하는 것
이라고 주장하였다. 모택동에 의하면 이러한 부르주아민주혁명의 단계를 거치
지 않고 사회주의로 전화할 수 있다고 생각하는 것은 잘못이라는 것이다.

둘째, 1840년대 이후 중국혁명은 부르주아민주혁명의 성격을 가지는 것이
기는 하지만, 중국의 부르주아민주혁명은 서구의 그것과 비교하여 중대한 성
격차이가 있다는 것이다. 모택동에 의하면 1917년의 볼셰비키혁명과 1919년
의 5·4운동으로 말미암아 중국의 부르주아민주혁명에는 중대한 성격변화가
발생했다는 것이다. 따라서 아편전쟁 이후 중국의 부르주아혁명을 5·4운동을
전후로 하여 구민주주의혁명단계와 신민주주의혁명단계로 구분해야 한다는
것이었다.

신민주주의혁명은 기본적으로 반제반봉건의 민주주의혁명의 성격을 여전히
가지고 있지만, 그것은 세계적인 차원에서 프롤레타리아계급이 주도하는 세계
사회주의혁명의 일부분이 되었다는 점에서, 그리고 중국혁명의 영도권이 부르
주아계급으로부터 프롤레타리아계급에게 이전되었다는 점에서 구민주주의혁
명과 구별된다는 것이다. 모택동에 의하면 5·4운동 이후 중국사회에서 선진
적인 프롤레타리아계급은 급속하게 독립적인 정치세력으로 성장했던 데 비하
여, 중국의 부르주아계급은 민주혁명단계에서 부르주아계급에게 부여된 역사
적 임무를 실현하는 데 실패함으로써, 중국혁명의 영도권은 부르주아계급으로
부터 프롤레타리아계급에게 이전되었다는 것이다. 따라서 신민주주의혁명단
계에서 중국의 프롤레타리아계급은 부르주아계급이 실현하지 못한 역사적 임
무인 민족국가의 독립과 민주주의의 쟁취를 실천하고, 사회주의로 이행할 수
있는 준비를 해야 한다는 것이다.

셋째, 모택동에 의하면 중국의 부르주아계급, 특히 민족자산계급과 프롤레
타리아계급은 "상호연계되어 있고, 또한 상호대립하는 계급관계"를 가지고 있
다는 것이다. 다시 말해서 반제반봉건 투쟁과정에서 중국의 프롤레타리아계급
과 부르주아계급은 일정한 범위 안에서 공동투쟁을 전개하지만, 동시에 중국
혁명의 영도권문제와 관련하여 서로 대립, 경쟁, 갈등관계에 있다는 것이다.
따라서 중국공산당은 부르주아계급과의 연합 가능성을 배제하거나 파괴해서
도 안 되겠지만, 동시에 프롤레타리아계급과 공산당의 독자성과 영도권을 포
기해서도 안 된다고 강조하였다.

넷째, 모택동에 의하면 신민주주의혁명단계에서 기본적인 혁명세력은 노동

자, 농민, 소자산계급이며, 민족자산계급과 개명된 향신계급은 동요하는 중간
계급을 형성하고, 극소수의 대지주와 대자본가 계급만이 완고파를 구성한다는
것이다. 따라서 신민주주의혁명단계에서 중국공산당의 기본전략은 진보적인
세력을 발전시키고, 중간세력을 쟁취하는 것이며, 동시에 완고파를 고립시키
는 것이라고 규정하였다. 특히 모택동은 중국과 같은 사회적·정치적 조건에서
중간세력이 대단히 중요한 역할을 수행한다고 역설하면서, 중국공산당은 이들
중간세력을 포용하는 신민주주의 정치질서, 신민주주의 경제, 신민주주의 문
화를 창출해야 한다고 강조하였다. 모택동에 의하면, 신민주주의 정치질서란
노동자, 농민, 소자산계급과 민족자산계급이 다같이 참여하는 연합정권의 수
립을 의미하는 것이며, 신민주주의 경제란 자본주의적 요소와 사회주의적 요
소가 공존하는 혼합경제를, 그리고 신민주주의 문화는 '대중적·민족적·과학
적' 문화를 뜻하는 것이었다.

이상에서 살펴본 바와 같이 모택동의 「신민주주의론」은 중국혁명을
'구민주주의혁명단계'와 '신민주주의혁명단계'로 구분하면서 신민주주
의혁명단계에서 프롤레타리아계급과 공산당의 헤게모니를 주장했다는
점에서 우선 주목이 된다고 하겠다. 부르주아혁명단계에서의 프롤레타
리아계급과 공산당의 헤게모니에 대한 이론은 물론 모택동의 독창적인
사상은 아니다. 앞에서도 지적한 바와 같이 그것은 1905년 러시아혁명
이후 레닌과 트로츠키, 그리고 스탈린 등에 의하여 이미 주장되었던 것
이다.

그러나 러시아의 경우는 구체적으로 프롤레타리아계급과 공산당에
의하여 주도되는 부르주아민주혁명에 대한 역사적인 경험이 없었기 때
문에 레닌이나 스탈린도 프롤레타리아계급과 공산당의 헤게모니하에서
진행되는 부르주아민주혁명의 구체적인 내용과 성격에 대하여 상세하
게 언급하지 않았다. 이런 점에서 모택동의 「신민주주의론」은 "맑스-레
닌주의의 보편적인 진리를 중국의 현실에 창조적으로 적용하여 맑스-레
닌주의를 발전시킨" 전형적인 실례 중의 하나라고 할 수 있다. 즉 모택
동의 「신민주주의론」은 자본주의단계에서 사회주의로 이행하는 과정에

장기간의 '신민주주의혁명단계'를 설정하고, 신민주주의혁명단계에서의 구체적인 정권형태, 사회개혁정책의 방향, 그리고 사회문화의 문제점 등을 제시했다는 점에서 '맑스-레닌주의의 창조적 발전'이란 평가를 받을 수 있었다는 것이다.

그러나 이와 같은 이론적인 의미보다도 더욱 중요한 점은, 모택동의 「신민주주의론」에 입각하여 중국공산당은 해방구에서 계급연합에 기초한 신민주주의정권을 수립하고, 토지개혁을 비롯하여 각종 사회경제개혁을 단행함으로써 해방구의 발전을 실현했을 뿐만 아니라, 중국공산당이 주도하는 신민주주의혁명과 신중국의 미래상을 미리 제시하였고, 그것을 장개석의 일인지배와 국민당에 의한 일당독재, 그리고 이른바 4대 가족의 족벌지배로 얼룩진 국민당정권과 대비하게 했다는 것이다. 이와 같이 신민주주의혁명을 실현함으로써 중국공산당은 민족해방과 민주주의를 동시에 실현할 수 있는 유일한 정치세력임을 자임할 수 있게 되었던 것이다.

4) 맑스주의의 중국화와 연안정풍운동

모택동은 이미 1937년의 「모순론」과 「실천론」에서 맑스주의의 중국화를 강조하였고, 맑스주의의 추상화, 교조화를 비판하였다. 특히 1938년의 중국공산당 제6기 6중전회에서 모택동은 다음과 같이 맑스주의의 중국화와 관련된 문제점을 구체적으로 지적하였다.[34)]

> 공산주의자는 맑스주의 국제주의자이다. 그러나 맑스주의가 실질적인 의미가 있기 위해서는 민족형식을 가지지 않으면 안 된다. 이 세상에는 추상적인 맑스주의란 없다. 단지 구체적인 맑스주의만이 있을 뿐이다. 구체적인 맑스주의란 민족형식을 가진 맑스주의이며, 그것은 중국이 당면하고 있는 구체적인

---

34) Stuart Schram, *The Political Thought of Mao Tse-tung*, New York: Praeger, 1969, pp.172-173.

조건에서 구체적인 투쟁에 적용되는 맑스주의이지, 추상적으로 논의되는 맑스주의가 아니다. 우리 중국공산당원들도 위대한 중국민족의 일부이고, 중국민족과 혈육의 관계가 있는 데도 불구하고 중국적인 특수성을 무시하고 맑스주의를 논한다면, 그런 맑스주의는 공허한 추상화에 불과한 것이다. 따라서 맑스주의의 중국화, 다시 말해서 맑스주의의 모든 표현에서 중국적 특성이 배어 있게 하고, 중국적인 특수성에 따라서 적용하도록 하는 것이야말로 모든 당원들이 지체 없이 이해하고 해결해야 할 과제인 것이다. 우리는 외국식의 팔고문(八股文)을 폐지해야 하며, 공허하고 추상적인 상투어를 반복하지 않아야 한다. 우리는 교조주의를 버리고 그 대신 새롭고 생기 있는 중국적 양식으로 대치해야 하며, 중국의 일반 민중들의 눈과 귀에 호소력이 있도록 하지 않으면 안 된다.

이처럼 모택동은 6중전회 이후 기회가 있을 때마다 맑스주의의 중국화를 강조하였다. 그렇다면 모택동이 말하는 맑스주의의 중국화는 구체적으로 무엇을 의미하는 것일까. 연안시대에 쓰인 모택동의 저작을 분석해보면, 모택동은 맑스주의의 중국화라는 문제와 관련하여 맑스주의의 보편적 이론을 중국적 특수성에 창조적으로 적용하는 문제를 제기하고 있다는 것을 알 수 있다. 다시 말해서 모택동은 맑스-레닌주의를 보편적 이론이라고 인정하면서도, 맑스와 레닌의 모든 이론을 기계적으로 중국에 적용하려는 것에 대하여 신랄하게 비판하고 있는 것이다. 모택동이 명시적으로 제시하지는 않았지만, 그의 저작을 통하여 유추할 수 있는 것은 맑스-레닌주의 가운데에서도 유럽과 러시아혁명의 특수성을 반영한 부분이 있고, 보편적 이론으로 수용할 수 있는 부분이 있기 때문에, 중국의 맑스주의자들은 맑스-레닌주의의 핵심이라고 할 수 있는 보편적인 이론을 학습하고, 그것을 중국적 특수성에 창조적으로 적용하지 않으면 안 된다는 것이었다.

그렇다면 모택동이 말하는 맑스-레닌주의의 보편적인 이론이란 무엇인가? 모택동에 의하면 그것은 맑스와 레닌이 현실적인 문제를 분석하고 해결하는 과정에서 보여준 '입장, 관점, 방법'이라는 것이다.[35] 따라

서 모택동에게 중요한 것은 "맑스-레닌주의의 입장, 관점, 방법을 학습
하고, 그것에 의거하여 중국역사와 중국혁명의 실제를 연구하여" 중국
의 경제, 중국의 정치, 중국의 군사, 중국의 문화문제에 대하여 과학적
해석과 이론적 설명을 제공할 수 있어야 한다는 것이다. 따라서 모택동
은 1941년 연안의 간부회의에서 맑스주의의 중국화와 관련하여 다음과
같은 3가지 문제점을 지적하였다.[36]

첫째, 중국의 객관적인 현실조건에 대한 조사와 연구를 철저하고 체계적으
로 진행하지 않으면 안 된다. 조사와 연구를 소홀히 하는 것은 맑스주의의 기
본정신과 위배되는 것이다.
둘째, 중국의 역사에 대한 학습을 강화하지 않으면 안 된다. 많은 맑스-레
닌주의자들은 입만 열면 고대 희랍의 역사를 운위하면서도 자신들의 조상과
자신들의 역사를 망각하는 경우가 많다.
셋째, 맑스-레닌주의의 입장, 관점, 방법에 의거하여 중국의 현실조건, 중국
의 역사, 그리고 중국혁명과정에서 발생하는 문제에 대한 구체적인 분석과 해
결을 모색하지 않으면 안 된다.

이와 같이 모택동은 중국의 구체적인 현실에 뿌리를 둔 맑스주의를
강조하고, 심지어 맑스주의의 가치는 그것이 중국혁명에 유용하기 때문
이라고까지 하였다. 연안정풍운동 과정에서 모택동은 맑스-레닌주의에
대한 지극히 실용적인 태도를 다음과 같이 표현하였다.[37]

우리가 맑스주의를 학습하는 것은 보기 좋으라고 그렇게 하는 것도 아니고,
또 그것이 어떤 신비한 가치가 있기 때문에 그런 것도 아니다. 그것이 프롤레
타리아혁명을 승리로 이끌어줄 수 있는 과학이기 때문에 우리는 맑스-레닌주
의를 학습한다. (그러나) 오늘날까지도 많은 사람들은 맑스-레닌주의의 저작물
중 어떤 말이나 구절을 모든 질병을 고칠 수 있는 만병통치의 약처럼 여기고

---

35) 毛澤東, 「整頓 黨的 作風」, 『毛澤東選集』, 第3卷, pp.769-786.
36) 毛澤東, 「改造 我們的 學習」, 『毛澤東選集』, 第3卷, pp.753-761.
37) 毛澤東, 「整頓 黨的 作風」 『毛澤東選集』, 第3卷, p.778.

있다.······이것이야말로 유아적인 무지의 발로 이상 아무것도 아니다.······(이론
이 가치가 있는 것은) 그것이 도그마가 아니라 행동의 지침이기 때문이다.

따라서 모택동은 도그마로서의 맑스-레닌주의는 아무 쓸모가 없는
것이라고 선언하면서, 그런 도그마는 사람의 똥보다도 가치가 없다고
극언하기를 서슴지 않았다. 모택동에게 맑스-레닌주의는 중국혁명이란
목표를 달성하기 위한 수단이고 도구였다.

이처럼 모택동이 맑스주의의 중국화를 강조했다고 해서 이때부터 모
택동이 소련과 코민테른의 노선에 반대했다는 것을 반드시 의미하는
것은 아니다. 왜냐하면 맑스주의의 중국화에 대한 모택동의 방침은
1935년의 코민테른 제7차대회의 정신, 즉 제3세계의 공산주의운동이
민족적 특수성을 반영하고 민족적 이익을 대변하는 민족적 공산주의로
전환되어야 한다는 결의에 입각하고 있기 때문이다. 그러나 앞에서도
지적한 바와 같이 항일민족통일전선에 대한 중국공산당과 코민테른의
입장이 미묘한 차이를 보이고 있는 가운데, 모택동이 맑스주의의 중국
화를 강조하고 나선 것은 단순히 코민테른 7차대회의 결의를 실천하는
것 이상의 의미를 가지는 것이란 점도 부인할 수 없는 것이었다.

따라서 모택동은 맑스주의의 중국화를 강조하면서 소련과 코민테른
으로부터도 상대적 자율권을 획득하려 했다고 추론할 수 있다. 모택동
의 이 같은 태도는 1936년에 에드가 스노우와의 회견에서도 표출되었
다. 중국공산당이 승리를 하게 되면 중국을 소련에 넘겨줄 것이란 국민
당의 비난에 대하여 모택동은 중국공산당은 중국의 해방을 위하여 투
쟁하는 것이지 소련을 위하여 투쟁하는 것은 아니라고 지적하면서, "중
국민중의 이익과 러시아민중의 이익이 부합하는 경우에만 '모스크바의
의지에 복종'한다고 말할 수 있다"고 주장하였다.[38]

여기서 흥미로운 점은 소련이나 코민테른과의 관계에서도 모택동은

---

38) Stuart Schram, *The Political Thought of Mao Tse-tung*, p.419.

항일민족통일전선 과정에서 국민당과의 관계에서 보여준 바와 같이 중국공산당의 자주독립 입장을 견지하려고 했다는 것이다. 소련과 중국의 이익이 합치하는 범위에서 중국공산당은 소련과 코민테른의 지도적 역할을 수용하지만, 그렇지 않은 경우에 중국공산당은 독자적 노선을 추구하려고 했다. 물론 이 당시에 중국공산당이 소련이나 코민테른과 정면으로 대립할 만한 입장도 아니었고, 또 그럴 만한 심각한 견해차이도 없었기 때문에 모택동은 스탈린과 소련의 영도적 위치를 공개적으로 찬양하였다. 그럼에도 불구하고 항일민족통일전선에 대하여 왕명과의 논쟁 중에서 나타난 바와 같이 모택동은 중국혁명과정에서 중국공산당의 독립자주의 원칙을 강조하면서 왕명에 의하여 대변된 소련과 코민테른의 적극적인 국공합작노선에 대하여 비판적인 입장을 견지하였다.

이런 점을 고려해본다면, 모택동이 주장하고 있는 맑스주의의 중국화는 넓은 의미에서 중국의 특수성에 대한 인식을 바탕으로 민족적 공산주의로 전환하려는 시도이며, 동시에 중국공산당의 이데올로기적·정치적 독자성을 확보하려는 노력의 일단이라고 할 수 있다. 그러나 맑스주의의 중국화운동은 노선투쟁과 권력투쟁적인 측면도 동시에 가지고 있었다는 점을 간과할 수 없다고 하겠다. 다시 말해서 당내에 남아 있는 이른바 소련유학생파들의 영향력을 제거하고, 모택동의 정치적·이데올로기적인 권위를 확립한다는 측면도 있었던 것이다.

사실 1930년대 말까지만 해도 당내에서 모택동의 정치적·이데올로기적인 권위는 아직 확고하게 자리를 잡았다고 할 수 없는 실정이었다. 비록 장국도와 왕명 같은 경쟁자들이 더 이상 모택동의 리더쉽에 도전할 수 있는 여건이 아니었지만, 1930년대의 당 지도부는 집단지도체제적인 형태를 유지하고 있었고, 분파적 요소들이 여전히 남아 있었다. 더구나 공산주의운동이 각 해방구를 중심으로 분산, 발전하는 과정에서 지역적으로도 상당히 독자적인 엘리트그룹들이 형성되었기 때문에, 당 중앙의 통일된 지도체계를 관철하기 어려운 상황이었다. 더욱이 당세의 급격한 팽창과 더불어 당내에 여러 가지 이질적 요소들이 공존하고 있었기 때문에 당의 사상적·정치적 혼란과 동요가 심각한 문제점으로 대두하였다. 특히 앞에서 설명한 바와 같이 국민당군의 봉쇄와 일본군의 잔혹한 3광정책 등으로 해방구가 위기국면에 봉착하면서 당내의 분열과 동요를 극복하고, 당의 이념적 통일과 지도체계의 일원화를 달성하기 위하여 1940년대 초에 대대적인 정풍운동을 전개하였다.

1942년 2월 1일, 연안의 당교(黨校) 개교식에서 1,000여 명의 당간부가 모인 가운데 모택동의「당의 작풍을 정돈하자」는 연설을 시발로 공식적으로 전개된 연안정풍운동은 이른바 학풍, 당풍, 문풍이라는 3풍정돈을 목표로 추진되었다. 모택동에 의하면 학풍의 정돈이란 중국의 현실을 무시하는 주관주의에 대한 비판을 통하여 앞에서 설명한 바와 같이 맑스주의의 중국화를 추진한다는 것이었으며, 당풍의 정돈이란 종파주의와 관료주의에 대한 투쟁을 의미하는 것으로서, 국부적·개인적 이익을 전체의 이익보다 우선시하는 경향을 비판하고 당내의 정치적·이데올로기적 통일과 기율을 수립한다는 것이었으며, 끝으로 문풍의 정돈이란 무의미하고 무책임하고 공허한 표현을 일삼는 형식주의적 경향을 비판하는 것이었다.

따라서 1942년부터 1944년 사이에 전체 당원을 대상으로 대대적인 정풍운동이 전개되었다. 특히 1942년에서 1943년 사이에는 당의 고급 및 중급단위의 실무책임자들, 약 3만여 명 이상의 당간부들을 대상으로 하여 위에서 언급한 학풍, 당풍, 문풍에 대한 모택동의 저작물을 비롯하여 당중앙이 선정한 문건을 중심으로 학습과 훈련을 실시하였다.[39] 당원과 당간부를 소조별로 나누어 자신의 사상적·정치적 관점과 입장에 대하여 비판과 자아비판을 반복하는 형식으로 진행된 정풍운동의

[39] 1942년 연안정풍운동에서 학습의 대상이 되었던 문건에 대하여는 Boyd Compton, *Mao's China: Party Reform Documents, 1942-1944*, Seattle: University of Washington, 1952, 1966 참고.

목적은 당내에 존재하는 잘못된 사상과 행동을 바로잡고, 당원들로 하여금 올바른 사상과 행동양식을 가지게 하는 사상혁명의 성격을 가지는 것이었기 때문에 공개적인 숙청이나 또는 폭력적인 방식은 사용되지 않았다. 그러나 당원대중들이 동원되어 잘못된 사상과 행동양식에 대한 비판과 자아비판이 반복적으로 전개되는 과정에서 당중앙이 의도한 효과, 즉 당의 사상적·정치적 통일은 상당히 달성되었다고 할 수 있다.

이런 점에서 연안정풍운동의 과정은 모택동사상을 바탕으로 중국공산당이 정치적으로나 이데올로기적으로 소련과 코민테른으로부터 독자성을 찾아가는 과정인 동시에, 모택동과 모택동사상을 중심으로 당조직 내부에서 사상의 통일, 지도의 일원화가 이루어지는 과정이라고 할 수 있는 것이다. 사실 정풍운동이 전개되면서 왕명 등으로 대표되는 소련 유학생파들의 당내의 영향력은 일소되었고, 당내에서 모택동의 권위에 도전할 수 있는 세력은 거의 찾아볼 수 없게 되었다. 모택동은 명실상부한 최고지도자가 되었고, '모택동사상'은 당의 지도이념으로 부상하였을 뿐만 아니라, 중국공산당의 역사를 모택동과 모택동사상의 관점에서 재해석하기 시작하였다. 이미 이때부터 모택동에 대한 개인숭배사상도 등장하였다.

1942년 2월 장여심(張如心)은 《해방일보》에 발표한 글에서 "모택동주의"라는 표현을 사용하면서 모택동의 전략과 사상이야말로 "중국의 맑스-레닌주의"라고 주장하였고, 육정일(陸定一), 진의, 팽덕회와 같은 당의 주요 지도자들이 모택동의 전략에 대해 "국제적 적용성"이니 "천재적 창작"이란 표현을 사용하면서 극찬을 하였다. 1943년 7월 6일 《해방일보》는 중국공산당 창당 22주년을 기념하는 유소기의 「당내의 멘셰비즘을 일소하라」는 논문을 게재하였는데, 이 논문에서 유소기는 처음으로 "모택동 동지의 사상"이란 용어를 사용하면서 모택동을 열렬하게 옹호하였다. 유소기는 과거의 당사를 간략히 소개하면서 진독수와 이립삼, 그리고 소련유학생파를 중국의 소자산계급의 배경에서 등장한 멘셰비스트들이라고 맹렬하게 비난하면서, 모택동 동지야말로 참다운 맑스주의, 진정한 볼셰비키노선을 대변한다고 주장하였다.40) 이와 같이 당의 주요 지도자들이 앞을 다투어 모택동을 찬양하는 가운데, 왕가상(王稼祥)이 1943년 7월 8일자 ≪해방일보≫에서 처음으로 '모택동사상'이란 신조어를 사용하였다.41) 섬북지방의 한 농민이 지었다는 "모택동은 인민을 구원하는 별"이란 내용의 '동방홍(東方紅)'이란 노래가 대중들 사이에 보급된 것도 이때부터였다.

이처럼 정풍운동을 계기로 중국공산당은 모택동을 중심으로 하는 일원적 지도체계가 형성되었고, 모택동사상이 당의 지도이념으로 정착되면서 당사에 대한 검토작업도 본격적으로 진행되었다. 1942년 11월에 섬감령 변구의 고급 당간부회의에서 고강(高崗)이 「변구정부의 역사문제에 대한 검토」라는 보고를 하면서 과거의 당노선에 대한 비판적 검토가 필요하다고 역설한 후, 중앙당의 고급간부들 사이에서 비공개적인 토의를 거쳐 마침내 1945년 4월에 개최된 제6기 6중전회에서 「약간의 역사문제에 대한 결의」를 채택하였다. 1945년의 「역사문제에 대한 결의」는 두말할 것도 없이 모택동사상의 관점에서 창당 이후 당의 지도노선을 검토하여, 진독수의 우경기회주의노선과 이립삼, 구추백, 그리고 강서시대에 당지도부를 형성했던 이른바 소련유학생파들의 좌경노선을 모두 비판하면서 모택동노선의 무오류성을 주장하는 것이었다. 이러한 과정을 거쳐 1945년 4월에 개최된 중국공산당 7차 당대회에서 통과된 당헌은 모택동사상을 맑스-레닌주의와 더불어 중국공산당의 지도이념이라고 공식화하였고, 모택동은 당, 군, 정부의 최고지도자로 선임되었다.42)

---

40) Liu Shao-Ch'i, "Liquidation of Menshevik Thought in the Party," in Boyd Compton, op. cit., pp.255-268.
41) 中嶋嶺雄 編, 『中國現代史』, p.174.
42) 이처럼 1940년대에 들어와 중국공산당이 모택동에 대한 찬양운동을 공공연하게 전개하게 된 데에는 국민당의 장개석과 관계도 어느 정도 작용했다고 추론

3. 연안정부의 신민주주의혁명

중일전쟁이 진행되는 동안 중국은 3가지 지역으로 구분되어 있었다. 즉, 국민당이 통치하는 대후방지역, 일본군에 점령당한 이른바 윤함구 (淪陷區), 그리고 중국공산당의 지배하에 있는 해방구가 그것이다. 물론 이들 세 지역의 통치범위는 전쟁의 추이와 더불어 확대되거나 축소되었 지만, 중일전쟁이 종결되는 때까지 존속하면서 서로 경쟁, 대립하였다.

다시 말해서 이들 세 지역에서 국민당과 중국공산당 그리고 일본군 은 각각 상이한 정권기구를 수립하고 전쟁을 지원하는 체제를 갖추는 동시에, 각종 정책을 실시하면서 자신들만이 중국국민의 참다운 이익을 대변한다고 주장했던 것이다. 윤함구에 수립된 왕정위의 남경국민정부 도 일본과의 협력을 바탕으로 평화와 중국의 경제발전을 실현할 수 있 다는 명분을 내세우고 있었으며, 중국공산당의 연안정부도 비록 형식적 으로는 국민당이 지배하는 중앙정부 산하에 소속된 변구정부의 형태를 유지하고 있었지만, 해방구에서 독자적으로 신민주주의 정치, 신민주주 의 경제, 신민주주의 문화를 실현함으로써, 국민당정부가 지배하는 지 역과 상이한 신중국의 모습을 부각시키려고 하였다.

사실 중국공산당이 중일전쟁 중에 비약적으로 발전할 수 있었고, 마 침내 국민당을 대치할 수 있는 정치세력으로 성장할 수 있었던 것도 중 국공산당이 변구와 해방구에서 실천한 신민주주의혁명에서 비롯되었다

해볼 수 있다. 장개석은 항일전쟁이 시작되면서 자타가 공인하는 최고지도자로 인정받았을 뿐만 아니라 1941년에 태평양전쟁이 발발하면서는 국제적인 지도 자로 부상하였다. 또한 1943년에는 『중국의 운명』이란 저서를 발표하면서 중 국의 장래에 대한 구상을 발표하기도 하였다. 이와 같이 장개석이 중국을 대표 하는 상징적 존재로 부각되는 것에 대항하기 위하여 모택동과 모택동사상에 대 한 찬양과 숭배운동을 전개했다고 볼 수도 있는 것이다. 실제로 중국공산당이 발간하는 신문과 잡지에 1943년경부터 장개석주의와 모택동사상을 대비하는 논문들이 나타나기 시작했다는 것을 보더라도 이 같은 추론은 가능하다.

고 할 수 있다. 이런 점에서 연안정부가 위치한 섬감령 근거지에서의
정권형태, 경제정책, 문화정책 등을 중심으로 변구와 해방구에서 공산
당이 건설하려고 했던 새로운 질서의 성격을 살펴볼 필요가 있다.

1) 섬감령 근거지의 특이성

강서소비에트가 붕괴된 후 2만 5천 리의 대장정 끝에 1935년 10월
모택동이 이끄는 중국공산당과 홍군의 주력부대가 도착한 이후, 중국공
산당의 중심지가 된 섬감령 혁명근거지는 말 그대로 섬서성(陝西省)-감
숙성(甘肅省)-영하성(寧夏省)의 변경지역에 위치하고 있었다. 섬감령지
역은 중국에서 아마도 가장 자연적인 조건이 열악한 지역 중의 하나라
고 할 수 있다. 대부분이 산악지대인 데다가 토양이 척박하고 만성적인
자연재해가 되풀이되는 곳이었다.

셀던(Mark Selden)과 같은 학자들에 의하면 1928년에서 1933년 사이
에도 섬감령지역을 포함하여 이 부근지역에서 대기근이 발생하여, 당시
섬서성 총인구의 3분의 1에 해당하는 약 250만 명이 사망하고 수많은
유민이 생겼다고 한다. 이처럼 자연적인 조건도 열악한데다가 지주들의
횡포도 심하여 이 지역은 옛날부터 비적과 반란의 온상지가 되었다고
한다. 더구나 1860년대와 1870년대에는 회교도의 반란으로 이 지역이
거의 황폐화되었고, 그 영향이 아직도 남아 있었다고 한다. 따라서 이
지역은 오랫동안 경제적으로나 문화적으로 대단히 낙후되어 있었다. 일
부 조사에 의하면 이 지역의 주민들 중에서 약 98% 이상이 문맹이었다
는 사실은 이 지역이 얼마나 낙후한 곳인지를 잘 보여주는 것이다.[43]

따라서 이 지역은 다른 지방보다 비교적 뒤늦게 '개화'되었다. 중국의
연해안과 멀리 떨어져 있고, 교통도 불편하기 때문에 서양의 문물에 접

---

43) 섬감령지역의 지리적·역사적 조건에 대한 상세한 기술은 Mark Selden, *The
Yenan Way in Revolutionary China*, pp.1-78 참조.

할 기회가 별로 없었고, 신식지식인들이 주도하는 신문화운동이나 5·4운동과 같은 것도 이곳에는 즉각 전파되지 않았다. 그러나 5·4운동 이후 소수의 이 지역 출신의 유지단(劉志丹), 고강과 같은 혁명적 지식인들이 중심이 되어 간헐적이나마 반제반봉건운동을 전개하기도 하였다. 이 같이 소수의 지식인들이 조직한 반제반봉건운동은 1920년대와 1930년대에도 계속되었지만, 공산주의운동이 남부중국을 중심으로 전개되었기 때문에, 섬감령 근거지는 모택동 일행이 도착하기 전까지는 별로 주목의 대상이 되지 않았다.

그러나 대장정 이후 중국공산당과 홍군의 지휘부가 이곳에 위치하게 되고, 이곳을 근거지로 하여 이웃의 산서성과 화북의 다른 지역에로 공산당세력이 진출하게 되면서 섬감령지역은 중국공산주의운동의 중심부가 되었으며, 중국공산당이 추구하는 신민주주의혁명을 가장 모범적으로 실천하는 대표적인 지역이 되었다. 따라서 섬감령지역과 섬감령 근거지의 중심도시인 연안은 항일전쟁이 지속되는 동안 중국공산당이 추구하는 신중국의 축소판으로 알려지게 되었다. 따라서 이곳은 에드가 스노우를 비롯하여 많은 외국인들의 방문지가 되었으며, 또한 중국의 진보적 지식인들의 메카와 같은 상징적 의미까지도 가지게 되었다. 이처럼 섬감령지역은 모든 해방구의 전형으로 알려지게 되었지만, 다른 해방구와 비교하면 몇 가지 점에서 섬감령지역이 상당한 차별성을 가지고 있었다는 점도 유의할 필요가 있다.[44]

첫째, 섬감령지역은 항일전쟁 중에 건설된 다른 해방구와는 달리 항일민족통일전선이 결성되기 전에 이미 토지개혁을 실시하였기 때문에 다른 지역에 비하여 토착 엘리트집단의 저항이 거의 없었다.

둘째, 섬감령지역은 지리적으로 국민당군과 일본군의 지배지역과 상당히

---

44) 섬감령지역의 차별성에 대하여는 Lyman Van Slyke, "The Chinese Communist Movement during the Sino-Japanese War 1937-1945," in John Fairbank and Albert Feuerwerker, eds., *The Cambridge History of China*, vol.13., pp.632-634.

멀리 떨어져 있었기 때문에 군사적으로도 이들의 위협을 덜 받았다. 다시 말해서 다른 해방구는 일본군의 토벌작전으로 군사적으로 항상 불안정했던 데 비하여, 섬감령지역은 항일전쟁시기 동안 거의 직접적인 군사적인 침공의 위협을 받지 않았다. 따라서 섬감령지역에서는 비교적 안정적인 조건에서 각종 개혁정책을 실천할 수 있었다.

셋째, 섬감령지역은 경제적으로나 문화적으로 낙후되어 있었고, 인구도 별로 많지 않았기 때문에 다른 지역보다는 집중적인 개발을 통하여 신속한 발전을 실현할 수 있었다. 섬감령지역의 총면적은 약 92,710 제곱킬로미터이고, 인구는 약 140만 명 정도에 불과했기 때문에 외부의 지원이 조금만 있더라도 곧 그 효과가 나타날 수 있었다.

넷째, 섬강령지역은 모택동을 비롯한 당중앙과 정부와 군의 사령부가 위치한 곳이었기 때문에 특별한 외부지원을 받을 수 있었을 뿐만 아니라, 모든 정책이 중앙당과 중앙정부의 감독을 받으면서 효과적으로 실시되었다는 점에서도 다른 해방구와 구별된다고 하겠다.

이처럼 섬감령지역이 다른 해방구와 여러 가지 점에서 차이가 있었음에도 불구하고, 이곳에서 실험적으로 실시한 정책들이 약간의 지방적 편차를 감안하여 다른 지역에서도 보급, 실시되었다는 점에서 모든 해방구의 전형이었다고 하겠다. 따라서 섬감령 근거지에 수립되었던 정권기구와 섬감령 변구정부가 추진했던 개혁정책의 내용을 간략하게나마 살펴봄으로써 중국공산당이 추구하였던 신민주주의혁명의 구체적인 성격을 이해할 수 있다고 하겠다.

2) 섬감령 변구의 정권기구: 민주적 연합정권의 건설

섬감령 근거지는 1937년 9월에 항일민족통일전선이 정식으로 결성되기 전까지 과거의 강서소비에트 정부체제를 그대로 유지하고 있었다. 그러나 항일민족통일전선이 결성되면서, 섬감령 근거지는 행정적인 차원에서 국민당 중앙정부 산하의 변구로 편입되었고, 그에 따라 정부조직도 변화하였다. 다시 말해서 국민당의 '항전건국강령'에 기초하여 국민참정회에 조응하는 변구참의회가 구성되었다는 것이다.[45]

그러나 국민당정부의 참정회가 단순한 자문기관인 데 비하여, 변구지역에서 구성된 참의회는 '인민대표기관'으로 규정되었고, 참의회의 선거를 통하여 각급 정부기관이 조직되었다는 점에서 차이가 있었다. 즉, 섬감령지역에서는 '보통, 직접, 평등, 무기명투표'에 의하여 선출되는 향, 현, 변구 등 3급의 참의회가 인민대표기관으로서 각각 그 집행기관을 선출하여 정부를 구성했던 것이다. 이를테면 변구참의회는 변구정부의 주석과 부주석, 그리고 변구정부위원 13인을 선출하여 변구정권의 집행기관을 구성하였고, 또한 고등법원장도 변구참의회에서 선출되었다. 마찬가지로 현단위에서는 현참의회가, 그리고 향단위에서는 향참의회가 각급 지방정부를 선출하였다. 그리고 기층단위인 촌에서는 촌민대회를 통하여 촌장이 선출되었다.

'각급 참의회 선거조례'에 의하면 극소수의 매국적 행위를 한 자와 정신질환자, 법원의 유죄판결을 받은 자를 제외하면 계급이나 직업, 남녀의 차별 없이 18세 이상의 모든 인민들이 선거와 피선거권을 가진다고 규정하고 있다. 사실 중국공산당의 지도자들은 항일민족통일전선의 정신을 구현하고 민주적 연합정권이란 성격을 부각하기 위하여 각급 참의회와 정부기관에 선출된 사람들 가운데 지주와 향신계급, 그리고 국민당원까지도 포함해야 한다고 강조하였다. 따라서 1939년에 섬감령 변구의 제1차 참의회의 선거를 실시하는 과정에서 빈농과 중농 출신의 압도적인 다수가 선출되었지만, 다음의 4개 현의 현급 참의회의 계급구성에서 보여주는 바와 같이, 지주와 부농계급도 일부 선출되었다.

이상에서 살펴본 바와 같이 섬감령 변구지역은 물론이거니와 다른 해방구에서도 항일민족통일전선의 정신에 입각하여 다계급 연합정권의

---

45) 섬감령 변구정권과 참의회에 관한 자료로는 中國科學院 歷史研究所 編, 『陝甘寧邊區 參議會 文獻彙輯』, 科學出版社, 1958을 참조.

형태를 갖추려고 하였지만, 실질적으로 공산당원들이 각급 참의회와 정부기구를 거의 독점하는 형편이었기 때문에 신민주주의정권의 기본성격이 왜곡되는 경우가 많았다. 따라서 1940년부터 섬감령 변구와 다른 해방구의 정권기구를 구성함에 있어서 이른바 3·3제를 실시하도록 하였다. 즉 각급 참의회와 각급 정부를 구성함에 있어서 노동자나 빈농을 대표하는 공산당원과, 소자산계급을 대표하는 당외의 진보파, 그리고 민족자산계급을 대표하는 중간파가 각각 3분의 1씩 차지하도록 하면서도 공산당의 지도적 위치를 보증한다는 것이었다.

모택동에 의하면 항일전쟁시기에 공산당이 수립하고자 하는 정권의 성격은 기본적으로 통일전선의 정권이며, 그것은 항전과 민주주의를 지지하는 모든 계급과 계층을 대표하는 것이라고 한다. 따라서 신민주주의정권은 극소수의 반혁명분자들에 대해서만 전정(專政)을 시행하는 민주적 연합독재란 점에서 지주와 부르주아계급의 반혁명독재체제와 다르며, 또한 강서시대에 실행했던 노동자와 농민들에 의한 민주적 독재체제와도 다르다는 것이다. 특히 프롤레타리아계급과 대지주, 대자산계급이 모두 소수이고, 중간계층이 다수를 점유하고 있는 중국사회에서는 민족자산계급과 개명된 향신계급의 역할을 무시할 수 없기 때문에 이들의 정치적 참여를 보장하는 3·3제를 실천함으로써, 중국공산당의 정치적 영향력을 확대해야 한다고 주장하였다.[46]

따라서 1941년에 실시된 제2차 섬감령 변구 참의회 선거에서부터 3·3제가 도입, 실시되었다. 그 결과 219명의 섬감령 변구 참의회의원들의 정파별 구성을 보면, 중국공산당원이 123명(57%), 국민당원 24명(11%), 무당파인사 61명(28%), 구국회파 1명, 변구에 거주하는 동방민족 10명(4%)이 선출되었다. 그리고 변구 정부위원 18명 중에서는 공산당원은 6명으로 제한되었으며, 상주의원 9명 중에서 3명의 공산당원만이 선임되었다.[47]

---

46) 毛澤東,「抗日根據地的 政權問題」,『毛澤東選集』, 第2卷, pp.699-701.

<표 6> 固林, 延長, 安定, 曲子 등 4개 縣 참의회 선거결과

(단위: %)

공인	빈농	중농	부농	상인	지식	분자	지주
향급	5.6	71.4	17	2	2	1	1
현급	4	65	25	1	1	2	2
구급	4	67	22	2	1	2	2

출처: 中國科學院 歷史研究所 編, 『陝甘寧邊區 參與會 文獻彙輯』, 科學出版社, 1958, pp.17-18.

　이처럼 정권기구 중에서 공산당원의 비율을 통제한다고 해서 중국공산당의 영도원칙이 변화되었던 것은 물론 아니다. 이 당시에 이미 섬강령 변구와 해방구에서는 공산당에 의한 영도의 일원화체제가 확립되어 있었기 때문에 각급 정부기관은 해당 당기관의 지도를 받아 정책을 집행하는 기능을 수행하고 있었다. 따라서 실질적인 권력은 당조직에 집중되었으며, 당이 결정한 정책을 정권기관이 집행하는 형편이었다.

　그럼에도 불구하고 중국공산당이 '민주적 대선거'를 통하여 정부를 구성하고 또한 정권구성에서도 공산당에 의한 권력의 독점화를 방지하려고 한 것은 두말할 필요도 없이 중국사회의 광범위한 계층을 참여시키고 그들의 정치적 지지를 확보하려는 의도에서 출발한 것이다. 다시 말해서 중국공산당은 중국국민들에게 부르주아계급의 일당독재도 배격하고, 프롤레타리아계급의 일당독재도 중국적 사회조건에서는 적합하지 않기 때문에 제3의 정권형태, 즉 신민주주의 정권형태를 추구하고 있다는 점을 과시하려는 것이었다.[48]

---

47) 中國科學院 歷史研究所 編, 『陝甘寧邊區 參議會 文獻彙輯』, 科學出版社, 1958, p.202.

48) 熊宇良, 「陝甘寧邊區 民主政治的 偉大實踐」, 『黨史研究』, 第5期, 1984, pp.35-42.

3) 섬감령 변구정권의 감조감식(減租減息)운동

섬감령 변구는 다른 해방구와는 달리 항일민족통일전선이 결성되기 전에 이미 상당한 지역에서 토지혁명을 실시하였다. 즉 1935년경에 홍군이 장악한 지역에서 지주와 부농에 대한 토지몰수, 그리고 지주를 제외한 모든 계층에 대한 토지의 평균분배가 실시되었다는 것이다. 따라서 섬감령 변구지역은 다른 해방구보다는 농촌사회의 봉건적 착취구조가 상당 부분 약화되었다고 할 수 있다. 그럼에도 불구하고 1935년 이후에 편입된 지역은 여전히 지주와 부농에 의한 토지와 생산도구의 독점화 현상을 보여주고 있었다.

이를 테면 진원(鎭原) 5구(區)의 4향(鄕)의 경우 전체토지 13,069무(畝) 중에서 약 56.6%의 토지가 2호(戶)의 지주소유로 되어 있었고, 수덕(綏德) 신점(辛店)지구의 한 마을 경우에는 총 232호의 농가 중에서 14호의 지주들이 전체 토지의 48%를 소유하고 있었다는 것이다.[49] 섬감령 변구지역에서 항일민족통일전선이 결성되고 중국공산당이 토지혁명과 계급투쟁을 중단하겠다고 선언한 1937년 당시 이처럼 토지혁명이 실시되지 않은 지역은 섬감령지역 전체의 약 40%였고, 인구로는 전체의 약 50%를 차지하고 있었다. 따라서 섬감령 변구정권은 이 같이 토지혁명이 진행되지 않았던 지역을 중심으로 감조감식운동을 전개하였다.

감조감식운동이란 소작료 인하와 이자율 인하를 추진한다는 것이었다. 다시 말해서 지주와 부농들의 토지와 생산수단에 대한 소유권은 그대로 인정하는 대신에, 그들의 주요 재정수입을 형성하고 있는 소작료와 고율의 이자를 적정선으로 하향 조정한다는 것이었다. 따라서 이 같은 정책은 농촌사회의 계급구성의 근본적인 변화나 봉건적 착취구조의 완전 해결을 목적으로 하는 것이 아니라, 농민들에 대한 착취를 경감시

---

49) 陳舜卿, 「試論 陝甘寧邊區的 減租減息」, 『西北大學 學報』, 1982년 제4기, pp.81-89 참조.

키고, 그들의 생활조건을 점진적으로 개선하며, 동시에 지주와 부농계급을 포함하여 모든 농촌사회의 계급들로 하여금 항일전쟁에 협조하게 한다는 것에 중점을 둔 개혁정책이었다.

따라서 항일전쟁이 진행되는 동안 중국공산당은 토지혁명을 추진하지 않는 대신 감조감식운동을 중심으로 농촌사회의 경제적 불평등을 점진적으로 축소해가고, 농민들의 생활개선을 실현하려고 하였다. 지역에 따라서, 그리고 시기적으로 약간의 편차가 있었지만 대체로 섬감령 지역에서는 소작료와 이자율을 25%에서 30% 정도 인하하였고, 경우에 따라서는 50%까지도 인하하도록 유도하였다. 1940년 7월에 변구참의회가 채택한 감조감식 조례에 의하면, 풍년에는 25%, 평년에는 40%, 그리고 흉년에는 55%의 소작료 인하를 유도하였고, 대체로 총 수확량을 지주와 소작인이 반분하거나 4·6제로 나누는 것을 원칙으로 하였다.

감조감식운동과 더불어 섬감령 변구정부는 통일적인 누진세를 실시하여 경제적 불평등을 줄이는 동시에, 변구정권의 재정기반도 확충하려고 하였다. 다음에 다시 자세히 살펴보겠지만, 섬감령 변구정부의 재정기반은 대단히 취약한 형편이었다. 대체로 외부의 원조나 비정상적인 방법으로 재원을 충당하고 있었던 것이다. 이를테면 토지혁명시기에는 지주와 부농의 토지와 재산을 몰수하는 과정에서 상당한 재원을 조달하였다. 그러나 토지혁명정책이 감조감식정책으로 전환되면서 그 같은 비정상적인 수입원은 점차 고갈되었다. 따라서 한편으로는 구국공량(救國公糧)의 징수, 공채발행 등의 방법을 원용하기도 하였고, 통일적인 누진세를 확립하여 재정기반을 확대하려고 하였다. 이 같은 과정에서 지주와 자본가 등에 상당한 부담이 돌아간 것은 두말할 필요도 없다.

이 같은 감조감식과 높은 누진세 등의 부과로 말미암아 일부 지주들은 토지를 매각하는 경우도 많았다. 따라서 부분적으로 토지의 독점화 현상이 상당히 완화되는 효과도 있었다. 그러나 항일전쟁시기에 섬감령 변구와 해방구의 토지정책이나 경제정책의 기조는 기본적으로 신민주주의적 구상의 틀에서 벗어나지 않았다. 다시 말해서 지주와 부농, 그리고 소수 자산계급의 계급적 소멸을 목표로 한 것이라기보다는 이들의 경제적·정치적 이익을 일정 정도 보장하고, 그들의 경제적 역할을 '이용'한다는 것이었다. 이러한 입장은 모택동이 1940년 12월에 발표한 「정책론」에서 다시 한 번 명확하게 발표되었다. 여기서 모택동은 당의 토지정책과 조세정책, 그리고 노동정책 등과 관련하여 다음과 같은 점을 강조하였다.[50]

  첫째, 공산당이 추구하는 감조감식운동은 기본적으로 항일민족통일전선의 정신에 입각하여 지주와 부농을 포함하여 모든 계층으로 하여금 항일전에 공동으로 참여하게 하는 것이며, 동시에 농민들의 생활을 개선하는 데 목적이 있다. 따라서 지나치게 높은 소작료와 이자율을 인하하는 것도 중요하지만, 그렇다고 해서 소작료와 이자율을 과도하게 낮추는 일도 삼가해야 한다고 지적하였다. 특히 이자율의 과도한 인하로 말미암아 농민들이 자금을 융통할 수 없게 된다면, 그것은 오히려 농촌경제의 활성화를 저해한다고 지적하고, 적정한 소작료와 이자율의 유지를 오히려 강조하였다. 따라서 모택동은 감조감식운동과 더불어 적정한 소작료와 이자를 지불하게 하는 교조교식(交租交息)운동도 전개해야 한다고 지적하였다.
  둘째, 당이 추진하고 있는 누진세는 소수의 극빈자계층을 제외하고 모든 계층이 부담을 나누어가져야 한다고 주장하였다. 모택동은 노동자와 농민을 포함하여 전체 주민의 약 80%가 조세대상자에 포함되어야 하며, 지주와 자본가들에게 모든 부담을 전가해서는 안 된다고 경고하였다.
  셋째, 노동정책과 관련하여 모택동은 노동자들의 생활을 개선하기 위해 노력해야 하지만, 지나친 임금인상이나 작업시간의 단축을 요구하려고 해서는 안 된다고 주장하였다. 모택동은 현재의 조건에서 8시간 노동제를 보편적으로 적용할 수 없으며, 경우에 따라서는 10시간 노동제를 실시해야 한다고 주장하였다. 또한 모택동은 노동자와 자본가 사이에 계약이 체결되면, 노동자들은 노동규율을 준수해야 하며, 자본가들이 정당한 이윤을 올릴 수 있도록 하지 않으면 안 된다고 지적하였다.
  넷째, 모택동은 자본가들로 하여금 변구지역에 돌아와 기업활동을 할 수

---

50) 毛澤東, 「論政策」, 『毛澤東選集』, 第2卷, pp.720-728.

있게 해주어야 한다고 강조하였다. 따라서 개인기업의 발전을 권장해야 하며, 국영기업은 변구지역 경제의 일부분에 불과하다는 점을 인식해야 한다고 역설하였다.

따라서 섬감령 변구지역에서는 혼합경제적인 성격이 유지되었고, 경제활동분야에서도 자본주의적 요소를 적극적으로 이용함으로써, 전반적인 경제발전을 이룩하려는 시도가 추진되었는가 하면, 동시에 신민주주의 경제의 테두리 안에서 조세정책과 합작사운동 등과 같은 경제적인 방법에 의거하여 사회경제적 불평등구조를 점진적으로 해소하려고 했다는 것이었다.

4) 섬감령 변구의 신문화운동

이처럼 섬감령 변구지역에서는 모택동에 의하여 정식화된 신민주주의 정권형태, 신민주주의 경제 등이 실시되었으며, 동시에 신민주주의 문화운동도 함께 추진되었다. 즉 '민족적·과학적·대중적인 신민주주의 문화'를 건설하려고 했던 것이다. 그와 같은 신문화운동은 대체로 두 가지 형태로 추진되었다. 그 중 한 가지는 대중적인 학습운동으로 전개되었던 이른바 '식자(識字)운동'이었고, 다른 하나는 연안정풍운동과 관련하여 공산당원과 지식인들을 대상으로 하였던 신문화운동이라고 하겠다.

우선 식자운동의 1차적인 목적은 "인민의 문화·정치수준을 높이고, 인민의 민족적 자존심을 강화한다"는 차원에서 대중보통교육의 확충, 문맹을 퇴치하기 위한 다양한 사회교육운동의 전개, 각종 야학과 식자반의 보급, 벽신문 등의 운영 등이 시도되었다. 이와 같은 사회교육운동 과정에서 '정규적인 교육'과 엘리트주의적 교육이 비판을 받았으며, 보다 대중적이고 실용적인 교육이 강조되었고, 특히 정치교육의 중요성

이 강조되었다. 이 같은 교육의 대중화운동은 1941년에서 1944년 사이
에 정풍운동과 연계되면서 상당히 적극적으로 추진되었다. 특히 정규교
육과정의 개편과 함께, 지식인들의 하향(下鄕)운동을 통하여 농촌지역
에 새로운 인력을 보급함으로써 섬감령지역에서 대중교육운동은 광범
위하게 확산되었다.

이와 동시에 정규적인 보통교육시설도 연안시대에 상당히 확충되었
다. 1937년에서 1944년 사이에 국민학교의 수는 약 5배가량 증가하였
고, 학생수도 29,500명에 달하였다. 물론 이것도 섬감령지역의 취학가
능 연령의 20% 정도에 불과하지만, 1920년대와 1930년대에 이 지역
주민들의 문자해득률이 1~2%에 불과하였고, 1937년 봄 섬감령지역에
서 국민학생 수가 5,000명이었다는 사실을 고려한다면, 상당한 발전이
라고 할 수 있다.

이처럼 각종 형태의 대중교육을 확장하면서 '인민의 문화적·정치적
수준'을 향상시키려고 하였고, 동시에 지식인과 당관료들의 형식주의,
관료주의, 자유주의 등을 집중적으로 비판하면서 이들의 대중화와 혁명
화를 적극적으로 추진하였다. 이미 앞에서 지적한 바와 같이 1942년부
터 본격적으로 시작된 정풍운동과정에서 공산당원들의 형식주의와 관
료주의가 비판의 대상이 되었으며, 대중운동노선에 따라서 대중 속으로
들어가 대중들과 함께 생활하며, 대중들의 언어로 말하고 행동해야 한
다는 운동이 전개되었는가 하면, 지식인들의 자유주의적 경향에 대한
비판운동도 함께 추진되었다. 특히 1942년 5월에 모택동의 「연안문예
강화(延安文藝講話)」가 발표되면서 문화예술인을 중심으로 하는 자유
주의적 지식인들에 대한 비판과 더불어 문화의 대중화·혁명화운동이
더욱 적극적으로 추진되었다.[51]

모택동이 「연안문예강화」를 발표하게 된 직접적인 원인은 당시 연안

---

51) 毛澤東, 「在延安文藝座談會上的 講話」, 『毛澤東選集』, 第3卷, pp.804
    -835.

에서 활동하고 있었던 지식인들, 특히 문화예술인들 중에서 공산당과 정부 관료의 특권화·교조화 등을 비판하고, 변구사회의 부조리 등을 고발하는 분위기가 확산되고 있었기 때문이라고 할 수 있다. 따라서 모택동은 200여 명의 대표적인 문화예술인과의 좌담회에서 모든 문화예술인들은 프롤레타리아트 입장에 서야 한다고 주장하면서, 노동자와 농민과 병사들에게 복무하는 문예, 노동자와 농민 등 대중으로부터 학습하는 문예, 정치에 복무하는 문예, 적대세력의 죄악을 폭로하고 인민의 공덕을 칭송하는 문예, 그리고 맑스주의를 학습하고 변증법적 유물론을 채용하는 문예를 요구하였다.

이 같은 모택동의 「연안문예강화」가 발표되면서 문화와 예술의 대중화·혁명화운동이 전개되었다. 예술을 위한 예술은 이제 부르주아적 예술이라고 비판을 받았고, 대중의 정서에 맞고, 대중의 혁명의식과 생산의욕을 고양할 수 있는 문예활동이 적극적으로 추진되었다. 이 같은 문화와 예술의 대중화운동으로 지식인사회가 경직화·획일화되는 부작용도 낳았지만, 동시에 '인민대중의 문화와 정치 수준의 제고'라는 목표를 달성하기 위한 여러 가지 형태의 대중적 문화활동도 개발, 발전되었다.

4. 해방구의 위기와 연안공산주의

앞서 설명한 중국공산당의 신민주주의혁명 과정은 처음부터 순조롭게 진행되었던 것은 아니다. 항일전쟁 초기에는 일본군의 주력부대가 국민당이 지배하고 있는 지역을 공략하는 데 집중되었고, 국공합작의 성립과 더불어 국민당정부의 군사적 압력도 제거되었기 때문에, 중국공산당은 섬감령 근거지에서 나름대로 신민주주의혁명을 추진하면서 일본군의 배후지역에서 해방구를 건설해나갈 수 있었다.

그러나 중일전쟁이 대치국면으로 전환되면서 국민당과 공산당의 대립과 갈등이 심화되고, 해방구에 대한 일본군의 토벌작전이 본격적으로 전개됨으로써 섬감령 변구와 해방구는 중대한 위기에 봉착하게 되었다. 특히 1940년 8월부터 12월까지 전개하였던 홍군의 '백단대전'이란 대규모 군사작전에 자극을 받아, 일본군과 국민당이 모두 중국공산당의 세력에 대하여 심각한 경각심을 가지게 되었다. 따라서 국민당정부는 섬감령 변구지역에 대한 봉쇄를 강화하고, '신4군사건'과 같은 군사적 공격을 촉발하는가 하면, 일본군은 화북지방의 홍군 거점지역에 대하여 3광작전과 같은 강도 높은 토벌작전을 전개함으로써, 변구와 해방구는 심각한 군사적·경제적 위기에 직면하게 되었던 것이다. 더구나 이 시기에 섬감령 변구지역과 화북의 해방구 각 지역은 수해, 한해, 병충해 등 천재지변이 겹치는 바람에 질병과 기아가 창궐하여 "병사들도 백성들도 모두 초근목피를 먹는" 정도로 위기는 심각하였다.

이와 같은 중대한 위기국면에 대응하기 위하여 모택동과 중국공산당은 정풍운동을 전개하면서 공산당원과 지식인들의 사상혁명을 요구하였으며, 대중의 혁명적 자발성을 동원하기 위한 대중노선을 강화하였고, '자력갱생'의 깃발을 내걸고, 대중과 당과 군, 모두가 한 덩어리가 되어 생산증산운동과 각종 대중운동을 전개하였다. 이러한 과정에서 대중의 혁명성과 자발성에 기초하여 경제발전과 사회변혁, 그리고 인민전쟁을 결합하는 연안경험, 또는 연안공산주의가 탄생되었다고 하겠다.

1) 변구와 해방구의 경제위기

국민당군의 봉쇄와 일본군의 대규모 소탕작전은 변구와 해방구의 군사적 위기를 조성했을 뿐만 아니라, 심각한 경제적 위기상황을 초래하였다. 특히 경제적 자립기반이 취약한 섬감령 변구지역의 경우는 외부와의 경제교류와 지원이 차단되면서 거의 경제적 파산 직전까지 가는 심각한 경제위기에 봉착하였다. 이 같은 경제적 심각성에 대하여 모택

<표 7> 국민당 지역과 연안지역의 물가지수(1937~1945)

	국민당 지배지역	연안지역
1937	100	100
1938	145	143
1939	323	237
1940	724	500
1941	1,980	2,200
1942	6,620	9,900
1943	22,800	119,900
1944	75,500	564,700
1945	179,000	-

출처: Lyman Van Slyke, "The Chinese Communist Movement during the
Sino-Japanese War 1937-1945," in John K. Fairbank and Albert
Feuerwerker(eds.), *The Cambridge History of China*, Vol. 13, p.685.

동은 1945년에 다음과 같이 회고하였다.[52]

　항일전쟁은 8년이나 계속되었다. 항일전쟁의 초기에 우리는 양식과 의복이
있었다. 그러나 사태는 계속 악화되어 마침내 우리는 양식은 물론이거니와,
소금과 식용유, 침구와 의복 등이 부족한 심각한 어려움에 봉착하게 되었다.
이 같은 어려움은 1940년에서 1943년 사이에 일본군의 대규모 공세와 국민
당정부의 3차례에 걸친 인민에 대한 공격으로 발생하였다.

　이러한 경제적 위기는 섬감령 변구지역에만 국한된 것은 아니었다.
따지고 보면 공산당이 지배하는 모든 해방구는 물론이거니와 국민당지
역도 정도의 차이는 있지만 전쟁이 장기화되면서 경제적 위기가 날이
갈수록 심화되었던 것이다. <표 7>이 보여주는 바와 같이 국민당이
지배하는 지역과 공산당이 지배하는 지역이 모두 1940년 이래 격심한

---

52) 毛澤東, 「論軍隊生産自給, 兼論整風和生産 兩大運動的 重要性」, 『毛澤東
選集』, 第3卷, pp.1008.

인플레현상을 보이고 있다는 점에서도 이 시기의 경제적 위기의 심각성을 짐작할 수 있다.

이와 같이 국민당지역이나 연안지역이 모두 높은 인플레현상을 보이는 이유는 막대한 군사비의 지출과 수입원의 고갈에서 비롯된 것이라는 점은 두말할 필요도 없다. 그러나 1941년 이후 연안지역이 국민당 지배지역보다도 더욱 심한 인플레현상을 보여주는 이유는 앞에서 말한 국민당군의 봉쇄와 일본군의 압박이라는 이중적 곤란에 직면해 있었기 때문이었다. 특히 섬감령지역을 비롯하여 대부분의 해방구 경제는 일본군이 점령한 지역과 연계되어 있는 형편이었기 때문에 일본의 강력한 청향(淸鄕)정책은 비공식적인 경제교류를 차단함으로써 해방구의 경제적 곤란을 초래하였고, 또한 국민당의 봉쇄로 말미암아 외부로부터의 지원이 격감하게 됨으로써 이 같은 경제적 여건의 악화는 심각한 경제위기로 발전되었다고 하겠다. 이러한 사정은 섬감령 변구의 경우 더욱 심각하였다.

사실 섬감령지역은 다른 지역보다도 문화적으로나 경제적으로 낙후되어 있는데다가, 중국공산당과 홍군의 지휘부도 이곳에 위치해 있기 때문에 상대적으로 많은 비생산인구를 가지고 있어서, 변구정부의 재정은 대부분 외부로부터 원조에 의존하고 있었다. 외부로부터 원조란 국공합작이 성립한 후에 국민당 중앙정부로부터 받는 8로군의 군사비와, 화교의 송금, 그리고 기타 외부단체와 개인으로부터 받는 기부금이 주종을 이루고 있었다. 이러한 외부의 지원금이 섬감령 변구정부의 재정수입 중에서 차지하는 비율은 1937년에는 77.20%, 1938년에는 51.69%, 1939년에는 85.79%, 그리고 1940년에는 70.50%에 달하였다.[53]

이와 같은 외부의 지원으로 항일전쟁 초기까지만 해도 섬감령 변구정부는 주민들의 조세부담을 최소화하면서 민생안정과 발전에 전념할

53) 李祥瑞, 「抗日戰爭時期 陝甘寧邊區 財政經濟 槪述」, 『西北大學 學報』, 1982, 第4期, pp.90-96; 池田誠 編, 『抗日戰爭と中國民衆』, pp.164-165.

<표 8> 섬감령 변구에서 糧穀生産과 救國公糧 징수율(1937~1945)

	양곡생산량 (piculs)	구국공량 징수량 (piculs)	징수율 (%)
1937	1,260,000	10,000	0.79
1938	1,270,000	10,000	0.78
1939	1,370,000	50,000	3.63
1940	1,430,000	90,000	6.29
1941	1,470,000	200,000	13.33
1942	1,500,000	160,000	10.69
1943	1,600,000	180,000	11.25
1944	1,750,000	160,000	9.00
1945	1,600,000	125,000	7.80

출처: Mark Selden, The Yenan Way in Revolutionary China, p.182.

수 있었다. 그러나 <표 8>이 보여주는 것처럼, 1941년 이후 변구와 해방구에 대한 봉쇄가 강화되면서 외부 지원이 격감하자 주민들의 조세부담은 대폭적으로 증가될 수밖에 없었다. 사실 섬감령 정부의 입장에서 재정의 자립도를 확보하는 가장 확실한 방법은 조세수입을 증가하는 것이었기 때문에, 1941년 이후 통일적인 누진세제를 정비, 실시하면서 조세대상을 대폭 확대하였고, 세금 징수율도 증가하였다. 즉 과거에는 약 40%의 주민들을 대상으로 하던 것에서 약 80%의 주민들을 대상으로 세금을 징수하게 되었던 것이다.

이상에서 살펴보는 바와 같이 섬감령 변구정부는 1940년까지는 외부의 재정적 지원에 의거하여 변구지역 주민들에 대한 경제적 부담을 최소한도로 유지하면서 '휴양생식(休養生息), 배양민력(培養民力)'을 도모할 수 있었으나, 1941년부터 재정자립도를 높이는 방안 중의 하나로 주민들의 조세부담을 증가하지 않을 수 없었다. 그러나 이 같은 조세부담의 증가는 생활개선을 요구하는 대중들의 이익과 상충하기 때문에 한계가 있었다. 따라서 중국공산당과 변구정부는 경비절감과 자력갱생

을 위한 각종 방안을 강구하지 않을 수 없었으며, 동시에 대중들의 희
생과 봉사정신을 요구하고, 생산증산에 온 힘을 쏟지 않을 수 없었던
것이다.

2) 정병간정(精兵簡政)과 하향운동

군대의 정예화와 행정의 간소화를 표방하는 정병간정운동과, 당정간
부와 지식인들로 하여금 농촌지역에 내려가 봉사하게 하는 하향운동의
1차적인 목표는 경제적·재정적 위기에 대응하기 위해 비생산인구를 생
산활동으로 전환시키고, 경비를 줄인다는 것이었다. 특히 섬감령 변구
지역은 당과 정부, 군대의 관료조직이 집중되어 있었고, 각종 대중단체
와 문화단체에 종사하는 학생과 지식인들이 다른 지역보다도 더 많았
기 때문에, 이들 비생산인구가 주는 재정적인 부담은 상당하였으리라고
짐작할 수 있다.

이 당시 섬감령지역의 비생산인구의 규모는 정확히 알 수 없지만, 일
부 학자들의 추산에 의하면 급료를 받는 간부가 약 8,000명, 섬감령 변
구를 수비하는 병력이 약 4만 명, 그리고 각종 고위간부를 포함하면 최
소한 5만 명 이상이 비생산인구라고 할 수 있으며, 이것은 140만의 변
구 인구 중에서 3분의 1에 해당하는 생산인구의 약 10%가 된다는 것
이었다.[54] 여기에 연안지방에 있는 각급 학교의 학생들과 지식인들을
포함하면 비생산인구의 규모는 더 많다고 할 수 있다.

따라서 1941년에 행정의 효율화를 기한다는 차원에서 각급 행정단위
에 종사하는 간부들의 수를 줄이는 동시에 일부는 하급단위로 전출시
켰으며, 각급 단위는 자력갱생의 원칙에 따라서 중앙에 대한 재정적인
의존도를 감소하고 생산활동에 종사하도록 하였다. 또한 농번기에는 당
정간부와 지식인, 학생들을 농촌에 보내서 일손을 돕는 일을 하도록 장

---

54) Lyman Van Slyke, op.cit., p.693.

려하였다. 이와 같이 초기에 정병간정운동이나 하향운동은 모두 경제적인 위기에 대한 대응으로 시작하였다. 그러나 점차로 경제적인 의미보다는 정치적·사상적 의미가 더욱 중요시되었다.

사실 정병간정운동의 1차적인 목표라고 할 수 있는 간부 규모의 간소화는 처음에 의도했던 것과는 달리 별다른 성과를 달성하지 못했다. 중국공산당이 위기를 극복하기 위하여 조직적인 동원체제를 강화하면서 오히려 정병간정운동이 전개되기 전보다도 간부의 규모가 증가되는 경향마저 있었다. 이를테면 섬감령 변구정부는 1941년 12월에 정병간정운동을 시작하면서 당과 정부, 그리고 각종 대중조직에 종사하는 7,900명의 간부를 6,300명 정도로 약 20% 감축할 계획이었지만, 1943년 초에 섬감령 변구정부의 간부의 수는 오히려 8,200명으로 증가했다는 것이다.[55]

이처럼 정병간정운동은 간부의 규모를 축소하고 경비를 감소한다는 차원에서는 별다른 효과를 보지 못했지만, 상급단위의 간부를 하급단위, 특히 농촌단위에 파견, 근무하게 함으로써, 관료주의의 병폐를 극복하고 농촌의 하급단위에까지 당과 정부의 행정력을 침투할 수 있게 했다는 점에서 중요한 의미가 있다고 할 수 있다. 더구나 정병간정운동과 더불어 중앙의 정치적·경제적 권한이 지방의 하급단위에 대폭 이양됨으로써, 자력갱생의 정신에 따라 각 지방단위들이 자율적인 경제발전을 모색할 수 있게 되었던 것이다. 이와 동시에 진행된 하향운동도 도시의 지식인과 학생들을 농촌사회에 파견하여 농민들과 함께 생활하게 함으로써, 지식인과 농민들 사이의 상호이해를 증진시키고, 궁극적으로 도시와 농촌, 정신노동과 육체노동의 차별성을 극복한다는 이상주의적 목표가 더욱 중요시되었고, 그에 못지않게 도시의 전문기술인력을 농촌사회의 변혁과 발전에 투입한다는 측면에서 상당한 의미가 있었다.

중국의 농촌사회는 대부분 가족과 혈연관계로 얽혀 있는 촌락단위로

---

55) Mark Selden, op. cit., pp.213-215.

분절화되어 있었으며, 전통적인 엘리트들이 여전히 영향력을 행사하고 있었기 때문에 변혁과 발전에 대하여 보수적인 성향을 보이는 경향이 있었다. 더구나 항일민족통일전선의 정책에 따라서 기존의 전통적인 엘리트집단들이 그대로 온존하고 있는 곳이 많았는데, 이런 곳에서는 중국공산당이 지배하는 지역이라고 할지라도 과거와 별로 다를 것이 없었다. 토지개혁이 진행되었던 곳에서는 과거의 전통적인 엘리트들 이외에 빈농과 고농 출신의 새로운 농촌엘리트들이 등장했지만, 그들도 교육수준이 낮고 지역사회의 이해관계에서 벗어날 수 없었기 때문에 농촌사회의 발전을 추동할 수 있는 역량이 부족했다. 이와 같은 상황에서 정병간정운동과 하향운동은 도시의 전문기술인력과 상급기관의 관료들을 직접 농촌사회에 투입하여 농촌사회의 변혁과 발전을 추동할 수 있게 했다는 것이다. 따라서 마크 셸던과 같은 학자들은 연안정부가 추진했던 정병간정운동을 다음과 같이 평가하였다.56)

　행정개혁의 중요성은 정부예산의 극적인 절감에 있었던 것도 아니고, 과도한 관료들의 실질적인 감소에 있었던 것도 아니다. 정부의 급료를 받는 간부들의 규모를 줄이려는 노력은 그 후 중화인민공화국시대에도 그랬지만, 별다른 효과가 없었다.……정병간정운동의 중요성은 (그런 것보다도) 정부의 구조와 구성, 개념에 중대한 변화를 가져왔다는 점이다. 하급단위의 행정, 특히 향단위의 행정이 강화되었다. 지역적인 연고에 얽매이지 않고 농촌사회의 변혁을 추진하는 일에 전념할 수 있는 경험 있는 행정관료들이나 학생들과 같은 외부의 간부가 존재함으로써 하급단위는 상급단위의 지시에 보다 적극적으로 반응하게 되었다는 것이다.

마크 셸던은 정병간정운동과 하향운동을 통하여 중앙정부의 행정력이 최하급 지방단위에까지 미칠 수 있었으며, 당과 정부가 의도한 대로 농촌사회의 변혁과 발전을 효과적으로 추진할 수 있게 했으며, 동시에

---

56) Ibid., p.216.

도시와 중앙의 관료들과 지식인들로 하여금 농촌사회와 하급단위의 구체적인 실정을 직접 체험하면서 현실에 대한 인식을 고양하게 했다는 점도 무시할 수 없는 것이라고 지적하고 있다. 특히 하향운동과 정병간정운동은 1942년 이후 본격적으로 전개된 정풍운동과 대중노선에 대한 강조와 맞물려 진행되었기 때문에, 농민대중에 대한 지도라는 차원과 더불어 농민대중으로부터의 학습이란 차원도 중요시됨으로써, 중앙과 지방, 도시와 농촌, 지식인과 농민들이 공동의 목표를 실현하기 위해 협력할 수 있게 했던 것이다.

3) 자력갱생과 생산운동

'자력갱생'과 '생산투쟁'은 연안시대를 상징하는 슬로건이라고 해도 과언이 아니다. 경제위기를 돌파하기 위하여 모든 기관과 간부들이 모두 자력갱생의 슬로건을 내걸고 생산투쟁에 총력 동원되었기 때문이다. 모든 간부, 관료, 지식인, 당원들이 생산투쟁에 동원되었고, 당과 정부기관, 학교와 사회단체는 물론이거니와 군대까지도 자력갱생의 정신에 입각하여 자신들의 양식과 보급품을 조달하기 위하여 황무지를 개간하기도 하고, 소규모의 수공업을 발전시키기도 하였다. 모택동도 그가 즐겨 피는 담배를 조달하기 위해서 그의 동굴 앞에 있는 텃밭에서 담배를 재배한 것도 연안시대의 정신을 상징하는 것이었으며, 남니만(南泥灣)의 신화가 창조된 것도 이 같은 분위기에서였다.

남니만의 신화란 왕진(王震)이 이끄는 359부대가 연안의 남서쪽에 있는 남니만의 황폐한 토지를 외부의 지원을 조금도 받지 않고 근고분투(勤苦奮鬪)의 정신으로 개간하여 농사를 짓고 목축을 하며, 각종 소규모 공장을 지어 자신들이 필요한 양식과 부식은 물론이거니와 모든 경비와 물품을 거의 완전히 자급자족할 수 있게 된 것을 말한다. 왕진은 후에 남니만의 신화가 탄생하는 과정을 다음과 같이 기술하였다.[57]

4년 전 내가 우리 부대를 이끌고 이곳에 와서 처음 군대의 생산사업을 시작할 때에는 우리들이 거주할 수 있는 동굴이나 집도 없었고, 먹을 음식도 없었고, 연장도 없었으며, 도움을 청할 수 있는 농부들도 없었다.

그 당시 변구지역은 대체로 빈곤했기 때문에 우리는 음식이나 연장을 가지고 올 수 없었다. 우리는 연안정부로부터도 별로 자금지원을 받지 못했다. 처음부터 우리는 우리가 필요한 거의 모든 것들을 스스로 조달하지 않으면 안되었다. 우리는 나무를 잘라서 원시적인 거처를 마련했고, 몇 개의 동굴을 팠다. 우리는 한 번에 땅을 조금씩 개간하여 채소 등을 재배하였다. 그 사이에 우리는 먹을 것이 충분하지 않았다.

우리는 절실하게 필요한 물품을 구입하는 데 필요한 자금을 마련하기 위하여 주변의 마을사람들이 관을 만들기를 좋아하는 단단한 소나무를 벌채하여 마을사람들에게 팔았다.……우리의 연장문제는 우리 병사 중 하나가 오래 버려진 절터에서 낡은 큰 종을 발견함으로써 결국 해결되었다.……우리는 대장장이들의 도움을 받아서……우리 병사가 발견한 그 큰 종과 우리 병사들이 여러 마을에서 수집한 고철을 녹여서 연장 만드는 방법을 배웠다.

이와 같은 남니만의 정신, 즉 자력갱생과 근고분투의 정신은 연안시대를 상징하는 것이 되었으며, 모든 단체들은 남니만의 정신을 학습하고 자력갱생과 자급자족을 달성하기 위해서 동원되었다. 특히 군대가 앞장을 서서 남니만의 경험을 본받아 자급자족을 달성하기 위한 대생산운동을 전개하였다. 1943년에 본격적인 대생산운동이 전개되면서 변구지역의 모든 군부대들에게 토지가 할당되었고, 각 군부대와 병사들은 필요한 식량과 물자에 대한 자급률을 높이기 위한 생산투쟁을 선언하였다. 모택동에 의하면 변구지역에서 병사 1인당 평균 18무의 토지를 경작하였고, 그들은 필요한 거의 모든 것들을 생산해내거나 만들어냈다는 것이다.[58] 군대뿐만 아니라 당과 정부의 모든 기관과 조직체들도 중앙정부의 지원을 받지 않고 자신들이 필요한 식량과 물자를 조달하기 위해 각종 노동과 생산활동에 종사하였다.

57) Ibid., p.252.
58) 毛澤東, 「組織起來」, 『毛澤東選集』, 第3卷, p.883.

이처럼 당과 정부, 군대와 사회단체들이 자력갱생과 자급자족을 달성하기 위하여 생산활동에 동원되었는가 하면, 농민대중들을 대상으로 각종 합작사운동이 전개되었다. 물론 이 경우에 합작사는 신민주주의 경제의 테두리 안에서 노동력을 조직화하는 호조조(互助組)의 형태를 띤 것이었다. 다시 말해서 사유재산을 인정하는 바탕에서 일정한 기간, 일정한 작업을 공동으로 수행하기 위해서 조직한 상호부조의 조직이었다. 농업생산을 위한 호조조 이외에 각종 합작사들, 이를테면 수공업자들의 합작사와 신용협동조합 형태의 합작사들도 조직되었다. 다시 말해서 농업, 수공업, 상업 등 경제 각 부문에서 조직적인 합작사운동이 전개되면서 자력갱생과 자급자족을 달성하기 위한 생산운동이 전개되었던 것이다.

이와 같은 자력갱생과 자급자족을 강조하는 조직적인 생산운동의 결과 변구와 해방구는 1943년 이후 점차로 경제적 위기에서 벗어나 자립적인 경제발전을 달성할 수 있게 됨으로써 인민들의 조세부담도 경감되었다는 것이다. 호화에 의하면, 변구정부가 징수하는 구국공량의 부담도 1943년을 기준으로 경감하게 되었고, 농민과 수업자들, 도시노동자들의 수입도 증가하기 시작했다는 것이다. 즉 농업생산은 증가했는데도 구국공량의 징수량은 1943년에 18만 석으로, 1944년에는 16만 석으로, 그리고 1945년에는 12만 석으로 계속 줄어들었고, 도시 수공업자의 실질임금도 1944년 현재, 1937년의 수준보다 1.5배가 증가되었다는 것이다. 다시 말해서 대생산운동으로 변구지역의 농민과 노동자들의 생활은 크게 개선되었던 것이다.[59]

---

59) 胡華, 『中國革命史講義』, 下冊, 中國人民大學出版社, 1980, pp.56-561.

5. 연안경험, 연안공산주의란 무엇인가

연안시대에 중국공산당은 항일전쟁이란 민족적 위기에 직면하여 항일민족통일전선을 강조하면서 일본군이 점령한 배후지역에서 해방구를 건설하고 신민주주의혁명을 추진함으로써, 강서소비에트시대의 패배에서 기사회생할 수 있었을 뿐만 아니라, 항일전쟁이 종결될 무렵에는 국민당을 대치할 만한 강력한 정치적·군사적 세력으로 등장하였다. 특히 중국공산당은 1941년 이후 국민당군의 봉쇄와 일본군의 강도 높은 토벌작전으로 조성된 심각한 위기국면에 대응하여 총력적인 동원체제를 갖추고, 변구와 해방구에서 사상적·정치적·사회경제적인 변혁과 발전을 실현함으로써 마침내 위기를 극복하고, 과거와는 다른 독특한 연안경험, 또는 연안공산주의라는 특징을 가지게 되었다.

특히 1941년부터 1944년 사이에 변구와 해방구가 당면한 위기를 돌파하기 위해서 모택동과 중국공산당은 정치, 경제, 사회, 군사 등 각 분야에서 새로운 정책을 도입하고, 대대적인 대중운동을 전개하였다. 이때 중국공산당은 연안정풍운동(1942~1944), 3·3제운동(1941~1942) 그리고 정병간정운동(1941~1943), 하향운동(1941~1942), 감조감식운동(1942~1944), 합작사운동(1942~1944), 민병강화운동(1941~1944), 옹정애민(擁政愛民)운동(1943), 생산운동(1943~1944), 교육운동(1944) 등을 전개하면서 기존의 체제와 사상을 철저히 재편성하고 대중적 에너지를 동원, 조직하는 데 성공함으로써, 변구와 해방구가 직면한 위기를 극복할 수 있었던 것이다. 이와 같은 과정에서 중국의 공산주의운동은 대중의 혁명적 에너지에 대한 믿음에 바탕을 둔 대중노선이란 독특한 전통을 확립하게 되었으며, 대중과 간부들의 희생정신과 봉사정신을 강조하는 연안공산주의, 혁명적 이상주의와 평등주의 등으로 특징되는 연안공산주의를 낳았다고 하겠다.

혁명과 역사의 변혁과정중 대중의 적극적인 참여와 역할을 강조한 것이 모택동사상과 연안공산주의에만 있는 것은 물론 아니다. 맑스와 레닌 역시 대중은 역사창조의 주역이었으며, 혁명의 승리는 대중의 혁명적인 적극성을 동원하고 조직화할 수 있을 때 비로소 쟁취할 수 있다는 점을 여러 번 강조하였다. 비록 레닌의 경우는 「무엇을 할 것인가」에서 대중의 혁명적 자발성에 대하여 회의를 표시하고, 대중의 자발성은 전위당의 지도와 결합할 때에만 비로소 올바른 역사적 의미를 가진다고 주장하였지만, 혁명과 건설과정에서 대중의 역할을 과소평가한 것은 아니었다. 이런 점에서 본다면 모택동과 중국공산당의 대중노선도 맑스-레닌주의의 전통에서 일탈된 것이라고 볼 수는 없다고 할 수 있다. 왜냐하면 중국의 대중노선도 결국은 대중의 혁명적 적극성과 당의 지도가 어떻게 결합되어야 하느냐는 문제에 관한 것이기 때문이다.60)

그러나 중국혁명과정에서, 특히 연안시대에 모택동과 중국공산당은 러시아의 인민주의자들에게서 흔히 발견할 수 있는 것과 같이 인민대중의 혁명적 자발성과 주관적 능동성을 강조했던 것도 사실이다. 따지고 보면 강서시대 이후 산간벽지에서 홍군과 게릴라운동을 전개하는 과정에서, 그리고 연안시대에는 막강한 군사력을 보유하고 있는 일본군과 국민당군과 대항하여 생존과 발전을 모색하는 과정에서 모택동과 중국공산당이 인민대중의 혁명적 적극성, 창조성, 자발성, 주관적 능동성에 대한 믿음을 가지게 된 것은 조금도 이상한 일이 아니라고 하겠다. 결국 앞에서 설명했듯이 연안시대에 중국공산당이 직면했던 위기도 인민대중의 혁명적 적극성을 동원, 조직하는 데 성공함으로써 극복할 수 있었기 때문이다.

이와 같이 중국혁명의 경험을 반영하고 있는 연안공산주의의 정신,

---

60) 모택동사상과 레닌주의의 유사점과 차이점에 대한 논쟁에 관해서는 Maurice Meisner, "Leninism and Maoism: Some Populist Perspectives on Marxism-Leninism in China," *The China Quarterly*, no.45, January-March 1971, pp.2-36 을 참조.

즉 인민대중의 혁명적 적극성만 개발할 수 있다면 어떠한 어려움이라
도 극복할 수 있다는 혁명적 이상주의는 모택동이 1945년 6월에 중국
공산당 7차 당대회 폐막식 연설에서 행한「우공(愚公), 산을 옮기다」라
는 데에서 잘 나타나 있다고 하겠다.

옛날 중국 화북지방에 전해 내려오는 전설에 나오는 북산의 우공이
라는 노인은 집 앞을 가로막고 있는 두 개의 큰 산을 파서 무너뜨리기
로 결심하고 아들들과 함께 흙을 파헤치기 시작하였다. 이를 보고 이웃
의 현명한 노인이 그것은 어리석은 일이라고 하면서 도저히 가능한 일
이 아니라고 비웃었다. 그러자 우공은 "내가 죽어도 아들이 있고, 아들
이 죽으면 손자가 있고, 자자손손 끝이 없다. 이 두 산이 아무리 높다
고 한들 더 이상 높아지는 것이 아닐진대, 파고 또 파면 언젠가는 파
무너뜨릴 수 있지 않겠는가"고 대답하면서 파헤치기를 멈추지 않았다.
이에 감동한 옥황상제는 두 사람의 신선을 내려보내 두 산을 짊어지고
가게 했다. 모택동은 이 같은 우공의 전설을 소개하면서 다음과 같이
말하였다.[61]

오늘날 중국인민의 머리 위에는 제국주의와 봉건주의라는 두 개의 큰 산이
버티고 있다. 중국공산당은 일찍이 이 두 산을 파헤치기를 결의하였다. 우리
가 결연히 이 일을 끊임없이 실현하고자 노력한다면, 우리 또한 옥황상제의
마음을 움직이게 할 것이다. 우리의 옥황상제는 다름 아닌 중국의 인민대중이
다. 전국의 인민대중이 떨쳐 일어나 우리와 함께 파헤치기 시작한다면, 어찌
이 일을 해내지 못하겠는가.

이처럼 모택동과 중국공산당은 대중의 혁명적 에너지에 대한 믿음에
기초하여 대중을 혁명과 건설에 적극적으로 참여하게 하는 '영도방법'
으로서 대중노선의 중요성을 특히 강조하였다. 앞에서도 지적한 바가
있지만, 대중노선은 강서시대에 이미 실시되기 시작하여 연안시대에 완

---

61) 毛澤東,「愚公移山」,『毛澤東選集』, 第3卷, p.1002.

성된 것이라고 할 수 있는데, 모택동은 1943년에 채택된 「영도방법에 관한 약간의 문제」에 관한 정치국 결의에서 대중노선을 다음과 같이 정식화하였다.[62]

> 우리 당의 모든 실천적인 활동에서 올바른 지도노선은 반드시 '대중으로부터 나와서 대중에게로 들어간다'는 것이다. 이것은 대중들의 분산되고 비체계적인 생각들을 수집하고 그것들을 연구하여 집중적이고 체계적인 생각으로 만들어, 다시 대중에게로 가서 선전하고 설명함으로써 대중들이 그것들을 자신의 생각으로 받아들여, 그 생각을 견지하고 행동으로 옮기게 하는 것, 그리하여 그런 생각의 옳고 그름을 대중들의 행동 속에서 검증받게 하는 것을 의미한다.

이러한 정치국 결의에서 알 수 있듯이 모택동을 비롯한 중국공산당의 지도자들은 인민대중의 무한한 혁명적 잠재역량에 대한 믿음을 가지고 있으면서도, 대중들의 생각은 그대로 방치하면 분산적이고 비체계적이기 때문에 '올바른 지도노선'과 결합하지 않으면 안 된다고 전제하고 있다는 점에서 레닌주의적 사고와 일치한다고 하겠다. 그러나 중국의 경우에 올바른 지도노선은 대중의 밖에 따로 존재하는 것이 아니라 "대중으로부터 나오는 것"이며, 다시 "대중에게로 들어가서" 대중의 행동에 의하여 검증받지 않으면 안 된다는 점을 강조하고 있다는 점에서 대중지향적이었다고 하겠다. 다시 말해서 당의 모든 정책과 결정은 소수의 간부와 관료, 당원들에 의하여 만들어지는 것이 아니라, 대중의 이익과 생각을 반영하는 것이어야 하며, 동시에 대중에 의하여 자발적으로 실천되어야 한다는 점을 특히 강조하고 있다는 것이다.

따라서 모든 당간부, 관료, 지식인들은 대중 속에 들어가 대중과 함께 생활하면서 대중들이 가지고 있는 애환을 함께 하고, 대중을 위하여 복무함으로써, 당과 정부가 인민대중을 위하여 존재하는 것이며, 인민

62) 毛澤東, 「關于領導方法的 若干問題」, 『毛澤東選集』, 第3卷, p.854.

대중의 당과 정부라고 인식하게 해야 하며, 당과 정부의 정책과 결정이 그들의 이익과 권익을 구현한 것이란 점을 자각하게 해야 한다고 강조했던 것이다. 이와 같은 관점에서 연안시대에는 앞에서 지적한 바와 같이 정풍운동, 정병간정운동, 하향운동, 생산운동 등을 전개하면서 당간부와 지식인들의 관료주의와 명령주의, 그리고 대중들에게 이질감을 주는 당팔고와 같은 작품에 대하여 신랄하게 비판하였고, 대중들 속에 들어가 대중들과 함께 생산노동에 참여하면서 대중들과 함께 생활하는 것을 제도화하였으며, 동시에 당간부와 관료들의 특권화를 조장할 수 있는 제도와 정책을 억제하였다.

　이러한 배경에서 모택동과 중국공산당은 당간부와 지식인은 물론이거니와 인민대중들에게도 혁명과 건설을 위한 희생과 봉사를 요구하였다. 『모택동선집』에 수록되어 있는 「벤춘을 기념한다」(1939)와 「인민에게 봉사하자」(1944)라는 글에서 모택동은 당간부와 관료, 지식인, 그리고 이름 없는 병사에 이르기까지 모두가 인민을 위하여 헌신, 희생할 것을 요구했던 것이다.

　이런 점에서 연안공산주의는 대중의 무한한 혁명적 잠재역량과 주관적 능동성에 대한 믿음에 기초하여 사회와 역사를 변혁할 수 있다는 혁명적 이상주의, 그리고 간부, 지식인, 인민대중이 모두 공동의 목표와 공동의 사명감으로 단결하게 하는 평등주의적이고 공동체적 일체감을 강조하면서, 앞에서 설명한 바와 같이 자력갱생과 자급자족적인 경제발전, 지역발전, 사회발전을 바탕으로 변구와 해방구에서 신민주주의혁명을 추진했다고 하겠다.

제9장
내전과 중국공산당의 승리

1945년에 들어서면서 일본의 패망은 누구에게나 명백해졌다. 1945
년 5월에 베를린이 함락되었고, 6월에는 미군이 오끼나와를 점령하였
다. 1945년 8월 6일에는 히로시마에, 9일에는 나가사끼에 원자폭탄이
투하되었으며, 8월 8일에는 소련이 1945년 2월에 체결된 얄타협정에
의거하여 일본에 선전포고를 하는 동시에 만주에 진격하기 시작하였
다.[1] 마침내 8월 10일, 일본은 천황제를 유지한다는 조건으로 포츠담선
언을 수락한다는 뜻을 연합군에 통고하였다.

드디어 중일전쟁은 만 8년 만에 일본의 패망과 중국의 승리로 종결
되었다. 그러나 그것은 엄청난 대가를 치른 참승(慘勝)이었다. 1937년

---

1) 1945년 2월에 미국, 영국, 소련은 제2차세계대전 이후 전후문제 처리에 대한
얄타협정을 체결하였다. 얄타협정 내용 중에 포함된 이른바 '극동조항'에 의하
면, 소련은 독일이 항복한 후 2~3개월 내에 일본과의 전쟁에 참전한다는 것을
조건으로 외몽고의 현상유지, 대련(大連)의 자유항화와 이 지역에 대한 소련의
우선권, 여순군항의 조차, 남만주철도의 중소 공동관리 등 중국에서 소련의 특
수권익을 인정받았다.

부터 1945년까지 8년간의 항일전쟁 동안 중국군의 전사자는 103만 명, 일반 시민의 희생자는 1천만 명 이상이 되었고, 물적 피해는 1945년 당시의 화폐가치로 따지자면 500억 달러 이상이었다. 더구나 이처럼 엄청난 희생을 치르고 얻은 항일전의 승리에도 불구하고 중국인민들은 아직도 전쟁의 공포에서 완전히 해방된 것이 아니었다. 항일전쟁의 종결로 국민당과 공산당 사이의 숙명적인 무력대결 가능성은 오히려 증가되었기 때문이다.

따라서 항일전쟁의 종결과 더불어 중국민중들 사이에서 국민당과 공산당이 협상에 의하여 민주적인 통일정부를 수립해야 한다는 주장이 제기되었던 것은 당연하다고 하겠다. 이와 같은 분위기로 말미암아 항일전쟁이 종결된 직후 국민당과 공산당은 한편으로는 평화협상을 전개하면서 또 한편으로는 무력대결을 준비하는 이중적인 정책을 추구하였다.

1945년 8월말에 장개석과 모택동의 역사적인 중경회담, 10월 10일에 공표된 국민당과 공산당 사이의 이른바 쌍십(雙十)협정, 그리고 1946년 1월에 개최된 정치협상회의 등을 통하여 국민당과 공산당은 평화적 해결을 모색하는 모습을 보여주면서도, 또 한편에서는 정치적·군사적 우위를 점유하기 위하여 치열한 경쟁과 대립을 계속했던 것이다. 결국 국민당과 공산당 사이의 뿌리 깊은 불신과 대결의식은 1946년 7월에 전면적인 내전으로 폭발되었고, 1949년에는 마침내 국민당군의 괴멸로 중국공산당이 중국혁명의 최종적인 승리자가 되었다.

1949년의 중국공산당의 승리는 군사적인 승리인 동시에 정치적인 승리였다. 1945년 종전 당시 국민당정부는 군사적으로나 정치적으로 공산당보다 압도적으로 우세한 입장에 있었다. 비록 중국공산당의 세력도 8년의 항일전쟁을 치르는 동안에 엄청나게 성장했지만, 국민당과 비교하면 아직도 열세였다. 1945년의 국민당과 공산당의 군사력을 비교하면 국민당군이 약 250만 명이었고, 공산당군이 약 100만으로, 병력면에서 국민당군이 2.5배의 우세를 보이고 있었다. 무기체제의 측면에서는 미국의 군사원조를 받고 있던 국민당군이 재래식 무기로 무장한 홍군에 비하여 약 5대 1의 우세를 유지하고 있었다. 또한 정치적인 차원에서도 국민당정부와 장개석은 여전히 국내적으로나 국제적으로 중국을 대표하는 정통적인 정부로 인정을 받고 있었다. 심지어 소련까지도 1945년 8월 14일에 중소우호동맹조약을 체결함으로써 장개석의 국민당정부를 중국을 대표하는 유일한 합법적인 정부로 인정하고 있었다.

이와 같은 상황에서 아무도 중국공산당이 그렇게 신속하게 승리를 쟁취할 수 있다고 예견하지 못했던 것은 지극히 당연하다. 중국공산당의 지도자들도 공산당이 궁극적으로 승리할 것이라고 주장하면서도 '장기간의 내전'을 예상하였다. 중국공산당의 군사적인 우세가 드러나기 시작한 1948년까지도 앞으로 수년간은 치열한 전투가 계속될 것이라고 예측했던 것이다.

그러나 국민당군은 누구도 예상하지 못할 정도로 무력하게 붕괴되었다. 이런 측면에서 중국공산당의 신속한 승리는 국민당의 자멸의 결과라고도 할 수 있다. 그러나 결국 국민당정부의 자멸도 동양식 사고에서 본다면 천명(天命)을 상실했다는 것을 의미하고, 중국공산당의 승리는 민심(民心)을 획득한 결과라고 이해한다면, 내전은 국민당과 공산당 사이의 단순한 군사적인 대결의 성격보다는 정치적 경쟁과 대결의 승패에 따라서 결정되었다고 하겠다. 이런 점에서 1945년 이후 중국공산당의 전후구상과 정치적·군사적 정책을 살펴봄으로써 중국공산당의 최종적인 승리를 포괄적으로 이해할 수 있는 것이다.

1. 전후구상: 평화와 민주주의의 신단계

일본의 패전이 임박한 1945년 4월과 5월에 중국공산당과 국민당은 각각 전당대회를 개최하고 전후구상을 제시하였다. 중국공산당은 1945

년 4월에서 6월 사이에 연안에서 제7차 전당대회를 개최하고 모택동과 모택동사상을 중심으로 당의 지도체제와 지도이념을 정비하고, 전후의 국공대결을 준비하였다. 모택동은 만 17년 만에 개최된 이 전당대회에서 장문의 「연합정부론」을 발표하고 중국공산당의 전후구상을 상세하게 밝혔다. 그것은 항일민족통일전선의 정신과 신민주주의혁명론에 입각하여 모든 당파와 모든 계층을 대변하는 민주적 연합정부를 수립해 '독립, 자유, 민주, 통일, 부강'의 신중국을 건설하자는 중국공산당의 기본노선을 제시한 것이었다.[2]

한편 국민당도 1945년 5월에 중경에서 10년 만에 6차 전당대회를 개최하고, 부강한 신중국의 건설에 대한 나름대로의 구상을 밝혔다. 국민당 6차 당대회 개막식에서 장개석은 손문의 삼민주의의 구현을 약속하면서, 1945년 11월 12일 손문 탄생 80주년이 되는 날, 항일전쟁으로 중단되었던 국민대회를 소집하여 훈정기(訓政期)를 종식하고 헌정기(憲政期)를 준비하는 작업에 착수할 것이라고 선언하였다.[3] 그러나 국민당이 소집하겠다고 약속한 국민대회는 1936년에 공산당이 배제된 가운데 국민당에 의하여 구성된 것이기 때문에 실질적으로 헌정기에 대한 준비작업도 국민당의 주도하에서 실시하겠다는 것을 분명히 함으로써 공산당의 연합정부론을 실질적으로 거부하였다.

이처럼 중국공산당과 국민당은 항일전쟁 이후 신중국의 건설과정에 대하여 완전히 다른 정치적 구상을 제시하면서 각기 자신들의 주도하에 전후문제를 처리하고자 하였다. 국민당은 공산당과의 협상 가능성을 배제하지는 않았지만, 공산당이 먼저 홍군과 해방구를 국민당정부의 편제에 예속시킬 것을 요구함으로써, 국민당의 주도하에 헌정으로 이행한다는 입장을 명백히 하였으며, 공산당도 연합정부론을 제창하면서도 장

2) 毛澤東, 「論聯合政府」, 『毛澤東選集』, 第3卷, pp.930-1000.
3) 榮孟源 主編, 『中國國民黨 歷次代表大會及 中央全會資料』, 光明日報社, 1986, pp.899-908.

개석의 국민당정부를 대지주와 금융자본가, 매판세력의 이익을 대변하는 정권이라고 비난하고, 중국공산당만이 중국국민의 이익을 대변한다고 주장하였다. 사실 모택동은 「연합정부론」에서 항일전쟁을 수행하는 과정에서 중국공산당의 적극적인 자세와 국민당의 소극적인 자세, 해방구에서 공산당의 신민주주의혁명의 성과와 국민당의 지배지구에서 나타난 부패와 무능력, 독재 등을 극명하게 대비하면서, 중국공산당만이 신중국을 건설할 수 있는 능력과 도덕적 정통성을 가지고 있다고 주장하였다.

이와 같이 국민당과 중국공산당이 신중국 건설과정에 대하여 여전히 상반되고 대립적인 입장을 견지하고 있는 가운데 일본의 패전과 중국의 승리가 현실화되자, 국민당과 공산당은 '승리의 과실'을 누가 장악하느냐는 문제로 치열하게 경쟁, 대립하게 되었다. 그것은 일본의 패전과 더불어 중국대륙에 진주하고 있던 130만의 일본군과 80만에 달하는 남경괴뢰정권의 병력에 대한 무장해제와 이들이 점령한 광대한 지역에 대한 접수문제에서부터 비롯되었다.

일본이 포츠담선언을 수락하겠다고 통고한 1945년 8월 10일, 연안의 인민해방군 총사령부는 각 해방구의 항일무장부대에 대하여 일본군 점령지로 진격하여 일본군과 남경정부군의 무장해제를 단행하라고 지시하였다. 이에 대하여 장개석은 8월 11일 중국주둔 일본군 최고사령관에게 무기의 보유와 질서유지를 명령하고, 인민해방군에 대하여는 현지에 머물면서 중앙정부의 지시를 기다릴 것을 명령하였다. 또한 8월 15일에 장개석은 일본군 최고사령관에게 국민당 정부군에게만 투항할 것, 그리고 국민당군이 접수할 때까지 점령지역의 치안유지를 명령하였다. 그것은 공산당군의 활동을 억압하라는 것을 의미하는 것이었다. 따라서 종전 이후에도 산서성, 산동성, 강소성 등에서는 공산군과 일본군의 전투가 계속되었다.

이 같은 장개석의 지시에 대하여 공산당이 격렬하게 반발한 것은 당

연하다고 하겠다. 모택동은 8월 13일에 발표한 「항일전쟁 승리 후의
정세와 우리들의 방침」이란 성명서에서 항일전쟁 중에 일본군과의 전투
에는 소극적이면서도 중국공산당을 공격하고 내전을 획책하는 데에는
적극적인 장개석이 '승리의 과실'을 독점하도록 할 수 없다고 단언하고,
일본군 점령지역에 대한 전면적인 탈환을 지시하였다.4) 따라서 인민해
방군은 화북지방과 만주에서 일본군의 무장해제와 피점령지의 접수를
강행하였다. 특히 만주에서는 소련군의 간접적인 지원을 받아 신속하게
광대한 농촌지역을 장악하였다. 한편 중경의 국민당군은 미국의 수송지
원과, 일본주둔군과 남경정부군의 협력을 받아 화동, 화북, 동북(만주)
과 서북지역의 주요 도시와 주요 철로연변을 접수하는 데 성공하였다.
　이처럼 국민당과 공산당이 경쟁적으로 일본군의 무장해제와 피점령
지 접수를 전개하면서 곳곳에서 무력충돌이 발생하고 내전의 위기가
날로 확산되자, 국민당과 공산당의 협상과 평화건국을 요구하는 국내외
의 압력이 가중되었다. 특히 소련까지도 국민당정부를 중국을 대표하는
유일한 정통정부라고 인정하고 있는 상황에서 미국은 국민당정부로 하
여금 중국공산당과 협상을 재개하도록 설득하였다.5) 미국과 국민당정
부의 저의는 국제적으로 유리한 입장을 이용하여 공산당을 압박, 국민
당 주도하에 화평건국을 실현한다는 것이었다. 최소한 협상을 진행하면
서 중국 전역에 국민당군이 진출할 수 있는 시간을 번다는 것이 협상제
의를 하게 된 배경이었다. 사실 종전 당시 국민당의 주력부대는 일본군

4) 毛澤東, 「抗日戰爭勝利後的 時局和我們的 方針」, 『毛澤東選集』, 第4卷,
pp.1021-1034.
5) 앞에서도 언급한 바가 있지만, 미국은 1941년 태평양전쟁이 발발한 이후 항일
전선을 강화하기 위해 국민당과 공산당의 협상을 중재하려고 노력하였다. 특히
1944년 이후 미국의 중재로 국민당과 공산당은 1945년 초까지 몇 차례의 정치
협상을 전개하였지만 모두 좌절되었다. 이 당시 미국의 중국정책에 대해서는
The United States Department of State, *The China White Paper*, Stanford:
Stanford University Press, 1967 참조.

의 대륙타통작전으로 중국 서남부의 변경지역으로 퇴각해 있었기 때문에 일본군 점령지역 배후에서 광대한 해방구를 구축하고 있었던 중공군에 비하여 전략적으로 불리한 위치에 있었다. 따라서 국민당정부는 한편으로는 공산당과 협상을 전개하면서 공산당의 활동을 저지하고, 또 한편으로는 국민당군을 신속하게 이동시켜 중국의 주요 거점지역을 확보하려고 했던 것이다.

한편 중국공산당의 입장에서도 군사적으로나 정치적으로 국민당과 정면대결할 상황은 아니었다. 더구나 중국국민들 사이에서 내전에 반대하는 여론이 강하게 일어나고 있었고, 미국은 물론이거니와 소련까지도 국민당정부를 인정하고 내전을 원하지 않는다는 입장을 명백히 하고 있었기 때문에 국민당이 제안하는 협상에 응하지 않을 수 없었다.[6] 따라서 모택동은 앞에서 언급한 「항일전쟁 승리 후의 정세와 우리들의 방침」에서 표명했던 입장, 즉 장개석정부는 중국인민을 대표할 수 없다

---

[6] 중일전쟁기간과 종전 직후까지 소련의 대중국정책은 최소한 공개적인 차원에서는 국민당정부를 유일한 합법정부로 인정하는 것이었다. 중일전쟁 초기에는 국민당정부에 정치적·경제적 지원을 제공하였고, 제2차세계대전이 발발하면서 미국, 영국과 더불어 국민당정부를 연합국의 일원으로 인정했을 뿐만 아니라, 1945년 8월 14일에는 국민당정부와 중소우호동맹조약을 체결하기도 하였으며, 얄타회담에서는 중국에서 소련의 이권을 확보하였다. 이 같은 소련의 정책에 대하여 중국공산당의 지도부는 공식적으로 불평하지는 않았다. 오히려 모택동은 소련의 참전이 중일전쟁의 종결에 결정적인 요인이었다고 주장하면서 공개적으로 소련의 역할을 찬양하였다. 그러나 모택동은 국민당과 공산당의 대립이 첨예화되는 상황에서도 소련의 지원을 받을 수 없다는 점을 인식하고 있었던 것 같다. 1945년 8월 13일에 발표된 「항일전쟁 승리후의 정세와 우리들의 방침」에서 모택동은 "우리는 외롭지 않다. 왜냐하면 제국주의에 반대하는 전 세계의 인민들과 국가들이 우리들의 우방이기 때문이다. 그럼에도 불구하고 우리는 우리들 자신의 힘으로 재건하지 않으면 안 된다는 것을 강조하지 않을 수 없다"고 지적하였다. 또한 모택동과 공산당의 지도자들은 비공식적인 차원에서 소련의 이 같은 태도에 대해 불만을 토로했다고 한다. 이 당시의 중소관계에 대한 상세한 연구로는 石井明, 『中ソ關係史の研究 1945-1950』, 東京大學 出版會, 1990을 참조할 것.

고 비난하면서 국민당정부의 도전에 대하여 자력갱생의 정신에 입각하여 방어적 내전까지도 불사해야 한다는 입장에서 후퇴하여, 단결과 평화, 민주주의를 위하여 국민당과 협상에 응할 뿐만 아니라 중대한 양보를 할 용의도 있다고 표명하였다.

따라서 중국공산당 중앙위원회는 1945년 8월 25일에 「현재의 시국에 대한 선언」을 발표하고, "우리 민족 전체가 당면한 중대한 과제는 민족의 단결을 강고히 하고, 국내평화를 보장하여 민주주의를 실현하고 민생을 개선하는 것이며, 평화와 민주주의, 단결을 기초로 나라의 통일을 달성하고 독립적이며 자유롭고 부강한 신중국을 건설하는 것"이라고 주장하면서 국민당과의 협상에 임하는 공산당의 방침을 천명하였다. 이 같은 '시국선언'이 발표된 다음 날인 8월 26일에 모택동은 「국민당과의 평화협상에 대한 중앙위원회 통지문」에서 협상의 배경과 공산당의 입장을 다음과 같이 설명하였다.[7]

첫째, 현재 소련, 미국, 영국 등이 모두 내전에 반대하고 있으며, 공산당도 평화와 민주주의, 단결의 신단계를 선언하였다. 또한 국민당은 상해를 비롯한 대도시와 교통통신망을 장악하고 남경괴뢰정부군을 포섭하여 그 역량을 강화하고 있다. 따라서 협상을 통하여 국민당의 내전음모를 폭로, 좌절시킬 수 있다.

둘째, 국민당의 내란음모를 폭로하고, 공산당이 정치적 주도권을 장악하며 전 세계의 여론과 국내 중간세력의 지지를 획득하기 위하여, 그리고 중국공산당이 합법적인 지위를 획득하기 위해서는 인민대중의 기본적인 이익이 훼손되지 않는 범위 내에서 해방구의 축소, 인민해방군의 조정 등을 양보할 수 있다.

셋째, 그러나 우리는 협상에만 의존해서는 안 되며, 장개석의 선심을 기대해서도 안 된다. 우리 자신의 힘과 행동만이 평화와 민주주의의 신단계를 실현할 수 있다.

---

7) 「中共中央 關于同國民黨 進行和平談判的 通知」, 『毛澤東選集』, 第4卷, pp.1050-1053.

이와 같이 국민당과 공산당은 제각기 상반되는 정치적 의도를 가지고 있으면서도 국내외적인 내전중지에 대한 압력과 평화와 민주주의에 대한 열망을 고려하여 협상을 시작하였다. 1945년 8월 28일, 모택동이 이끄는 중국공산당 대표단이 국민당정부의 전시수도인 중경에 도착하면서 모택동과 장개석의 역사적인 중경회담이 개최되었다. 약 40여 일간의 난항을 거치면서 협상을 전개한 끝에 국민당과 공산당은 "내전을 회피하고 평화건국을 지향하며, 정치의 민주화를 실현하기 위해 정치협상회의를 소집할 것" 등을 합의하고 10월 10일에 이른바 쌍십협정을 발표하였다. 그러나 쌍십협정에서 국민당과 공산당은 헌법을 채택하게 될 국민대회의 조직법, 선거법 그리고 헌법초안에 대하여 이견이 있으며, 특히 군대의 국가화, 즉 8로군과 신4군의 정리통합의 문제와, 해방구 지방정부에 대한 처리문제 등에 관하여 심각한 견해차이가 존재한다는 사실을 인정하였다.[8]

중경회담과정에서 중국공산당은 인민해방군 48개 사단을 20개 사단으로 감축할 의도가 있으며, 광동성, 절강성, 강소성, 안휘성, 호남성 등 화남과 화중지역에 있는 8개의 해방구를 양보하겠다고 선언함으로써, 내외에 내전회피를 위해 최선을 다한다는 의욕을 과시했다. 그러나 국민당은 공산군의 국민당군으로의 흡수통합, 해방구정권의 국민당정부로의 귀속 등을 요구하였다. 게다가 국민당내의 보수강경세력들은 여전히 '공비토벌'을 주장하고 있었으며, 또한 중경협상이 진행 중에도 화북과 만주지역에서 공산군과 국민당군의 무력충돌이 계속 확산되고 있었기 때문에 쌍십협정의 발표에도 불구하고 내전의 위험성은 여전히 계속 확대되는 형편이었다.

이러한 상황에서 미국정부는 국민당정부에게 제한적인 군사지원을 계속하면서도 국공협상에 의한 내전중지와 평화적·민주적 수단을 통한

---

8) 중경회담과 쌍십협정의 내용에 대해서는 石井明, 앞의 책, pp.113-119; *The China White Paper*, pp.107-112 참조.

통일정부 수립이란 정책을 계속 추진하였다. 따라서 1945년 11월말에 트루만 미국대통령은 마셜(George C. Marshall)장군을 특사로 파견하여 국민당과 공산당 사이의 이견조정을 시도하였다. 이 같은 미국의 정책에 대하여 소련도 찬성하였다. 따라서 미·소냉전이 본격화되지 않았던 1945년 12월에 모스크바에서 개최된 미국, 소련, 영국의 외상회담은 중국문제와 관련하여 "국민정부를 중심으로 한 통일된 민주적인 중국, 국민정부 각 부문에 민주적 인사의 광범위한 참가, 그리고 내전의 중지가 필요하다"는 데 의견의 일치를 보았다고 발표하였다. 또한 민주동맹을 필두로 하여 중국의 제3세력들도 내전의 중지와 중국의 민주화를 강력하게 요구하였다.

　이와 같은 내외의 정세로 말미암아 국민당과 공산당은 1946년 1월 10일에 미국의 마셜장군을 의장으로 하고 국민당의 장군(張群)과 공산당의 주은래로 구성된 '군사 3인위원회'가 합의한 '국공정전협정'에 조인하였고, 같은 날 국민당정부는 쌍십협정에서 합의한 바 있었던 정치협상회의를 소집, 개최하였다. 국민당대표 8명, 공산당대표 7명, 민주동맹 9명, 중국청년당 5명, 무당파(無黨派) 인사 9명으로 구성된 정치협상회의는 1946년 1월 10일부터 1월 30일까지 활발한 토론과 협상을 통하여 정부조직안, 국민대회안, 화평건국강령, 군사문제안, 헌법초안 등 이른바 역사적인 '5대결의'를 채택하고 폐막되었다. 또한 정치협상회의로부터 국공 양군의 감축문제에 대한 협상을 위임받은 '군사 3인위원회'는 1946년 2월 25일에 획기적인 '국공정군협정(國共整軍協定)'에 합의하였다. 즉 첫해에는 394개의 정부군 사단병력을 91개 사단으로, 그리고 공산군은 18개 사단병력으로 감축하며, 6개월 후에는 다시 국민당군 50개 사단, 공산군 10개 사단으로 각각 감축하기로 했던 것이다.[9]

　이처럼 국민당과 공산당이 국내외의 여론을 의식하여 정치적·군사적

---

9) 이 같은 감군계획에 대해서는 James Harrison, *The Long March to Power*, pp.387-388 참조.

협상을 계속하고, 획기적인 감군계획과 평화건국의 방안에 합의하게 됨으로써, '평화와 민주주의의 신단계'가 실현될 듯한 낙관적인 분위기가 팽배하였다. 그러나 이러한 합의는 법적인 강제력을 가지는 것도 아니었고, 국민당과 공산당의 중앙위원회에 의하여 승인된 것도 아니었다. 따라서 냉정한 입장에서 돌이켜보면 국민당과 공산당 사이에 남아 있는 뿌리 깊은 불신감과 대결의식을 고려할 때, 국민당과 공산당이 정치협상회의와 군사 3인위원회의 합의를 실천할 의지가 처음부터 있었는지 의심스러운 것이었다. 게다가 1946년 초부터 유럽의 전후질서 재편과정에서 잉태되어 전 세계적인 규모로 급격하게 확산, 심화되기 시작한 냉전은 중국에서 '평화와 민주주의의 신단계'를 실현할 수 있는 국제적인 조건을 급격하게 파괴하였다. 따라서 역설적이게도 중국국민들 사이에서 '평화와 민주주의의 신단계'에 대한 기대감이 팽배하고 있었던 시기에 이미 국공내전은 돌이킬 수 없는 방향으로 확대하기 시작했던 것이다.

2. 내전의 확대와 국민당정부의 대응

제2차세계대전이 종결된 직후인 1946년 초에 이미 유럽에서는 냉전이 잉태되고 있었다. 제2차세계대전의 종전과 더불어, 루마니아, 체코, 폴란드 등 동구지역에서 소련의 영향력이 급속히 확장하는 사태에 직면하여 영국과 미국은 점차 노골적으로 소련을 견제하려고 하였다. 이같은 상황에서 스탈린은 1946년 2월 모스크바에서 현대 독점자본주의 하에서 전쟁의 불가피성을 강조하면서 소련의 경제건설과 원자폭탄의 개발 등을 강조하는 연설을 하였다. 이에 대항하여 1946년 3월에 영국의 처칠수상은 미국의 미조리주, 풀튼에서 유명한 소련의 '철의 장막'에 대한 연설을 하면서 미국과 영국 등 서방세계는 소련의 공산주의에 대항하기 위하여 결속해야 한다고 역설하였다.

　이처럼 냉전적 분위기가 조성되고 있는 가운데, 중국에서도 미국의 정책은 한편으로는 공정한 조정자로 자처하면서 협상과 평화적 방법으로 민주적 통일정부가 수립되어야 한다고 주장하면서도, 또 한편에서는 노골적으로 국민당정부에 대한 군사적·경제적 지원을 강화하였다. 이 같은 미국의 이중적 태도는 1946년 초에 이미 누가 보더라도 명확하였다. 1946년 2월 25일, 마셜장군의 조정에 힘입어 앞에서 지적한 바와 같이 국민당과 공산당이 획기적인 '국공정군협정'에 합의하였는데, 바로 같은 날 미국은 약 1,000명의 장교와 병사들로 구성된 미국 주중국 군사고문단(United States Military Mission in China)의 발족을 발표하였다. 또한 1946년 6월에 미국의회는 중국에 대한 군사원조법안을 가결하였다.

　이와 같은 미국의 이중적인 태도는 중국공산당의 경계심을 심화시켰으며, 국민당내의 보수강경노선을 간접적으로 강화시켰다. 비록 트루만 행정부는 아직도 협상을 통하여 국민당정부를 중심으로 하는 '민주적 통일정부'를 수립할 가능성이 있다고 생각하고 있었고, 또한 국민당정부의 민주화와 경제개혁이 선행되어야 국민당정부의 안정을 담보할 수 있다고 판단했던 것 같지만, 냉전적 세계정세의 변화를 간파하고 국민당군의 군사적 우세에 자신감을 가지고 있었던 장개석이나 국민당내의 보수강경파들은 정치협상회의의 합의를 무시하고 국민당 주도하에 형식적인 헌정을 실현하고자 하였고, 이른바 '공산당 문제에 대한 군사적 해결'을 모색했던 것이다.

　따라서 1946년 3월에 개최된 국민당 제6기 2중전회는 정치협상회의에서 합의되었던 내각중심제의 개헌안을 부결하고 국민당이 중심이 된 중앙집권적인 대통령중심제의 헌법을 제안하는 등, 정치협상회의의 합의를 사실상 부인하는 결정을 하였으며, 국민당의 일당독재를 비판하는 세력들에 대한 폭압적 탄압을 자행하였다. 예컨대 1946년 2월 10일 정치협상회의가 "성공적으로 끝난 것"을 축하하기 위하여 민주동맹과 좌파인사들이 중심이 되어 중경의 교장구(較場口)에서 소집된 군중집회에 폭도들이 난입하여 해산시키는 사건이 벌어지기도 하였고, 1946년 6월에는 민주동맹의 지도자인 이공박(李公樸)의 암살, 그리고 7월에는 국민당의 독재를 규탄하던 서남대학 교수 문일다(聞一多)의 암살사건이 연이어 발생하였다.

이처럼 국민당 내부에서 반공적인 분위기가 고조되고 있는 가운데 만주지방과 화북지방에서 국민당군과 공산당군의 무력충돌이 날로 확대되고 있었다. 1946년 2월로 예정되었던 소련군의 철수 이후 만주지역을 장악하기 위하여 국민당군과 공산당군은 치열하게 경쟁, 대립하였다. 결국 소련군은 4월에 철수하였으며, 그 사이에 공산군은 만주지역의 농촌지방을 장악하는 데 성공했을 뿐만 아니라, 장춘(長春) 등 대도시를 점령하기도 하였다. 이 같은 공산당세력의 진출에 대항하여 장개석은 미국군사고문단의 반대에도 불구하고 국민당의 정예부대를 대거 투입하여 1946년 5월 하순에는 만주지역의 대도시를 재점령하는 데 성공하였다.

이 같이 만주지방을 비롯하여 화북지방에서 국민당군과 공산당군의 군사적 충돌이 걷잡을 수 없게 확대되어 가자 마셜장군은 휴전을 제안하고 국민당과 공산당의 조정을 다시 시도하였으나, 이미 국민당과 공산당 사이에는 정치적으로나 군사적으로 타협의 여지가 없었다. 이 당시에 장개석과 국민당내의 강경분자들은 마셜의 중재가 오히려 국민당군의 신속한 군사적 승리를 방해한다고 인식하고 있었고, 중국공산당도 미국의 이중적 정책에 대하여 비난을 하였다. 따라서 미국은 더 이상 조정자로서의 역할을 수행할 수 없는 형편이었다. 이러한 상황에서 1946년 7월부터 국민당 정부가 압도적인 군사력의 우세를 바탕으로 공산당의 거점지역에 대하여 대대적인 군사적 공격을 감행함으로써 전면적인 내전이 폭발하였다.

　공산당측의 자료에 의하면 전면적인 내전이 폭발한 1946년 중엽에 국민당군의 총병력은 약 430만인 데 비하여 공산당군의 병력은 약 120만이었다고 한다. 이 같은 국민당군의 압도적인 군사적 우세에 근거하여 국민당은 당시 "3개월에서 6개월 이내에 공산당을 전멸시킬 수 있다"고 호언하였다. 사실 내전 초기단계에서 국민당의 그 같은 호언이 전혀 사실무근이 아닌 것처럼 보였다. 국민당군은 거의 모든 전선에서 신속하게 군사적 승리를 획득했기 때문이다. 1946년 7월부터 12월 사이에 국민당군은 공산당이 지배하던 165개의 도시와 17만 4천 평방킬로미터의 해방구 영토를 점령하는 데 성공하였고, 1947년 3월에는 중국공산당과 인민해방군의 중심지인 연안까지 점령하였다.[10]

　이와 같은 군사적 승리에 자신감을 얻은 국민당정부는 정치협상회의의 정치적 합의를 완전히 무시하고 국민당의 주도하에 헌정으로 이행하는 정치체제의 개혁을 강행하였다. 1946년 11월 국민당은 공산당과 민주동맹 등 진보적 세력의 반대와 보이코트를 무시하고 일방적으로 국민대회를 개최하고, 1947년 1월 1일에 '중화민국헌법'을 공포하였으며, 4월에는 이 헌법에 따라 국민당정부의 개편을 단행하여, 청년당, 민사당, 그리고 무당파 인사들이 참여하는 형식적인 연립정부를 형성하였다. 이처럼 국민당이 공산당은 물론이고, 민주동맹과 같은 주요 제3의 정치세력을 배제하면서 일방적인 정치개혁을 강행하고, 국민당의 일당독재를 실질적으로 강화하게 되자, 이른바 제3의 길을 모색하던 진보적인 정치세력들도 점차 중국공산당의 입장을 지지하는 방향으로 선회하였다. 다음에 다시 설명하겠지만, 국민당의 이 같은 정치적 실패는 내전 초기단계에서 국민당이 획득했던 군사적인 승리를 곧 '공허한 승리'로 만들기에 충분하였다.

---

10) Jerome Ch'en, *Mao and the Chinese Revolution*, London: Oxford University Press, 1965, pp.283-284.

3. 중국공산당의 대응과 '역사의 전환점'

1946년 7월에 국민당이 전면적이고 대규모의 군사적 공세를 전개하자 모택동은 7월 20일 "자위전쟁(自衛戰爭)으로 장개석의 공격을 분쇄하라"는 당내 지시를 발표하였다. 여기서 모택동은 "장개석이 미국의 지원을 받고 있지만, 인민대중이 장개석에 반대하고 있고, 장개석의 군대는 사기가 낮은데다가 (국민당지역의) 경제는 곤란한 데 비하여, 우리는 외국의 지원을 받고 있지 않지만, 인민대중이 우리를 지지하고 있으며, 우리 군대의 사기는 높고, 우리의 경제는 건전하기" 때문에 궁극적으로 장개석을 분쇄할 수 있다고 주장하였다. 그러나 내전의 초기단계에서 장개석군의 압도적인 군사력에 대항하기 위해서 전략적 방어와 운동전으로 대응해야 한다고 지적하면서, 경우에 따라서는 일시적으로 해방구 일부와 도시지역을 포기하는 것도 필요하다고 강조하였다.[11]

따라서 중국공산당은 내전 초기에 국민당군의 진격에 정면으로 대응하기보다는 병력의 보존과 확충을 중시하면서 해방구의 내부동원체제를 강화하였다. 특히 농촌지역에서는 연안시대 이후 당의 기본노선으로 확립된 대중노선에 입각하여 생산운동을 전개하고 토지개혁을 추진함으로써 공산당의 정치적·경제적 기반을 강화하려고 하였다. 물론 중국공산당은 여전히 신민주주의 경제를 강조하고, 농촌사회에서 지주와 부농의 정치적·경제적 권리와 역할을 인정해야 한다고 지적하였지만, 내전이 격화되면서 빈농과 고농의 요구를 수용하는 급진적인 토지정책을 추진하게 되었다.

중국공산당은 항일전쟁이 종결된 직후부터 해방구에서 이른바 '반간청산운동(反奸淸算運動)'과 '감조감식운동(減租減息運動)'을 전개하면서 대중의 적극적인 참여하에 농촌사회의 경제적·정치적 질서를 개편

---

11) 毛澤東, 「以自衛戰爭 粉碎 張介石的 進攻」, 『毛澤東選集』, 第4卷, p.1083.

하려고 하였다. 그러나 이 당시에는 친일분자의 숙청과 봉건적 착취의
완화를 목적으로 하는 온건한 개혁노선을 추진하였다. 그러나 해방구내
의 농촌사회에서 계급적 갈등이 증폭되면서 1946년 5월 4일에 중국공
산당은 '토지문제에 관한 지시(5·4지시)'를 발표하였다. '5·4지시'에서
중국공산당은 "해방구의 토지문제를 해결하는 것이야말로 중국공산당
이 당면한 가장 역사적인 임무"라고 선언하고, 감조감식정책을 진일보
발전시켜, '경자유기전(耕者有其田)'을 실천하는 단계로 전환할 것을
촉구하였다. 사실 이 같은 당의 토지개혁정책은 이미 밑으로부터 자연
발생적으로 발생하고 있는 대지주와 친일세력에 대한 토지몰수와 토지
분배를 인정한 것이었다. 그러나 '5·4지시'에서 중국공산당은 대지주와
토호열신, 악질적인 분자들에 대한 토지몰수와 몰수된 토지의 균등분배
를 인정하면서도, 양심적인 지주를 포함하여 중농과 부농의 보호를 강
조하면서 농촌사회에서 통일전선을 확대, 유지해야 한다고 강조하였다.
   이 같은 토지문제에 대한 공산당의 입장은 내전이 격화되면서 더욱
급진화되었다. 특히 내전 초기단계에서 국민당의 군사적 우세에 힘입어
농촌사회에서 지주계급들이 공산당의 감조감식운동과 반간청산운동에
적극적으로 참여했던 농민들에 대하여 보복을 자행함으로써 농촌사회
에서 계급투쟁의 양상은 심각하게 전개되었다. 이러한 분위기에서 중국
공산당은 '5·4지시'를 수정하여 1947년 10월 10일에 '중국토지법대강'
을 공표하였다. 이것은 모든 지주의 토지소유권을 폐지하고, 경자유기
전의 원칙에 입각하여 토지의 균등분배를 실현함으로써 농촌사회의 봉
건구조를 철저히 청산한다는 것이었다. 1947년의 '중국토지법대강'은
확실히 '5·4지시'보다 토지문제에 대한 빈농과 고농의 이익을 우선적
으로 고려한 것이었고, 따라서 이를 실천하는 과정에서 부농과 중농의
토지까지도 무차별하게 몰수, 분배하는 '좌익주의적·무정부의적 경향'
이 출현했던 것도 사실이다.[12]

---

12) 내전시기 중국공산당의 토지개혁에 대해서는 James Harrison, *The Long March*

그러나 내전이 확대되고 치열한 계급투쟁이 심화되는 과정에서 중국
공산당의 토지개혁은 농촌사회의 기본군중인 빈농과 고농들에게 최대
한의 과실을 분배해줌으로써 이들의 적극적인 지지와 참여를 확보했다
는 점에서 중대한 의미를 가진다고 하겠다. 사실 농촌사회의 빈농과 고
농은 토지분배에 힘입어 중국공산당이 주도하는 보전보가운동(保田保
家運動)에 적극적으로 참여하게 되었다.[13] 특히 이 시기에 인민해방군
과 중국공산당은 토지개혁과정에서 등장한 빈농과 고농을 대대적으로
흡수하여 급속도로 그 세력을 확대하였다. 모택동은 1947년에 토지개
혁이 철저하게 단행된 지역에서 농민들은 공산당과 인민해방군을 적극
적으로 지지하였고, 그렇지 않은 지역에서는 관망의 자세를 보이는 경
우가 많다고 지적하면서 토지혁명과 인민전쟁의 불가분의 상관관계를
강조하였고, 1948년의 당내지시에서는 지난 2년 동안 해방구에서 토지
를 획득한 농민들 중에서 약 160만 명이 인민해방군에 지원했다고 발
표하였다.[14]

사실 <표 9>와 <표 10>에서 보여주고 있는 바와 같이 중국공산
당과 인민해방군은 내전시기에 급속하게 성장하였다. 1945년 4월에 약
120만이었던 중국공산당의 당원이 1949년에는 약 4배로 증가하여 450
만이 되었고, 인민해방군의 병력도 비슷한 비율로 증가되었다.

이와 같이 내전시기에 공산당과 인민해방군에 가담한 사람들의 계급
적인 배경을 고려하면 대체로 토지개혁과정에 적극적으로 참가한 빈농

to Power, pp.406-414; Suzanne Pepper, "The KMT-CCP Conflict, 1945-1949,"
in John Fairbank and Albert Feuerwerker, eds., The Cambridge History of China,
pp.751-758; 胡華, 『中國革命史講義』, 下冊, pp.646-649, 697-700을 참조.

13) 산서성의 한 농촌에서의 현지체험을 바탕으로 내전시기에 중국공산당의 토지
혁명에 대한 농촌사회의 반응에 관하여 생생하게 관찰, 묘사한 고전적인 연구
로는 William Hinton, Fan Shen: A Documentary of Revolution in a Chinese
Village, New York: Random House, 1966이 있다.

14) 毛澤東, 「三個月 總結」, 「中共中央 關于九月會議的 通知」, 『毛澤東選集』,
第4卷, pp.1101-1106, 1236-1244.

<표 9> 내전시기 중국공산당의 성장

(단위: 백만)

	1945년 4월	1946년	1947년 중엽	1948년	1949년
당원수	1.21	1.35	2.8	3.1	4.5

출처: James Harrison, *The Long March to Power*, New York, 1972, p.395.

<표 10> 내전시기 국민당군과 공산당군의 병력 증감

(단위: 백만)

	1946년 7월	1947년 6월	1948년 6월	1949년 6월
국민당군	4.3	3.73	3.65	1.49
인민해방군	1.2	1.95	2.80	4.00

출처: 胡華, 『中國革命史 講義』, 북경, 1980, p.767.

과 고농이었고, 따라서 토지혁명이야말로 내전에서 중국공산당의 승리
를 담보한 핵심적인 정책이었다는 힌튼(William Hinton)의 다음과 같은
증언은 시사하는 바가 매우 크다고 하겠다.15)

> 사태의 핵심은 토지문제에 있었다. 토지를 소유하게 된 농민들은 수십만
> 명씩 정규군 복무를 지원하기도 하고, 수송대나 연락대에 참가하여 전선지원
> 에 나서기도 하였으며, 이들이 중심이 되어 해방구 곳곳에서 비정규 전투부대
> 가 조직되었다. 토지소유권의 인정은 전선과 후방의 일반병사와 농민들로 하
> 여금 어떠한 힘으로도 깨뜨릴 수 없고, 어떠한 역경에도 굴복하지 않는 결의
> 를 가지게 하였다.

이처럼 중국공산당과 인민해방군은 토지혁명을 통하여 ‘해방’된 농민
들의 에너지를 조직, 동원하는 데 성공함으로써, 전면적인 내전이 폭발
한 지 1년 만에 전략적인 방어에서 전략적 진공의 단계로 전환할 수 있
었다. 1947년 7월 말에 유백승(劉伯承), 등소평이 지휘하는 야전군이

---

15) William Hinton, ibid., p.200.

황하를 건너 남진하여 무한과 남경을 공략할 수 있는 대별산(大別山)에 근거지를 구축하였고, 8월에는 진의 등이 지휘하는 야전군이 하남, 안휘, 강소로 진출하였으며, 만주지역에서도 임표(林彪)의 군대가 대부분의 지역을 장악하고 국민당군을 봉천, 길림, 장춘 등 대도시에 고립시키는 데 성공함으로써, 대반격의 전기를 마련하였다.

이와 같이 거의 모든 전선에서 인민해방군의 반격이 전개되고 있는 가운데 중국공산당은 1947년 12월 25일에 섬서성 북부에 있는 미지현(米脂縣) 양가구(楊家溝)에서 중국공산당 중앙위원회를 개최하고 내전은 이제 '역사의 전환점'에 이르렀다고 선언하였다. 모택동은 「현재의 정세와 우리의 임무」라는 보고를 통하여, "인민해방군은 반혁명의 수레바퀴를 역전시켜 파멸의 길로 몰아넣었고, 혁명의 수레바퀴를 전진시켜 승리의 길로 나가게 하였다"고 주장하면서, 이것은 "20년에 걸친 장개석의 반혁명 지배가 발전에서 소멸로 향하는 전환점이며, 100여 년에 걸친 중국에서 제국주의의 지배가 발전에서 소멸로 향하는 전환점"이라고 선언했던 것이다.16)

그러나 모택동은 이러한 시점임에도 내전에서 승리가 쉽게 쟁취될 수 있을 것이라고는 생각하지 않았다. 인민해방군의 병력이 상당히 강화되기는 하였지만 아직도 국민당군의 병력이 최소한 양적인 측면에서 인민해방군보다 우세하기 때문에, 모택동은 여전히 유격전술을 기초로 신중한 군사작전을 전개하면서 적의 힘이 결정적으로 약화되기를 기다려 전면적인 공격을 개시해야 한다고 주장하였다. 그러나 모택동은 군사적인 우세란 일시적인 현상, 일시적인 요인에 불과하며, 인심의 향배가 항상적인 요인이기 때문에, 혁명전쟁에서 승리하기 위해서는 장개석 정권의 반인민적인 성격을 폭로하면서, 동시에 해방구에서 토지혁명을 철저히 실시하고 신민주주의혁명을 실현해야 한다고 주장하였다. 따라

---

16) 毛澤東, 「目前形勢和 我們的 任務」, 『毛澤東選集』, 第4卷, p.1140.

서 모택동은 "봉건계급의 토지를 몰수하여 그것을 농민들에게 돌려주는 것, 장개석, 송자문(宋子文), 진립부(陳立夫), 공상희(孔祥熙)로 대표되는 독점자본을 몰수하여, 그것을 신민주주의국가에 반환하는 것, 민족자산계급의 상공업을 보호하는 것, 이것이 신민주주의혁명의 3대 경제정책이다"라고 선언하였다.[17]

모택동에 의하면 장개석정권의 물적 토대는 앞에서 언급한 '4대가족'의 관료독점자본주의이며, 이 관료독점자본주의는 장개석 통치 20년동안 정권과 결탁하여 막대한 자본을 축적하고 중국의 정치, 경제, 문화 등 모든 영역을 농락하였을 뿐만 아니라, 외국의 제국주의, 국내의 지주계급 및 구식 부농과 결탁하여 매판적·봉건적 관료독점자본주의를 형성하고 있다는 것이다. 따라서 중국공산당은 무엇보다도 먼저 4대가족의 관료독점자본주의를 타도해야 한다고 지적하였다. 그러나 "신민주주의혁명이 일소하려는 것은 봉건주의와 독점자본주의뿐이며, 지주계급과 관료자본가들뿐이지, 결코 자본주의 일반을 일소하려 하거나, 소시민과 민족자본가를 일소하려는 것은 아니다"라고 지적하면서, "중국경제의 후진성 때문에 광범위한 소시민과 민족자본가들로 대표되는 자본주의경제는 설사 혁명이 전국적으로 승리를 거둔 후에도 장기간 그 존재를 인정할 필요가 있다"고 주장하였다.[18]

따라서 모택동은 중국공산당이 전국적인 승리를 거둔 이후에도 상당기간 민족자산계급의 협력이 필요하고, 국민경제의 테두리 안에서 자본주의경제와 사회주의경제의 공존이 필요하다고 역설하면서, 자본주의 일반을 일소하려는 좌익모험주의를 경계하였다. 또한 토지혁명과정에서도 지주계급의 착취와 억압구조를 일소하는 것은 당연하지만, 지나치게 부농과 중농의 경제적·정치적 권익까지도 무시하는 경향이 있다고 지적하면서 "진보세력을 신장시키고, 중간세력을 획득하며, 완고파를 고

---

17) 앞의 글, 1149쪽.
18) 같은 글, 1150쪽.

립시키는" 통일전선전략을 실천할 것을 강조하였다.

요컨대 해방전쟁시기에도 모택동과 중국공산당은 기본적으로 신민주주의혁명과 통일전선전략을 내세우고 있었던 것은 틀림없다고 하겠다. 물론 이 당시의 통일전선전략은 항일전쟁시기의 그것과 같이 장개석의 국민당정권과 협력하고, 지주계급의 역할을 인정하는 것과 같은 타협적인 노선이 아니라, 이들과의 합작을 청산하고, 이들을 고립시키고, 마침내 타도하는 혁명적인 성격을 가진 것은 사실이었다. 이런 점에서 모택동도 해방전쟁 동안의 통일전선이 항일전쟁시기의 그것보다 그 범위가 축소되었다는 사실을 부인하지 않았다. 그러나 모택동은 신민주주의혁명과 사회주의혁명을 명확히 구분하면서, 중국의 현실적 조건에서 장기간의 신민주주의 혁명시기가 요구된다는 점, 그리고 신민주주의의 모든 시기에서 자본주의적 경제발전이 장려되어야 한다는 점, 그리고 정치적으로도 극소수의 독점자본가와 지주계급을 배제한 광범위한 통일전선적 정권이 수립되어야 한다는 점을 강조했던 것이다.

이와 같은 구상에 따라서 중국공산당은 1948년 이후 당내의 '좌경적 경향'에 대한 정풍운동을 전개하면서, 해방구에서 진행되고 있었던 토지혁명이 지나치게 과격화되는 것을 억제하려고 노력하였다. 따라서 모택동은 1948년 4월 1일에 개최된 해방구의 간부회의에서 토지혁명과정에서 나타나는 다음과 같은 세 가지 좌경적 과오를 지적하면서 그에 대한 시정을 역설하였다.[19]

첫째, 계급을 분류하는 과정에서 지주계급과 부농을 지나치게 넓게 해석하여 근로대중까지도 지주와 부농으로 분류하는 경우, 둘째, 지주와 부농의 공상업까지 침해하는 경우, 셋째, 토지혁명과정에서 지주와 부농들에게 무차별적인 살해와 구타를 하는 경우 등을 반드시 교정하지 않으면 안 된다고 강조했다. 모택동에 의하면 농촌사회에서 타도의 대상은 전체 농가의 8% 내외에

---

19) 毛澤東, 「在晉綏幹部會議上的 講和」, 『毛澤東選集』, 第4卷, pp.1200
    -1212.

불과하며, 광범위한 인민대중은 반제반봉건의 신민주주의혁명을 지지한다는 것이었다.

따라서 토지혁명의 주요 방침은 빈농을 기본군중으로 하고, 중농과 결합하여 봉건적 착취를 점진적으로 근절시키며, 농업생산을 발전시키는 것이라고 지적하면서, 과격하고 급진적인 토지혁명을 억제하려고 하였고, 또한 지주와 부농에 의하여 운영되는 공상업과 수공업을 보호하려고 하였다. 이와 같은 방침에 따라서 본격적인 내전이 전개되면서 격화되었던 해방구에서의 토지혁명은 신민주주의혁명의 테두리 안에서 다시 정리되었고, 인민해방군의 지원과 인민생활의 개선을 실현하기 위한 생산운동으로 발전되었다.

4. 국민당정부의 붕괴

1948년에 들어오면서 군사적인 정세는 확실히 내전의 초기단계와 비교할 때 역전되었다. 비록 국민당군은 아직도 수적인 우세를 유지하고 있었지만, 국민당과 공산당의 군사력 차이는 내전 초기보다 훨씬 감소되었다. 1948년 6월에 국민당의 총병력은 360만 명, 그중에 정규군이 198만인 데 비하여, 공산당의 총병력은 280만 명이고, 정규군이 149만이 되어 국민당과 공산당 사이의 군사력 차이는 거의 없다고 해도 과언이 아니었다.

그러나 국민당과 공산당의 군사력을 단순히 병력의 숫자로만 비교하는 것은 무의미하다고 하겠다. 이미 내전 초기에 모택동이 지적한 바 있지만, 병사들의 사기문제, 전략의 문제, 그리고 무엇보다도 인민대중의 지지도문제 등에서 국민당은 이미 공산당의 적수가 아니라는 점이 명백해지기 시작했다. 앞에서도 지적한 바와 같이 공산당은 내전시기에 토지혁명과 신민주주의혁명을 실천함으로써 광범위한 대중들을 이른바 해방전쟁과정에 동원, 조직화하였고, 공산당과 인민해방군을 중심으로 해방구의 안정과 발전을 실현하는 데 성공했던 데 비하여, 국민당 지배지역에서는 내전이 격화되면서 국민당정부가 안고 있었던 모든 고질적인 병폐가 오히려 더욱 심화됨으로써 안으로부터 붕괴되는 현상을 보여주었던 것이다. 이런 점에서 국민당정부의 패배는 단순히 군사적인 패배가 아니라, 민심의 이반을 초래한 국민당정부의 부패, 무능력, 무정견, 그리고 무엇보다도 국민당정권의 반인민적 성격에서 비롯된 정치적 패배라고 할 수 있다.

내전이 공산군의 전략적 우세를 보이기 시작한 1947년 6월에 장개석은 "어떤 면을 놓고 말하더라도 우리가 압도적으로 우세하다. 군대의 장비, 전투기술, 경험이라는 점에서 보아도 공산군은 우리와 비교할 수 없다. 식량, 사료, 탄약 등의 군사적 공급과 보충이란 점에서도 우리는 공산군보다 10배나 풍부하다"고 말하였다. 1948년 1월에도 장개석은 "물자면에서는 우리가 좋은 장비와 우수한 무기를 갖고 있다. 승리를 위해 필요한 모든 조건을 우리가 갖추고 있다고 말할 수 있다"고 하면서도, 그런데 "왜 우리의 공산군 토벌작전은 계속 패배하고 실패하는가"고 묻고 있다.[20]

이 같은 의문에 대하여 장개석은 놀랍게도 공산당과 인민해방군에 비교하여 국민당과 국민혁명군, 그리고 국민당정부가 조직, 기율, 도덕성에서 뒤떨어진다는 점을 솔직히 인정하고 있었다. 장개석은 당과 정부, 군 모두가 혁명정신을 상실하고 타락하였으며, 부패하고 무능력한 인물들로 가득 차 있다고 종종 비난하면서, 패전의 책임은 바로 이 같은 당과 군과 정부의 부패, 무능력, 타락과 마비에 있다고 지적하였다. 따라서 장개석은 이 같은 당과 정부, 군대에 혁명적인 활력소를 불어넣

---

20) 로이드 이스트만 저, 민두기 역, 『장개석은 왜 패했는가』, 지식산업사, 1986, pp.233-234쪽.

기 위해서 삼민주의 청년단을 조직하기도 하였고, 부패한 간부의 숙청
작업을 전개하기도 하였으며, 또한 일종의 도덕재무장운동과 같은 정신
교육운동도 시도하였다.

그러나 이 같은 장개석의 노력에도 불구하고 왜 그와 같은 결함이 극
복되지 못하였는가를 장개석은 제대로 이해하지 못했다. 장개석은 국민
당과 정부와 군이 안고 있는 문제를 단순히 도덕적·개별적 차원에서만
이해하였고, 그 같은 부패와 무능력, 타락을 낳게 하는 제도적·구조적
이유에 대해서는 침묵하였다. 그는 국민당이 소수의 기득권을 옹호하려
는 보수적 세력을 대변하는 정치집단이 되었고, 그 자신을 포함하여 모
든 국민당 지도자들이 국민당 일당독재의 정치제도에 안주함으로써 국
민들의 지지를 획득하기 위한 개혁적 정책을 실천하지도 않았다는 점
을 이해하지 못했다. 사실 국민당정권의 패배는 개별적인 당과 정부의
간부, 군 장교들의 도덕적·조직적·행정적 결함에서 유래한다기보다는
다음에서 지적하는 바와 같은 국민당정권의 정치적·정책적 실패로 말
미암아 대다수 인민대중들의 정치적 지지를 상실함으로써 초래된 것이
라고 할 수 있다.

첫째, 항일전쟁이 종결된 이후 국민당정부는 민족적인 정통성의 경쟁
에서 공산당에게 패배하였다. 항일전쟁에서 승리한 이후 국민당정부는
앞에서 지적한 바와 같이 일본군이 점령했던 지역을 접수하는 과정에
서 공산당을 견제하기 위하여 패전한 일본군과 남경괴뢰정권의 관료,
군대 등의 협력을 요구하였고, 상당부분 이들 친일세력들을 국민당정부
의 행정기구와 군대조직에 수용하였다. 물론 소수의 친일세력에 대한
처형이 실시되기는 했지만, 친일세력에 대한 조직적인 청산운동은 전혀
실시하지 않았다.

더구나 국민당군과 국민당정부가 접수한 지역에서는 일본군과 친일
세력이 소유하고 있던 재산과 토지, 물자 등을 닥치는 대로 착복하고,
주요 산업시설이나 기업에 대해서는 일부 관료자본가들의 독점적인 지

배를 부여함으로써, 경제를 파탄에 이르게 하였고 부패를 만연시켰던 것이다. 이런 점에서 친일분자에 대한 철저한 청산운동을 전개한 해방 구지역과 국민당지역이 뚜렷하게 구별되었다.

둘째, 국민당정부는 평화와 민주화에 대한 국민들의 열망, 특히 대도시의 청년학생들과 지식인들의 평화운동, 민주화운동을 한 번도 제대로 이해하지 못했다. 국민당정부는 국민당 지역에서 전개되고 있었던 평화와 민주화운동을 소수의 공산주의자들이나 급진적인 지식인들의 선동에서 비롯되었다고 인식하고, 이들을 제거하면 이 같은 평화와 민주화운동은 통제할 수 있다고 믿었다.

따라서 내전이 폭발하면서 국민당정부는 테러와 암살 등과 같은 물리적이고 비합법적인 탄압행위를 자행하는가 하면, ‘사회질서 유지판법(社會秩序 維持辦法)’ 등을 제정하여 비판적인 정치세력을 억압하였다. 또한 국민당은 정치협상회의의 합의를 무시하고 국민당 일당지배를 유지하는 차원에서 헌정으로 이행한다는 명목적인 정치개혁을 단행하는 데 만족하였다. 이 같은 국민당정부의 개혁의지 결여, 그리고 파시스트적 통치양식은 많은 지식인들로 하여금 국민당지역을 탈출하여 공산당지역으로 가게 하거나, 또는 제3의 길에 대한 기대를 버리고 공산당이 제시하는 신민주주의혁명을 지지하게 하였다.

셋째, 장개석정부는 사회개혁을 추진할 의지도 능력도 없었다. 특히 중국 농촌사회의 초미의 관심사였던 토지문제에 대하여 장개석정권은 거의 그 중요성과 심각성을 제대로 이해하지 못했을 뿐만 아니라, 오히려 반동적인 정책을 견지함으로써 광범위한 농민들의 불신과 이탈을 조장했다고 해도 과언이 아니다.

그렇다고 해서 모든 국민당정부의 지도자들이 토지문제의 중요성을 인식하지 않았던 것은 아니다. 일찍이 손문은 토지소유의 균등화(平均地權)와 경자유기전(耕者有其田)의 원칙을 민생주의의 근본으로 제기하였고, 이 같은 손문의 주장에 입각하여 국민당정부는 1930년에 ‘토지법'을 제정하였다. 이것은 나중에 중국공산당이 신민주주의시기에 거의 그대로 수용하여 실천할 만큼 진보적인 것이었다.

그러나 국민당은 '토지법'을 제정하기만 했을 뿐 그것을 실행하지 않았다. 1945년 5월 국민당 제6차 전당대회에서 일부 젊은 개혁파들이 경자유기전의 원칙과 지주제의 종식에 대한 당의 입장을 결의문에 반영시키는 데 성공했지만 결국 사문화되고 말았다. 또한 정부는 종전 직후 모든 소작료를 23% 이하로 인하할 것을 지시했지만 제대로 실천되지 않았다. 오히려 1947년 3월 국민당 중앙집행위원회는 당내 보수파의 견해에 밀려 토지의 재분배를 규정한 당의 정강을 수정하였다. 1948년에 들어와 공산당의 전면적인 공세에 봉착해서야 국민당의 지도자들은 토지문제의 심각성을 표면적으로 인정한 것처럼 보였다. 1948년 9월에 입법원 위원들을 중심으로 소작제의 폐지와 경자유기전을 실시하는 내용의 법안을 제안하면서, 토지문제는 "모든 불행의 근원이 되었고 국가존망의 열쇠"가 되었다고 주장하였다. 그러나 이와 같은 법안은 국민당내에서 격렬한 논쟁만을 불러일으켰을 뿐이었다. 국민당정부는 이미 붕괴하고 있는데, 국민당정부의 입법원은 아직도 그 같은 법안을 통과시키지도 못했다.[21]

지주제를 폐지하거나 소작료의 인하운동과 같은 농촌사회의 개혁안이 국민당 내부에서 격렬한 논쟁과 반대를 불러일으키고, 따라서 대부분의 개혁안이 폐기되거나 또는 사문화되었던 것은 국민당의 구성을 고려할 때 당연한 현상인지도 모른다. 국민당의 주요 정치세력들은 직접, 또는 간접으로 농촌사회의 기득권층이었기 때문이다. 사실 국민당이 지배하는 지역에서는 지주계급들이 중심이 되어 농민들의 토지개혁 요구를 억압하였고, 국민당은 그와 같은 지주계급을 공산당과의 대결과정에서 가장 신뢰하는 계급적 기반으로 인식하였다. 따라서 국민당정부가 농민들의 지지를 상실하게 된 것은 조금도 놀라운 사실이 아니다.

---

21) 토지문제에 대한 국민당정부의 정책에 대해서는 같은 책, 104-111쪽 참조.

<표 11> 국민정부의 재정수지 현황(1937~1948)

연도	지출	수입	적자
1937	1,992	1,393	560
1938	2,215	723	1,492
1939	2,797	740	2,057
1940	5,288	1,325	3,963
1941	10,003	1,310	8,693
1942	24,551	5,630	18,881
1943	58,816	20,403	38,413
1944	171,689	38,503	133,186
1945	2,348,085	1,241,389	1,106,698
1946	7,574,790	2,876,988	29,329,512
1947	43,393,895	14,064,383	29,329,512
1948 (1월~6월)	655,471,087	220,905,475	434,565,612

출처: 中嶋嶺雄 編, 『現代中國史』, 有斐閣, 1990, p.194.

넷째, 국민당정부의 경제적 혼란과 무질서, 그리고 내전이 진전되면서 천문학적인 수준으로 악화된 인플레가 국민당정부의 붕괴를 재촉했다고 할 수 있다. 특히 국민당이 지배하는 대도시 지역에서의 인플레는 살인적이라고 할 만큼 기록적인 것이었다. 물론 이 같은 악성 인플레의 원인은 과중한 군사비의 지출과 그에 따른 엄청난 국가 재정예산의 적자를 화폐발행으로 미봉하려는 데에서 비롯된 것이었다. <표 11>에서 보여주는 것처럼 국민당정부의 재정적자는 중일전쟁이 발발한 1937년 이후 만성적인 현상이 되었다. 그러나 1945년 이후 재정적자는 급속도로 악화되기 시작하였고, 그 결과 상해와 같은 대도시에서 법폐의 가치는 1945년 9월을 기준으로 할 때 1948년 8월에 1만 4천 배 이상으로 평가절하되었다.

<표 12>가 보여주는 것과 같은 초인플레는 국민당 지배지역의 경제를 완전히 마비시켰을 뿐만 아니라, 국민당정부에 대한 국민들의 불

<표 12> 상해 도매물가 지수(1945년 9월~1948년 8월)

1945. 9	1946. 1	1946. 6	1947. 1	1947. 6	1948. 1	1948. 4	1948. 8
100	269	1,070	1,990	8,673	36,939	99,117	1,368,049

출처: 로이드 이스트만 저, 민두기 역, 『장개석은 왜 패했는가』, 지식산업사, 1986, pp.203~204쪽으로 축약한 것임.

만과 절망감을 극도로 증폭시킴으로써 국민당정부가 스스로 붕괴되는 직접적인 원인이 되었다고 하겠다. 물론 국민당정부도 이 같은 망국적인 인플레를 억제하고 경제회복을 달성하기 위하여 1948년에 일련의 통화개혁을 시도하였지만, 오히려 그것이 실패함으로써 재정파탄을 가속화시키게 되었다. 사실 국민당정부가 1948년 8월에 강권적인 수단을 동원하여 통화개혁을 단행하려고 했을 때에는 이미 경제는 거의 회복 불능의 상태로 악화되었고, 정치적으로나 군사적으로 국민당정부의 몰락은 예견된 상태였다.[22]

사실 1948년 10월 당시 미국무장관이었던 마셜장군은 "현재의 사태는 미국이 아무리 많은 군사, 경제원조를 제공한다 하더라고 현 국민당정권으로 하여금 다시 중국 전역에 대한 통치력을 확립하거나 유지하게 할 수 없다"고 인정하였다. 또한 당시 미국대사관의 보고에 의하면 중국의 고위관리들 중에서 "중국국민의 99%가 정부에 반대하고 있다"고까지 말하기도 하고, "정부가 스스로 퇴진하지 않으면, 곧 국민들이 정부를 축출시킬 것"이라고 말할 만큼, 국민당정권은 이미 붕괴되고 있었다.[23]

이처럼 국민당정부가 안으로부터 해체되고 있을 때, 공산군의 전면적인 군사적 공세가 전개되었다. 1948년 9월에 개시하여 1949년 1월까지 계속된 이른바 '3대전역(戰役)'은 실질적으로 해방전쟁의 승패를 결정

---

22) 국민당정권에 의한 통화개혁에 대해서는 로이드 이스트만 저, 민두기 역, 같은 책, 201-231쪽 참조.

23) *The China White Paper*, pp.281-282.

지었다. '3대전역'의 첫 포문을 열은 '요심(遼瀋)전역'은 1948년 9월 7일 모택동의 작전지시에 따라 임표와 나영환(羅榮桓)이 이끄는 동북야전군이 장춘, 심양 등 동북지방(만주)의 주요 도시를 공격, 점령한 것이었으며, 이와 병행하여 진의가 이끄는 화동야전군이 산동성에서 국민당의 최후보루였던 제남(濟南)을 공략, 해방시켰다. 1948년 11월 7일에는 유백승, 등소평이 지휘하는 중원(中原)야전군이 진의의 화동야전군과 함께 이른바 '회해(淮海)전역'을 개시하여 약 100만의 병력을 동원, 서주(徐州)를 점령하였다. 그리고 1948년 12월부터 개시한 '평진(平津)전역'에서 동북야전군과 화북야전군은 1948년 12월 24일에 장가구(張家口)를 점령하였고, 다음해 1월 4일에는 천진을, 그리고 1949년 1월 31일에는 북경을 각각 점령하였다.

이와 같이 국민당군이 동북지방과 화북지방에서 일거에 분쇄되자 장개석은 1949년 1월 1일에 국민당정부의 총통직을 사임하고, 총통대리로 선임된 이종인(李宗仁)이 화평교섭을 제안하였다. 따라서 국공화평교섭이 1949년 4월 1일부터 시작되었지만, 중국공산당은 국민당의 실질적인 항복을 요구하는 '국공화평협정 8개조'를 제시함으로써 화평교섭의 조속한 결렬을 유도하였다.24)

따라서 국민당이 이를 거부한 4월 20일, 인민해방군은 역사적인 양자강 도하작전을 감행하여 국민당정부의 심장부인 남경과 상해로 진격하였다. 4월 24일 국민당정부의 수도인 남경이 함락되고, 5월 27일에는 중국의 최대도시인 상해가 점령되었다. 공산군은 그 후 남하를 계속하여 1949년 12월에는 대만을 제외한 중국 전지역을 '해방'시키는 데 성공하였다. 장개석은 12월 10일 50만의 국민당군을 이끌고 대만으로 도

---

24) 중국공산당이 제안한 8개조란 장개석을 비롯한 주요 전범의 처단, 국민당 헌법과 정부의 폐지, 공산군의 체제하에 모든 국민당군의 개편, 관료자본의 몰수, 토지개혁, 불평등조약의 폐기 등이었다. 이것은 사실상 국민당의 무조건항복을 요구한 것이었다.

피하였고, 모택동은 1949년 10월 1일 북경 천안문광장에 모인 30만의 군중 앞에서 중화인민공화국의 성립을 선포하였다. 이로써 아편전쟁 이후 근 100여 년간 전개되었던 중국혁명은 공산당의 승리로 일단 대단원의 막을 내리게 되었다.

제10장
보론: 중국공산당은 왜 승리했는가

1921년 7월에 불과 57명의 당원을 기초로 하여 창당된 중국공산당이 불과 28년 만에 중국 천하를 제패하고 세계에서 가장 인구가 많은 농업국가에서 사회주의국가의 건설을 추진하게 되리라고는 아무도 예상하지 못했다. 따라서 1949년 중국공산당이 대만을 제외한 중국 전역을 장악하고 마침내 중화인민공화국의 성립을 내외에 선포한 이후 중국공산당이 승리할 수 있었던 요인과 배경에 대한 학계의 논쟁은 끊임없이 제기되었다.

이러한 논쟁에서 핵심적인 문제는 두말할 것도 없이 중국공산당이 왜, 그리고 어떻게 광범위한 대중의 지지를 창출, 조직, 동원하는 데 성공했는가에 있다고 하겠다. 이와 관련하여 서구 학계에서는 ① 찰머스 존슨의 '농민민족주의론' ② 마크 셀던의 사회혁명론, 그리고 ③ 김일평과 가타오까의 대중노선과 홍군의 역할론 등을 제시하면서, 중국공산당의 혁명전략과 전술에 대하여, 그리고 한 걸음 더 나아가 중국공산당이 주도한 중국혁명의 성격에 대해서도 상이한 평가와 해석을 내리고

있다. 따라서 이 같은 논쟁을 촉발한 찰머스 존슨의 이른바 '농민민족
주의론'을 좀더 상세히 검토하고, 그에 대한 반론을 분석함으로써 중국
공산당의 승리가 함의하는 것이 무엇인가를 정리할 필요가 있다고 하
겠다.

1962년에 박사학위논문을 수정, 보완하여 출판한 찰머스 존슨의 『농
민민족주의와 공산주의(*Peasant Nationalism and Communist Power: The
Emergence of Revolutionary China 1937-1945*)』는 부제가 시사하고 있는
것처럼 중일전쟁시기(1937 ~ 1945)에 급속하게 성장한 중국공산당에 초
점을 맞추고 있다. 이 책에서 찰머스 존슨은 대체로 다음과 같이 중국
공산당이 성공할 수 있었던 배경과 요인을 설명하였다.

> 첫째, 중국공산당은 중일전쟁시기에 비로소 농촌사회에서 광범위한 농민들
> 의 대중적 지지를 획득하는 데 성공하였고, 그것이 중국혁명과정에서 중국공
> 산당의 승리를 담보하였다. 강서시대와 그 이전에도 중국공산당이 농촌사회에
> 서 농민들의 지지를 받지 못했던 것은 아니지만, 연안시대 이전의 중국공산당
> 의 정책과 노선은 대체로 실패하였다.
> 둘째, 중일전쟁은 다른 어떤 요인보다도 중국공산당의 성장을 설명하는 데
> 중요한 배경적 요인이다. 전쟁으로 말미암아 농민들의 전통적이고 보수적인
> 생활양식, 사고양식, 행동양식이 파괴됨으로써 농민들의 '동원화'가 가능해졌
> 기 때문이다. 다시 말해서 전쟁이란 충격, 특히 일본군의 잔악한 소탕작전은
> 농민들로 하여금 과거와 같은 촌락중심의 세계, 종법사회에 종속된 행동규범
> 에서 벗어나 민족국가를 의식할 수 있게 하였고, 중국공산당이 제시하는 민족
> 주의적 연대감에 호응하게 하였다.
> 셋째, 중일전쟁은 광대한 농촌지역에서 힘의 공백지대를 만들어냈던 것이
> 다. 특히 국민당정부가 퇴각한 지역에서 중국공산당과 홍군은 일본군에 대항
> 할 수 있는 거의 유일한 저항세력이었기 때문에 이 같은 지역에서 중국공산당
> 의 영향력은 농민들의 대중민족주의에 힘입어 급속하게 성장할 수 있었던 것
> 이다.

이와 같은 찰머스 존슨의 주장은 중국혁명과 중국공산당에 대한 다

양한 논쟁을 촉발시켰다. 우선 찰머스 존슨이 가정하고 있는 것처럼 강서시대는 실패했는가 하는 의문이 제기된다. 이 같은 의문은 무엇보다도 '성공'과 '실패'를 어떻게 규정하고, 무엇을 근거로 판단하느냐라는 문제와 더불어, 중국공산당사에서 연안시대와 강서시대, 그리고 국민혁명시대를 각각 어떻게 평가하느냐는 문제로 요약될 수 있다. 이에 대하여 찰머스 존슨은 수량적인 기준과 공산당 지도부의 평가를 근거로 강서시대의 '실패'와 연안시대의 '성공'을 가름할 수 있다고 주장하였다.[1]

즉 강서시대에는 공산당이 지배하는 지역에 거주하는 주민들이 기껏해야 9백만이었던 데 비하여, 연안시대에는 1945년 4월에 모택동이 발표한 것에 의하면 9천 9백 50만 명이었다는 사실로 미루어볼 때, 연안시대에 와서 공산당이 비로소 광범위한 대중적 지지를 확보했다고 할 수 있다는 것이다. 이와 동시에 찰머스 존슨은 모택동을 비롯하여 중국공산당의 지도자들도 강서시대의 '실패'를 공언하고 있다고 지적하였다. 따라서 찰머스 존슨은 다음과 같은 강서시대에 대한 진백달(陳伯達)의 평가를 인용하였다.[2]

> 1931년 1월부터 1935년 1월까지 지배하던 제3차 '좌경적' 기회주의노선의 결과……당조직과 홍군, 그리고 근거지의 90%가 상실되었고……중국혁명의 발전이 지체되었다.

그러나 모택동이 당의 지도권을 장악한 이후 강서시대와 그 이전의 시기에 대한 '당파적'인 평가를 내리고 있다는 점을 유의한다면, 강서시대의 '실패'에 대한 진백달의 평가를 액면 그대로 받아들이는 것은 문제가 있다. 사실 강서시대와 그 이전에 있었던 제1차 국공합작시대는, 비록 모두가 국민당의 '배반'과 군사적 공격으로 좌절되었기 때문에 실

---

1) Chalmers Johnson, "Peasant Nationalism Revisited: The Biography of a Book," in *The China Qurterly*, no.72, December 1977, pp.766-785.
2) 앞의 글, 770쪽에서 재인용.

<표 13> 중국공산당, 공청단, 홍군의 세력변화(1921~1950)

시기	공산당원	공청단원	홍군
1921(1차대회)	57	-	0
1922(2차대회)	123	-	0
1923(3차대회)	420	-	0
1925(4차대회)	950	-	0
1925(11월)	10,000	-	0
1926(7월)	30,000	-	0
1927(5차대회)	57,697	50,000	0
1927(상해사건 후)	10,000	-	0
1928(6차대회)	40,000	-	10,000 미만
1930	122,318	75,000	66,000
1934(장전이전)	300,000	-	350,000
1936	30,000	-	50,000
1937(중일전쟁 전)	40,000	20,000	92,000
1940	800,000	-	500,000
1941	763,447	-	440,000
1942	736,151	-	450,000
1943	790,000	1,193,000	469,392
1944	853,420	-	779,743
1945(7차대회)	1,211,128	1,500,000	910,000
1946	1,348,388	-	-
1947	2,759,456	-	-
1948	3,065,533	-	-
1949(10월)	4,488,080	-	-
1950	5,821,604	3,000,000	5,000,000

출처: 서진영, 「중국공산당의 조직과 구성변화, 1921-1987」, ≪아시아연구≫, 31권 2호, 고려대학교 아세아문제연구소, 1988, pp.90-91.

패했다고도 할 수 있지만, 이들 두 시기에도 공산당의 세력은 괄목할 만한 성장을 보여주었다. <표 13>을 보더라도 강서시대에 공산당과 홍군은 결코 실패했다고만 할 수 없을 만큼 빠른 속도로 증원되었다.

사실 제1차 국공합작시기에도 중국공산당은 빠르게 성장하였다. 극소수의 급진적 지식인집단에서 극히 제한된 범위이기는 하지만 노동운동과 농민운동부문에서 대중적 지지를 받아 대중적 혁명단체로 급격하게 성장하였다. 다시 말해서 57명으로 창당된 중국공산당이 1927년 장개석의 상해쿠데타가 발생하기 직전에는 약 5만 7천여 명의 당원을 가진 혁명세력으로 성장했던 것이다. 또한 중국공산당은 국공합작이 붕괴되면서 괴멸적 타격을 받았지만, 강서시대(1931~1934)에 최고 30만의 당원과 35만의 홍군을 가진 무시할 수 없는 정치세력으로 부상하였다. 물론 제1차 국공합작시기와 강서시대에 중국공산당은 지역적으로 지극히 제한된 범위에서만 그 영향력을 행사할 수 있었던 것은 사실이다.

다시 말해서 1920년대에는 국민당정부의 영향력이 미치는 양자강 이남의 중국 대도시지역이 중국공산당의 주요 활동공간이었으며, 강서시대의 경우에는 강서성을 비롯한 남부중국의 일부 농촌지역이 공산당과 홍군의 주요 활동무대였다는 것이다. 이에 비하여 연안시대에 와서는 중국공산당과 홍군의 활동범위가 화북지방을 중심으로 거의 중국 전역에 확산되었고, 정치적으로도 국민당에 버금가는 전국적 규모의 정치세력으로 발전하게 되었다. 이런 점에서 연안시대는 강서시대와 구별된다고 할 수 있다.

그러나 이 같은 연안시대의 '발전과 성장'은 강서시대와 단절된 것이 아니라는 점을 지적할 필요가 있다. 이를테면 연안시대의 '성공'을 특징짓는 항일민족통일전선전략이라든가, 대중노선, 그리고 농촌을 중심으로 홍군과 혁명근거지를 구축하고 점차 도시를 포위하는 농촌혁명전략의 구상 등은 모두 강서시대와 국민혁명시대의 경험을 발전적으로 종합한 것이라고 인식할 필요가 있으며, 또 그렇게 인식해야 할 충분한 근거가 있는 것이다.

사실 제1차 국공합작시기에 중국공산당은 계급연합의 원칙에 입각하여 도시지역에서 반제반봉건투쟁을 전개함으로써 지식인과 도시지역의 노동자들을 동원하는 데 '성공'했지만, 국민당의 '배반'을 대비하지 못했다는 점에서 '실패'했다고 할 수 있으며, 강서시대는 토지혁명노선을 추구하여 농촌사회에서 빈농과 고농의 지지를 확보하는 데 성공했지만, 급진적인 '반자산계급투쟁'이 농촌사회와 도시지역에서 공산당 지지세력의 고립화를 자초했다는 점에서 '실패'했다고 할 수 있다. 그러나 연안시대에 이르러서는 이 같은 각 시기의 '성공'과 '실패'를 종합하여 이른바 신민주주의혁명을 실천함으로써 과거와 같은 '실패'를 반복하지 않고 '성공'할 수 있었던 것이다. 이런 점에서 연안시대는 그 이전의 시대와 단절되는 전혀 새로운 시대로 인식할 것이 아니라, 중국공산당 창당 이후 연안시대까지를 하나의 시행착오와 모색의 '과정'으로 인식해야 하는 것이다.

찰머스 존슨이 '강서시대의 실패'와 '연안시대의 성공'을 대비적으로 설정한 주요한 이유는— 이것이 중국혁명에 대한 논쟁의 핵심이라고 할 수 있는데— 강서시대에 중국공산당의 계급혁명노선이 농민들의 지지를 창출하는 데 실패한 것에 비하여, 연안시대에는 중국공산당이 농민민족주의를 강조했기 때문에 성공했다는 점을 드러내기 위한 것이었다. 과연 중국의 농민들이 찰머스 존슨이 주장한 것처럼 중국공산당의 급진적인 토지혁명노선보다도 민족주의적인 호소에 더 적극적으로 호응했는가라는 문제를 검토해보기 전에 찰머스 존슨의 농민민족주의론에 깔려 있는 몇 가지 이론적인 문제, 또는 가정을 살펴볼 필요가 있다.

찰머스 존슨은 우선 전통적인 농민사회는 기본적으로 정치에 무관심할 뿐만 아니라 변화에 대해서도 보수적인 성격을 가지고 있다고 전제하고 있다. 대체로 종법적인 사회조직의 틀에 얽매어 있고, 촌락단위로 분절화되어 있으며 전통과 관습의 지배를 받고 있기 때문에 농민들은 외부세력에 대하여 지극히 경계심을 가지고 있으며, 민족이나 계급과 같은 개념에 입각한 외부세력의 호소에 대하여 무관심하거나 소극적으로 반응한다는 것이다. 따라서 이 같은 보수적이고 촌락 중심적인 사고와 행동양식에 변화가 없는 한, 중국공산당이 아무리 농민들의 경제적·계급적 이익에 호소하더라도 농민들의 자발적인 지지를 획득할 수 없다는 것이다.

여기서 찰머스 존슨은 또 하나의 가설을 추가하고 있다. 즉 경제적인 요인만으로 대규모의 농민반란이나 혁명운동을 설명할 수 없다는 것이다. 태평천국의 혁명운동이나 연안시대에 형성된 중국공산당과 농민들의 결합과 같은 현상은 농촌경제의 피폐화 같은 경제적인 요인으로만 설명할 수 없다는 것이다. 물론 찰머스 존슨도 급격한 경제적 붕괴와 같은 충격이 있을 경우는 농민들의 반응이 다를 수 있다는 점을 인정하고 있다. 그러나 농촌사회에 일상적으로 존재하는 궁핍화의 조건만으로는 농민들이 왜 대규모의 농민봉기나 혁명운동에 가담하는지 설명할 수 없다는 것이다. 그에게 경제적 요인은 혁명과 변혁운동의 필요조건은 될 수 있을지 모르지만, 충분조건은 아니라고 인식되고 있다. 따라서 그는 중국의 농민들이 항상 빈곤과 착취에 시달려왔지만, 그것 때문에 농민들이 반란과 혁명운동에 자발적으로 참여하는 것은 아니라고 주장한다. 그 같은 경제적 조건은 중국의 농촌사회에서 고정적인 변수였기 때문에 왜 광범위한 농민들이 중일전쟁 이후에야 중국공산당을 지지하게 되었는지를 설명해주지 못한다는 것이다.

따라서 찰머스 존슨에게 중일전쟁은 결정적인 변수로 인식되었다. 전쟁은 전통적이고 촌락 중심적인 농민들의 생활환경, 행동양식, 사고방식의 틀을 파괴하였고, 농민들을 '해방'시켰기 때문이다. 전쟁은 기존의 촌락단위의 권위구조와 조직구조를 붕괴시켰고, 기존의 종법사회적 연대감을 파괴시켰으며, 촌락사회를 훨씬 넘어서 존재하는 더 큰 세계를 볼 수 있게 했다는 것이다. 한마디로 말하여 전쟁은 농민들의 '소우주'를 파괴함으로써, 이른바 '사회적 동원화(social mobilization)'를 가능하게 했다는 것이다.

칼 도이치(Karl Deutsch)에게 '사회적 동원화'란 도시화와 산업화와 같은 급격한 근대화가 진행되면서 촌락적이고 지방적인 공동체에서 벗어나 점차 민족공동체로 발전되어가는 과정을 설명하기 위한 개념이었다.[3] 그러나 찰머스 존슨에게는 중일전쟁이 바로 중국 농민들로 하여금 전통적인 촌락공동체의 속박에서 벗어나 민족공동체를 인식할 수 있게 한 것이었다.

일본군의 침략과 잔인한 점령정책은 중국의 농민들로 하여금 더 이상 전통적인 촌락공동체에 안주할 수 없게 하였고, 민족국가에 대하여 인식할 수 있는 계기를 마련해주었다는 것이다. 그런데 일본군의 진격과 함께 국민당정부와 전통적인 엘리트집단들이 모두 철수해버렸기 때문에 농민들의 민족적 저항요구를 충족시켜줄 수 있는 세력은 일본군의 배후지역에서 활동하던 중국공산당과 홍군뿐이었다. 따라서 농민들은 자연스럽게 항일전쟁을 수행하는 중국공산당과 홍군을 정통적인 중국민족의 수호자로 인식하고, 그들을 지지하게 되었다. 이 같은 농민들의 민족의식에 부응하여 중국공산당도 계급투쟁노선 대신에 민족적 단결과 항일민족통일전선을 강조함으로써 연안시대에 농민민족주의와 공산주의의 결합에 성공했다는 것이다.

이상에서 다소 장황하게 찰머스 존슨의 농민민족주의론을 소개한 이유는 그것이 중국공산당이 농민들의 자발적인 지지를 획득하게 된 배경과 원인에 대한 논쟁을 촉발한 도화선이 되었기 때문이기도 하지만, 또 한편 중국공산당의 승리가 무엇을 함의하는가를 생각하게 해주기 때문이다. 사실 존슨의 농민민족주의론은 중국혁명을 계급혁명적 관점에서 이해하고 있는 학자들로부터 즉각적인 비판을 받았다. 길린(Donald Gillin)은 1964년에 장문의 논문을 발표하고, 중국공산당의 대중적 지지기반이 농민민족주의로부터 나오는 것이 아니라 공산당의 사회경제적

---

3) 칼 도이치의 '사회적 동원화'에 대해서는 Karl Deutsch, "Social Mobilization and Political Development," in *American Political Science Review*, vol.LV, no.3, 1961 참조.

개혁, 특히 토지혁명의 실천으로부터 유래한다고 주장하였다. 길린은
1935년에서 1939년까지 산서성에서 중국공산당의 활동을 분석함으로써
중국혁명의 사회경제적 성격을 부각하려고 하였다.[4]

　길린이 제시한 산서성에서 중국공산당의 활동은 시기적으로나 지역
적으로 찰머스 존슨의 주요 관심지역이나 시기와 대비되는 것이었다.
찰머스 존슨은 시기적으로 1937년 중일전쟁 이후, 특히 일본군의 잔혹
한 소탕작전이 전개되었던 1940년대 초에 일본군의 점령지역이나 작전
지역에서 중국공산당에 대한 농민들의 지지가 왜 급속하게 확대되었는
가에 관심의 초점을 두었다. 이것은 농민민족주의론의 이론적 가설을
고려할 때 당연한 것이었다. 즉 전쟁의 충격으로 기존의 촌락공동체의
파괴, 농민들의 사회적 동원화의 증가, 공산당의 저항운동, 공산주의와
민족주의의 융합이란 논리를 증명하기 위해서 찰머스 존슨은 1940년대
초 일본군의 점령지역 배후에서 공산당의 영향력이 급속히 확대되었고,
그렇지 않았던 시기와 장소에서 공산당과 농민들의 결합은 성공하지
않았다고 주장하였다. 이와 같은 관점에서 강서시대의 실패와 연안시대
의 성공을 대비적으로 제시했던 것이다.

　그러나 길린은 중일전쟁이 폭발하기 전인 1935년에, 그리고 중일전
쟁의 본격적인 무대가 아니었던 산서성에서 이미 농민대중은 중국공산
당의 토지혁명에 대하여 적극적으로 호응하였다고 주장하고 있는 것이
다. 길린에 의하면 중일전쟁이 발발하고 항일민족통일전선이 성립됨으
로써 공산당의 급진적인 토지혁명노선이 좀더 온건한 감조감식운동으
로 전환되기 이전에 이미 중국공산당의 계급혁명에 대하여 산서성의
농민들의 지지는 확산되었다는 것이다. 항일민족통일전선이 결성된 이

---

　4) Donald G. Gillin, "'Peasant Nationalism' in the History of Chinese
　　 Communism; a Review of Chalmers A. Johnson's Peasant Nationalism and
　　 Communist Power," in *The Journal of Asian Studies*, no.23, February 1964,
　　 pp.269-289.

후에도 공산당과 홍군은 한편으로는 통일전선전략에 입각하여 일부 애국적인 지방엘리트들을 흡수하였지만, 또 한편으로는 항일전쟁의 수행이란 명분에 입각하여 기존의 질서를 유지하려는 보수적인 지방엘리트들의 반발을 중화시키거나 무력화함으로써, 농촌사회에 대한 사회경제적 변혁을 추진할 수 있었고, 그것이 중국공산당의 대중적 지지를 창출했다고 주장하였다.

길린에 의하면 농민들의 입장에서 볼 때 일본과의 전쟁은 그들이 익히 보아왔던 군벌들 간의 전쟁과 별로 다름이 없었고, 따라서 그들이 항상 그러했듯이 일본과의 전쟁에 대해서도 본능적으로 간여하려고 하지 않았다는 것이다. 이런 점에서 길린은 전쟁이 농민민족주의를 폭발하게 했다는 찰머스 존슨의 주장은 잘못된 것이고, 농민들의 그 같은 정치적 무관심을 깨뜨린 것은 전쟁이 아니라 공산당의 사회경제적 개혁정책이라고 역설하였다. 이와 같은 길린의 주장은 찰머스 존슨이 부차적인 요인이라고 생각했던 경제적 동인의 중요성을 강조했다는 점에서 의미가 있지만, 그는 농민들이 어떤 과정을 거쳐서 중국공산당의 사회경제적 개혁노선을 지지하게 되었는지를 치밀하게 분석하지 않았기 때문에, 찰머스 존슨에 의하여 세속적인 맑스주의적 견해라는 비판을 받았다. 또한 길린은 여전히 찰머스 존슨과 마찬가지로 경제적 동인과 정치적 동인을 별개로 보거나 대립적으로 파악함으로써 연안시대의 성공을 충분히 설명하지 못하고 있다는 결함을 드러내었다.

이 같은 문제점은 택스턴(Ralph Thaxton), 페리(Elizabeth Perry), 셀던(Mark Selden) 등에 의하여 보다 구체적이고 치밀하게 분석되었다. 이들은 모두 농촌사회와 농민들의 동기구조의 복잡성을 잘 인식하고 있었다. 다시 말해서 농촌사회를 단순한 계급적 갈등구조로 파악할 수 없다는 점, 그리고 농민들이 객관적인 계급이익에 따라서 행동하지 않는다는 점을 잘 인식하고 있었던 것이다. 이들은 중국의 농촌사회에서 극심한 계급적 불평등과 착취구조가 객관적으로 존재하고 있다는 것을

발견할 수 있지만, 이 같은 계급적 관계는 농촌사회를 지배하는 종법사
회적 관계망에 의하여 왜곡, 억압, 대치되어 있으며, 농민들도 객관적으
로 파악되는 계급적 이해관계에 입각하여 자신들의 이익을 파악하고
있지 않다고 지적하였다. 따라서 외부세력인 중국공산당이 아무리 농민
들의 계급적 이익을 강조하고, 농민들을 위한 사회경제개혁을 약속하더
라도 그것을 자신들의 이익보호라는 차원에서 인식하지 않는 한 소극
적으로 반응한다는 것이다. 다시 말해서 중국공산당의 단순한 경제적·
계급적 이익에 대한 호소는 농민들이 생각하는 주관적인 사회적 정의
와 이익과 부합하지 않으면 농민들로부터 적극적인 지지를 받을 수 없
다는 것이다.

이와 같은 관점에서 택스턴과 페리는 중국공산당의 주요 거점지역이
었던 화북지방의 농촌사회를 분석의 대상으로 삼았고, 이들 농촌사회에
서 혁명적 농민운동이 대두하는 배경과 과정을 상세하게 분석하였다.
이를테면, 택스턴은 1911년에서 1949년 사이에 화북지방의 농촌사회에
서 신해혁명, 국민당정권의 등장, 자본주의 세계경제로의 편입, 그리고
중일전쟁 등으로 전통적인 농촌사회의 질서가 무너지면서 농민들의 생
존과 안전이 위협받게 되면서, 차츰 농민들이 새로운 차원에서 자신들
의 생존과 안전을 추구하게 되었다고 주장하고 있다.

그러나 이 같은 농촌사회의 변화가 곧 중국공산당이 추구하는 계급혁
명에 대한 농민들의 지지로 연결되는 것은 아니다. 중국공산당의 사회경
제적 개혁안이 농민들이 생각하고 추구하고 있는 생존을 보장하는 최소
한의 사회적 정의를 구체적으로 보장해준다는 확신을 줄 때에야 비로소
농민들은 중국공산당을 지지하게 되었다는 것이다. 따라서 계급혁명보
다는 농민들의 경제적·사회적 부담을 경감해주는 감조감식정책, 그리고
농촌경제의 부활을 촉진할 수 있는 구체적인 생산증가운동, 그리고 농촌
사회에 대한 안전보장 등을 제공할 수 있는 여러 가지 사회적·정치적
장치들이 농촌사회에서 공산당의 지지를 확대하게 하는 중요한 기반이

되었다는 것이다. 이처럼 중국공산당의 구체적인 사회경제적 정책이 농민들이 생각하는 이익과 부합할 때, 비로소 농민들은 항일운동에 적극적으로 호응하기 시작했다고 주장하였다.[5]

페리도 1845년부터 1945년의 화북지방을 중심으로 농촌사회 환경의 변화와 그에 대한 농민들의 대응이란 차원에서 농민봉기와 혁명운동이 발생하는 역동적이고 복잡한 과정을 설명하면서, 공산당운동이 성공할 수 있었던 것은 농민들의 생존과 안정을 보장해주는 기능을 수행했기 때문이라고 지적하였다. 다시 말해서 중국공산당이 농민들이 당면하고 있었던 문제에 대한 해결능력, 즉 세금과 소작료의 인하, 촌락경제의 발전 등과 같이 구체적인 농민들의 이익을 보호하고 신장할 수 있는 능력을 보여주었기 때문에 농민들의 지지를 받았다는 것이다.[6] 물론 공산당은 과거의 농민봉기를 주도했던 비밀결사와는 달리 농민들의 집단행위를 새로운 이데올로기와 행동규범, 그리고 조직으로 재구성함으로써 농민들의 지지를 혁명운동의 차원으로 발전시키려고 했다는 점에서 기존의 농촌사회에 근거를 둔 조직이나 집단운동과 다른 성격을 가지고 있었다는 것은 재언할 필요도 없다고 하겠다.

택스턴이나 페리의 연구가 시사해주고 있는 것은 중국공산당이 농민들의 지지를 받게 된 데에는 사회경제적 요인이 중요하게 작용한 것이 사실이지만, 그것이 곧 중국공산당의 계급혁명론에 대하여 농민들이 일방적으로 지지했다는 것을 의미하는 것이 아니라는 점이다. 오히려 중국공산당의 계급혁명론이 농민들의 정서와 생활조건에 맞게 구체적인

---

5) 이 같은 택스턴의 견해에 대해서는 Ralph Thaxton, "On Peasant Revolution and National Resistence: Toward a Theory of Peasant Mobilization and Revolutionary War with Special Reference to Modern China," in *World Politics*, 30: 1, October 1977, pp.24-57; *China Turned Rightside Up: Revolutionary Legitimacy in the Peasant World*, New Haven: Yale University Press, 1983 참조.
6) Elizabeth J. Perry, *Rebels and Revolutionaries in North China 1845-1945*, Stanford: Stanford University Press, 1980 참조.

농촌사회의 사회경제적 개혁과 발전정책으로 조정되고, 또 그것을 실천했을 때, 비로소 농민들은 공산당을 지지했다는 것이다. 이런 점에서 마크 셀던의 연안시대에 대한 연구는 대단히 의미 있다고 하겠다.

마크 셀던은 이미 앞에서 설명한 것처럼 연안시대에 중국공산당의 중앙정부가 위치하고 있었던 섬감령 변구지역을 중심으로 중국공산당이 어떻게 농민대중들의 지지를 창출, 조직, 동원하였는가를 심층 분석하였다. 페리나 택스턴이 농민들의 입장에서 그들이 왜 중국공산당을 지지했는가에 탐구했다면, 셀던은 중국공산당의 입장에서 어떻게 농민들의 지지를 창출, 조직, 동원했는가를 분석했기 때문에 앞의 두 사람의 연구와 보완적인 관계에 있다고도 할 수 있다. 그러나 셀던은 중국공산당이 연안시대에 실시했던 사회경제적 개혁과 경제정책뿐만 아니라 각종 정치적·이데올로기적·사회적 대중운동을 분석함으로써, 중국공산당에 대한 대중적 지지가 단순히 농민대중들의 경제적 이익만을 충족시켜주었기 때문에 얻어진 것이 아니라, 농촌사회의 정치적 질서를 개편하여 대중들의 정치적·사회적 참여기회를 확대해주었기 때문에 농민들이 공산당을 지지하게 되었다고 주장하고 있다.

사실 농촌사회에 존재하는 계급적 갈등요인이나 농민들의 정치적 의식은 전통적 농촌사회를 지배하고 있던 종법사회적 관계와 규범, 그리고 농촌사회의 정치질서가 현저하게 약화되거나 파괴되었을 때에 비로소 표출된다고 하겠다. 이러한 점에서 찰머스 존슨의 첫 번째 가정, 즉 전쟁의 충격이 기존의 농촌사회질서를 파괴시키고 농민들이 종법사회적 구속에서 '해방'되게 됐다는 가정은 완전히 틀린 것은 아니라고 할 수 있다. 물론 기존의 사회질서는 앞에서 택스턴이 지적한 것처럼 전쟁의 충격이 있기 이전부터 지속적으로 붕괴되었고, 특히 공산당과 홍군이 활동하고 있는 지역에서는 그 같은 전통적 속박요인이 현저하게 약화되었기 때문에 농민들의 계급적·정치적 활동의 가능성이 그 어느 곳보다 높게 나타나는 것은 당연하다고 하겠다.

이와 같은 관점에서 가타오까는 중국공산당이 대중적 지지를 창출하는 데 결정적으로 중요한 요인은 찰머스 존슨이 주장하는 전쟁의 파괴적 영향이라든가 택스턴이 제시한 사회경제적 위기가 아니라 홍군의 존재 여부라고 주장하였다. 가타오까는 홍군이 활동하고 있는 지역에서 중국공산당은 기존의 사회질서와 정치질서의 속박에서 해방된 농민대중들을 계급투쟁의 과정에 동원, 참여하게 함으로써 농민들의 지지를 '창출'하였고, 새로운 농촌사회질서를 구축하였다는 것이다.[7] 김일평의 경우도 강서시대에 대한 연구에서 대중노선과 같은 중국공산당의 경험이 대중들의 지지를 동원하고 조직화하는 데 중요한 기여를 했다고 주장하였다.

가타오까와 김일평의 주장은 자칫하면 농민들의 '자발적' 지지란 측면을 간과하고 마치 공산당의 정치적·조직적 능력만을 강조하는 듯한 오해도 불러일으킬 수 있지만, 중국공산당이 기존의 농촌사회를 지배하는 정치적·사회적 질서가 약화되거나 무력화된 상황에서 분출되는 농민들의 사회경제적·정치적 요구를 농촌사회의 변혁운동으로 동원, 조직하는 데 성공했다는 사실을 지적한 점에서는 그다지 틀린 것은 아니라고 하겠다. 여기서 중요한 점은 그것이 전쟁의 충격 때문이든 장기간에 걸쳐 진행되어온 농촌사회의 경제적 위기로부터 비롯된 것이든, 또는 홍군의 존재가 더 직접적인 원인이 되었든 간에 전통적인 농촌사회의 정치적·사회적 질서가 붕괴된 곳에서 농민들의 '사회적 동원화' 수준이 높아졌다는 사실이다.

다시 말해서 과거에는 억제되거나 의식되지 않았던 계급적 갈등이 표출되기도 하고, 새로운 정치사회에 대한 참여욕구도 증가하였다는 것이다. 이 같은 상황에서 연안시대의 공산당은 농민들 대다수의 이익과

---

7) 이 같은 견해에 대해서는 Tetsuya Kataoka, "Communist Power in a War of National Liberation," in *World Politics*, 24: 3, April 1972; *Resistance and Revolution in China*, Berkeley: University of California Press, 1974 참조.

안전을 보장하는 사회경제적 개혁과 더불어 대중 참여적 정치사회에 대한 구체적인 정책노선을 제시하고 실천함으로써 대중적 지지를 받을 수 있다. 즉 중국공산당은 중일전쟁과 장기간에 걸쳐 지속적으로 전개되어왔던 중국사회의 내적인 위기상황에서 중국국민들 대다수의 이익을 대변하는 신민주주의혁명을 실천함으로써 승리할 수 있었던 것이다.

그렇다면 중국공산당으로 하여금 마침내 승리를 쟁취할 수 있게 한 신민주주의혁명이란 무엇인가. 그것은 한 마디로 말해서 계급투쟁과 계급연합의 결합을 의미한다고 하겠다. 다시 말해서 중국사회의 봉건적 착취와 억압구조를 철폐한다는 계급투쟁의 목표를 추구하면서도, 그것을 중국사회의 대다수를 구성하고 있는 4계급의 연합을 유지하는 테두리 안에서 실현한다는 것이 바로 신민주주의혁명의 특징인 것이다. 다시 말해서 중국혁명의 기본동력인 노동자와 농민들의 계급적 이익을 관철하면서도 민족자산계급을 비롯하여 광범위한 중간계층의 이익도 배제하지 않는다는 것이다.

연안시대의 중요성은 바로 이 같은 신민주주의혁명의 구체적인 실천을 통하여 중국공산당이 중국사회의 변혁을 추구하는 세력이면서도, 동시에 도시와 농촌사회에서 대다수 인민대중의 이익을 대표하고 중국민족의 해방과 독립을 추구하는 세력이라는 점을 입증했다는 데 있다고 하겠다. 즉 중국공산당은 중일전쟁으로 조성된 민족적 위기를 극복하기 위하여 항일민족통일전선을 제창하면서 과거의 계급혁명노선을 과감히 수정함으로써 민족해방과 독립을 추구하는 정치세력으로 재탄생하는 데 성공했을 뿐만 아니라, 실질적으로 일본이 점령한 광대한 배후지역에서 거의 유일한 항일세력으로 등장하여 해방구를 건설함으로써, 이 지역에서 중국민족의 이익을 대변하는 정통적인 정치세력으로 인정받게 되었다.

그러나 중국공산당의 민족주의적 노선과 항일민족통일전선전략이 중국인민들의 지지를 자동적으로 산출해낸 것은 아니었다. 중국공산당은 그들이 장악한 해방구에서 다양한 사회계층과 계급들의 이익과 소망을 반영하는 구체적인 정책을 실천함으로써, 이들의 지지를 창출해냈다는 점을 지적하지 않을 수 없다. 이런 점과 관련하여 중국공산당의 대중노선은 대단히 중요한 의미를 가진다고 하겠다. 연안시대에 중국공산당은 대중노선을 실천하면서 대중들의 정서와 소망, 그들의 이익을 최대한도로 반영하는 차원에서 당의 노선과 정책을 조정하였다. 따라서 연안시대에 중국공산당은 과거와 같이 이데올로기적인 당위성을 지나치게 강조하였던 좌경노선의 과오를 극복할 수 있었고, 동시에 제1차 국공합작 당시와 같이 국민당이나 기존의 지배적 엘리트들과의 협력을 의식한 나머지 대중들의 변혁요구를 억제하는 우경적 노선의 실패를 반복하지 않을 수 있었다. 연안시대의 성공은 이와 같이 다양한 사회집단들의 '변혁과 단결'에 대한 요구를 신민주주의혁명이란 개념에 기초하여 구체적인 정책으로 개발, 실천함으로써 획득했다고 할 수 있다.

예컨대 국민당정부가 퇴각한 지역에서 해방구를 건설하고 항일무장투쟁을 전개함으로써 민족해방운동의 기수로 자임하면서, 동시에 해방구에서 빈농을 중심으로 하면서도 중농, 부농과 연합할 수 있는 토지개혁정책을 실시하여 봉건적인 착취와 억압구조를 개선하였고, 혼합경제의 원칙에 입각하여 경제발전정책을 추진하였으며, 그리고 다양한 사회계급과 계층들의 폭넓은 정치적 참여를 보장하는 3·3제도와 신민주주의 정권기구를 설립함으로써 중국사회에서 중국공산당에 대한 광범위한 지지를 창출할 수 있었던 것이다.

이처럼 중일전쟁 동안에 중국공산당은 국민당과 뚜렷하게 구별되는 항일투쟁과 사회경제개혁, 신민주주의의 실천을 통하여 대다수 중국국민들의 정치적 지지를 확보할 수 있었다. 이런 점에서 중국공산당의 승리는 사회주의혁명의 승리라기보다는 아편전쟁 이후 중국의 근대와 현대를 관통하는 반제반봉건 국민혁명의 승리라고 할 수 있다는 것이다. 중국공산당은 바로 이 같은 국민혁명의 과제를 실천함으로써 승리를 하였고, 국민당은 이 같은 과제를 방기함으로써 패배했다고 하겠다.

이처럼 중국공산당의 승리를 신민주주의혁명의 승리라고 이해한다면, 그것이 중국의 사회주의 건설과정에 가지는 함의는 대단히 크다고 할 수 있다. 신민주주의혁명은 앞에서도 여러 번 강조하였지만 부르주아민주주의와도 다르며, 사회주의와도 다른 중국혁명의 독특한 경험, 또는 역사발전단계라고 할 수 있다. 그것은 사회주의를 지향하는 정치세력이 주도하는 가운데 부르주아민주혁명에 의하여 수행되었어야 할 정치적·경제적·사회적·문화적 근대화를 추진한다는 것이기 때문에, 그 내부에 모순적이고 갈등적인 요인을 이미 함축하고 있는 것은 사실이다.

즉 부르주아민주혁명에 안주하려는 요소와 사회주의혁명으로 이행하고자 하는 요인들 사이의 갈등이 신민주주의혁명의 논리 안에 이미 내재해 있다는 것이다. 연안시대에 중국공산당의 지도자들은 이 같은 두 가지 경향을 적절하게 조정, 결합하는 데 성공하였다. 연안시대에 이들이 제시했던 방향은 사회주의혁명으로의 이행이란 목표를 견지하면서도 중국의 경제적·사회적·문화적 낙후성 때문에 장기간의 신민주주의 혁명단계를 거치지 않고 사회주의로 이행할 수 없다는 것이었다. 따라서 모택동과 중국공산당의 지도자들은 건국 초기만 하더라도 장기간의 신민주주의시대를 통하여 점진적으로 사회주의로 이행할 수 있는 물적 토대와 사회적·정치적 조건을 마련해야 한다고 주장하였다.

그러나 중국혁명에서 승리한 이후, 신민주주의의 단계는 중국공산당의 지도자들에 의하여 의도적으로 단축되었다. 1953년에 이른바 과도기 총노선이 선언되고 신민주주의시대의 종결과, 사회주의로의 이행이 선언되었다. 그 이후 중화인민공화국은 소련과 마찬가지로 '위로부터의 혁명'을 통하여 사회주의건설을 추진하였다. 이 같이 무리한 사회주의로의 이행은 심각한 시행착오과정을 경험한 후, 1987년 중국공산당 제13차 대회에서 당시의 총서기 조자양(趙紫陽)으로 하여금 '사회주의 초급단계론'을 선언하게 하였다.[8] 이것은 신민주주의단계의 조기 종결과

성급한 사회주의로의 이행을 시도했던 과거에 대한 반성인 동시에 중
국적 사회주의의 한계를 인정한 것이라고 하겠다.

---

8) 사회주의 초급단계론에 대해서는 서진영, 「사회주의 초급단계론과 중국적 사회
주의」, ≪국제정치논총≫, 제29집 2호, 1989, 283-294쪽 참고.

참고문헌

동양서

○ 단행본

1) 중국어

江西省 黨校黨史委員會. 1982,『中國革命根據地 史料選編』, 江西人民出版社.
唐寶林·林茂生. 1988,『陳獨秀年譜』, 上海人民出版社.
黨史研究編輯部 編.『黨史研究』, 中共中央黨校出版社.
毛澤東. 1969『毛澤東選集』, 北京: 人民出版社.
上海 社會科學院 歷史研究所 編. 1966,『五四運動在上海史料選輯』, 上海: 人民出版社.
榮孟源 主編. 1986,『中國國民黨 歷次代表大會及 中央全會資料』, 光明日報社.
王健民. 1965,『中國共産黨史稿』, 臺北.
王樹逮·强重華·楊淑娟·李學文 編. 1982,『陳獨秀 評論選編』, 河南人民出版社.
王眞. 1957,『1919-1927年的 中國工人運動』工人出版社.
李雲峰. 1981,『西安事變史實』, 陝西人民出版社.
任建樹. 1989,『陳獨秀傳』, 上海人民出版社.
林建樹·張銓. 1985,『五三十 運動簡史』, 上海人民出版社.
張注洪 編著. 1987,『中國現代革命史 史料學』, 中共黨史資料出版社.
中國科學院 歷史研究所 編. 1958,『陝甘寧邊區 參議會 文獻彙輯』, 科學出版社.
中國社會科學院 近代史研究所. 1981,『共産國際 有關中國革命的 文獻資料』第1集(1919-1928), 中國社會科學出版社.
中國人民大學書報資料社. 1982,『中國現代史』, K 4-19.
中央研究院 近代史 研究所 編. 1988,『六十年來的 中國近代史研究』, 上·下冊, 臺北.

中華全國總工會 工運史 硏究室 編. 1983,『二七大罷工 資料選編』, 工人出
　　版社.
彭明 主編. 1987,『中國現代史 資料選輯』, 第1·2冊, 中國人民大學出版社.
彭明. 1984,『五四運動史』, 北京: 人民出版社.
胡華. 1980,『中國革命史 講義』, 上冊, 中國人民大學 出版社.
＿＿＿. 1985,『回顧長征: 記念 中國工農紅軍 長征勝利會師50周年』, 人民
　　出版社.

2) 일본어
石井明. 1990,『中ソ關係史の硏究』1945-1950, 東京大學 出版會.
松本一男. 1990,『張學良と中國』, サイマル出版會.
日本 國際問題硏究所 中國部會 編. 1975,『中國共産黨史 資料集』, 勁草書房.
中嶋嶺雄 編. 1990,『中國現代史』, 有斐閣.
池田誠. 1987,『抗日戰爭と中國民衆』, 法律文化社.

3) 한국어
堀川哲男 著. 王載烈 編譯, 1985,『孫文과 中國革命』, 역민사.
로이드 이스트만 著. 閔斗基 譯, 1986,『張介石은 왜 敗했는가』, 지식산업사.
閔斗基 외 共著. 1985,『中國 國民革命의 分析的 硏究』, 지식산업사.
閔斗基 編. 1984,『中國史 時代區分論』, 창작과 비평사.
＿＿＿. 1985,『中國近代改革運動의 硏究』, 일조각.
박순영 외 共著. 1984,『現代社會와 마르크시즘』, 연세대학교 출판부.
벤자민 슈워츠 著. 권영빈 譯, 1983,『중국공산주의운동사』, 형성사.
小島晉治·丸山松幸 著. 박원호 譯, 1988,『中國近現代史』, 지식산업사.
송영배. 1986,『중국사회 사상사』, 한길사.
신용하 編. 1986,『아시아적 생산양식론』, 까치.
에드가 스노우 著. 愼洪範 譯, 1985,『中國의 붉은 별』, 두레.
우노 시게아끼 著. 김정화 譯, 1984,『中國共産黨史』, 일월서각.
李世平 著. 崔輪洙·趙賢淑 共譯, 1989,『中國現代政治思想史』, 한길사.
장 세노·프랑소와즈 르바르비에·마리 글레르 베르제르 著. 신영준 譯, 1982,
　　『中國現代史 1911-1949』, 까치.
池田誠 외 著. 1986,『중국혁명의 전략과 노선』, 화다.
체스타 탄 著. 閔斗基 譯, 1985,『中國現代政治思想史』, 지식산업사.

칼 A. 비트포겔 著. 具宗書 譯, 1991, 『東洋的 專制主義』, 법문사.
토마스 쿠오 著. 권영빈 譯, 1985, 『진독수 평전』, 민음사.

○논문

1) 중국어
曲厚芳. 1982, 「3次 左傾錯誤與 共産國際」, 中國人民大學書報資料社, 『中
    國現代史』, K 4-9.
官守熙. 1982, 「關於 1919年 問題與主義之爭的 評論的 商權」, 中國人民大
    學書報資料社, 『現代中國史』, K 4-11.
邱軍. 1983, 「馬克思主義在中國傳播」, 『黨史硏究』, 第2期.
瞿定國. 1983, 「三大紀律 八項注意的 歷史演變」, 『黨史硏究』, 第2期.
金德群. 1982, 「中央革命根據地 在 1929-1931年間 土地革命的 情況」, 中
    國人民大學書報資料社, 『中國現代史』, K 4-8.
金善森. 1982, 「興國土地法對 井岡山土地法的 一個 原則改正」, 中國人民
    大學書報資料社, 『中國現代史』, K 4-13.
雷扶招·張錦宏·戰勇. 1982, 「中央革命根據地的 土地鬪爭 問題」, 中國人
    民大學書報資料社, 『中國現代史』, K 4-8.
戴季陶. 「國民革命與 中國國民黨」, 「西山會議派的 政治主張」, 彭明 主編,
    『中國現代史 資料選輯』, 第2冊.
杜蒸民·汪世忠. 1985, 「近年來 李大釗硏究述評」, 『黨史硏究』, 第1期.
鄧拓. 1982, 「舊中國農村的 階級關係與 土地制度」, 中國人民大學書報資料
    社, 『中國現代史』, K 4-19.
史達林. 1965, 「不要忘記東方」, 王健民. 『中國共産黨史稿』, 第1編, 臺北.
邵維正. 1981, 「中國共産黨 第1次 全國代表大會 召開日期和 出席人數的
    考證」, 『黨史硏究』, 第2期.
孫欲聲. 1982, 「試論 第1次 國共合作」, 『靑海民族學院 學報』, 第3期.
呂明杓. 1982, 「李大釗思想 從進化論 到階級論的 發展」, 中國人民大學書
    報資料社, 『中國現代史』, K 4-7.
熊宇良. 1984, 「陝甘寧邊區 民主政治的 偉大實踐」, 『黨史硏究』, 第5期.
劉俊民. 1982, 「試論 王明 右傾投降主義的 形成」, 中國人民大學書報資料
    社, 『中國現代史』, K 4-7.

劉顯斌. 1982,「瞿秋白 關于 無産階級領導的 思想」, 中國人民大學書報資
    料社, 『中國現代史』, K-7.
劉孝良. 1981,「早期 陳獨秀 反對 無政府主義的 鬪爭」, 中國人民大學書報
    資料社, 『現代中國史』, K 4-9.
李祥瑞. 1982,「抗日戰爭時期 陝甘寧邊區 財政經濟 槪述」, 『西北大學學
    報』, 第4期.
李雲漢.「對日抗戰史料和 論著」, 『六十年來的 中國近代史研究』, 上冊.
張有年. 1985,「五三十運動中 知識分子對工人鬪爭的 支援」, 『黨史研究』,
    第3期.
張憲文·丁永降. 1982,「中國現代史的 開端始于何時」, 中國人民大學 書報
    資料社, 『現代中國史』, K 4-19.
傳紹昌. 1982,「李大釗 在實現 第1次 國共合作中的 重大貢獻」, 『華東師範
    大學 學報』, 第2輯.
陳明錄.「中國勞動運動史研究」, 中央研究院 近代史研究所, 『六十年來的
    中國近代史研究』, 下冊.
陳舜卿. 1982,「試論 陝甘寧邊區的 減租減息」, 『西北大學 學報』 第4期.
陳漢楚. 1982,「五四時期的 社會思潮和 馬克思主義 在中國的 傳播」, 中國
    人民大學 書報資料社, 『現代中國史』, K 4-12.
肖公聞. 1982,「黨的 一大與 馬林」, 中國人民大學 書報資料社, 『中國現代
    史』, K 4-18.

2) 한국어
裵京漢. 1985,「黃捕軍官學校에 있어서의 國共間의 合作과 對立」, 閔斗基
    외 공저, 『中國 國民革命의 分析的 硏究』, 지식산업사.
徐鎭英. 1984,「毛澤東思想考」, 박순영 외 공저, 『現代社會와 마르크시즘』,
    연세대학교 출판부.
_____. 1984,「모택동의 정치경제학과 4개 현대화 정책의 발전이론 비교」,
    ≪中國學論叢≫, 第1輯, 고려대학교 중국학회.
_____. 1989,「사회주의 초급단계론과 중국적 사회주의」, ≪國際政治論叢≫,
    第29輯 2호.
_____. 1989,「중국공산당 창당전야의 사상논쟁」, ≪사회와 사상≫(1989. 6).
_____. 1988,「中國共産黨의 組織과 構成變化, 1921-1987」, ≪亞細亞硏
    究≫, 고려대학교 아세아문제 연구소, vol.XXXI, no.2.

울프람 에버하르트. 1984,「봉건사회와 사인사회」, 민두기 編,『中國史 時代區
　分論』, 창작과 비평사.
陳獨秀.「敬告靑年」, ≪新靑年≫(1915. 9), 장 세노·프랑소와즈·르바르비에
　·마리 끌레르 베르제르 著, 신영준 譯, 1982,『中國現代史 1911-19
　49』, 까치.
_____.「文學革命論」, ≪新靑年≫(1917. 4), 송영배, 1986,『중국사회 사상
　사』, 한길사.

3) 일본어
西村戌雄. 1987,「東北の植民地化と抗日救亡運動」, 池田誠,『抗日戰爭と
　中國民衆』, 法律文化社.
施英.「上海勞動者の3月暴動の記錄」,『中國共産黨史 資料集』, 第2卷.
田中仁. 1987,「中國共産黨における抗日民族統一戰線理論の確立」, 池田誠,
　『抗日戰爭と中國民衆』, 法律文化社.
中共 5全大會.「政治政勢と中國共産黨の任務に關するデ-ゼ」,『中國共産黨
　史 資料集』, 第3卷.
中共中央 6期 擴大 7中全會.「若干の歷史的問題についての決議」,『中國共
　産黨史 資料集』, 第12卷.
中共中央 緊急會議.「全黨員に告する書」,『中國共産黨史 資料集』, 第3卷.
中共中央.「國民黨 5期 3中全會に 宛てた電報」,『中國共産黨史 資料集』,
　第8卷.
_____.「時局についての主張(第1次)」,『中國共産黨史 資料集』, 第1卷.
_____.「時局の對する宣言」(1927. 1),『中國共産黨史 資料集』, 第2卷.
_____.「中國共産黨の政治任務と戰術についての決議」,『中國共産黨史 資
　料集』, 第8卷.
中國 ソヴェト政府-中共 中央.「抗日救國のために全同胞に告する書」,『中
　國共産黨史 資料集』, 第7卷.
中華 ソヴェト人民共和國 中央政府-中國 人民紅軍 革命軍事委員會.「停戰
　講和, 一致抗日の通電」,『中國共産黨史 資料集』, 第8卷.
陳潭秋. 1975,「中國共産黨 第1回 全國代表大會の回顧」, 日本 國際問題硏
　究所 中國部會 編,『中國共産黨史 資料集』, 第1卷, 勁草書房.
'紅星' 社論.「土地のため, 自由のため, ソヴェト政權のため 最後まで 鬪お
　う」(1934. 4),『中國共産黨史 資料集』, 第7卷.

서양서

○ 단행본

Abrams, Philip. 1982, *Historical Sociology*, New York: Cornell University Press.

Balazs, Etienne. 1964, *Chinese Civilization and Bureaucracy*, New Haven: Yale University Press.

Braun, Otto. 1982, *Comintern Agent in China, 1932-1939*, Stanford: Stanford University Press.

Bunker, Gerald. 1972, *The Peace Conspiracy: Wang Ching-wei and the China War, 1937-1941*, Honolulu: Harvard University Press.

Callinicos, Alex. 1988, *Making History: Agency, Structure and Change in Social Theory*, New York, Cornell University Press.

Chang, Chung-Li. 1970, *The Chinese Gentry: Studies on their Role in Nineteenth-Century Chinese Society*, Seattle: Univeristy of Washington Press.

Chang, John K. 1969, *Industrial Development in Pre-Communist China*, Chicago: Aldine.

Chesneauw, Jean. 1972, *The Chinese Labor Movement, 1921-1927*, Stanford: Stanford University.

Chow, Tse-tung. 1960, *The May Fourth Movement: Intellectual Revolution in Modern China*, Cambridge: Harvard University Press.

Ch'en, Jerome. 1965, *Mao and the Chinese Revolution*, London: Oxford University Press.

Ch'i, Hsi-sheng. 1982, *Nationalist China at War: Military Defeats and Political Collapse, 1937-1945*, Ann Abor: University of Michigan Press.

Cliff, Tony. 1978, *Lenin* Vol.II, London.

Cohen, Arther A. 1964, *The Communism of Mao Tse-tung*, Boston: University of Chicago Press.

Compton, Boyd. 1952, 1966, *Mao's China: Party Reform Documents, 1942-1944*, Seattle: University of Washington.

Degras, James. 1965, *The Communist International, 1919-1943*: Documents. Vol.III, London: The Camelet Press.

Dimitrof, Gregori. 1975, *The United Front: The Struggle against Fascism and War*, Moscow: Proletarian Publisher.

Elvin, Mark, and G. William Skinner(eds.). 1974, *The Chinese City between Two Worlds*, Stanford: Stanford University Press.

Elvin, Mark. 1973, *The Pattern of the Chinese Past*, Stanford: Stanford University Press.

Encausse, H. C., and S. R. Schram. 1969, *Marxism and Asia*, Allen Lane The Penguin Press.

Eudin, Xenia J., and Robert C. North. 1957, *Soviet Union and the East, 1920-1927: A Documentary Survey*, Stanford: Stanford University.

Fairbank, John F. 1987, *The Great Chinese Revolution, 1800-1985*, New York: Harper and Row.

Fairbank, John K., and Feuerwerker, Albert(eds.). 1986, *The Cambridge History of China*. Vol.13, Cambridge: Cambridge Unviersity Press.

Franz, Michael, and Chung-li Chang. 1966, *The Taiping Rebellion: History and Documents*, 3 vols, Seattle: University of Washington Press.

Goldstone, Jack A. 1986, *Revolutions: Theoretical, Comparative, and Historical Studies*, New York: Harcourt Brace Jovanovich.

Gouldner, Alvin W. 1980, *The Two Marxisms: Contradictions and Anomalies in the Development of Theory*, New York: Seabury.

Grieder, Jerome B. 1970, *Hu Shih and the Chinese Renaissance: Liberalism in the Chinese Revolution, 1917-1937*, Cambridge: Harvard University Press.

Gurr, Ted Robert, ed. 1980, *Handbook of Political Conflict*, New York: The Free Press.

Harrison, James P. 1972, *The Long March to Power: A History of the Chinese Communist Party, 1921-1972*, New York: Praeger.

Harrison, James. 1972, *Modern Chinese Nationalism*, New York: Praeger.

Hinton, William. 1966, *Fan Shen: A Documentary of Revolution in a Chinese Village*, New York: Random House.

Hou, Chi-Ming. 1965, *Foreign Investment and Economic Development of China 1840-1937*, Cambridge: Harvard University Press.

Hsiao, Kung-ch'uan. 1975, *A Modern China and a New World: K'ang Yu-wei, Reformer and Utopian, 1958-1927*, Seattle: University of Washington

Press.

Hsiao, Tso-liang. 1961, *Power Relations within the Chinese Communist, 1930-1934*, Seattle: University of Washington Press.

Hsiao, Tso-Liang. 1969, *The Land Revolution in China*, 1930-1934, Seattle: University of Washington Press.

Hsu, Immanuel C. Y. 1975, *The Rise of Modern China*, London: Oxford University Press.

Hu, Shih. 1934, *The Chinese Renaissance*, Chicago: University of Chicago Press.

Huang, Sung-k'ang. 1965, *Li Ta-chao and the Impact of Marxism on Modern Chinese Thinking*, Paris: Mouton.

Jacobs, Dan. 1981, *Borodin: Stalin's Man in China*, Cambridge: Harvard University Press.

Johnson, Chalmers A. 1962, *Peasant Nationalism and Communist Power: The Emergence of Revolutionary China, 1937-1945*, Stanford: Stanford University Press.

Jordan, Donald A. 1976, *The National Expedition: China's National Revolution of 1926-1928*, Honolulu: University Press of Hawaii.

Kataoka, Tetsuya. 1974, *Resistance and Revolution in China*, Berkeley: University of California Press.

Kim, Ilpyong. 1973, *The Politics of Chinese Communism: Kiangsi Under the Soviet*, Berkeley: University of California.

Lee, Chong-Sik. 1983, *Revolutionary Struggle in Manchuria*, University of California Press.

Meisner, Maurice. 1968, *Li Ta-chao and the Origins of Chinese Marxism*, Cambride: Harvard University Press.

Moore Jr., Barrington. 1970, *Social Origins of Dictatorship and Democracy: Lord and Peasant in the Making of the Modern World*, Boston: Beacon Press.

Morley, James W., ed. 1976, *Deterent Diplomacy, Japan, Germany, and the USSR, 1935-1940*, New York: Columbia University Press.

Ohja, Ishwer C. 1971, *Chinese Foreign Policy in an Age of Transition*, Boston: Beacon Press.

Perry, Elizabeth J. 1980, *Rebels and Revolutionaries in North China 1845-1945*, Stanford: Stanford University Press.

Rue, John E. 1966, *Mao Tse-tung in Opposition, 1927-1935*, Stanford: Stanford University Press.

Scalapino, Robert A., and Yu, George T. 1985, *Modern China and Its Revolutionary Process,* Berkeley: University of California Press.

Scalapino, Robert A., ed. 1972, *Elites in the People's Republic of China,* Seattle: University of Washington Press.

Schram, Stuart. 1969, *The Political Thought of Mao Tse-tung,* New York: Praeger.

Selden, Mark. 1971, *The Yenan Way in Revolutionary China,* Cambridge: Harvard University Press.

Selle, Earl Albert. 1948, *Donald of China,* Harper and Brothers.

Shewmaker, Kenneth E. 1971, *Americans and Chinese Communists, 1927-1945: A Persuading Encounter*, Ithaca, N.Y.

Shih, Vincent Y. C. 1967, *The Taiping Ideology: Its Sources, Interpretations, and Influences,* Seattle: University of Washington Press.

Sih, Paul K. T., ed. 1977, *Nationalist China during the Sino-Japanese War, 1937-1945*, Hicksville: Exposition Press.

Smedley, Agnes. 1956, *The Great Road: The Life and Times of Chu Teh,* New York: Monthly Reviw Press.

Thaxton, Ralph. 1983, *China Turned Rightside Up: Revolutionary Legitimacy in the Peasant World,* New Haven: Yale University Press.

The United States Department of State. 1967, *The China White Paper,* Stanford: Stanford University Press.

Thornton, Richard C. 1969, *The Comintern and the Chinese Communists, 1928-1931*, Seattle: Uiversity of Washington Press.

Townsend, James R. 1968, *Political Participation in Communist China,* Berkeley: University of California Press.

Twitchett, Dennis, and Fairbank, John, eds. 1980, *The Cambridge History of China.* Vol.11, London: Cambridge University Press.

Ulyanovsky, Rostislav A., ed. 1979, *The Comintern and the East,* Moscow: Progress Publishers.

Van Slyke, Lyman P. 1967, *Enemies and Friends: The United Front in Chinese Communist History,* Stanford: Stanford University Press.

Wakeman, Frederic, Jr., and Grant, Caroyln, eds. 1975, *Conflict and Control in Late Imperial China,* Berkeley: University of California Press.

Wilbur, C. M., and How, Julie Lien-ying. 1972, *Documents on Communism, Nationalism, Soviet Advisers in China, 1918-1927,* New York: Columbia University Press.

Wilbur, C. M., and Julie Lien-ying How. 1972, *Documents on Communism, Nationalism, Soviet Advisers in China, 1918-1927,* New York: Columbia University Press.

Wilson, Dick. 1971, *The Long March, 1935: The Epic of Chinese Communism's Survival,* New York: Viking Press.

Wright, Mary C. 1957, *The Last Stand of Chinese Conservatism: The T'ung-Chih Restoration, 1862-1874,* Stanford: Stanford University Press.

Wu, Tien-wei. 1976, *The Sian Incident: a Pivot Point in Modern Chinese History,* Ann Arbor: Center for Chinese Studies, University of Michigan.

Young, Arthur N. 1963, *China and the Helping Hand, 1937-1945,* Cambridge: Harvard University Press.

○ 논문

Benton, Gregor. 1975, "The Second Wang Ming Line(1935-1938)," in *The China Quarterly.* No.61, March.

Bing, Dov. 1971, "Sneevliet and the Early Years of the CCP," in *The China Quarterly.* 48, October-December.

Chang, Hao. 1980, "Intellectual Change and the Reform Movement, 1890-1898," in Dennis Twitchett and John Fairbank, eds. *The Cambridge History of China.* Vol.11, London: Cambridge University Press.

Ch'en, Jerome. 1968, "Defining Chinese Warlords and Their Factions," in *Bulletin of the School of Oriental and African Studies.* Vol.31, no.3.

De Tocqueville, lexis. 1986, "The French Revolution and the Growth of the State," in Jack A. Goldstone, *Revolutions: Theoretical, Comparative, and Historical Studies,* New York:Harcourt Brace Jovanovich.

Deutsch, Karl. 1961, "Social Mobilization and Political Development," in *American Political Science Review*. Vol.LV, no. 3.

Dirlik, Arif. 1981, "Chinese Historians and the Marxist Conception of Capitalism," *in Modern China* 8:1, January.

Dirlik, Arif. 1988, "Socialism and Capitalism in Chinese Socialist Thinking: The Origins," in *Studies on Comparative Communism* 1:2, Summer.

Dorrill, William. 1969, "The Fukien Rebellion and the CCP," *The China Quarterly*. No.37, January-March.

Eastman, Lloyd E. 1986, "Nationalist China during the Sino-Japanese War 1937-1945," in Dennis Twitchett, and John K. Fairbank, eds. *The Cambridge History of China*. Vol.13, Cambridge: Cambridge Univer- sity Press.

Eckstein, Harry. 1980, "Theoretical Approaches to Explaining Collective Political Violence," in Ted Robert Gurr, ed., *Handbook of Political Conflict*, New York: The Free Press.

Esherick, Joseph. 1972, "Harvard on China: The Apologetics of Imperialism," in *The Bulletin of Concerned Asian Scholars* 4:4, December.

Eto, Shinkichi. "Hai-lu-feng: The First Chinese Soviet Government," *China Quarterly*. No.8(October-December 1961), *CQ*, No.9(January-March 1962).

Fairbank, John. Alexander Eckstein, L. S. Yang. 1960, "Economic Change in Early Modern China: An Analytic Framework," in *Economic Development and Cultural Change* 9:1, October.

Fu, Zhu Fu. 1981, "The Economic History of China: Some Special Problems," in *Modern China* 7:1, January.

Fung, Edmund S. K. 1978, "Post-1949 Chinese Historiography on the 1911 Revolution," in *Modern China*, 4:2, April.

Garver, John W. 1988, "The Origins of the Second United Front: The Comintern and the Chinese Communist Party," The *China Quarterly*. No.113, March.

Gillin, Donald G. 1964, "'Peasant Nationalism' in the History of Chinese Communism; a Review of Chalmers A. Johnson's Peasant Nationalism and Communist Power," in *The Journal of Asian Studies*. No.23,

Feburary.

Gillin, Donald. 1963, "Peasant Nationalism in the History of Chinese Communism," *Journal of Asian Studies*. No.23, Feburary.

Ichiko, Chuzo. 1980, "Political and institutional Reform, 1901-11," in Dennis Twitchett and John Fairbank, eds., *The Cambridge History of China*. Vol.11, London: Cambridge University Press.

Johnson, Chalmers A. 1977, "Peasant Nationalism Revisited," in *The China Qarterly*, No.45, December.

Johnson, Chalmers. 1977, "Peasant Nationalism Revisited: The Biography of a Book," in *The China Quarterly*. No.72, December.

Kataoka, Tetsuya. 1972, "Communist Power in a War of National Liberation," in *World Politics* 24:3, April.

Knight, Nick. 1980, "Mao Ze Dong's On Contradiction and On Practice: Pre-Liberation Texts," in *The China Quarterly*. No.84, December.

Liu, Shao-Ch'i. 1952, 1966, "Liquidation of Menshevik Thought in the Party," in Boyd Compton, *Mao's China: Party Reform Documents, 1942-1944*, Seattle: University of Washington.

Mast #3, Herman, and W. G. Saywell. 1974, "Revolution out of Tradition: The Political Ideology of Tai Chi-t'ao," *Journal of Asian Studies*, 34:1, Nov.

Meisner, Maurice. 1971, "Leninism and Maoism: Some Populist Perspectives on Marxism-Leninism in China," in *The China Quarterly*. No.45, January-March.

Murphey, Rhoads. 1974, "The Treaty Ports and China's Modernization," in Mark Elvin and G. William Skinner, eds. The *Chinese City between Two Worlds*, Stanford: Stanford University Press.

Pepper, Suzanne. "the KMT-CCP Conflict, 1945-1949," in John Fairbank and Albert Feuerwerker, eds. *The Cambridge History of China*. Vol.13.

Schram, Stuart. 1972, "From the Great Union of the Popular Masses to the Great Alliance," in *The China Quarterly* No. 49, January-March.

_____. 1984, "Mao Studies: Retrospect and Prospect," *The China Quarterly*, No.97, March.

_____. 1967, "Mao Tse-tung as Marxist Dialectician," in *The China Qurterly*.

No.29, January-March.

Shyu, Lawrence N. "China's Wartime Parliament: The People's Political Council, 1938-1945," in Paul K. T. Sih, ed., *Nationalist China during the Sino-Japanese War*, 1937-1945.

Thaxton, Ralph. 1977, "On Peasant Revolution and National Resistence: Toward a Theory of Peasant Mobilization and Revolutionary War with Special Reference to Modern China," in *World Politics* 30:1, October.

Tokushiro, Ohata. 1976, "The Anti-Comintern pact, 1936-1939," in James W. Morley, ed. *Deterent Diplomacy, Japan, Germany, and the USSR*, 1935-1940, New York: Columbia University Press.

Van Slyke, Lyman. "The Chinese Communist Movement during the Sino-Japanese War 1937-1945," in John Fairbank, and Albert Feuerwerker, eds. *The Cambridge History of China*. Vol.13.

Waller, Derek. J. 1972, "The Evolution of the Chinese Communist Elite, 1931-56," in Robert A. Scalapino, ed. *Elites in the People's Republic of China*, Seattle: University of Washington Press.

Wittfogel, Karl A. 1960, "The Legend of Maoism," in *The China Quarterly*. No.2, April-June.

Wu, Hsiang-hsiang. 1977, "Total Strategy Used by China and Some Major Engagements in the Sino-Japanese War of 1935-1945," in Paul K. T. Sih, ed. *Nationalist China during the Sino-Japanese War*, 1937-1945, Hicksville: Exposition Press.

Yang, Benjamin. 1986, "The Zunyi Conference as One Step in Mao's Rise to Power: A Survey of Historical Studies of the Chinese Communist Party," in *The China Quarterly*. No.106, June.

Yang, C. K. 1975, "Some Preliminary Patterns of Mass Action in Nineteenth Century in China," in Frederic Wakeman, Jr., and Caroyln Grant, eds. *Conflict and Control in Late Imperial China*, Berkeley: University of California Press.

찾아보기

지은이 소개

서진영(徐鎭英)

경기도 파주 출생
1965년 고려대학교 정치외교학과 졸업
1969년 동 대학원 졸업
1980년 미국 시애틀 소재 워싱턴 주립대학 정치학 박사
1980~2008년 고려대학교 정치외교학과 교수
현 고려대학교 명예교수 겸 재단법인 사회과학원 원장

주요 저서: 『21세기 중국정치: 성공의 역설과 중국적 사회주의 미래』(2008)
『21세기 중국외교정책: 부강한 중국과 한반도』(2006)
『탈냉전기 동북아의 국제관계와 정치변화』(공편, 2003)
『변혁기의 세계질서와 동아시아』(공편, 2001)
『등소평과 중국 I, II』(편저, 2000)
『현대중국정치론: 변화와 개혁의 중국정치』(1997)

주요 논문: 「G2시대 한국의 딜레마: 동맹외교와 전략외교의 조화는 가능한가」
(≪사회과학원 포럼≫, 2015)
「한중 전략적 협력동반자관계의 의미와 실제」
(≪국가전략연구 GLOBAL AFFAIRS≫, 2011)
「'성공의 역설'과 중국적 사회주의의 미래」
(『세계화시대 동아시아의 민족주의와 민주주의』, 2006)
「자오쯔양(趙紫陽)과 중국 개혁정치의 한계」
(≪동아시아 연구≫, 2005년 6월)
「중국공산당의 힘: 개혁개방기 중국공산당과 권력구조의 변화」
(≪동아시아 연구≫, 2004년 12월)
「중국의 정치적 현실주의와 대외정책」
(『정치적 현실주의의 역사와 이론』, 2003)
「부강한 중국의 등장과 중국위협론, 그리고 한반도」
(≪한국과 국제정치≫, 2002 여름)
「중국의 개혁, 개방 사례연구」
(『社會主義體制 改革-開放 事例 比較硏究』, 1993)
「중국의 마르크스주의: 모택동과 등소평의 마르크스주의 비교」
(≪이론≫, 1992년 겨울)

한울아카데미 492

중국혁명사

ⓒ 서진영, 1992

지은이 | 서진영
펴낸이 | 김종수
펴낸곳 | 한울엠플러스(주)

초판 1쇄 발행 | 1992년 8월 20일
중판 10쇄 발행 | 2021년 3월 5일

주소 | 10881 경기도 파주시 광인사길 153 한울시소빌딩 3층
전화 | 031-955-0655
팩스 | 031-955-0656
홈페이지 | www.hanulmplus.kr
등록번호 | 제406-2015-000143호

Printed in Korea.
ISBN 978-89-460-8041-6 93910